Das goldene Bastelbuch

Ursula Barff

Das goldene Bastelbuch

für Kinder ab 4Jahren

BASSERMANN

Bei Bassermann sind ebenfalls erschienen:
Kinderleichte Bastelideen ab 4 Jahren (ISBN 3-8094-0241-9)
Neue kinderleichte Bastelideen ab 4 Jahren (ISBN 3-8094-0432-3)

ISBN 3 8094 0522 1

Umschlaggestaltung: Peter Udo Pinzer
Redaktion für diese Ausgabe: Simone Hoffmann
Herstellung für diese Ausgabe: Norbert Happel
Fotos: Michael Zorn, Wiesbaden; Thomas Pfündel, Stuttgart; Photo-Design-Studio Gerhard Burock, Wiesbaden Naurod
Zeichnungen: Willi Engelhardt, Pulheim; Iris Prey, Hamburg; Gerhard Scholz, Dornburg; Margret Zörner-Poor, Mainz; Beatoio Hintermaier, Glonn; Agnes Stockmann-Sauer, AS-Design, Offenbach; Anette Bienowski, AS-Design, Offenbach
Reinzeichnung des Vorlagebogens: Peter Beckhaus

Gesamtkonzeption: Bassermann'sche Verlagsbuchhandlung, D-65527 Niedernhausen/Ts.

047690194X817 2635 4453 6271

Inhaltsverzeichnis

Basteln mit Kindern 8

Kleine Materialkunde 10
Das Abpausen von Vorlagen 14
Wegweiser durch dieses Buch 15

Wir laden ein 16

Kreuz und quer: die Fadentechnik 18
Eine heiße Sache: die Bügeltechnik 20
Eule 22
Frosch 23
Gefalteter Marienkäfer 24
Überraschungssäckchen 25
Einladung zum Grillfest 26
Hase im Zylinder 28
Schmetterlingskarte 30
Batikpfau 32
Geburtstagskarte 34
Zum Reinbeißen: die Apfeleinladung 36
Obstkarten 38
Zur Weihnachtszeit: die Bortenkerze 39
Mit Nadel und Faden 40
Faltsterne 42
Weihnachtskarte in Spritztechnik 44

Eis und Schnee 46

Schneewolke 48
Skifahrer 49
Schlittenmädchen 50
Schneemannmobile 52
Schaukelpinguin 54
Frau Holle 56
Schneeflöckchen 58
Schneelandschaft 60

Kinderfasching 62

Papptellermasken 64
Ansteckfliegen 65
Schachtelmaske 66
Zauberer 67
Die Indianer kommen: Federkopfschmuck 68
Tintenfische 70
Zaubertüte 72
Lustige Girlanden 74
Hexentreppen-Hampelmann 76
Aufgeblasenes Teufelchen 78
Papierungeheuer 82
Feuerspeiender Drache 84
Geier 86
Fledermaus 88

Basteln in der Osterzeit 90

Küken im Ei 92
Hahn aus einem Ei 93
Bunt betropfte Ostereier 95
Osternest 96
Hasenkörbchen 97
Bewachtes Osternest 98
Hase mit Osterkörbchen 100
Huhn aus Origamipapier 102
Hasenbecher 104
Hahn und Hühner 106
Tontiere zum Aufhängen 108
Eier im Scherenschnitt 110
Eierkranz 112
Eiermobile 114
Stehaufmännchen aus Ostereiern 116
Hahn mit Osternest 119

Bald ist Muttertag 120

Hand aufs Herz 122
Kleisterpapiertablett 123
Kinderbild im Krepprahmen 124
Blumentopfglocke 126
Marmoriertechnik 128
Geschenkpapier mit Tropfbatik 129
Dekorative Servietten 130
Doppelte Fächer 132
Tauben mit Muster 134
Fächervogel im Herz 136
Herzliche Grüße 138
Vögelchen im Ring 139
Scherenschnittporträt 140
Pappmachéschüssel 142
Mobile: Sonne, Mond und Sterne 144
Blumenampel 146

Kindergeburtstag zu Hause 148

Kuchenschiff 150
Kekshaus 152
Baiserschwan 153
Gefüllte Maus 154
Kekskerzen 156
Klammermaus 157
Walnußtiere 158
Wurfpfeil 160
Dampferflotte 162
Papierschiffchen mit Kapitänsgeschichte 164
Die beißende Schlange 167
Schwalbe 168
Geburtstagskränzchen 171
Fangbecher 172
Angelkörbchen 174
Laufender Igel 176
Gefräßiges Nashorn 178

Wir spielen Theater 180

Handpuppen aus Faltpapier 182
Fingerspielfiguren 185
Sockentiere 186
Einfingerpuppen 188
Zweifingerpuppen mit Spielgeschichte 190
Spielbild 194
Marionetten aus Korken 196
Wellpappepuppen 198
Kasperletheater mit Figuren 200

Hübsche Dinge fürs Kinderzimmer 202

Sandbilder 204
Postkarteneisenbahn 205
Tapetenschnecke 206
Wäscheklammerflotte 207
Hampelmannmobile 208
Herbstbaum 210
Kleine Lokomotive 211
Windmühle 212
Schmetterling 214
Hampelrabe 216
Collage aus Fundstücken 218
Zentimetermaß: Wie groß bin ich 219
Bunte Serviettenblumen 220
Watschelente 222
Sommerlandschaft 224
Fliegende Kraniche 226
Sterntaler 230

Ich hab' dir was mitgebracht — 232

Handabdruck in Gips — 234
Papptellerbild — 235
Gespannte Wollbilder — 236
Krabbelkäfer — 237
Fangfisch — 238
Schachtelmännchen — 240
Clownbleistift — 241
Fesselballon — 242
Schultüte — 244
Bleistifteule — 247
Süße Biene — 248
Lustige Ideen für kleine Geschenke — 250
Luftballonvogel — 252
Drachen für den Herbst — 254
Fotoalbum — 256
Ab mit Volldampf: Lokomotivschachtel — 258
Geschenkeschiff — 260

Wenn die Tage kürzer werden — 262

Lustiges Würfelspiel — 264
Kastanien- und Eicheltiere — 265
Tragetaschen — 266
Angelspiel — 268
Tischleuchte — 270
Laternengrundform — 272
Bemalte Laternen in Bügel- und Pustetechnik — 274
Gepreßte Gräser hinter Pergament — 276
Rumpelstilzchenlaterne — 277
Laterne mit Transparentsternen — 278
Laterne in Lochtechnik — 280
Aquarienleuchte — 282
Sternlaterne — 284
Sonnenlaterne — 285
Eulenlaterne — 288
Fünfeckleuchte — 290

Bald ist Weihnachten — 292

Eine Wolke als Adventskalender — 294
Serviettenring aus Goldfolie — 297
Kerniger Christbaumschmuck — 298
Naturwollschaf — 300
Nikolauskarte und Seidenpapierstern — 302
Stern mit Seidenpapierschnipseln — 304
Hirte aus Filz und Naturwolle — 306
Sternsinger — 308
Sternenkörbchen — 310
Zweifarbiger Stern — 312
Glockenmobile — 314
Einmal ganz anders: Tannenbaum — 316
Salzteigkrippe — 318
Register — 320
Musterbögen — 322

Basteln mit Kindern

Ein dreijähriger Junge sitzt an unserem Basteltisch und reißt ein großes grünes Papier in kleine Schnipsel, die er – mit sehr viel Klebstoff – auf ein Malblatt klebt. Er ist völlig in seine Arbeit vertieft. Nach einiger Zeit frage ich ihn, was er da macht. Er strahlt mich an: „Eine Wiese!" Nicht das große, quadratische Blatt war die Wiese, sondern das durch Abreißen und Aufkleben selbst gestaltete, lebendige Bild entsprach erst seiner Vorstellung. Manchmal brauchen wir solche Anstöße, die uns bewußt machen, wie phantasievoll ein Kind ist, wie anders es die Dinge sieht als ein Erwachsener. Ich werde diese kleine Begebenheit nie vergessen, auch nicht die Zufriedenheit, die dieses Kind bei seiner Beschäftigung ausstrahlte.

Eine kleine Hilfestellung, eine kleine Korrektur durch einen Erwachsenen ist manchmal schon nötig, aber das schmälert nicht die Freude an Selbstgestaltetem, und diese Freude der Kinder überträgt sich auch auf uns.

Wir wünschen uns, Kindern und Erwachsenen mit diesem Buch gleichermaßen Freude zu bereiten.

Kleine Materialkunde

Papiere

Papier ist die Grundlage für viele Bastelarbeiten. Neben dem normalen weißen (Schreibmaschinen-) Papier gibt es noch zahlreiche andere Papiersorten, die meist im Bastelgeschäft erhältlich sind.

Die DIN-Normen, die manchmal statt der Zentimeter im Materialzettel auftauchen, sind folgendermaßen zu verstehen:

DIN A4: das genormte Maß des Schreibmaschinenpapiers
DIN A5: die halbe Größe des Schreibmaschinenpapiers
DIN A6: Postkartengröße
DIN A3: doppelte Größe des Schreibmaschinenpapiers

In der folgenden Tabelle sind alle in diesem Buch auftauchenden Papiersorten alphabetisch geordnet zusammengestellt.

Papiersorte	Eigenschaft	Tips
Buntpapier	Glänzend, alle Farben, Rückseite gummiert, Bogen in verschiedenen Größen erhältlich	Läßt sich gut reißen und schneiden; im Bastelgeschäft erhältlich
Butterbrotpapier	Durchsichtig, dünn, als Rolle erhältlich	Kann statt Pergamentpapier zum Abpausen von Vorlagen verwendet werden; im Lebensmittelgeschäft erhältlich
Drachenpapier	Durchscheinend, alle Farben, im Bogen erhältlich	Kann durch Transparentpapier ersetzt werden; im Bastelgeschäft erhältlich
Elefantenpapier	Durchscheinendes, starkes Papier, grobe Maserung, alle Farben, genormte Bogengrößen	Zur Herstellung von Laternen; im Bastelgeschäft erhältlich
Faltpapier	Dünn, alle Farben, quadratisch, rechteckig oder rund, verschiedene Größen	Im Bastelgeschäft erhältlich
Fotokarton	Dünner Karton, alle Farben, genormte Bogengrößen	Im Bastel- oder Schreibwarengeschäft erhältlich
Goldfolie	Glänzend, stabil, Farben: Gold, Silber, Rot, Blau, Grün; als Rolle erhältlich	Im Bastel- oder Schreibwarengeschäft erhältlich
Kreppapier	Kreppstruktur, alle Farben, als Rolle erhältlich	Vorsicht, färbt in Verbindung mit Wasser oder Klebstoff (Kleister), im Bastelgeschäft erhältlich
Origamipapier	Stabil, alle Farben, einseitig bunt, quadratisch, in verschiedenen Größen erhältlich, ähnelt Faltpapier	Kann statt Faltpapier verwendet werden; im Bastelgeschäft erhältlich
Pergamentpapier	Durchsichtig, dünn, stabil, ähnlich wie Butterbrotpapier	Im Schreibwarengeschäft oder als Abfall aus Architekturbüros erhältlich
Seidenpapier	Sehr dünn, leicht durchsichtig, alle Farben, genormte Bogengrößen	Vorsicht, färbt in Verbindung mit Nässe oder Klebstoff; im Bastelgeschäft erhältlich
Scherenschnittpapier	Vorderseite schwarz, Rückseite weiß, verschiedenformatige Bögen	Im Bastel- oder Schreibwarengeschäft erhältlich
Tonpapier	Dünner Karton, alle Farben, genormte Bogengrößen	Im Bastelgeschäft erhältlich
Transparentpapier	Durchscheinend, alle Farben, in Bogen erhältlich	Im Bastelgeschäft erhältlich
Vivelle	Papier, das mit filzartigem Material bezogen ist, alle Farben, in Bogen	Im Bastelgeschäft erhältlich
Wellpappe	Biegbare Pappe mit wellenartiger Struktur auf einer Seite	Kostenloses Abfallprodukt, passende Stücke sammeln

Farben

Farben spielen eine wichtige Rolle bei fast allen Bastelarbeiten. Erst wenn die Arbeit bunt bemalt ist, bekommt sie ihren letzten „Pfiff“. Die meisten Farben werden mit einem Pinsel aufgetragen. Da ein guter Pinsel recht teuer ist, sollte man ihn sorgfältig behandeln. Ganz wichtig ist, daß er nie auf den Haaren stehend aufbewahrt und nach Gebrauch immer sorgfältig gereinigt wird. Für manche Farben wie Lackfarben brauchen wir einen Spezialreiniger. In der folgenden Tabelle sind die in diesem Buch verwendeten Farben alphabetisch zusammengestellt.

Farbe	Eigenschaft	Tips
Fingerfarben	Gut deckend, großflächig verwendbar, auswaschbar	Im Bastelgeschäft erhältlich
Lackfarben	Gut deckend, langsam trocknend, aus Kleidern nicht mehr zu entfernen	Im Maler- oder Bastelgeschäft erhältlich
Linoldruckfarbe	Gut deckend, sehr langsam trocknend	Im Bastel- oder Schreibwarengeschäft erhältlich
Plakafarben	Sehr gut deckend, lichtecht, schwer aus Kleidung zu entfernen	Im Bastelgeschäft erhältlich
Stoffdruckfarben	Nur für Textilien zu verwenden, vor dem Bügeln gut auswaschbar	Im Bastelgeschäft erhältlich
Wachsmalstifte	Farbstifte, leuchtende, kräftige Farben	Am besten ungiftige Stifte, die Bienenwachs enthalten, kaufen; im Bastel- oder Schreibwarengeschäft erhältlich
Wasserfarben	Mäßig deckend, leicht verwischbar, problemlos auswaschbar	Im Bastel- oder Schreibwarengeschäft erhältlich

Kostenlose Bastelmaterialien

Sieht man die Materiallisten in diesem Buch durch, so stellt man fest, daß viele der benötigten Dinge im Haushalt vorhanden sind, ja, daß einige als Abfall in den Mülleimer gewandert sind. Es empfiehlt sich also, eine Kiste oder Schachtel für sogenanntes „wertloses Material“ bereitzustellen. Darin kann dann folgendes gesammelt werden:

- Ansichtskarten,
- Reste von Stoffborten,
- Schraubverschlußdeckel,
- Fellreste,
- Gardinenreste,
- alte Glasscheiben,
- alte Glühbirnen,
- Gummiringe,
- Holzstücke und -brettchen,
- leere Joghurtbecher,
- Käseschachteln aller Arten,
- Kerzen,
- Knöpfe,
- Kronenkorken,
- leere Küchenkrepprollen,
- alte Socken,
- Stoffreste,
- leere Streichholzschachteln,
- Tapetenreste,
- Teelichter,
- altes Teesieb,
- leere Toilettenpapierrollen,
- Walnußschalen,
- leere Waschmitteltonnen mit Deckel,
- Wollreste,
- Weinkorken,
- alte Zahnbürsten.

Die in diesem Buch vorkommenden Naturmaterialien können fast alle bei Spaziergängen in Wald und Feld gesammelt werden. Sie müssen aber luftig, das heißt in einer Kiste oder einem luftdurchlässigen Karton, gelagert werden, da sie sonst schimmeln. Gräser und Blumen müssen zum Trocknen verkehrt herum aufgehängt und können erst dann, in der luftdurchlässigen Kiste, gelagert werden. Im folgenden ein paar Anregungen, was man alles sammeln kann:

- dekorative Blätter,
- Baumpilze,
- Blumen,
- Bucheckernhülsen,
- Eicheln und ihre Hülsen,
- Federn,
- Gräser,
- Hagebutten,
- Haselnüsse und
- ihre Spelzen,
- Moos,
- Rinde,
- Tannenzäpfchen.

Sonstige Dinge zum Kaufen

Neben Papieren und Farben gibt es noch eine Reihe von anderen Dingen, die man im Bastel- oder Heimwerkergeschäft besorgen muß. Die wichtigsten Materialien sind in der folgenden Tabelle zusammengestellt. Manches – wie etwa Draht – findet sich vielleicht auch im Werkzeugkasten oder im Keller, und da wir für unsere Basteleien selten große Mengen der Materialien benötigen, ist es sicherlich oft möglich, noch kleine übriggebliebene Reste zu verwerten.

Eine Auswahl von Bastelmaterialien zum Kaufen.

Gegenstand	Beschreibung	Tips
Bastelklammer	Die Hälfte einer Wäscheklammer aus Holz	Im Bastelgeschäft erhältlich
Blumendraht	Gut biegbarer, dünner Draht	Im Blumen- oder Bastelgeschäft erhältlich
Draht	Gibt es in verschiedenen Stärken, mit der Flachzange zu biegen	Im Bastel- oder Heimwerkergeschäft erhältlich
Dübelstab	Runder Holzstab, Durchmesser und Länge nach Wunsch	Im Heimwerkergeschäft erhältlich
Filz	Stoff, alle Farben, franst nicht aus	Im Stoff- oder Bastelgeschäft erhältlich
Gardinenring	Runde Holzringe, verschiedene Größen und Stärken	Im Gardinengeschäft erhältlich
Geschenkband	Kunststoffband, alle Farben, verschiedene Breiten, Meterware	In der Geschenkboutique oder im Stoffgeschäft erhältlich
Gips	Weißes Pulver, mit Wasser anzurühren, wird schnell hart	Im Heimwerkergeschäft erhältlich
Granulat	Kristallförmiges Pulver, farblos oder bunt, schmilzt im Ofen	Im Bastelgeschäft erhältlich
Holzperlen	Holzfarbene oder in allen Farben lackierte Kugeln, verschieden große Durchmesser, Loch in der Mitte	Im Bastelgeschäft erhältlich
Hutgummi	Starkes Gummi, viele Farben, als Rolle erhältlich	Im Handarbeits- oder Kurzwarengeschäft erhältlich

Gegenstand	Beschreibung	Tips
Kerzenhalter	Metallkerzenhalter für Laternen, kann am Laternenboden befestigt werden	Im Bastelgeschäft erhältlich
Klebeband	Durchsichtig, in Rollen erhältlich	Im Bastel- oder Schreibwarengeschäft erhältlich
Naturwolle	Ungesponnene, ungereinigte, naturfarbene oder bunt gefärbte Wolle, watteähnlich	Im Handarbeits- oder Bastelgeschäft erhältlich
Ostergras	Grünes, künstliches Papiergras	Im Bastelgeschäft erhältlich
Papiermüllsäcke	Sehr große Säcke aus festem Papier	Drogerien, Haushaltswarengeschäfte, nur in bestimmten Gegenden erhältlich
Pfeifenputzer	Draht, mit Kunsthaaren umgeben, alle Farben, mit Schere oder Zange durchzuschneiden	Im Tabak- oder Bastelgeschäft erhältlich
Pinselreiniger	Nitro-Universalverdünner, Vorsicht giftig!	Im Maler- oder Bastelgeschäft erhältlich
Ponal express	Holzleim, schnell abbindend	Im Bastel- oder Heimwerkergeschäft erhältlich
Pritt Bastelkleber	Flüssiger Kleber, schnell, kräftig, auswaschbar	Im Bastel- oder Schreibwarengeschäft erhältlich
Ramieband	Bastähnlich, platt gebügelt, verschiedene Breiten, im Bündel zu kaufen	Im Bastelgeschäft erhältlich
Rupfen	Stoff, aus dem Kartoffelsäcke hergestellt werden, Meterware	Im Stoff- oder Bastelgeschäft erhältlich
Samtband	Band in verschiedenen Breiten, alle Farben, Meterware	Im Stoffgeschäft erhältlich
Selbstklebefolie	Durchsichtige Folie, Vorderseite glänzend, Rückseite klebend, Meterware	Im Schreibwaren- oder Bastelgeschäft erhältlich
Schaschlikspieß	Holzstöckchen, etwa 18 cm lang, ein Ende zugespitzt	Im Haushaltswaren- oder Bastelgeschäft erhältlich
Sprühlack	Klarer Lack in Sprühdosen, kann ohne Pinsel benutzt werden, giftig	Im Bastelgeschäft erhältlich
Tapetenkleister	Pulver, das mit Wasser nach der Gebrauchsanweisung der Packung angerührt wird; für Papier geeignet, auswaschbar	Im Heimwerker- oder Bastelgeschäft erhältlich
Ton	Weiße, hell- oder dunkelbraune Masse, muß feucht gelagert werden, nur kiloweise erhältlich	In der Töpferei oder im Bastelgeschäft erhältlich
Tonglasur	Pulver, nach Gebrauchsanweisung anzurühren, nach dem Brennen glänzend und wasserundurchlässig	In der Töpferei oder im Bastelgeschäft erhältlich
Trockenblumen	Getrocknete Blumen aller Art, bunt, zerbrechlich	Sammeln oder im Blumengeschäft erhältlich
Wattekugeln	Aus Watte gepreßte Kugeln, alle Größen, weiß, leicht	Im Bastelgeschäft erhältlich

Das Abpausen von Vorlagen

Nicht jeder ist ein Zeichenkünstler, und so kommt es nicht selten vor, daß eine Bastelarbeit nicht so ausfällt, wie man es sich vorgestellt hat, nur weil es mit dem Zeichnen nicht so hingehauen hat. Deshalb haben wir in dieses Buch für alle schwierig zu zeichnenden Dinge Abpausvorlagen aufgenommen. Diese Vorlagen stehen entweder direkt bei dem Objekt oder, wenn der Platz an dieser Stelle nicht ausgereicht hat, auf den Musterbögen ab Seite 322. Vorlagen, die größer als das Buchformat sind, finden wir auf einem extragroßen Musterbogen am Ende des Buches.

Grundsätzlich gibt es zwei Möglichkeiten des Abpausens:

Das Abpausen mit Pergamentpapier

Pergamentpapier ist ein durchscheinendes, festes Papier, das es im Schreibwarengeschäft zu kaufen gibt. Auch Architekturbüros arbeiten viel mit dieser Papierart, und man kann unter Umständen dort kostenlose Pergamentpapierabfälle bekommen. Statt Pergamentpapier kann man aber auch Butterbrotpapier benutzen, das fast dieselben Eigenschaften hat, nur etwas dünner und weniger fest ist als Pergamentpapier. Außer dem Papier benötigen wir bei dieser Art des Abpausens noch einen weichen Bleistift.

1. Wir legen das Papier auf die Vorlage, die wir abpausen wollen und ziehen mit dem Bleistift die Linien nach. Dabei achten wir darauf, daß sich das Abpauspapier nicht verschiebt.

2. Bevor wir das Papier wegnehmen, kontrollieren wir, ob wir auch alle Linien wirklich nachgezogen haben. Dann erst entfernen wir unser Abpauspapier von der Vorlage.

3. Wir wenden das Papier und legen es auf die Pappe oder das Papier, auf das die Vorlage übertragen werden soll. Die mit Bleistift gezogenen Linien liegen nun auf dem neuen Papier.

4. Mit kräftigem Druck ziehen wir die Linien nun alle nochmals nach. Da wir mit weichem Bleistift gearbeitet haben, haften dabei die ersten Linien auf dem Papier oder der Pappe, und das gewünschte Muster erscheint. Wir kontrollieren, ob wir auch alle Striche nachgezogen haben, und können unser Bild dann ausschneiden.

Das Abpausen mit Pauspapier

Pauspapier gibt es in Schwarz und Weiß. Schwarzes Pauspapier – auch Kohlepapier genannt – erhält man im Schreibwarengeschäft, da es normalerweise zum Anfertigen von Durchschlägen von Briefen verwendet wird. Weißes oder helles Pauspapier gibt es im Bastel- oder Handarbeitsgeschäft. Mit diesem Papier wollen wir arbeiten, wenn wir eine Vorlage auf einen dunklen Untergrund durchpausen wollen. Beide Pauspapierarten können recht oft verwendet werden. Erst wenn die Beschichtung abgenutzt ist, muß man ein neues Papier verwenden.

1. Zuunterst legen wir das Papier oder die Pappe, auf die wir die Vorlage übertragen wollen. Darauf kommt das Kohlepapier, und zwar mit der färbenden Seite nach unten, also auf unserem Papier oder der Pappe. Zuoberst legen wir die Vorlage, die wir abpausen wollen.

2. Damit sich beim Abpausen nichts verschiebt oder wegrutscht, sollten wir die drei Blätter mit Büroklammern zusammenhalten.

3. Nun ziehen wir mit dem Bleistift die Linien unserer Vorlage nach. Sie übertragen sich direkt auf die Unterlage. Bevor wir unser Pauspapier wegnehmen, kontrollieren wir nochmals, ob wir auch keine Linie vergessen haben. Das durchgepauste Bild kann dann ausgeschnitten werden.

Wegweiser durch dieses Buch

Dieses Buch ist in zwölf Kapitel gegliedert. In jedem Kapitel sind verschiedene Vorschläge zu einem Themenkreis zusammengestellt. Diese Einteilung soll dem Benutzer helfen, schnell die passende Bastelarbeit für einen bestimmten Anlaß zu finden. Aber natürlich spricht nichts dagegen, nach einem ganz anderen Konzept vorzugehen. Da alle fertigen Objekte mit großformatigen, bunten Fotos vorgestellt sind, kann man sich natürlich auch vom Bild der fertigen Bastelarbeit zum Nacharbeiten anregen lassen, ohne Rücksicht auf Jahreszeit oder Anlaß. Die meisten der in den Basteleien verwendeten Materialien finden sich in jedem Haushalt. Folgende Dinge sollte man, da sie oft gebraucht werden, immer im Hause haben:

- Schere,
- Stopf- und Nähnadeln,
- Faden,
- weiche Bleistifte,
- Spitzer,
- Radiergummi,
- Lineal oder Dreieck,
- Wollreste,
- Stoffreste,
- Papier,
- Klebstoff (Pritt Bastelkleber),
- Paus- oder Butterbrotpapier,
- Karton- und Pappreste,
- klarer Sprühlack.

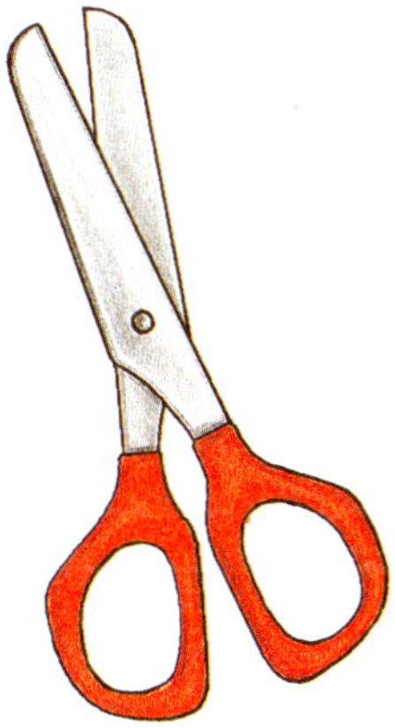

Bei jedem Bastelvorschlag sind die für diese Arbeiten benötigten Materialien auf dem Materialzettel zusammengestellt. Am besten legt man sich vorher alles Notwendige zurecht, damit man nicht mitten im Basteln aufhören muß, weil das passende Material oder Werkzeug fehlt.

Viele Basteleien entstehen aus sogenannten Abfallprodukten wie Joghurtbechern oder leeren Klopapierrollen. Die Dinge, die man im Bastelgeschäft kaufen muß, sind ab Seite 10 aufgeführt und erklärt.

Die Bastelarbeiten sind von unterschiedlicher Schwierigkeit. In jedem Kapitel sind sie entsprechend ihrem Schwierigkeitsgrad nacheinander angeordnet.

Leichte Arbeiten, die auch schon für Drei- bis Vierjährige mühelos zu bewältigen sind, stehen immer am Kapitelanfang. Daran anschließend findet man etwas anspruchsvollere Arbeiten, die schon ein bißchen Handgeschick erfordern. Basteleien, die größeren Aufwand erfordern und für ältere Kinder bis etwa zehn Jahre gedacht sind, schließen das Ende eines jeden Kapitels ab.

Diese Einteilung nach Schwierigkeiten wurde vorgenommen, damit kein Kind die Lust am Basteln verliert, nur weil es sich zu schwierige und komplizierte Dinge zugemutet hat, die dann im Ergebnis meist hinter den Erwartungen zurückbleiben.

Die Kleinen, die ja noch nicht lesen können, brauchen zwar immer die Hilfe eines Erwachsenen oder älteren Geschwisters, der ihnen erklärt, was zu tun ist, aber die Arbeit selbst ist so einfach, daß sie auch bestimmt gelingt.

Natürlich ist diese Einteilung nach Schwierigkeiten – genau wie die Einteilung nach Kapiteln – nur als Hilfe gedacht. Welche Bastelei er letztendlich herstellt, entscheidet jeder selbst, das wichtigste ist der Spaß bei der Arbeit.

Um das Gelingen der Arbeit nicht an einem eventuell nicht so ausgeprägten Zeichentalent scheitern zu lassen, wurden für alle etwas schwierig zu zeichnenden Dinge Abpausvorlagen in das Buch mit aufgenommen.

Diese Vorlagen sind in Originalgröße abgebildet und können direkt übertragen werden. Die meisten Abpausvorlagen finden sich im Anhang „Musterbögen" ab Seite 322. Auf welcher Seite man die entsprechende Vorlage findet, ist bei den Bastelanleitungen jeweils vermerkt. Alle Vorlagen sind beschriftet und – sofern sie aus Platzgründen übereinanderliegen – durch verschiedene Farben ganz problemlos zu unterscheiden.

Wir laden ein

Gelegenheiten Feste zu feiern und Einladungskarten zu verschicken, gibt es das ganze Jahr über. In diesem Kapitel wird eine Anzahl von selbstgemachten Karten vorgestellt, unter denen sich jeder etwas Passendes für den jeweiligen Anlaß aussuchen kann. Auch für die Kleinsten sind Vorschläge dabei, die sie – mit der Hilfe eines Erwachsenen – schon selbst bewältigen können. Eine solche originell und individuell gestaltete Karte wird jeden Gast erfreuen und ist schon der erste Schritt zum Gelingen des Festes.
Natürlich kann man mit Hilfe der vorgestellten Techniken auch Glückwunsch- und Tischkarten oder hübsche Geschenkanhänger gestalten.
Und was spricht dagegen, eine besonders gelungene Karte einmal nicht zu verschicken, sondern als Wandschmuck fürs Kinderzimmer zu verwenden?
Das Ausgangsmaterial für diese Karten – Papier – ist eigentlich in jedem Haushalt vorrätig und auch die meisten anderen Dinge, die wir zum Herstellen der Einladungskarten brauchen, wie Wolle, Tapetenreste oder Wasserfarben, sind leicht zu beschaffen. Besonders viel Spaß macht das Basteln, wenn sich die ganze Familie daran beteiligt.

- 1 etwa 50 cm langer Wollfaden
- Wasserfarben
- Pinsel
- 1 DIN-A 4-Bogen Schreibmaschinenpapier
- ausgedientes Telefonbuch oder Katalog
- Schere
- Pritt Bastelkleber

Kreuz und quer: die Fadentechnik

Diese abstrakte Technik ist einfach und doch wirkungsvoll. Der Phantasie sind dabei keine Grenzen gesetzt. Es können auch mehrere Farben auf einer Einladung „durchgezogen" werden, und natürlich kann man auch buntes Papier verwenden.

1. Wir legen ein DIN-A 4-Blatt zur Hälfte zusammen, so daß die Größe DIN-A 5 entsteht. Dann falten wir es noch einmal, so daß die Kartengröße DIN-A 6 entsteht. An den Knicken schneiden wir das Papier auseinander. Nun haben wir vier gleich große Rechtecke.

2. Jetzt färben wir den Wollfaden mit einer beliebigen Wasserfarbe. Dabei tupfen wir den Faden mit einem nassen Pinsel in den Farbtopf ein. Ein etwa 5 cm langes Stück bleibt zum Festhalten ungefärbt. Der Faden sollte gut voll Farbe gesogen, aber nicht zu naß sein.

3. Jetzt halten wir den Wollfaden über eines der zugeschnittenen Rechtecke und lassen ihn in Windungen und Kreisen darauf fallen. Das trockene Fadenstück steht an einer Seite über.

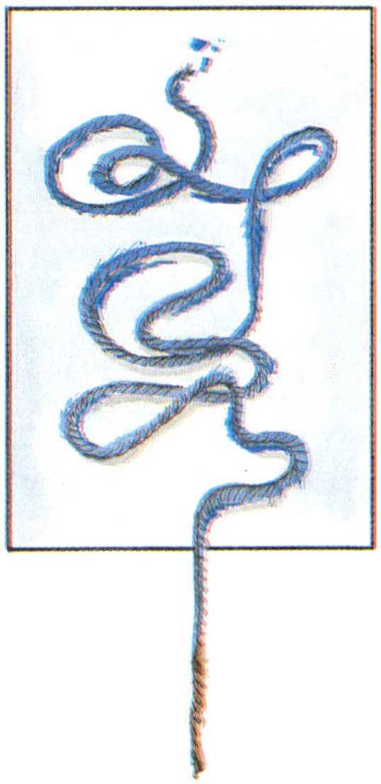

4. Nun wird ein zweites Rechteck auf das erste gelegt und das Ganze in ein Telefonbuch gelegt.

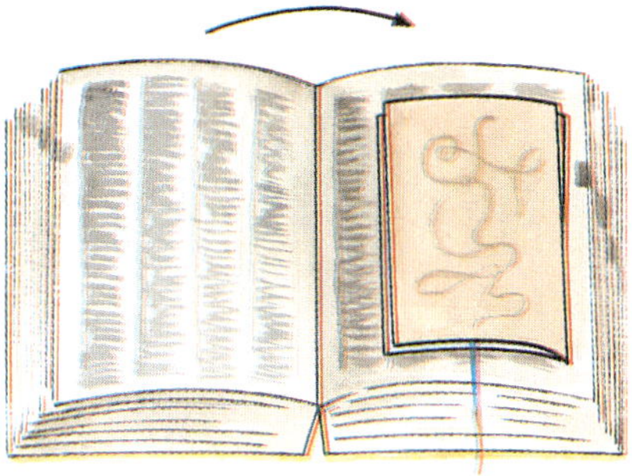

5. Dann ziehen wir den Wollfaden am überstehenden Stück heraus. Wenn wir das Kunstwerk aufklappen, liegen schon zwei Muster vor uns. Der gefärbte Wollfaden hat bizarre Formen hinterlassen.
Dazu ein Tip:
Je trockener der Wollfaden ist, desto höher muß der Druck aufs Telefonbuch beim Herausziehen des Fadens sein. Man kann sich mit einer Hand auf das Buch stützen, die andere zieht am Faden.

6. Das fertige Bild kann auf eine selbstgemachte oder gekaufte Doppelkarte geklebt werden, in die man den Text der Einladung schreibt. Besonders hübsch sieht es aus, wenn man die bedruckten Rechtecke an den Rändern noch etwas beschneidet, so daß ein schmaler Rahmen entsteht.

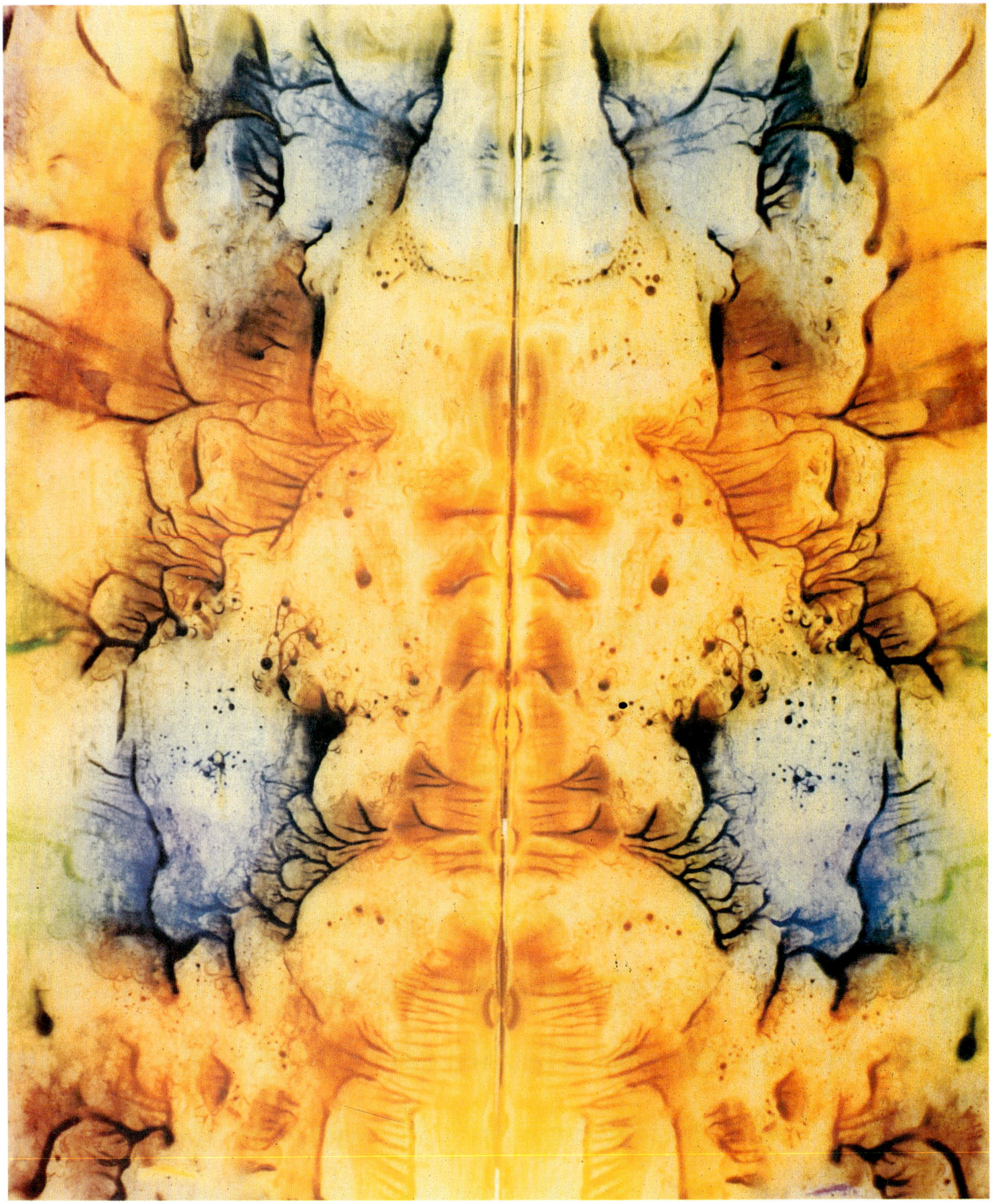

Eine heiße Sache: die Bügeltechnik

- 1 Bogen Pergamentpapier
- 2 weiße Briefkarten
- Bleistift
- Schere
- Wachsmalstifte
- alte Zeitungen
- Bügeleisen
- Lineal
- Pritt Bastelkleber

Das Herstellen dieser Einladungskarte bereitet viel Spaß. Jedes Exemplar wird anders aussehen. Anstelle von einfachen Briefkarten können auch Doppelkarten verwendet werden. Dadurch bleibt innen mehr Raum für den Text unserer Einladung.

1. Wir legen die beiden Briefkarten nebeneinander auf das Pergamentpapier, fahren mit Bleistift zart die Umrisse nach (siehe Zeichnung) und schneiden das Rechteck aus.

2. Nun bemalen wir das Pergamentpapier mit Wachsmalstiften. Die Muster sollten so sein, daß der Untergrund an keiner Stelle mehr zu sehen ist. Je dicker übrigens die Farben aufgetragen werden, desto schöner fließt das Wachs später beim Bügeln.

3. Wenn wir mit dem Bemalen fertig sind, wird das Pergamentpapier auf die Hälfte zusammengelegt, so daß die bemalten Seiten innen sind. So legen wir es auf einen Stapel Zeitungen, decken es mit einem Zeitungsblatt ab und bügeln mit der Einstellung „Baumwolle" drüber.

4. Durch die Hitze zerfließt das Wachs und die Farben laufen ineinander. Solange das Wachs noch flüssig ist, ziehen wir das Pergamentpapier langsam auseinander. So entstehen bizarre, phantasievolle Muster.

5. Das fertige Muster wird in der Mitte am Knick auseinander geschnitten. So haben wir schon für zwei Karten je ein Bild.

6. Nun nehmen wir das Lineal und zeichnen auf das Bild ein Rechteck, das an allen Seiten 1/2 cm kleiner ist als die Briefkarte, und schneiden es sauber aus.

7. Zum Schluß kleben wir unser Wachsbild sorgfältig auf die Briefkarte. Da es etwas kleiner als diese ist, entsteht ein hübscher Rahmen.

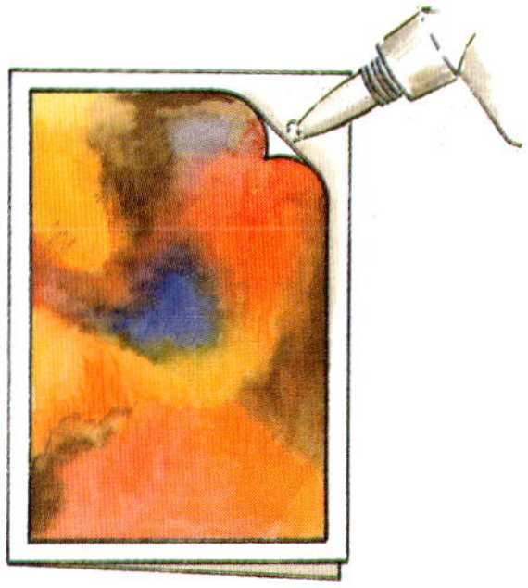

Eule

- Tonpapier in orange, braun oder hellbraun (20 x 20 cm)
- Pauspapier
- Bleistift
- Schere
- Filzstift in braun oder schwarz
- kleine spitze Schere oder Küchenmesser
- kleiner Zettel

Als Überbringerin geheimer und geheimnisvoller Botschaften eignet sich die Eule besonders gut. Diese hier ist schnell und mit einfachen Mitteln nachzubasteln.

1. Vom Musterbogen pausen wir mit Pauspapier und Bleistift die Eule auf unser Tonpapier ab. Alle Linien werden dabei nachgezogen.

2. Danach schneiden wir die Eule entlang ihrer Umrisse aus.

3. Mit dem Filzstift ziehen wir alle Linien nach. Die Augen malen wir an. Hier und da können wir noch ein paar Federchen aufmalen.

4. Wir schneiden mit der spitzen Schere vom Ansatz des Schnabels in Richtung Spitze, zuerst an der einen Seite, dann an der anderen die gestrichelte Linie entlang. Die Spitze des Schnabels schneiden wir dabei nicht aus.

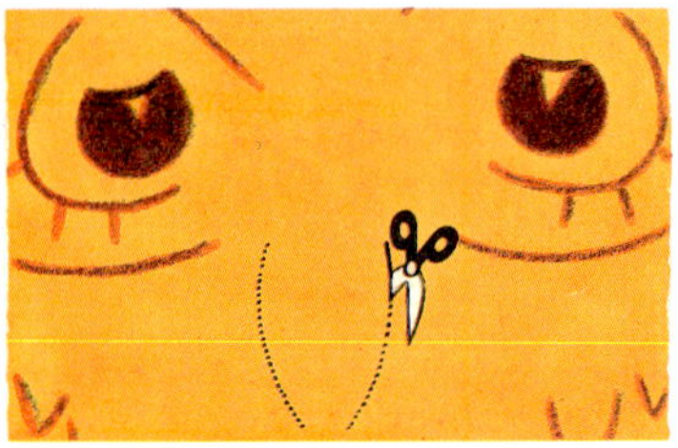

5. Den Zettel mit dem Einladungstext rollen wir ganz fest zusammen.

6. Wir heben mit dem Bleistift den Schnabel etwas an und schieben dann den zusammengerollten Zettel durch. Nun sieht es aus, als hält die Eule eine Nachricht im Schnabel.

Frosch

- grünes Tonpapier (28 x 11 cm)
- Pauspapier
- Schere
- Filzstift

Dieser lustige Frosch erheitert die Gemüter, wenn er als Einladung zu einem Sommerfest verschickt wird.

1. Vom Musterbogen pausen wir nun den Frosch ab und übertragen ihn folgendermaßen auf das grüne Tonpapier:

2. Wir falten das Tonpapier zur Hälfte, so daß eine Karte zum Aufklappen entsteht. Den Frosch pausen wir mit seiner linken Seite direkt am Knick durch.

5. Der Einladungstext kann direkt innen auf das Tonpapier geschrieben werden.

6. Hier noch eine Anregung:
Die verkleinerte Froschform vom Musterbogen kann ebenso auch als Tischkarte gebastelt werden. Je mehr Frösche es sind, desto lauter wird das Froschkonzert!

3. Nun schneiden wir am Knick den Frosch einmal rundherum doppelt aus. Doch Vorsicht, der Knick darf nicht durchgeschnitten werden, denn sonst fällt die Doppelkarte auseinander!

4. Jetzt malen wir dem Frosch mit einem Filzstift Augen, Maul und Füße auf.

Gefalteter Marienkäfer

- 1 rotes Faltpapier (12 x 12 cm)
- Bleistift
- Schere
- schwarzer Filzstift
- 1 DIN-A 5-Bogen Tonpapier
- Pritt Bastelkleber

Ein solcher Marienkäfer eignet sich besonders als Geburtstagskarte. Die Zahl der Punkte kann dem Alter des Geburtstagskindes entsprechen. Aber auch als Einladung zu einem Sommerfest ist diese Karte sehr nett. Der fertige Käfer wird auf eine farblich passende Doppelkarte Tonpapier geklebt.

1. Wir falten das quadratische Faltpapier zweimal Seite auf Seite. Nach jedem Faltgang öffnen wir wieder zum Quadrat. Dann wenden wir das Blatt und falten einmal diagonal Ecke auf Ecke. Wieder öffnen wir das Papier zum Quadrat und wenden es. Die gestrichelten Linien auf der Zeichnung zeigen die Knicke, die wir erhalten haben.

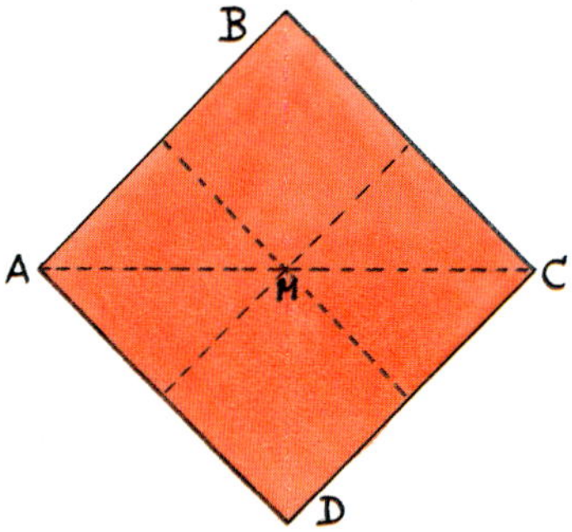

2. Wenn wir mit dem Zeigefinger auf den Mittelpunkt M leicht drücken, heben sich die Ecken A und C hoch. An ihnen fassen wir an und legen sie auf Ecke D. Die Ecken A und C liegen jetzt nebeneinander. Die vierte Ecke – B – legt sich von selbst darüber.

3. An der geschlossenen Spitze zeichnen wir eine Rundung ein (Achtung, das Papier muß an den beiden rot gezeichneten Stellen zusammenhängen), und die offene Spitze wird auch abgerundet. Entlang dieser Linien schneiden wir nun den Körper des Marienkäfers aus.

4. Nun malen wir mit schwarzem Filzstift den Kopf, die Augen, den Mund und die Flügel auf. Die Flügelspitzen können leicht auseinandergehen. Nun fehlen noch die Punkte. Wir malen sie mit schwarzen Stiften auf.

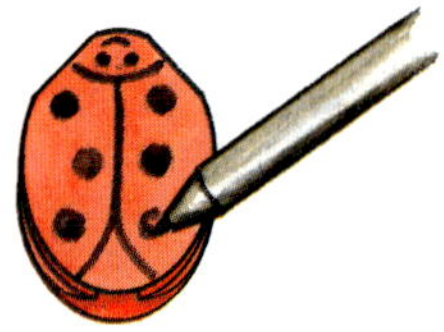

Überraschungs-säckchen

- festes Papier, zum Beispiel Fotokarton oder Pappe (19 x 26 cm)
- Pauspapier
- Bleistift
- Schere
- dünner Filzstift zum Schreiben
- 1 weißes Papier (DIN A4)
- Malstifte
- Pritt Alleskleber
- 1 Rest Schleife oder Wollfaden

Diesmal ist es kein Herz, das unsere Mutter zum Muttertag erhält, sondern ein Säckchen: aber da drin kann auch ein Herz stecken.

Die Herstellung dieser Karte ist einfach, und die benötigten Materialien finden sich oft schon im Hause.

1. Wir falten den Fotokarton einmal zusammen, indem wir die beiden 19 cm breiten Seiten aufeinanderlegen. Den Knick streichen wir glatt.

2. Von Seite 322 kopieren wir die Form des Säckchens mit Hilfe von Pauspapier und Bleistift auf unseren Fotokarton. Die auf der Vorlage gestrichelten Teile müssen genau auf dem Knick des Kartons liegen.

3. Wir schneiden nun das Säckchen aus. An den gestrichelten Linien wird nicht geschnitten. Danach können wir die Karte aufklappen.

4. Aus dem weißen Papier (eventuell ein hübsches Geschenkpapier, das sich beschriften läßt) schneiden wir eine Blume oder ein Herz aus. Wer will, kann auch beides von Seite 322 abpausen.

Auf eines der beiden Motive schreiben wir ein nettes kleines Gedicht. Hier ein Beispiel:

Liebe Mutter,
in diesen Sack
hab' vieles ich hineingepackt:
Ein riesengroßes Dankeschön
und liebe Wünsche, kannst Du's sehn?
Das Bild hab' ich auch selbst gemacht,
und Blumen hab' ich mitgebracht.
Alles zusammen soll Dir sagen:
Ich hab' Dich lieb –
auch an anderen Tagen!

5. Die unbeschriebene Seite des Papiers bestreichen wir mit Klebstoff und legen sie auf die rechte Innenseite unseres Säckchens.

6. Wer will, kann auf das andere weiße Papier ein Bild malen (etwa Blumen oder ein Selbstbild) und es auf die linke Seite des Säckchens kleben.

7. Danach klappen wir unsere Muttertagskarte zu. Auf die Vorderseite können wir noch „Zum Muttertag von ..." daraufschreiben. Anstelle der Punkte setzen wir unseren Namen ein und binden den Sack zu.

- 1 Bogen hellbraunes Tonpapier (DIN A4)
- 1 Bogen dunkelbraunes Tonpapier (DIN A5)
- Pauspapier
- Bleistift
- Schere
- brauner Filzstift
- Pritt Bastelkleber

Einladung zum Grillfest

Erhält man eine solche Einladung zu einem Grillfest, ist einem sofort klar: hier geht's um die Wurst!

1. Zuerst falten wir das hellbraune Tonpapier auf die Hälfte zusammen.

2. Darauf pausen wir den Kreis für das Brötchen so ab, daß er mit der gestrichelten geraden Linie genau an der Faltkante anliegt. (Abpausen von Vorlagen siehe Seite 14.)

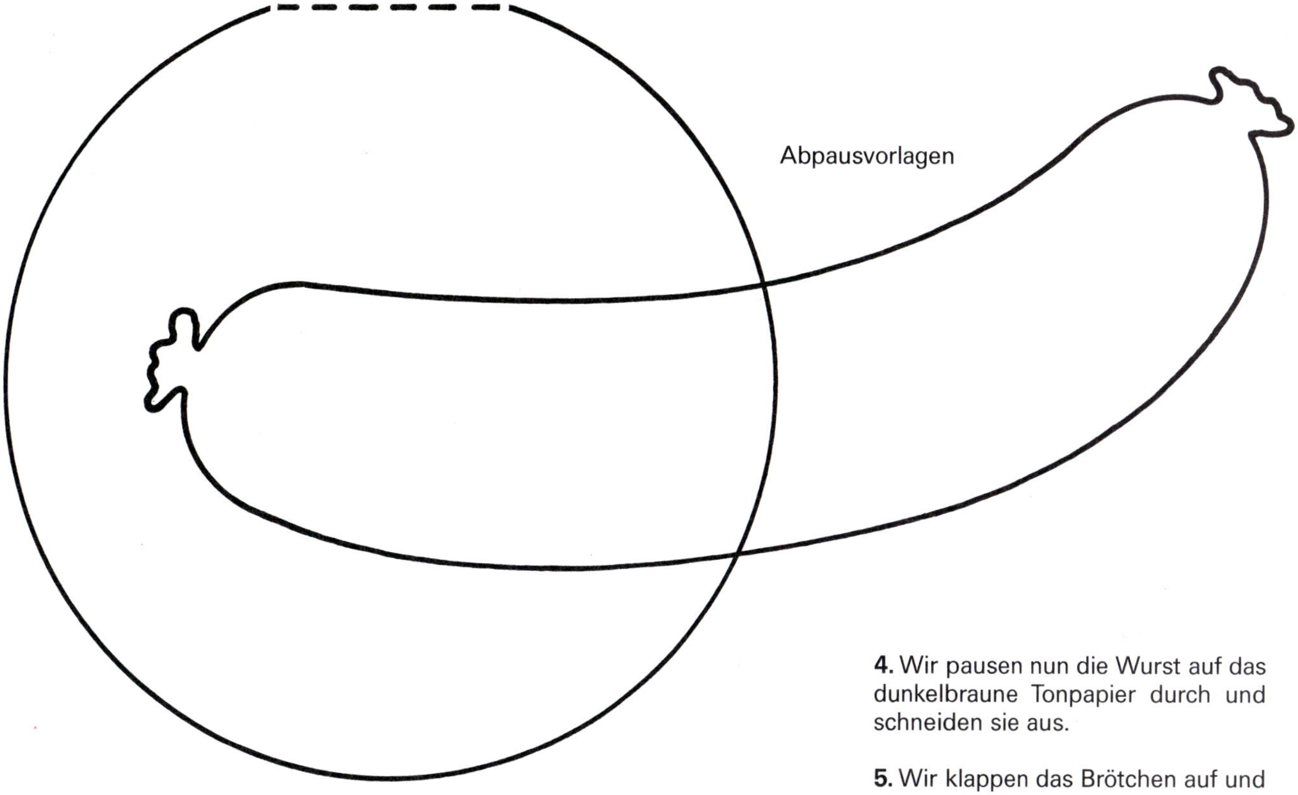

Von der Faltkante her schneiden wir den Kreis aus. Dabei ist darauf zu achten, daß die beiden Brötchenhälften nicht auseinandergeschnitten werden, an der gestrichelten Linie bleiben sie zusammen.

3. Nun bestimmen wir frei nach Augenmaß die Mitte des Brötchens und malen dort mit dem braunen Filzstift einen dicken Punkt auf. Von diesem Punkt ausgehend zeichnen wir noch 4 bis 5 kurze Wellenlinien auf. Das Brötchen hat jetzt einen Deckel und einen Boden.

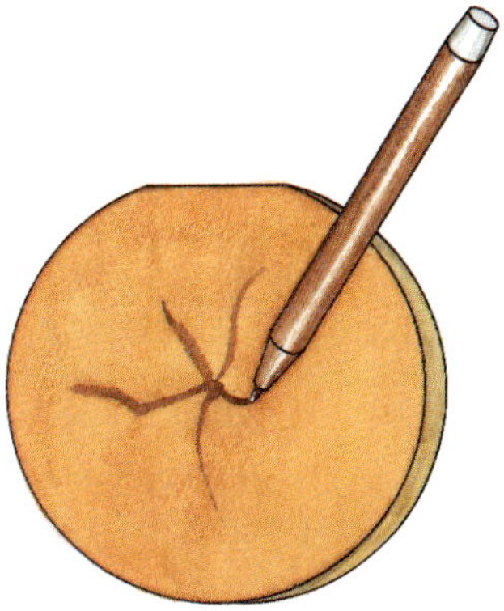

4. Wir pausen nun die Wurst auf das dunkelbraune Tonpapier durch und schneiden sie aus.

5. Wir klappen das Brötchen auf und kleben die Wurst auf den unteren Teil. Zum Schluß wird noch der Einladungstext verfaßt. Nach Möglichkeit schreibt man ihn so auf die Wurst, daß man ihn erst sieht, wenn man die Karte aufklappt.

- Pauspapier
- Bleistift
- 1 Blatt weißes Zeichenpapier (10 x 12 cm)
- Schere
- schwarzer Filzstift
- Lineal
- 1 Bogen schwarzes Tonpapier (30 x 15 cm)
- Küchenmesser
- Zeitung
- Pritt Bastelkleber
- ein Rest Buntpapier

Hase im Zylinder

Diese nette Einladungskarte eignet sich nicht nur für einen Kindergeburtstag oder ein fröhliches Osterfest. Auch Erwachsene, die man zu einem „zauberhaften" Abend einlädt, werden ihre Freude an der originellen Karte haben.

1. Nebenstehenden Hasen pausen wir ab (Erläuterungen dazu stehen auf Seite 14) und übertragen ihn auf das weiße Zeichenpapier. Danach schneiden wir ihn aus. Das Gesicht des Hasen kann wie auf der Abbildung gezeichnet werden.

2. Wir pausen nun den Zylinder ab und übertragen ihn zweimal auf das schwarze Tonpapier. Danach schneiden wir die beiden Zylinder aus.

3. Die Hutkrempe des einen Zylinders bekommt nun einen Schlitz, durch den später der Hase herausguckt. Dazu messen wir mit dem Lineal von jedem Ende der Hutkrempe 3 cm ab. Wir kennzeichnen die Stellen und verbinden die beiden Punkte mit einer geraden Linie. Danach legen wir den Zylinder auf eine zusammengefaltete Zeitung und schlitzen mit der Spitze des Küchenmessers die Linie ein.

4. Durch den so entstandenen Schlitz schieben wir den Hasen, so daß die Ohren oben herausschauen.

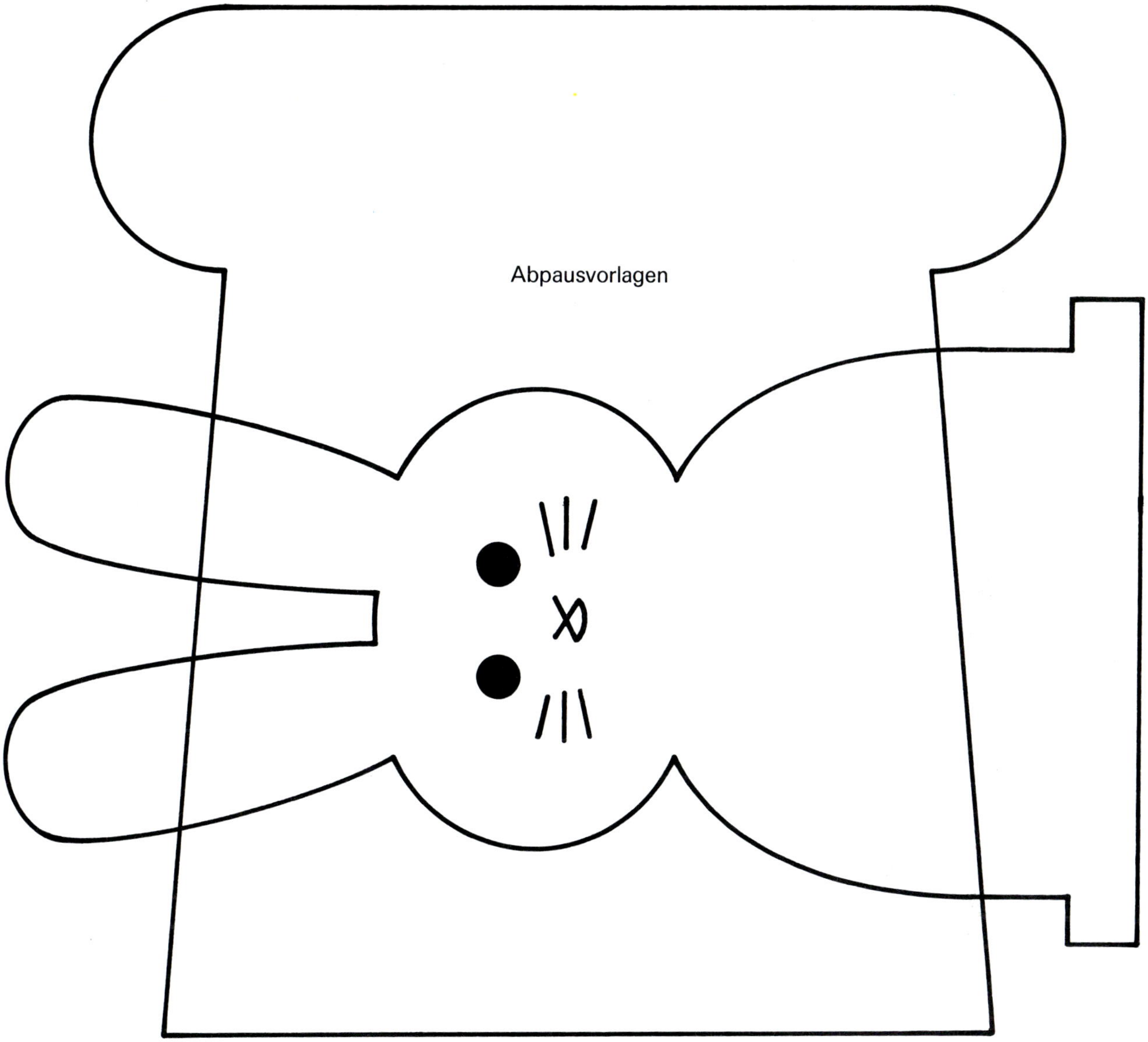

5. Wir nehmen jetzt den zweiten Zylinder und bestreichen den ganzen Rand rundherum mit Pritt Bastelkleber. Danach kleben wir die beiden Zylinder so zusammen, daß der Hase dazwischen liegt und sich in dem Schlitz auf und ab bewegen läßt.

6. Mit einem schmalen Streifen Buntpapier kann man den Zylinder noch verzieren.

7. Wir ziehen nun den Hasen so weit wie möglich aus dem Zylinder heraus und schreiben auf seinen Bauch den Text unserer Einladung.

- alte Zeitungen
- 1 kleines Stück Japanpapier (5 x 5 cm)
- Pinzette
- Batikfarben (in mehreren Tönen)
- Bügeleisen
- Schere
- Pritt Klebestift
- 1 Briefkarte
- schwarzer Filzstift

Schmetterlingskarte

Auf eine Karte geklebt, eignet sich dieser zarte Schmetterling als Einladung, Tischkarte oder Glückwunschkarte. Er ist leicht herzustellen und wird wegen seiner interessanten Färbung, die er auf Grund der Batiktechnik erhält, bestimmt jedem gefallen, der eine solche Karte erhält.

1. Unsere Arbeitsfläche decken wir mit einigen alten Zeitungen ab. Wir falten das Japanpapier einmal diagonal Ecke auf Ecke.

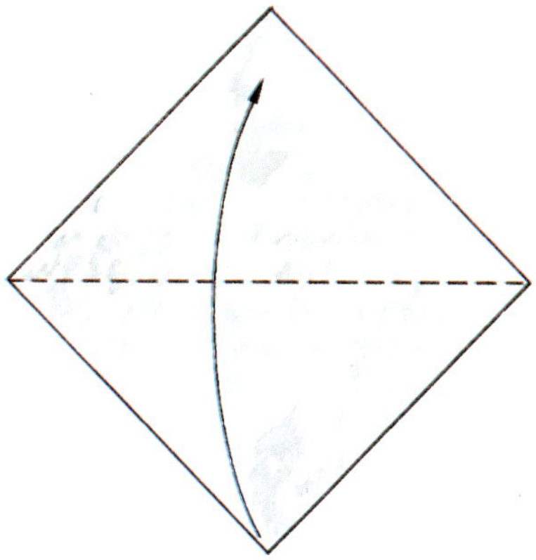

2. Dann legen wir die spitzen Ecken aufeinander. Bei der dritten Faltung legen wir wieder die beiden spitzen Ecken aufeinander, so daß die Form wieder halbiert ist.

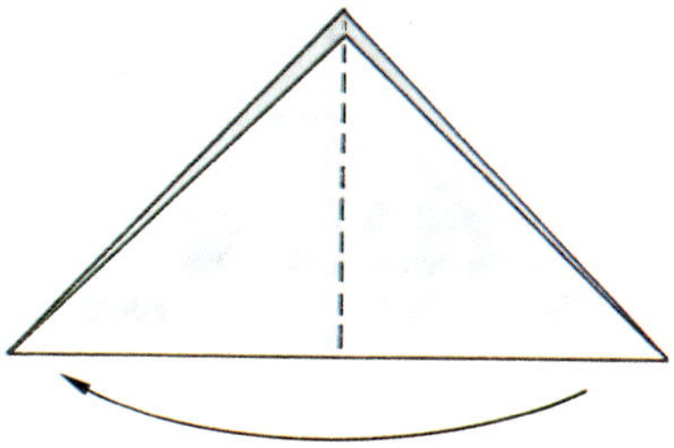

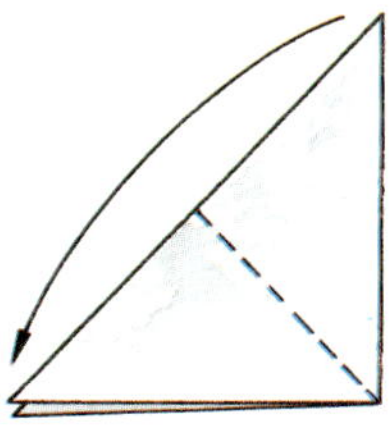

3. Mit der Pinzette fassen wir unser zusammengefaltetes Papier und tauchen es mit der Ecke in die Batikfarbe. Dann tauchen wir die zweite und schließlich die dritte Ecke ein. Je nach Wunsch können wir für alle drei Ecken die gleiche oder auch unterschiedliche Farben verwenden.

4. Danach falten wir das Papier vorsichtig auseinander und lassen es etwa 5 Minuten trocknen. Anschließend stellen wir den Wärmeregler des Bügeleisens auf „Seide" und glätten unser Papier.

5. Um die Form der Schmetterlingsflügel zu erhalten, falten wir das Quadrat wie vorhin einmal diagonal Ecke auf Ecke, öffnen es aber sofort und falten die beiden anderen Ecken genauso aufeinander. Wir öffnen die Faltung und schneiden das Papier an einer der Diagonalen entlang in zwei Teile. Aus jedem dieser Dreiecke wird ein Flügel.

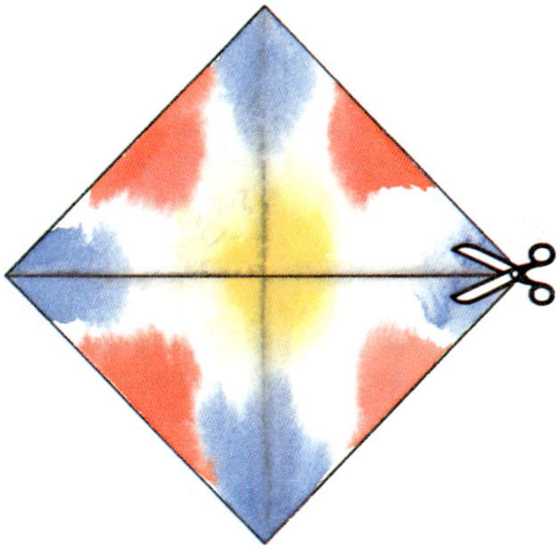

6. Wir legen nun eine der spitzen Ecken schräg nach oben. Nachdem wir die Faltung glattgestrichen haben, falten wir die zweite Ecke genauso hoch. Der erste Schmetterlingsflügel ist fertig. Den zweiten falten wir auf die gleiche Art aus dem anderen Dreieck.

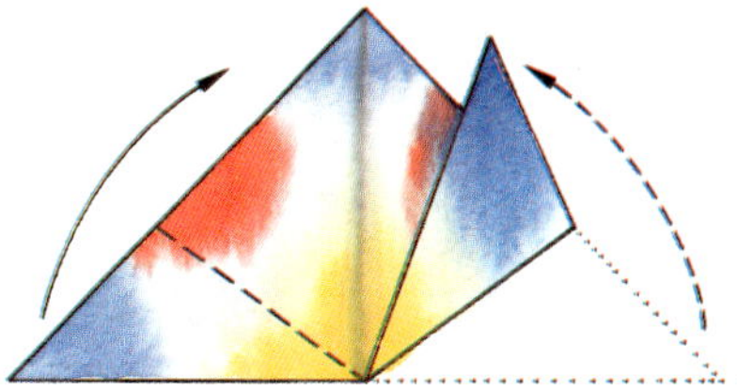

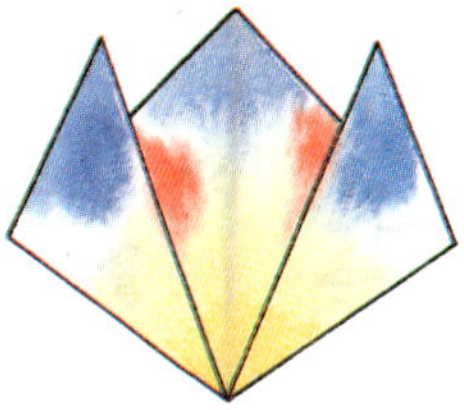

7. Auf die Unterseite der Flügel streichen wir etwas Pritt Klebestift und kleben sie so auf unsere Karte, daß die drei Flügelspitzen jeweils auseinanderlaufen. Mit dem schwarzen Stift malen wir noch den Körper und die Fühler des Schmetterlings auf. Den Text für den Empfänger der Karte kann man mit farblich passenden Stiften neben den Schmetterling oder auf die Rückseite der Karte schreiben.

Kleine Schmetterlingsschar

Wollen wir lieber mehrere kleine Schmetterlinge auf unsere Karte aufkleben, so zerschneiden wir nach dem Einfärben und Bügeln unser Quadrat in vier kleine Quadrate mit einer Seitenlänge von 2,5 cm. Für diese Quadrate brauchen wir nur zweimal die gegenüberliegenden Seiten des großen Quadrats aufeinanderzulegen und die Knicke glattzustreichen. Dann öffnen wir die Faltung und schneiden entlang dieser Knicke das Quadrat in vier gleichgroße Teile. Beim Weiterbasteln folgen wir den vorangegangenen Anleitungen ab Punkt 5.

Batikpfau

- 1 Rest Batikpapier (11 x 16 cm)
- Schere
- Pauspapier
- Bleistift
- weißes Papier
- brauner und roter Filzstift
- Pritt Alleskleber
- dünne Pappe (DIN-A5)

Material zum Papierbatiken:
- alte Zeitungen
- Japanpapier
- Pinzette
- Batikfarben
- feiner Pinsel
- Bügeleisen

Diese Karte herzustellen, das geht ganz schnell, wenn man noch einen Rest Batikpapier im Haus hat. Für alle, die es gerne selbst herstellen möchten, folgt die Anleitung. In diesem Falle lohnt es sich, gleich mehrere Bögen Papier in dieser Technik einzufärben.

1. Unsere Arbeitsfläche decken wir mit einigen alten Zeitungen ab. Das Japanpapier falten wir nun wie in den Zeichnungen:

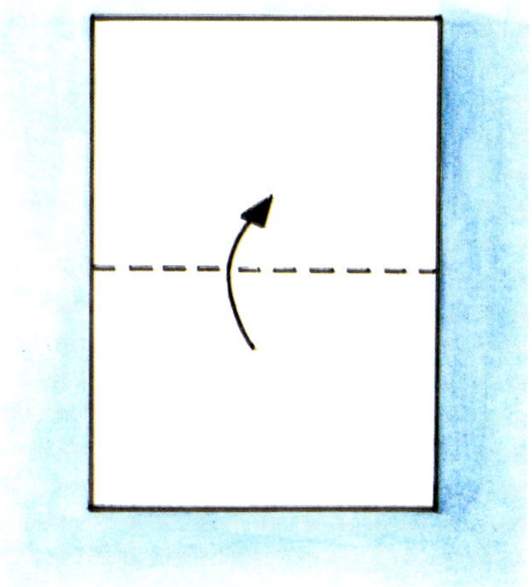

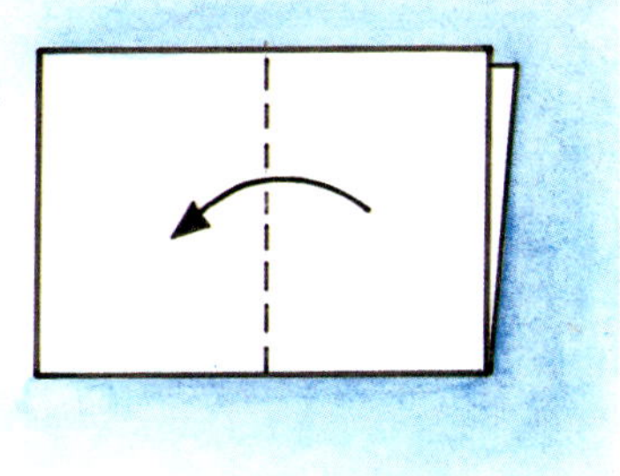

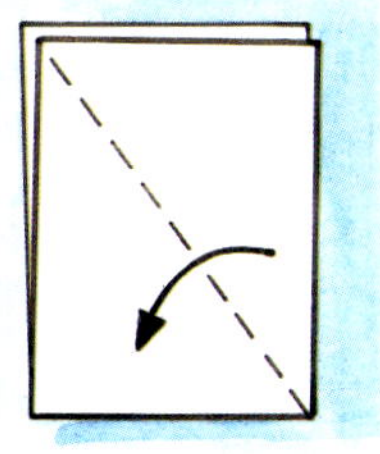

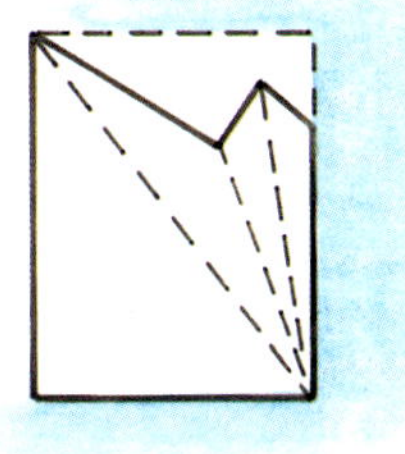

2. Wir fassen den „Fächer" mit der Pinzette in der Mitte an und tauchen nacheinander die beiden Spitzen unseres Fächers in die gewünschte Batikfarbe.

3. Danach nehmen wir den feinen Pinsel, tauchen ihn in eine dritte Farbe und streichen kurz über den noch weißen Mittelteil unseres Fächers. Je nachdem, wieviel Farbe wir genommen haben, erhalten wir ein ganzes Farbband oder nur eine Reihe Farbtupfer.

4. Nun falten wir das Papier vorsichtig auseinander und lassen es etwa 5 Minuten trocknen. Anschließend stellen wir den Wärmeregler des Bügeleisens auf „Seide" und glätten unser Papier.

Nun können wir darangehen, unsere Pfauenkarte zu gestalten:

1. Das geglättete Batikpapier schneiden wir mit der Schere an dem Mittelknick auseinander. Die Farbmuster sind nun halbkreisförmig um einen Mittelpunkt angeordnet.

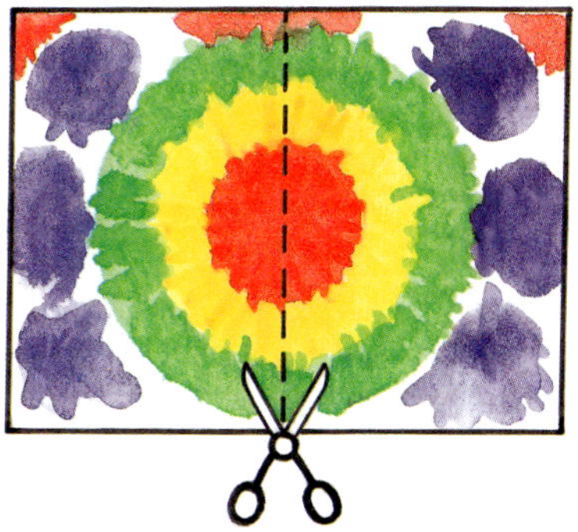

2. Wir falten nochmals die schmalen Seiten aufeinander.

3. Um das Pfauenrad zu erhalten, schneiden wir die Ecke E schön rund ab. Der Schnitt verläuft in etwa parallel zu den Farbkreisen.

4. Wir legen das Batikpapier vorläufig beiseite und wenden uns dem Pfauenkörper zu. Mit Pauspapier und Bleistift pausen wir den Körper von Seite 323 auf das weiße Papier ab.

5. Mit dunkelbraunem Filzstift malen wir den Pfau an. Wir sparen jedoch ein kleines Auge und den Schnabel aus. Das Auge lassen wir weiß, den Schnabel malen wir mit rotem Filzstift an. Wir achten beim Ausmalen darauf, daß keine anderen weißen Flecken übrigbleiben. Dann schneiden wir den Körper aus.

6. Wir nehmen das Batikpapier und legen den ausgeschnittenen Körper auf den Mittelpunkt der geraden Seite des Batikpapiers.

7. Wenn wir uns überzeugt haben, daß alles gut zusammenpaßt, streichen wir auf die Rückseite des Körpers etwas Klebstoff und legen ihn auf die vorhin beschriebene Stelle.

8. Nun nehmen wir eine weiße oder eine farblich passende dünne Pappe (DIN A5), legen den Pfau darauf und bestimmen, wo er festgeklebt werden soll. Einige Tupfen Klebstoff verstreichen wir dünn und legen unseren Pfau darauf.

9. Nach dem Trocknen malen wir mit dem Kugelschreiber oder dem Filzstift die Beine und das Krönchen des Pfaues auf.

Geburtstagskarte

- 1 Bogen Tonpapier (DIN A4)
- 1 Blatt weißes Schreibpapier
- Bleistift
- Lineal
- Pauspapier
- Schere
- Buntstifte

Wer auf diese originelle Weise eine Geburtstagskarte gestalten will, braucht ein wenig Geduld, bis alle Buchstaben auf der Karte untergebracht sind. Der Anfang des Glückwunschtextes wird vorne Buchstabe für Buchstabe ausgeschnitten, innen wird er dann mit einem Buntstift weitergeschrieben.

1. Das Tonpapier wird unsere Faltkarte. Wir falten es in Längsrichtung zur Hälfte zusammen.

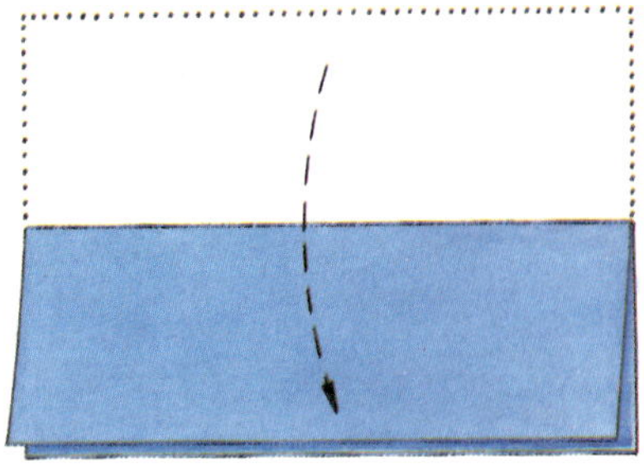

2. Damit wir noch ein wenig probieren können, zeichnen wir mit dem Lineal eine oder mehrere Linien auf das weiße Schreibpapier, die genauso lang sind wie die lange Seite unserer Karte. Das unten abgebildete Alphabet kann als Anregung dienen, wie groß die Schrift werden soll. Auf den Linien entwerfen wir den Textbeginn, bis er gut leserlich ist. Wem die Karte für seinen Text zu lang ist, kann sie jetzt noch ein Stück an der Schmalseite abschneiden.

3. Wenn der Text entworfen ist, übertragen wir die Buchstaben zunächst mit einfachen Linien auf den unteren Rand der Karte. Wer will, kann dann die Buchstaben unten abpausen oder selber welche entwerfen. Wichtig ist, daß sie breit sind und unten auf der Linie stehen. Manche Formen müssen vereinfacht werden, denn Hohlräume wie beim A und O kann man nicht ausschneiden. Anschließend schneiden wir alle Buchstaben vom unteren Rand her aus.

4. Danach klappen wir die Karte auf und zeichnen auf die untere Hälfte mit Buntstiften ein abwechslungsreiches Muster auf. Das können kleine Farbflecken sein, Tupfer, enge und breite Streifen oder ein Regenbogen. Beim Zusammenklappen der Karte sollen alle Buchstaben farbig unterlegt sein. Über diese Bemalung setzen wir dann unseren Glückwunschtext. Wer will, kann vorne noch einige Farbstreifen über die ausgeschnittenen Buchstaben setzen.

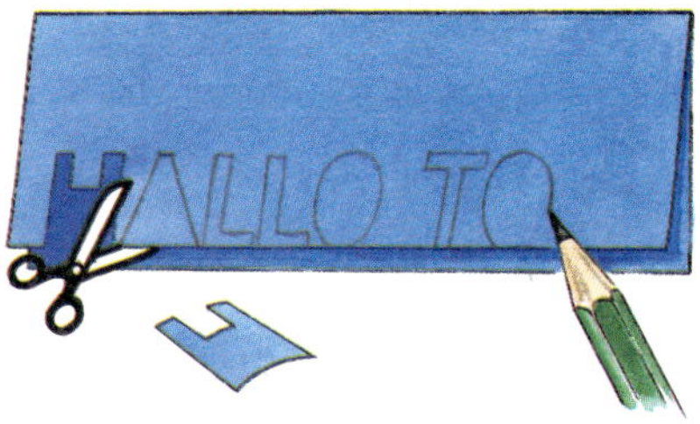

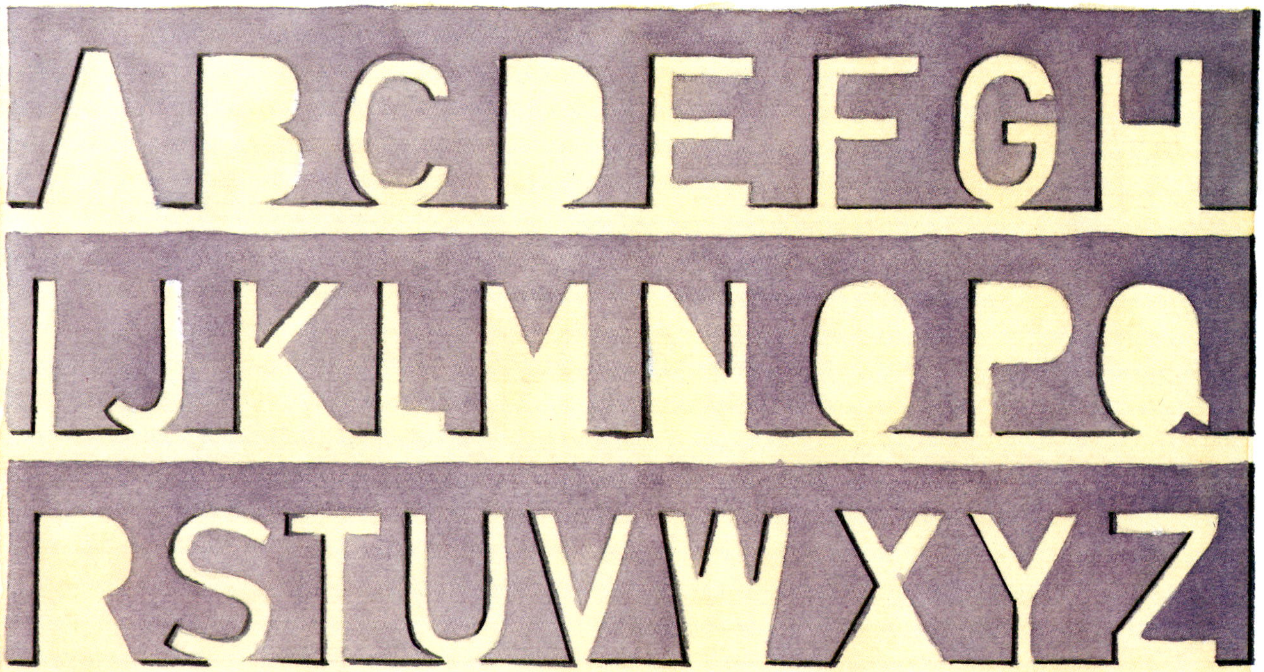

Zu unserem
mittag für
im
ein.
Jeder sollte
einen
Es wäre nett,
Füllmaterial (
geraspelte
vorher
vielen
Mit

Zum Reinbeißen: die Apfeleinladung

- *1 Bogen Pergamentpapier*
- *Bleistift*
- *Schere*
- *1 Stück kleingemusterte Tapete oder 1 Bogen Geschenkpapier*
- *1 runde Dose oder Schüssel mit etwa 11 cm Durchmesser*
- *weißes Papier*
- *Pritt Bastelkleber*

Diese Art der Einladungskarte ist für ein Sommerfest oder ein Bratapfelfest geeignet. Jeder Gast wird dieser originellen Aufforderung sicher gerne Folge leisten!

1. Vom großen Musterbogen pausen wir den Apfel auf Pergamentpapier und schneiden ihn aus. Er dient uns als Schablone, um die Form auf ein Stück Tapete oder das Geschenkpapier zu übertragen.

2. Wir legen die Schablone zunächst auf die Musterseite des Papiers und fahren den Umriß mit dem Bleistift nach. Dann drehen wir das Papier um und machen dasselbe noch einmal auf der ungemusterten Rückseite. Beide Formen schneiden wir aus und haben nun zwei seitenverkehrte Äpfel.

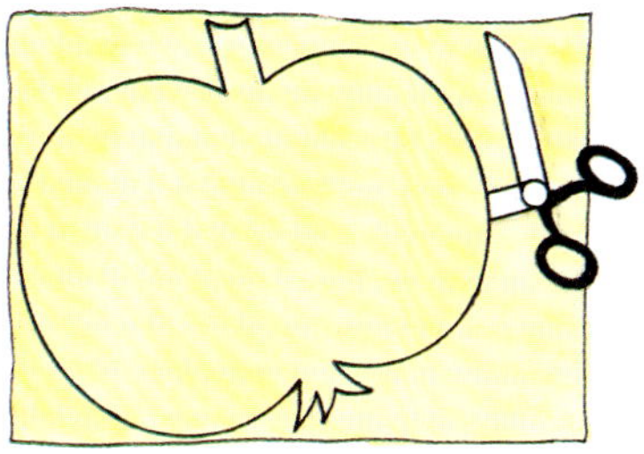

3. Nun nehmen wir ein rundes Schüsselchen oder eine Dose mit etwa 11 cm Durchmesser und legen es auf eine Hälfte des „Bratapfels" (siehe Zeichnung). Dann zeichnen wir den Umriß mit einem Bleistift nach.

4. Diesen Kreis schneiden wir nun entlang der vorgezeichneten Linie vorsichtig aus. Achtung: nicht den ganzen Kreis ausschneiden, sondern ein Stück Papier stehenlassen, an dem das „Fenster" auf- und zugeklappt werden kann. (Auf der Zeichnung ist dieser Teil des Kreises durch eine gestrichelte Linie gekennzeichnet.)

5. Das so entstandene Fenster wird mit dem entsprechenden Einladungstext hinterklebt. Das Papier mit dem Text muß etwas größer als das Fenster sein, damit ringsherum eine schmale Klebefläche bleibt. Man kann auch ein leeres Papier einkleben und erst dann den Einladungstext hineinschreiben.

6. Zum Schluß kleben wir die beiden Tapetenäpfel so zusammen, daß das Muster jeweils außen ist.

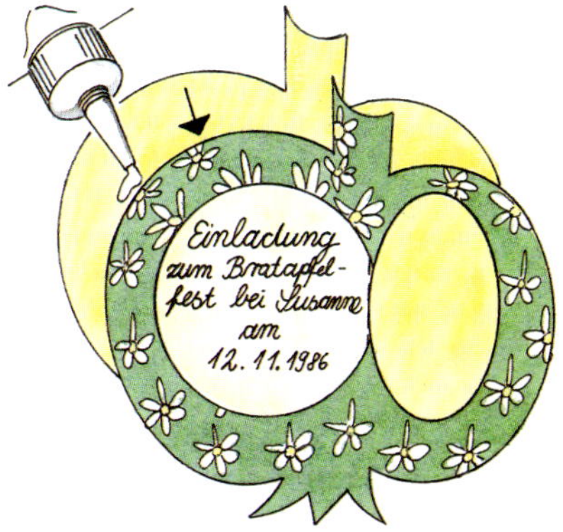

Obstkarten

- Tonpapier (10 x 12 cm)
- Pauspapier
- Bleistift
- Zeitschrift
- dicke Nadel
- Tonpapier (10 x 24 cm)
- Pritt Alleskleber

Diese beiden Einladungskarten eignen sich für einen Bratapfelabend oder für einen Birnenbowle-Umtrunk.

1. Auf das kleinere Blatt Tonpapier (10 x 12 cm) pausen wir mit Pauspapier und Bleistift das gewünschte Motiv von Seite 322 ab.

2. Wir legen das Tonpapier auf eine Zeitschrift und stechen nun mit der Nadel ganz dicht ein Loch neben dem anderen die Linie entlang ein.

3. Haben wir den ganzen Umriß gestichelt, drücken wir vorsichtig das Obst heraus. Falls es sich an einer Stelle nicht lösen sollte, legen wir es zurück auf die Zeitschrift und sticheln noch einige Male nach.

4. Wir nehmen nun das doppelt so große kontrastfarbene Tonpapier, legen es vor uns auf den Tisch und falten die schmalen Seiten einmal aufeinander.

5. Wir bestreichen das kleine Tonpapier mit den ausgestichelten Umrissen des Obstes mit etwas Klebstoff und legen es auf eine Hälfte des großen Tonpapiers.

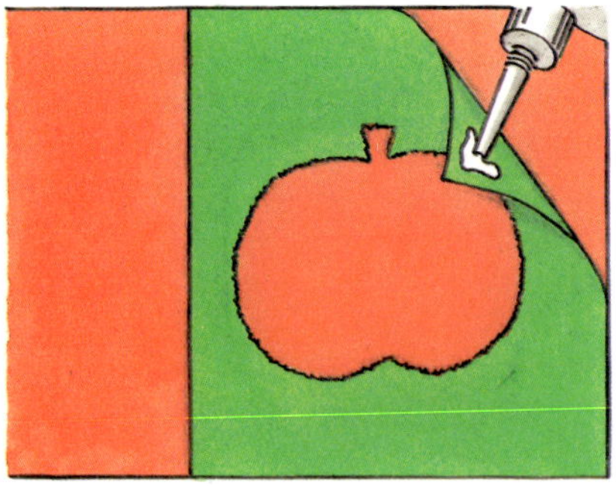

6. Auf die andere Hälfte des Tonpapiers kleben wir das ausgestochene Obst.

7. Wir klappen die Karte so zusammen, daß unser Bild außen ist. Innen haben wir nun Platz für den Text unserer Einladung.

- DIN-A 5-Papier
- Pritt Bastelkleber
- etwas trockenes Moos
- 1 Rest Stoffborte (etwa 2–3 cm breit)
- Schere
- Bleistift
- Gold- oder Silberpapierreste

Zur Weihnachtszeit: die Bortenkerze

Diese Einladungskarte ist schnell gemacht und trotzdem originell. Natürlich kann man sie statt als Einladungskarte auch als Geschenkanhänger oder individuelle Weihnachtskarte benutzen.

1. Wir falten unser Papier einmal zur Hälfte zusammen, so daß wir eine Doppelkarte im DIN-A 6-Format erhalten.

2. Wir legen die Karte hochkant vor uns und kleben auf den unteren Teil etwas Moos. Aus diesem Moos wird unsere Bortenkerze „herauswachsen".

3. Nun schneiden wir von unserer Stoffborte ein etwa 6 cm langes Stück ab – die Kerze. Der obere Rand wird etwas abgeschrägt, das sieht dann so aus, als ob die Kerze leicht schief abgebrannt ist.

4. Wir bestreichen die linke Seite der Stoffkerze mit Klebstoff und kleben die Bortenkerze auf die Karte. Den unteren Rand der Kerze schieben wir dabei etwas unter das Moos.

5. Nun fehlt nur noch die Kerzenflamme. Mit Bleistift zeichnen wir eine Kerzenflamme auf das Gold- oder Silberpapier und schneiden das Flämmchen aus.

6. Nun müssen wir das Flämmchen nur noch aufkleben, und schon brennt unsere Advents- oder Weihnachtskerze.

Mit Nadel und Faden

Diese Karte ist als Einladung zu einer Advents- oder Weihnachtsfeier geeignet. Natürlich können auch andere Motive gewählt werden, wie zum Beispiel eine Glocke, Kerze, ein Engel oder ein Weihnachtsmann. Wer Schwierigkeiten mit dem Malen hat, kann sich auch von Weihnachtspapier oder Werbeprospekten etwas abpausen.

1. Wir legen den Fotokarton einmal in der Mitte zusammen und bekommen eine Doppelkarte im DIN-A 6-Format.

2. Wie auf Seite 14 beschrieben, pausen wir den Tannenbaum auf die Vorderseite dieser Doppelkarte.

3. Mit einer dicken Stopfnadel stechen wir im Abstand von etwa 1 cm kleine Löcher auf die Umrisse des Baumes.

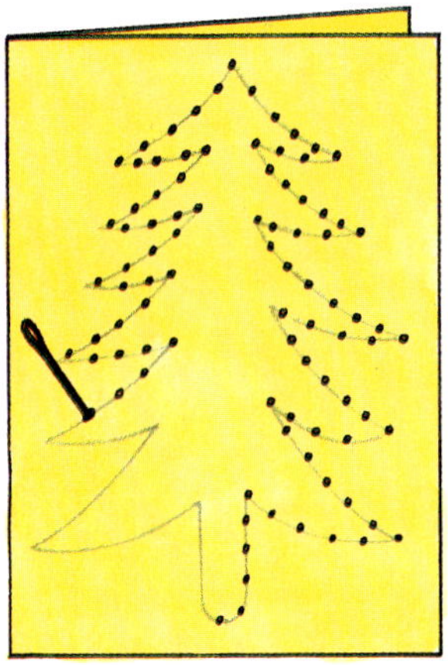

4. Mit Vorstichen nähen wir den Wollfaden in die vorgestanzten Löcher ein. Sind wir einmal ganz herum gekommen und stoßen wieder an den Anfang des ersten Stiches, füllen wir die Lücken in einer zweiten „Nährunde" aus. Zuletzt ist die Bleistift-Zeichnung ganz verdeckt.

Vorlage zum Abpausen

5. Der Anfang und der Schluß der Wolle werden auf der Rückseite verknotet.

6. Nun schreiben wir den Einladungstext in den freien Innenteil der Doppelkarte oder kleben ein extra Textblatt ein.

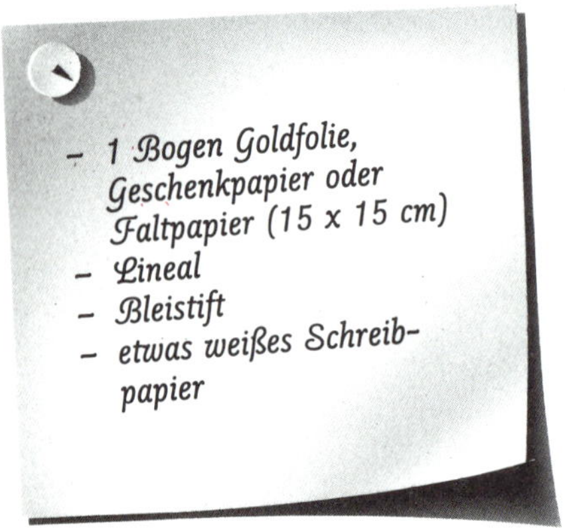

Faltsterne

Einen solchen festlichen Stern kann man nicht nur als Einladung oder Grußkarte in der Weihnachtszeit verwenden, sondern auch als Geschenkanhänger. Zieht man die Spitzen des Sterns auseinander, kann man den darin enthaltenen Text lesen.

1. Um diesen Stern zu falten, benötigen wir ein gleichseitiges Dreieck mit einer Seitenlänge von 15 cm. Am einfachsten geht das, indem wir ein Quadrat mit dieser Seitenlänge nehmen, die Mittelpunkte zweier gegenüberliegender Seiten abmessen, mit einem Punkt kennzeichnen und diese mit einer dünnen Linie verbinden. Wir legen nun das Lineal so an, daß die

15-cm-Markierung auf einer Ecke und der Nullpunkt auf unserer Mittellinie liegt. Wir ziehen entlang des Lineals einen Strich. Mit der anderen Seite verfahren wir genauso und schneiden dann unser gleichseitiges Dreieck aus.

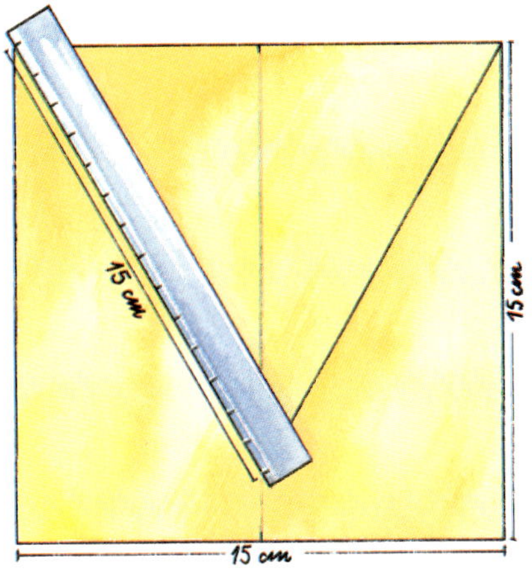

2. Wir kennzeichnen nun mit Hilfe von Lineal und Bleistift auch die Mittelpunkte der beiden anderen Seiten und radieren die Hilfslinie in der Mitte aus. Dann falten wir eine Spitze auf den Mittelpunkt der gegenüberliegenden Seite. Wir öffnen unser Papier und falten die zweite und dann die dritte Spitze auf die gleiche Art. Unser Papier ist nun in vier gleichseitige Dreiecke geteilt.

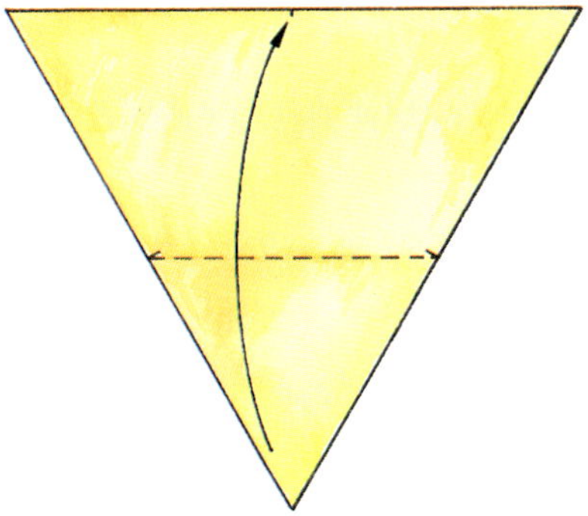

3. Auf das Dreieck in der Mitte schreiben wir nun den gewünschten Text. Haben wir Goldfolie verwendet, kleben wir dort vorher ein gleichgroßes Dreieck aus weißem Papier auf, damit wir besser schreiben können.

4. Um den Stern zu schließen, klappen wir zunächst wieder eine Spitze auf den Mittelpunkt der gegenüberliegenden Seite. Wir legen das Lineal an die Seite AC, messen von Punkt A eine Entfernung von 2 cm ab und kennzeichnen sie. An der Seite BC machen wir es genauso.

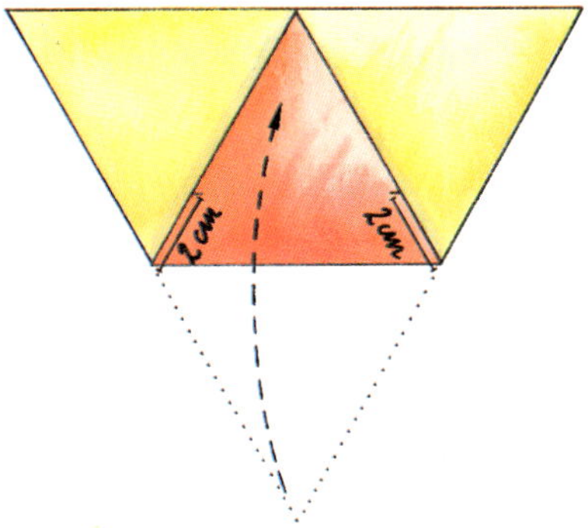

5. Wir legen nun das Lineal so auf unser Papier, daß es die beiden neu gefundenen Punkte verbindet, halten es fest und klappen Ecke C darüber. Danach legen wir das Lineal weg, streichen den Knick glatt und öffnen die Faltung. Genauso verfahren wir auch mit den beiden anderen Ecken.

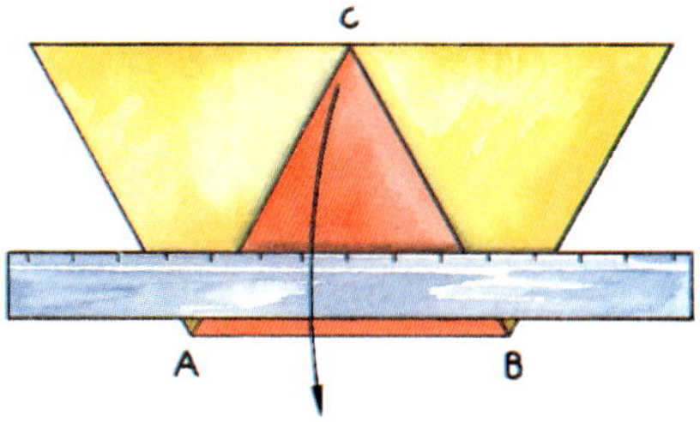

6. Haben wir die dritte Ecke gefaltet, legen wir die beiden anderen nacheinander darüber. Bei der letzten Ecke schieben wir dabei ein Ende unter die erste Spitze. So bleibt der Stern geschlossen.

- Paus- oder Pergamentpapier
- Bleistift
- 1 DIN-A 5-Karton
- Schere
- 1 weißes DIN-A 5-Papier
- 1 Spritzsieb
- 1 alte Zahnbürste
- Wasserfarben

Weihnachtskarte in Spritztechnik

Diese Bastelei erfordert eine ruhige Hand, da die zum Schluß sehr kleinen Einzelteile immer wieder exakt aufgelegt werden müssen. Es empfiehlt sich, zuerst eine Übungskarte herzustellen. Für jede Karte braucht man übrigens eine neue Schablone, da diese jeweils zerschnitten wird.

1. Wir übertragen die Zeichnung des Engels vom Musterbogen auf Seite 326 auf den Karton (Abpausen von Vorlagen siehe Seite 14). Hierbei ist darauf zu achten, daß alle Linien für Flügel, Arme, Hände, Gewand, Gesicht und Haare eingezeichnet werden. Wir schneiden nun den Umriß des Engels aus.

2. Diese Pappschablone legen wir auf unser weißes DIN-A5-Papier. Wir tauchen die Zahnbürste vorsichtig in eine Wasserfarbe und spritzen die Farbe mit Hilfe des Spritzsiebes über das Papier.
Der Karton ist schwer genug, um ohne Fixierung liegenzubleiben. Wenn wir die Schablone jetzt abnehmen, erscheint der Engel weiß.

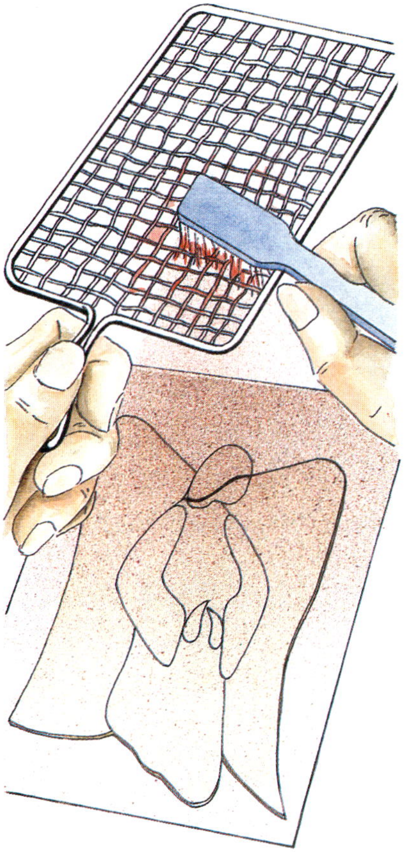

3. Nun werden die Flügel abgeschnitten. Die Schablone wird wieder exakt an ihren vorherigen Platz gelegt und wieder mit derselben Farbe über das ganze Papier gespritzt. Die Flügel haben nun eine hellere Färbung als das übrige Papier, da dieses schon zum zweiten Mal gespritzt wurde.

4. Nun schneiden wir die Arme heraus. Unsere Schablone besteht jetzt nur noch aus Gesicht, Haaren, Händen und Gewand. Sie wird wieder exakt an ihren ursprünglichen Platz gelegt. Wir spritzen wieder darüber. Es entsteht eine weitere Farbabstufung vom dunkleren Hintergrund über die Flügel bis hin zu den Armen.

5. Zuletzt schneiden wir noch die Haare und das Gewand ab und erhalten so 3 Einzelteile, nämlich das Gesicht und die beiden Hände. Sie werden nun jedes an seinen Platz gelegt, und es wird ein letztes Mal über das Papier gespritzt.

6. Nach dem Abnehmen von Gesicht und Händen treten nur noch diese hell und klar hervor. Der übrige Engel sieht aus, als ob wir ihn durch Nebel betrachten. Dies verstärkt den Eindruck, es handle sich um ein Wesen von einer anderen Welt.

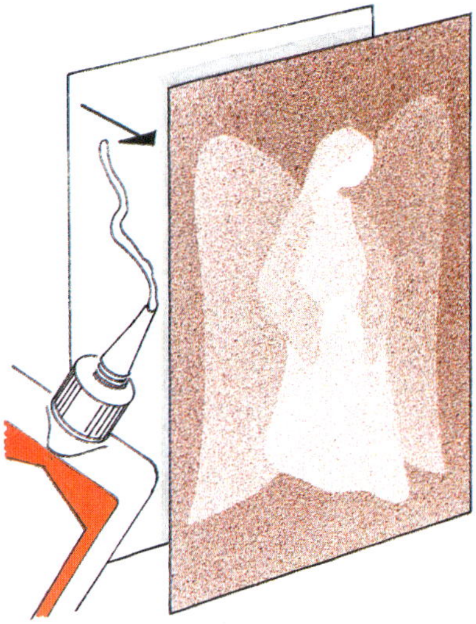

Eis und Schnee

Wenn es draußen stürmt und schneit, die Tage kurz und die Abende lang sind, ist die richtige Zeit, gemütlich im warmen Zimmer zu sitzen und mit der ganzen Familie zu basteln.
Und da dies auch die Jahreszeit ist, in der die Natur ihren Winterschlaf hält, sind wir besonders auf Selbstgemachtes zur Dekoration der Räume angewiesen.
Zarte Schneeflocken schmücken die Fenster, lustige Schneemänner, die nicht schmelzen können, hängen von der Decke, und das große Frau-Holle-Wandbild kann als Gemeinschaftsarbeit der ganzen Familie entstehen.
Im Winter, wenn die Kinder nicht selten den ganzen Tag zu Hause „eingesperrt" sind, weil das Wetter nicht zum Spielen im Freien einlädt, sind die gemeinsamen Bastelstunden die beste Möglichkeit zu verhindern, daß Langeweile und schlechte Laune aufkommt.
Und wen die Lust am Basteln gepackt hat, der kann ja auch einmal in den anderen Kapiteln dieses Buches blättern und sich von den dort vorgestellten Ideen zu weiteren Bastelarbeiten inspirieren lassen.

Schneewolke

Dies ist eine Bastelei, die auch jüngere Kinder, die gerade den Umgang mit der Schere erlernen, gut bewältigen können. Wer es sich zutraut, kann die Wolke auch ohne Vorlage zeichnen. Besonders hübsch sieht es aus, wenn man mehrere Schneewolken in verschiedenen Höhen im Zimmer aufhängt.

1. Wir pausen die Wolke vom großen Musterbogen auf den weißen Karton und schneiden sie aus (Abpausen von Vorlagen siehe Seite 14).

2. Von der Nähseide schneiden wir 5 – 7 verschieden lange Fäden ab.

3. Aus der Watte zupfen wir einzelne Flocken heraus. Wir nehmen einen Faden, fädeln ihn auf und machen am Ende einen Knoten. Mit der Nadel stechen wir jetzt in die erste Watteflocke, ziehen sie auf den Faden und schieben sie bis zum Knoten vor. Die nächste Flocke schieben wir bis kurz vor die erste und machen so weiter, bis der Faden voll mit Flocken ist.

4. Dann stechen wir mit der Nadel in die glatte Unterseite der Wolke ein, ziehen das Fadenende durch und knoten es fest.

5. Auf diese Weise befestigen wir etwa 5 – 7 Fäden mit Watteflocken an der Unterseite der Wolke.

6. Zum Schluß ziehen wir durch die Oberseite der Wolke 2 Fäden, die wir mit Reißzwecken an der Decke befestigen.

Skifahrer

Skifahrer gehören einfach zu einer Winterlandschaft dazu. Wenn wir ihnen noch einen Berg aus Papier oder Watte bauen, können sie von dort ins Tal sausen.

1. Wir pausen den Umriß des Skifahrers vom Musterbogen auf Seite 324 auf das Pergamentpapier und übertragen ihn auf unsere Pappe (Abpausen von Vorlagen siehe Seite 14). Dann schneiden wir den Skifahrer aus.

2. Danach malen wir ihn mit Buntstiften an. Zunächst bemalen wir die Vorderseite. Der kleine Wulst am Kopf zeigt an, wie weit die Mütze geht. Die malen wir an. Darunter wird das Gesicht aufgemalt. Der übrige Körper steckt in einem „Schneeanzug", die Farben dazu kann sich jeder selbst aussuchen.

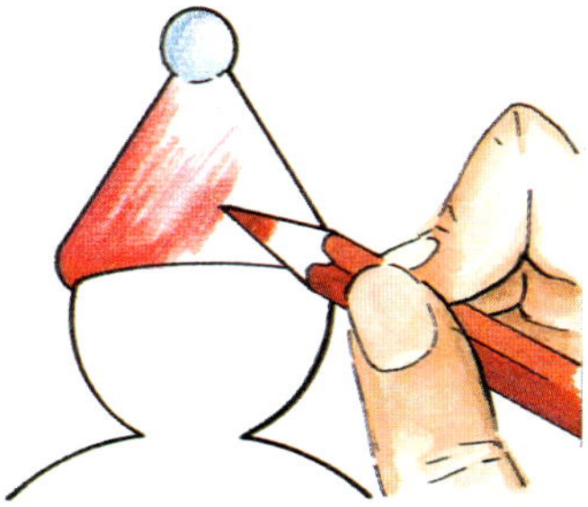

3. Die Rückseite des Skianzugs wird genauso angemalt wie die Vorderseite. Auf den Kopf malen wir da aber kein Gesicht auf, sondern lassen Haare unter der Mütze herausschauen.

4. Für die Skier schneiden wir 2 Papierstreifen von etwa 13 cm Länge und 1,5 cm Breite zu. An einem Ende schneiden wir sie von beiden Seiten spitz zu. Dann malen wir sie auch an.

5. Die Beine unseres Skifahrers knikken wir unten ungefähr 1 cm nach vorn um und kleben jeden dieser „Füße" auf einen Ski.

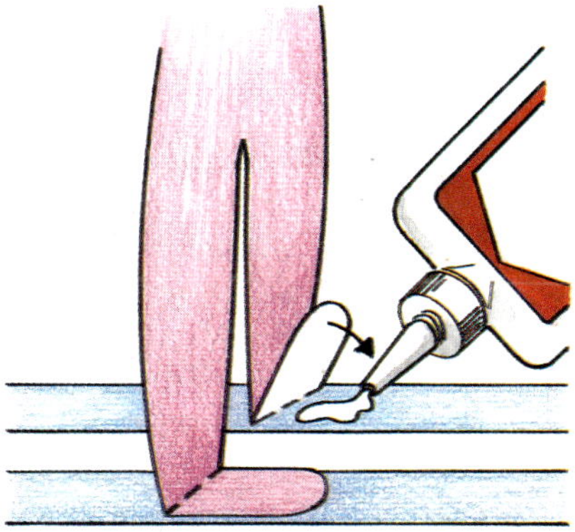

6. Damit er sich auch abstoßen kann, bekommt er noch Skistöcke. Dafür schneiden wir 2 Kreise in der Größe eines Pfennigstückes aus und schieben je einen auf einen Zahnstocher. Das andere Ende des Zahnstochers schieben wir durch die „Hand" des Skifahrers. Wer will, kann die Kreise vorher noch bemalen.

- 1 kleiner Stoffrest
- Bleistift
- Lineal
- Schere
- 1 Sektkorken aus Kork
- Pritt Bastelkleber
- Filzstifte
- 1 leere Streichholzschachtel
- etwas Pauspapier
- dünne Pappe
  oder festes Papier

Schlittenmädchen

So eine kleine Schlittenfahrerin mit buntem Kopftuch macht sich gut in einer weißen Winterlandschaft, die wir uns aus Papier oder Watte bauen können. Besonders hübsch sieht es aus, wenn die Farben des Kopftuchs des Schlittenmädchens mit der Farbe der Kufen harmonieren. Haben wir nur graue Pappe oder weißes Papier für die Kufen, können wir sie passend zum Kopftuch mit Filzstiften hübsch bemalen.

1. Aus dem Stoffrest entsteht das Kopftuch unseres Mädchens. Mit Bleistift und Lineal malen wir uns ein rechtwinkliges Dreieck auf die linke Seite des Stoffes und schneiden es aus. Die Maße und die Form dieses Dreiecks zeigt die Zeichnung.

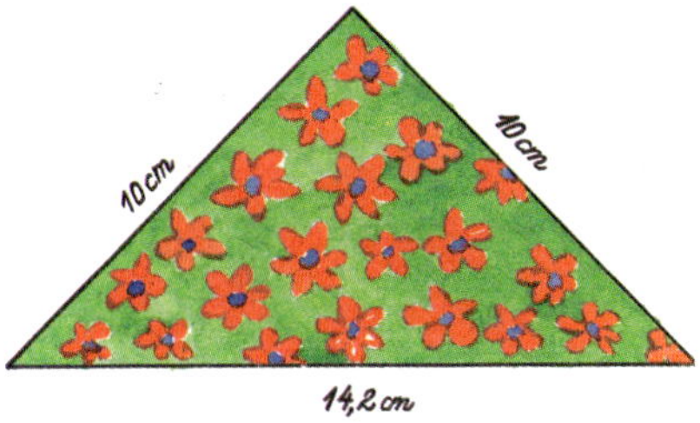

2. Das Kopftuch legen wir so um das dicke Ende des Korkens, daß vorne die beiden langen Ecken übereinander liegen, und kleben es dann fest.

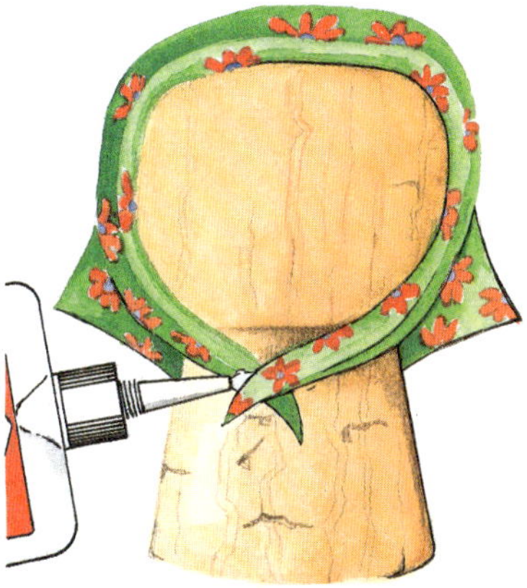

3. Mit den Filzstiften zeichnen wir das Gesicht: Augen, Mund und zwei Punkte als Nase.

4. Die Schlittenkufen entstehen aus der Pappe oder dem festen Papier. Wir pausen die Vorlage von dieser Seite 2mal auf die Pappe und schneiden die Kufen aus.

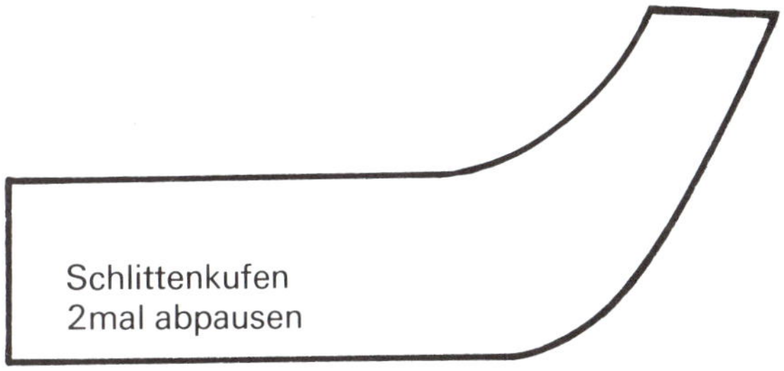

Vorlage zum Abpausen

5. Die beiden Reibflächen der Streichholzschachtel bestreichen wir mit Pritt Bastelkleber und kleben dort je eine Kufe auf.

6. Zum Schluß bestreichen wir die Unterseite des Korkens ebenfalls mit Klebstoff und setzen unser Mädchen auf den Schlitten.

Schneemannmobile

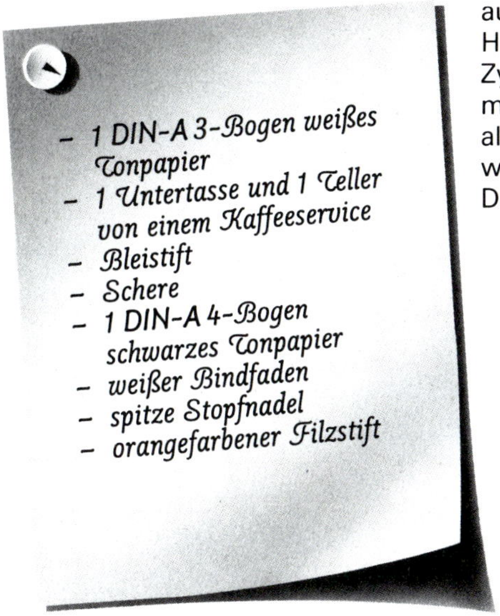

Dieses Mobile ist eine hübsche Zimmerdekoration für die kalte Jahreszeit. Durch verschiedene Hüte und unterschiedliche Bemalung entstehen ganz individuelle Typen. Besonders wohl fühlen sich diese Scheemänner, wenn man sie inmitten von Schneewolken aufhängt (Schneewolke siehe Seite 48).

1. Wir legen den Teller und den Unterteller auf das weiße Tonpapier und fahren die Umrisse mit dem Bleistift nach. Diese beiden Kreise schneiden wir aus, es sind Kopf und Körper des Schneemanns.

2. Auf das schwarze Tonpapier malen wir uns mit dem Bleistift einen Hut auf. Hier kann sich jeder seine eigene Hutkreation aussuchen, denn ob Zylinder, Schlapphut oder Zipfelmütze – unserem Schneemann steht alles gleich gut. (Für die Größe legen wir uns als Hilfe den Unterteller dazu). Den Hut schneiden wir ebenfalls aus.

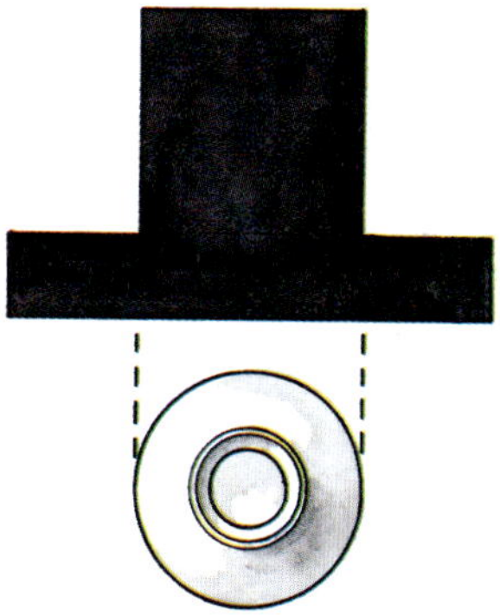

3. Aus dem restlichen schwarzen Tonpapier schneiden wir 8 – 10 kleine, etwa 2 cm lange Ovale aus, die wir später als Kohlen verwenden.

4. Nun kleben wir auf den Bauch (den großen Kreis) 3 – 4 „Kohlenknöpfe", wie auf dem Foto zu sehen. Mit den restlichen „Kohlen" kleben wir auf den Kopf (den kleinen Kreis) Augen und Mund auf. Die Nase malen wir mit dem orangefarbenen Filzstift auf (siehe Foto).

5. Wir fädeln den Faden in die Nadel und ziehen ein Stück Faden durch die Mitte der Unterseite des Hutes und die Mitte der Oberseite des Kopfes. (siehe Zeichnung). Beide Enden des Fadens werden so verknotet, daß Hut und Kopf locker miteinander verbunden sind und jedes Teil sich gut drehen kann.

6. Dasselbe machen wir anschließend mit Kopf und Bauch.

7. Durch die Mitte des oberen Randes des Hutes wird zum Schluß noch ein Faden zum Aufhängen des Schneemanns an der Decke gezogen.

8. Nur noch den Faden mit einer Reißzwecke an der Decke befestigen, und schon schwebt unser Schneemann durchs Zimmer.

- 1 DIN-A 4-Bogen weißes Tonpapier
- 1 DIN-A 4-Bogen schwarzes Tonpapier
- Bleistift
- Pauspapier
- Schere
- Pritt Bastelkleber
- schwarzer Filzstift

Schaukelpinguin

So ein kleiner Schaukelpinguin ist eine nette Tisch-oder Zimmerdekoration. Fällt vielleicht ein Geburtstag oder sonst eine Feier in diese Jahreszeit, läßt er sich als originelles Tischkärtchen verwenden.

1. Wir nehmen unser weißes Tonpapier und falten es auf die Hälfte, also auf DIN-A 5-Format, zusammen.

Vorderteil Vorlagen zum Abpausen Rückenteil

2. Wir pausen die Umrisse des Rückenteil-Pinguins von dieser Seite auf das weiße Tonpapier (Abpausen von Vorlagen siehe Seite 14). Dabei ist darauf zu achten, daß die flache Stelle am Kopf des Pinguins, wie auf der Zeichnung zu sehen ist, genau auf der Faltkante des Tonpapiers liegt.

3. Wir schneiden den Pinguin aus. Dabei müssen wir darauf achten, daß wir die Faltkante am Kopf nicht auseinanderschneiden, denn an dieser Stelle werden Vorder- und Rückenteil des Schaukelpinguins zusammengehalten.

4. Die grau gezeichneten Teile vom Vorderteil des Pinguins pausen wir auf schwarzes Tonpapier und schneiden sie aus. Wir kleben sie auf die eine Seite unseres Vogels. Wo die einzelnen Teile hingehören, sehen wir auf der Vorlage.

5. Jetzt pausen wir die grau gezeichneten Teile vom Rückenteil des Pinguins auf schwarzes Tonpapier, schneiden sie aus und kleben sie, wie auf der Vorlage zu sehen, auf.

6. Zuletzt werden die Augen mit schwarzem Filzstift aufgemalt, fertig! Wenn wir unseren Pinguin nun etwas auffalten, aufstellen und sachte anstoßen, kann er losschaukeln.

Frau Holle

Wenn draußen die Schneeflocken wirbeln und alles weiß wird, erzählt bestimmt jemand das Märchen von Frau Holle, die so fleißig ihre Kissen schüttelt, daß es bei uns auf der Erde schneit. Dazu paßt dann unser Frau-Holle-Wandbild. Aus Mutters Restekiste suchen wir Gardinen- und Stoffreste hervor. Laßt Euch von dem Foto anregen, was Ihr so alles brauchen werdet!

1. Auf den oberen Rand des Papiers streichen wir Pritt Bastelkleber und kleben einen 10 – 15 cm breiten und etwa 80 cm langen Streifen Gardine dort an.
Da der Streifen etwas länger ist als unser Papier, legen wir ihn beim Ankleben etwas in Falten.

2. Für den Kopf der Frau Holle suchen wir einen hellen Stoffrest aus. Wir nehmen den Dessertteller (oder die Schüssel), legen ihn auf den Stoff und ziehen mit dem Bleistift den Umriß nach. Dann schneiden wir den Kreis (Kopf) aus und kleben ihn etwas unterhalb der Gardine auf das Papier.

3. Für die Augen schneiden wir aus Stoffresten 2 kleine und 2 etwas größere Kreise aus. Wir kleben den kleinen Kreis auf den größeren und das so entstandene Auge in die obere Hälfte des Kopfes. Das zweite Auge wird etwas entfernt, auf gleicher Höhe wie das erste, angeklebt. Die Nase ist tropfenförmig oder dreieckig und wird mit der Spitze zwischen den Augen festgeklebt. Der Mund entsteht aus einem Halbmond, so haben wir eine freundlich lächelnde Frau Holle.

- *1 Bogen festes Papier (100 x 70 cm) in Blau, Grau oder Braun*
- *Gardinenreste*
- *Pritt Bastelkleber*
- *Schere*
- *Dessertteller oder kleine Schüssel mit etwa 18 cm Durchmesser*
- *Stoffreste*
- *Bleistift*
- *Lineal*
- *Fell- oder Wollreste*

4. Auf einen etwas kräftiger gemusterten Stoff zeichnen wir mit dem Lineal ein Quadrat von 18 x 18 cm und schneiden den Oberkörper aus. Er wird direkt unterhalb des Kopfes festgeklebt.

5. Die Ärmel entstehen aus 2 Rechtecken mit einer Länge von 32 cm und einer Breite von 15 cm. Sie werden aufgezeichnet, ausgeschnitten, an den Schultern angesetzt und an der Ansatzstelle gerafft, damit sie schön bauschig fallen. Dann kleben wir sie in einem Bogen nach unten und raffen sie auch an den Enden zusammen.

6. An die Enden der Ärmel wird das Kissen geklebt. Es ist auch ein Stoffrest, den wir in der Form eines Kissens zuschneiden (Maße: 36 x 30 cm). Das Kissen kann Rüschen oder andere Verzierungen bekommen. Die Rüschen fertigen wir aus schmalen Gardinenstreifen, die wir rund um das Kissen kleben und sie dabei auch leicht raffen.

7. Nun brauchen wir noch 2 gleichgemusterte Gardinenstücke mit einer Länge von 85 cm und einer Breite von 25 cm, die wir rechts und links von Frau Holle an den oberen Rand des Bildes kleben. Es sind die Gardinen von Frau Holles Fenster. Auch sie raffen wir oben etwas zusammen, damit die Gardinen schön faltig werden.

8. In Höhe des Kissens binden wir jede Gardine mit einem Streifen Stoff zusammen (siehe Foto). An dieser Stelle kleben wir sie rechts und links am Rand fest. Die Enden der Gardine werden gleichmäßig abgeschnitten und hängen luftig herunter.

9. Jetzt braucht Frau Holle noch Haare und ein Kopftuch. Die Haare entstehen aus aufgeklebten Woll- und Fellresten. Für das Kopftuch legen wir als Anhaltspunkt noch einmal den Dessertteller auf einen passenden Stoffrest und zeichnen einen halben Kreis. In etwa 6 cm Abstand zeichnen wir einen weiteren Halbkreis und lassen das Ganze in zwei Spitzen enden, wie die Zeichnung zeigt.
Dieses „Kopftuch" kleben wir rund um den Kopf und verknoten die Zipfel unter dem Kinn.

10. Nun fehlen nur noch die Schneeflocken. Dazu schneiden wir aus alten Stores lauter kleine Schnipsel und kleben sie, über das ganze Bild verteilt, auf.

11. Das fertige Bild können wir mit Reißnägeln oder Klebestreifen an der Wand befestigen.

- 1 quadratisches Stück weißes Papier, 15 x 15 cm
- Bleistift
- Schere
- Rest weißes Seidenpapier
- Pritt Bastelkleber
- durchsichtiger Klebstreifen

Schneeflöckchen

Wenn die Schneeflocken draußen auf sich warten lassen, zaubern wir die Winterstimmung mit selbstgemachten Schneeflocken an unser Fenster. In der Natur sieht keine Schneeflocke wie die andere aus, und auch unser Fenster wirkt am schönsten, wenn wir viele verschiedene Schneeflocken aufhängen. Jeder Schneestern bekommt ein anderes Muster, und auch die Quadrate kann man verschieden groß machen.

1. Wir nehmen unser Papierquadrat und falten es, indem wir Spitze auf Spitze legen, zu einem Dreieck.

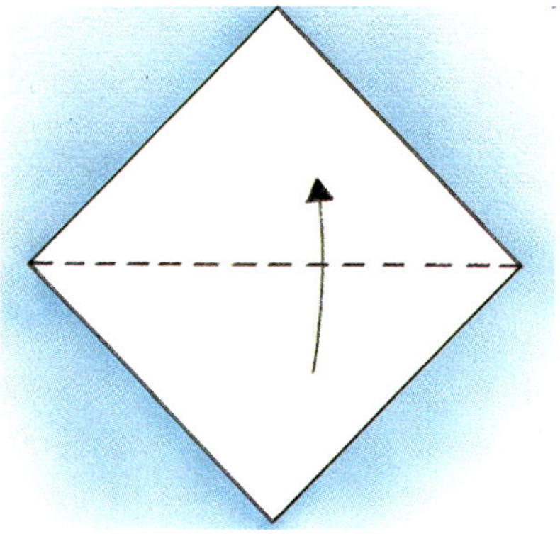

2. Nun falten wir Spitze b exakt auf Spitze a.

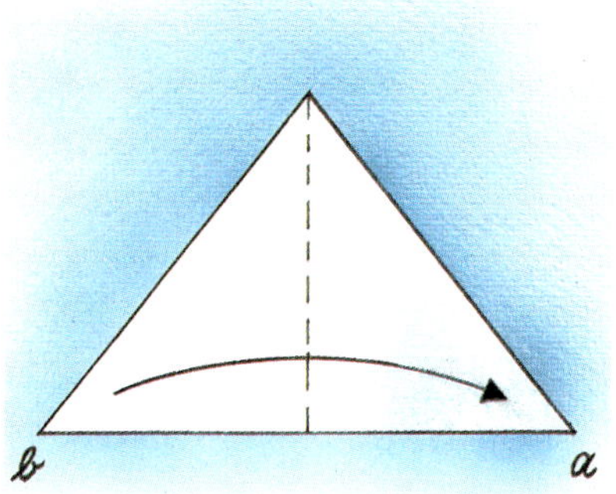

3. Jetzt falten wir wiederum Spitze c genau auf Spitze d.

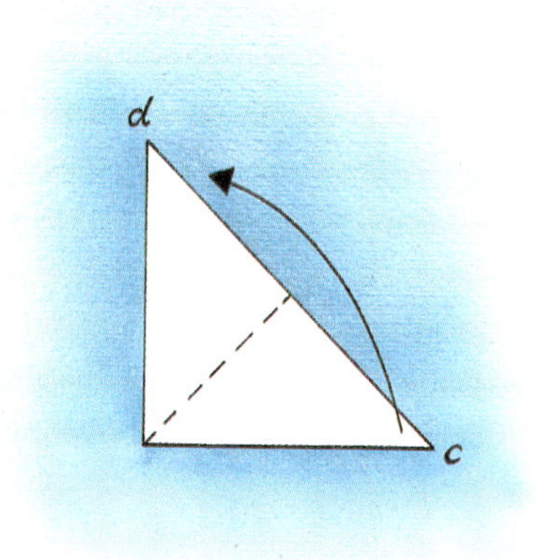

4. Das so entstandene Dreieck (in der Zeichnung gestrichelt) drehen wir jetzt, so daß die offene Seite, also die Seite, an der das Papier an keiner Stelle zusammenhängt, gerade vor uns liegt, wie auf der Zeichnung zu sehen.

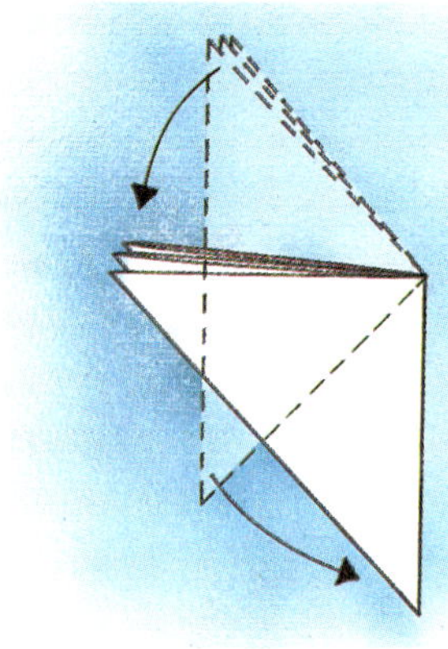

5. Nun zeichnen wir das Muster unserer Schneeflocke auf. Wir beginnen an der offenen Seite mit den Umrissen der „Strahlen". Die schraffiert gezeichneten Teile fallen nachher weg. Jede Schneeflocke kann ein unterschiedliches Aussehen bekommen, die Zeichnung soll nur eine Anregung sein.

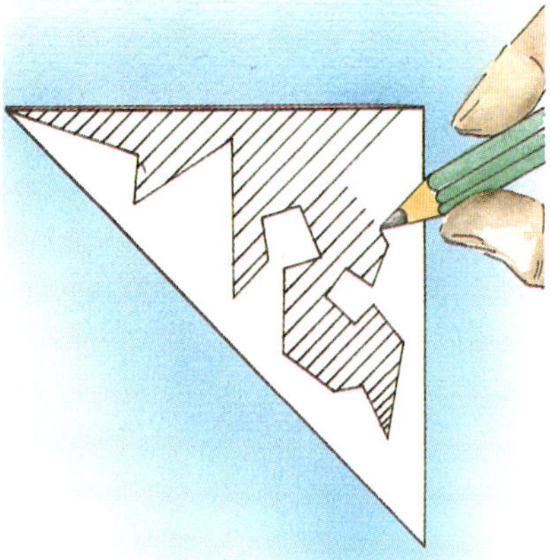

6. An den beiden geschlossenen Seiten zeichnen wir nun noch kleine Muster ein. Die schraffierten Teile fallen nachher wieder weg.

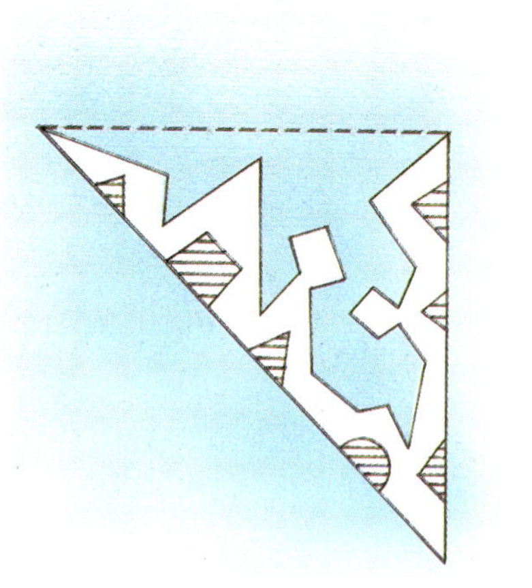

7. Jetzt schneiden wir die Umrisse und Muster aus und falten die Arbeit auseinander.

8. Zum Schluß kleben wir die Schneeflocke auf das Seidenpapier. Das überstehende Seidenpapier wird abgeschnitten und die fertige Flocke mit Klebstreifen am Fenster befestigt.

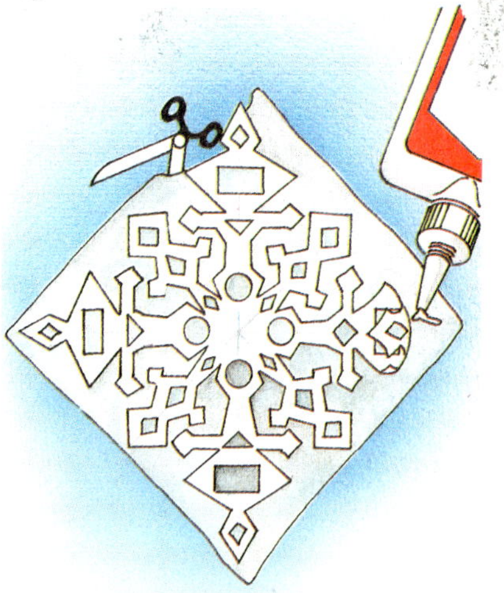

Schneelandschaft

- 2 Bogen weißes Seidenpapier
- etwas gelbes Seidenpapier
- Bleistift
- Schere
- Lineal
- 1 Zweipfennigstück
- Pritt Klebestift
- 1 Bogen Zeichenpapier oder dünne weiße Pappe (60 x 46 cm)

Um beim Blick aus dem Fenster in eine verschneite Landschaft zu schauen, brauchen wir nicht auf Schnee zu warten, wenn wir dieses Seidenpapierbild am Fenster hängen haben.

1. Wir legen unseren Bogen Seidenpapier auf den Vorlagebogen und zeichnen mit Bleistift die Umrisse aller Hügel ab und schneiden sie anschließend aus.

2. Den zweiten Seidenpapierbogen legen wir vor uns auf den Tisch. Wir bestreichen nun nacheinander die Hügel behutsam, damit das dünne Seidenpapier nicht reißt, mit Pritt Klebestift und kleben sie auf. In welcher Reihenfolge das geschehen soll, ist aus der Zeichnung zu ersehen. Durch das Übereinanderkleben und die sich daraus ergebenden Überschneidungen entstehen interessante Schattierungen von Weiß bis Grau.

3. Sind alle Hügel aufgeklebt, nehmen wir ein kleines Stück Seidenpapier, legen es auf die Abpausvorlage des Hauses, zeichnen alle Umrisse nach und schneiden sie aus. Wie auf der Zeichnung zu sehen, kleben wir dann das Haus mit Tür, Fenstern und Schornstein auf den Hügel 4. Zwei sehr kleine, schmale Streifen aus gelbem Seidenpapier kleben wir in die Fenster, damit es aussieht, als brenne im Haus Licht.

4. Auf weitere Reste des Seidenpapiers zeichnen wir uns jetzt die Form des Tannenbaums durch. Wie viele Bäume man in die Landschaft setzt, bleibt jedem selbst überlassen. Wir haben den Tannenbaum insgesamt elfmal durchgemalt, ausgeschnitten und auf den Hügeln verteilt.

5. An den Himmel kommt noch eine Wintersonne aus gelbem Papier. Das Oval pausen wir wieder von der Vorlage durch, mit unserer Münze zeichnen wir den Kreis und schneiden beides aus. Wir kleben das Oval an den Himmel und setzen die Sonne hinein.

6. Nun malen wir uns noch einige weiße Schneewolken ab, schneiden sie aus, bestreichen sie mit Pritt Klebestift und kleben sie auf unseren Winterhimmel.

7. Zum Schluß stellen wir aus unserem weißen Papier den Rahmen für das Fenstertransparent her, wie die Zeichnung zeigt. Das mittlere Rechteck schneiden wir aus und kleben unser Seidenbild von hinten gegen diesen Rahmen.

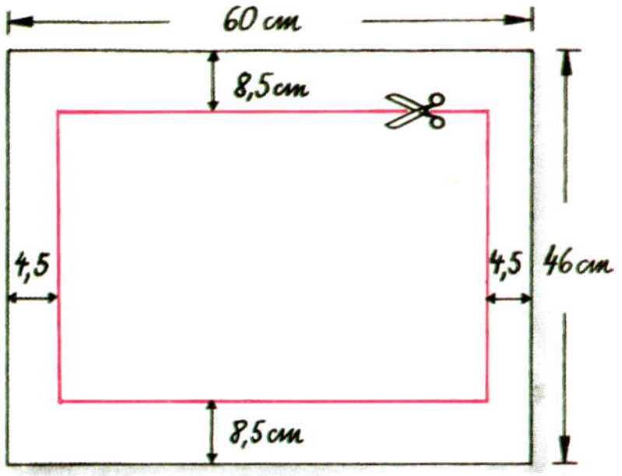

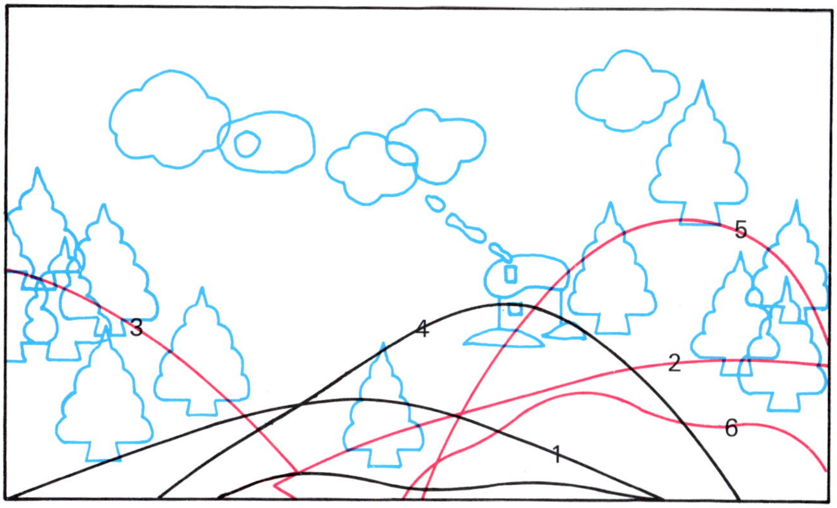

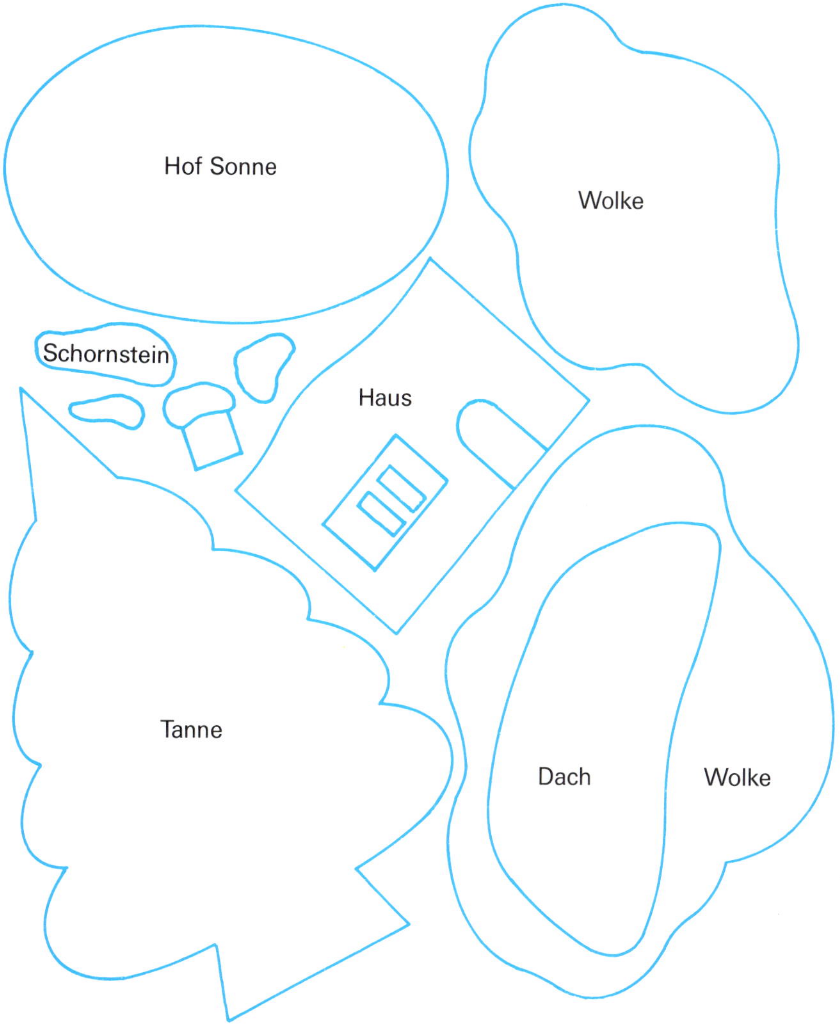

Kinderfasching

Die Faschingszeit ist auch die Zeit des Abschieds vom Winter. Der Freude darüber, daß die kalte Jahreszeit zu Ende geht, wird in vielen Gegenden durch lustige Verkleidungen, lärmende Umzüge und rauschende Feste Ausdruck verliehen. Besonders Kinder genießen diese Zeit, in der sie sich endlich einmal nach Herzenslust verkleiden können. In diesem Kapitel finden sich viele Anregungen, wie man gelungene Verkleidungen aus billigen Ausgangsmaterialien selbst herstellen kann. Und wenn dann jeder lustig verkleidet ist, kann die Faschingsparty losgehen. Bestimmt wird das Fest ein Erfolg, wenn der Partyraum mit selbstgemachten Basteleien hübsch dekoriert wird. Ob man die Dekoration zusammen mit den Gästen während des Festes bastelt oder schon vorher fertigstellt, bleibt jedem selbst überlassen.

Papptellermasken

- 1 runder, weißer Pappteller
- Fingerfarben
- Pinsel
- Schere
- Stopfnadel
- Plakafarben
- Bindfaden

Für das Faschingsfest können wir uns selber eine Maske anfertigen, mit der uns so leicht keiner erkennt. Nach dem Fest können wir die Maske als Wandschmuck aufhängen.

1. Wenn wir unsere Malschürze oder ein altes Hemd von Vati anhaben und die Tischplatte mit Zeitungen oder einer Wachsdecke bedeckt ist, können wir beginnen.

2. Wir bemalen die Rückseite des Tellers mit dem Finger oder dem Pinsel, ganz nach unseren Vorstellungen und Wünschen. Das Gesicht kann lustig sein oder grimmig dreinschaun, lange Zähne haben oder einen Bart. Der Chinese bekommt schmale Schlitzaugen und das Ferkel einen runden rosa Rüssel. Wenn wir eine Prinzessin malen wollen, so dürfen wir die Krone nicht vergessen, und der Pirat braucht unbedingt eine Augenklappe.

3. Die Augen, die Nase und eventuell der Mund werden nach dem Trocknen ausgeschnitten.

4. Rechts und links am Rand unserer Maske werden mit der Stopfnadel kleine Löcher gebohrt und je ein Bindfaden durchgezogen, damit man die Papptellermaske am Hinterkopf festbinden kann. Und schon kann das Faschingsfest beginnen.

Ansteckfliegen

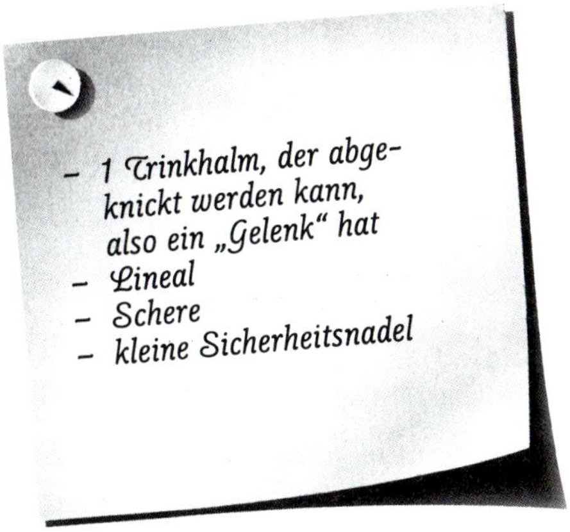

- 1 Trinkhalm, der abgeknickt werden kann, also ein „Gelenk" hat
- Lineal
- Schere
- kleine Sicherheitsnadel

Diese Fliege können wir als Ergänzung für unser Faschingskostüm basteln oder einfach als lustige Anstecknadel. Mehrere, farblich unterschiedliche Fliegen übereinandergesteckt, wirken wie ein Faschingsordenband.

1. Wir nehmen einen Trinkhalm und schneiden ihn auf beiden Seiten etwa 6 cm vom „Gelenk" entfernt ab.

2. Dann schneiden wir den Halm von beiden Enden bis an das „Gelenk" auf und legen den Halm mit der aufgeschnittenen Seite nach oben vor uns auf den Tisch.

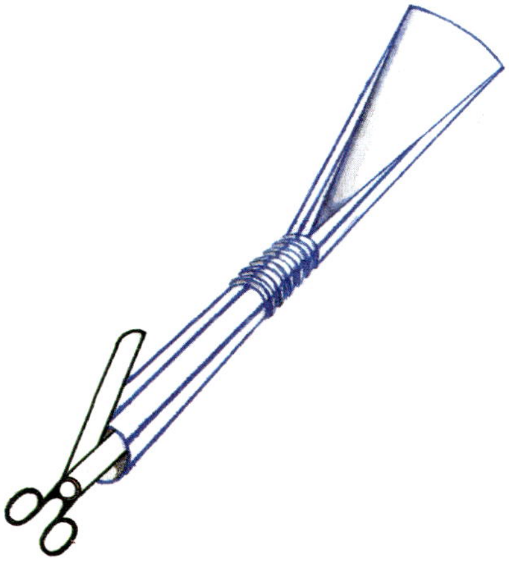

3. Wir fassen nun den Halm an einem Ende an, falten ihn zur Hälfte zusammen und schieben ihn in das „Gelenk". Mit der anderen Seite machen wir es auch so.

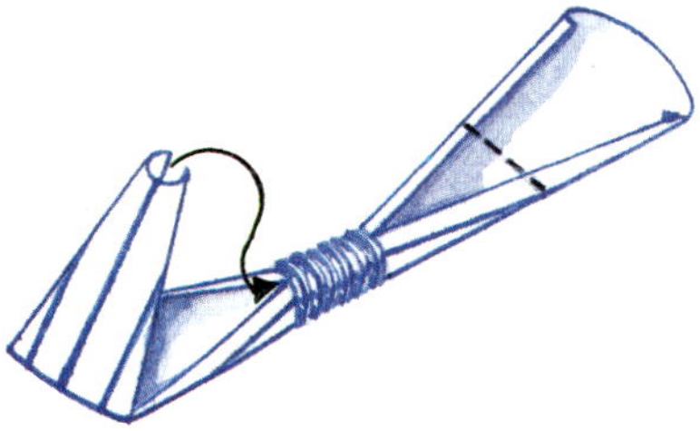

4. Die kleine Sicherheitsnadel wird nun durch das Gelenk geschoben, und schon kann die Fliege an einem Kleidungsstück befestigt werden.

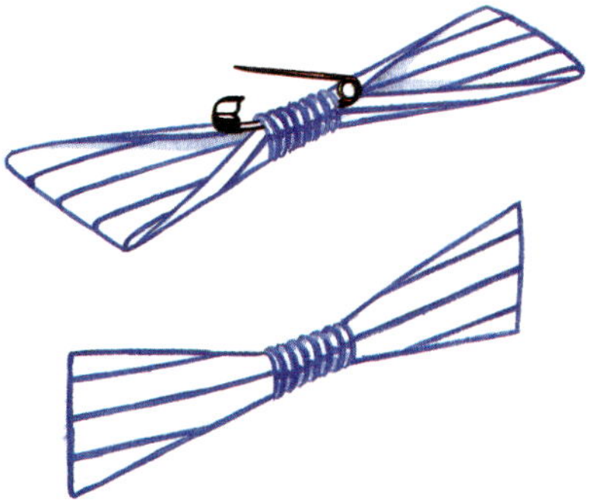

Schachtelmaske

- 1 hoher, schmaler Karton, der bequem über den Kopf paßt
- Bleistift
- Schere
- Plakafarben
- dicker Pinsel
- Pritt Bastelkleber
- Wollreste
- 10 leere Toilettenpapierrollen
- 2 flache Dosen
- etwa 60 Kronenkorken
- Paketschnur

Mit dieser Schachtelmaske verkleidet macht es sicher Spaß, scheppernd und unerkannt seinen eigenen Umzug durch die Straßen seines Wohngebietes zu machen.

1. Zuerst brauchen wir die Hilfe eines anderen Kindes oder eines Erwachsenen. Wir setzen uns den Karton auf den Kopf und legen unsere Zeigefinger auf die Stellen, an der unter der Maske unsere Augen liegen. Der Helfer umfährt nun mit dem Bleistift in einem großen Kreis die beiden Finger. Wir nehmen die Schachtel wieder ab und schneiden die Löcher für die Augen aus. Wer will kann noch einen Mund aufmalen und ihn ebenfalls ausschneiden.

2. Was nun folgt, ist Sache der eigenen Phantasie. Die Schachtel wird bunt bemalt und kann mit allerlei Krimskrams dekoriert werden, zum Beispiel: Holzspäne werden zu Haaren, mit Toilettenpapierrollen kann eine kunstvolle Lockenfrisur aufgetürmt werden … –

3. In die Schachtelmaske auf dem Foto haben wir zum Beispiel einen zackigen Mund und viereckige Augenlöcher hereingeschnitten. Die rote Knollennase wurde aufgemalt. Als Lockenfrisur haben wir der Maske Toilettenpapierrollen aufgeklebt und sie bemalt. Rechts und links dieser „Frisur" wurden Wollreste als Ponyfransen aufgeklebt. 2 flache Dosen sind die Ohren. Um die Dosen an der Maske zu befestigen, haben wir in jede mit dem Dosenöffner ein Loch gestanzt, durch diese Löcher ein Stück Paketschnur gefädelt und das Ganze an der Maske befestigt. Die Ohrgehänge entstanden aus vielen gelochten und auf eine Schnur gefädelten Kronkorken. Sie erzeugen beim Bewegen des Kopfes einen schellenartigen Klang.

Zauberer

- Pauspapier
- Bleistift
- schwarzes, oranges, rotes und blaues Tonpapier (etwa DIN A5)
- 1 Fünfmarkstück
- Schere
- Pritt Bastelkleber
- schwarzer Filzstift
- Nadel und Faden
- Reißnagel

Eine hübsche Raumdekoration für eine Faschingsfeier ist solch ein Zauberer, der als Mobile von der Decke baumelt und sich beim leisesten Luftzug bewegt.

1. Wir übertragen von den Schablonenzeichnungen auf Seite 323 mit Pauspapier und Bleistift alle Teile für den Zauberer auf das entsprechend farbige Tonpapier, zeichnen zwei Kreise mit Hilfe des Fünfmarkstücks auf das blaue Papier und schneiden alles aus.

2. Wir kleben nun mit Pritt Bastelkleber den Haarkranz auf den unteren Rand des Hutes. Kinnbart und Schnurrbart werden auch zusammengeklebt.

3. In die blauen Augenkreise malen wir mit dem Filzstift die schwarzen Pupillen.

4. Mit Nadel und Faden stellen wir nun den Kopf des Zauberers zusammen. Wir stechen durch die drei Punkte im Haarkranz, ziehen jeweils einen Faden durch und verbinden sie mit dem an einen Stiefelschaft erinnernden Teil der Nase und mit den Augen.

5. Mit dem unteren Punkt an der Nase machen wir es genauso und verbinden die Nase mit dem Bart. Er wird an zwei Stellen aufgehängt, weil er sehr groß ist und so besser hängen kann.

6. Nun fehlt nur noch der lange Faden zum Aufhängen. Wir ziehen ihn durch die obere Hutspitze und können unseren Zauberer mit einem Reißnagel an der Decke befestigen.

Die Indianer kommen: Federkopfschmuck

- *Wellpappestreifen (ca. 110 x 4,5 cm)*
- *Deck- oder Fingerfarben*
- *Pinsel*
- *Bleistift*
- *farbige Federn in verschiedenen Größen*
- *Tonpapierreste in kräftigen Farben*
- *30 Peddigrohrstücke (je 8 cm lang)*
- *Heftklammermaschine*
- *Schere*
- *Pritt Bastelkleber*

Wer ein richtiger Indianer sein will, der braucht seinen ganz persönlichen, unverwechselbaren Kopfschmuck mit einem selbstentworfenen Muster und einer ganz individuellen Anordnung der Federn!

1. Zu Beginn schneiden wir den Wellpappestreifen in obigen Maßen zu.

2. Der Indianer bemalt nun seinen Streifen auf der glatten oder auf der gewellten Seite und läßt sich dabei durch die regelmäßigen Rippen der Wellpappe inspirieren.

3. Da Federn fettig sind, können wir gefundene nicht selbst bemalen, sondern müssen fertig gefärbte im Bastelladen kaufen.

4. Das Wellpappeband wird um den Kopf gelegt und hinten so zusammengeheftet, daß ein Ende lang herunterhängt.

5. Zum Schluß werden die Federn in beliebiger Reihenfolge in die Wellpappelöcher geklebt.

6. Für den Fall, daß keine Federn zur Hand sind, können wir diese auch selbermachen:
Entweder schneiden wir sie in den 2 nebenstehenden Größen zu, falten sie der Länge nach und schneiden sie fransig ein, oder wir schneiden unsere eigene Federnform aus gefaltetem Papier und fransen sie ein. Zum Schluß kleben wir Peddigrohrstücke als Kiele in die Falzlinien.

Abpausvorlagen

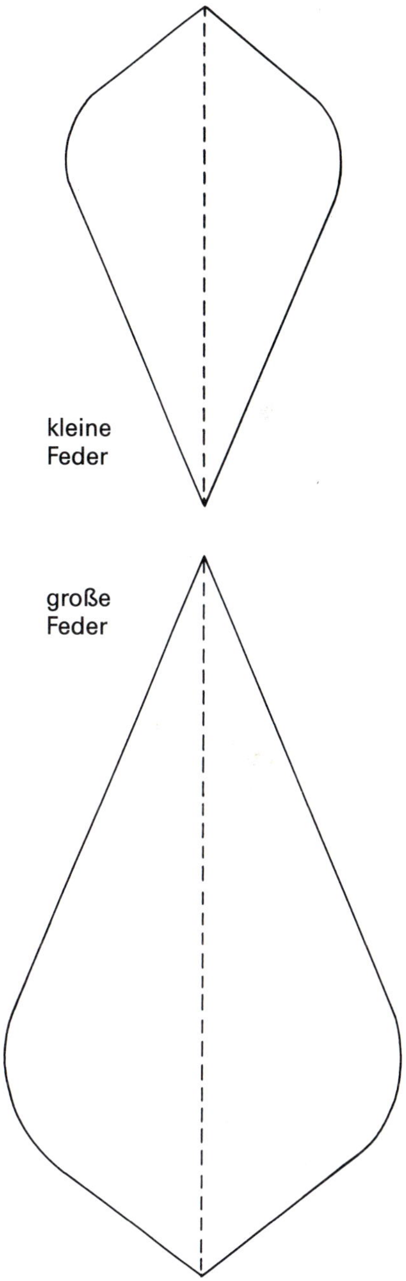

Tintenfische

Diese Tintenfische stehen bestimmt im Mittelpunkt der Geburtstagsdekoration, wenn sie auf dem Tellerrand, auf Lampen oder auf Trinkhalmen „wandern“.

- Wattekugeln:
  Durchmesser 40 mm
  (großer Tintenfisch)
  Durchmesser 25 mm
  (kleiner Tintenfisch)
- Bleistift
- Zahnstocher
- alte Zeitungen
- Malkittel
- Wasserfarben
- Pinsel
- Lack
- Pfeifenputzer
- Schere
- pro Tintenfisch
  6 kleine Holzperlen:
  Durchmesser 10 mm
  (großer Tintenfisch)
  Durchmesser 3 mm
  (kleiner Tintenfisch)
- Pritt Alleskleber
- Filzreste

1. Bevor wir mit dem Anmalen der Wattekugel beginnen, müssen wir das Loch der Kugel etwas vergrößern. Dies geschieht am besten mit einem Bleistift, mit dem wir in dem Loch „umherrühren“.

2. Wir decken nun unsere Arbeitsfläche mit Zeitungen ab und ziehen einen Malkittel an.

3. Danach stecken wir die Wattekugel auf einen Zahnstocher und malen sie farblich passend zum Pfeifenputzer an. Wenn sie ganz trocken ist, können wir sie lackieren.

4. Nun schneiden wir für jeden Tintenfisch 6 Arme aus den Pfeifenputzern zu: sechsmal 1 Arm mit 13 cm Länge für einen großen oder sechsmal 1 Arm mit 8 cm Länge für einen kleinen Tintenfisch. Dann drehen wir je 6 Arme oben zu einer Spitze zusammen.

5. Auf diese Spitze kleben wir nun die angemalte und lackierte Wattekugel.

6. An jedes Armende wird jetzt 1 Holzperle geklebt. Die größere Perle für den großen, die kleinere für den kleinen Tintenfisch.

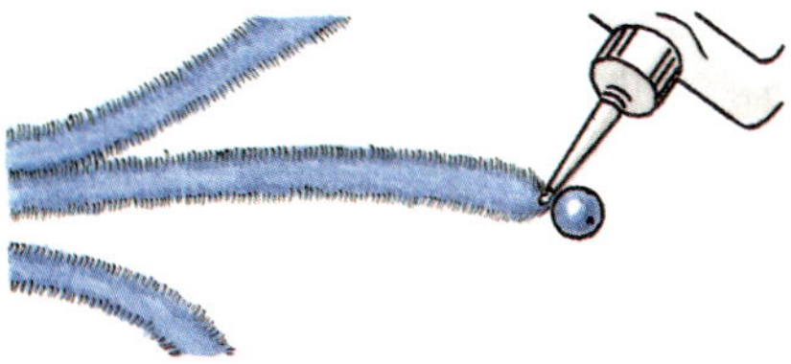

7. Zum Schluß schneiden wir aus Filzresten die Augen, die Nase und den Mund zu und kleben alles vorsichtig auf den Kopf des Tintenfisches auf.

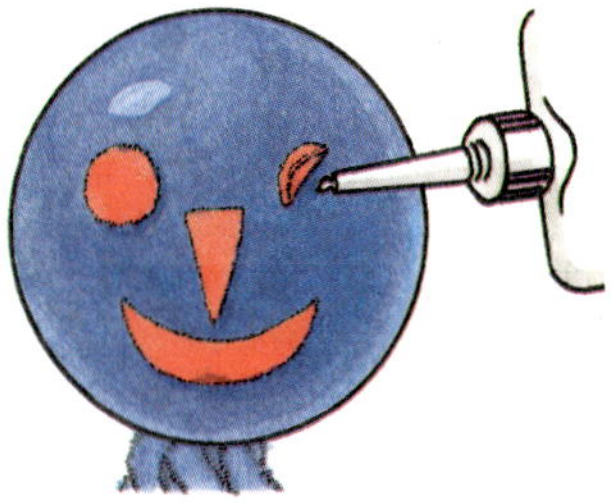

8. Jetzt brauchen wir nur noch die Arme des Tintenfisches zurechtzubiegen und ihn auf dem Geburtstagstisch, an Lampen oder auf Tellern „wandern“ zu lassen.

- 1 DIN-A 5-Bogen Falt- oder Schreibmaschinenpapier
- Buntstifte
- selbstklebende Sternchen aus dem Schreibwarengeschäft
- Pritt Bastelkleber

Zaubertüte

Das Zaubern mit dieser Wundertüte geht folgendermaßen: Wir stecken eine Briefmarke gut sichtbar in eine Öffnung, schließen die Tüte, machen damit kreisförmige Bewegungen und sagen einen Zauberspruch: „Hokus pokus, die Briefmarke ist weg!"

Dabei öffnen wir unbemerkt die zweite Öffnung der Tüte und zeigen sie den Zuschauern. Sie werden erstaunt sein, wenn die Tüte tatsächlich leer ist. Durch dasselbe „Ritual" – mit großartigen Bewegungen und dem Zauberspruch – zaubern wir die Briefmarke wieder herbei.

1. Wir falten das Papier auf die Hälfte zusammen, wie die Zeichnung zeigt. So ergibt sich der Mittelkniff L.

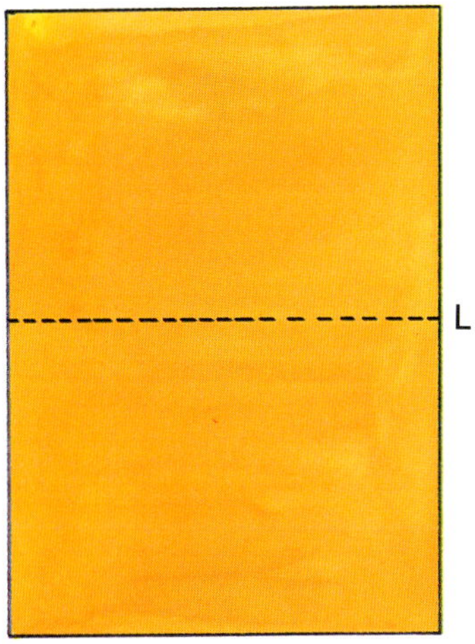

2. Dann falten wir die linke untere Ecke zur Mittellinie L hoch.

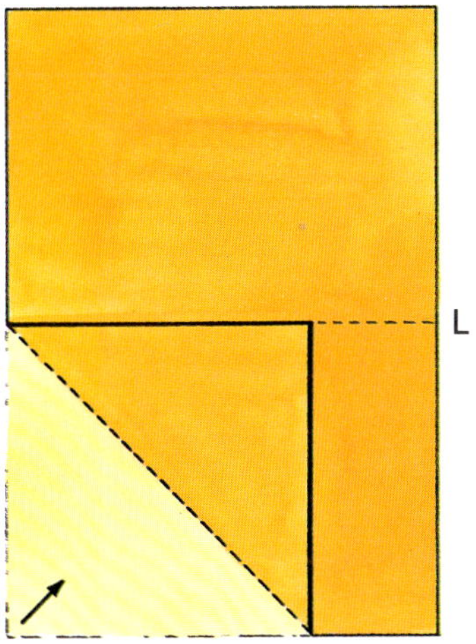

3. Dann folgt die rechte untere Ecke. Dabei wird auch ein Stück der linken, schon gefalteten Ecke mit umgeklappt.

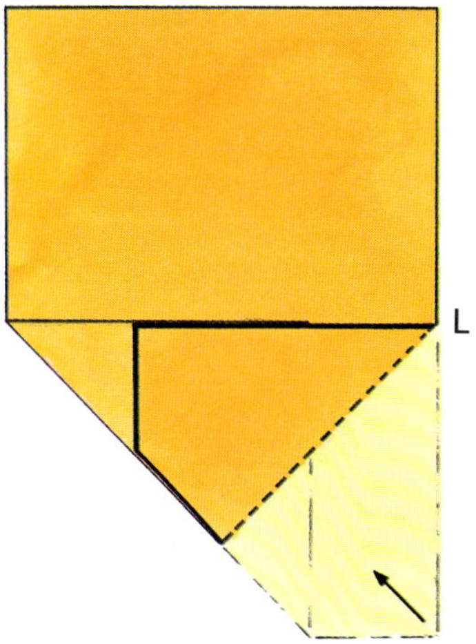

4. Nun falten wir nach dem gleichen Prinzip erst die rechte obere Ecke zur Mittellinie L und dann die linke obere Ecke.

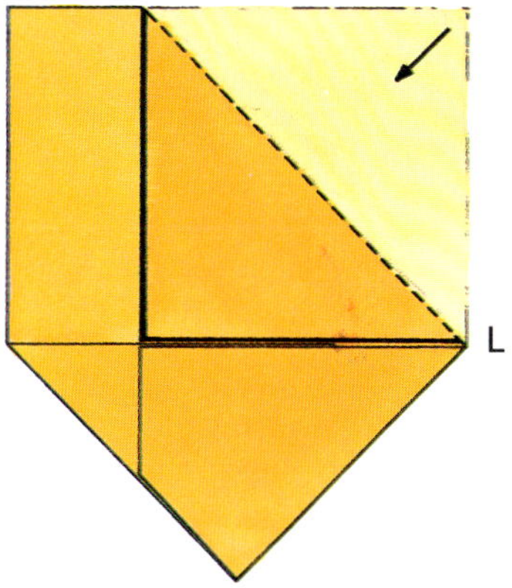

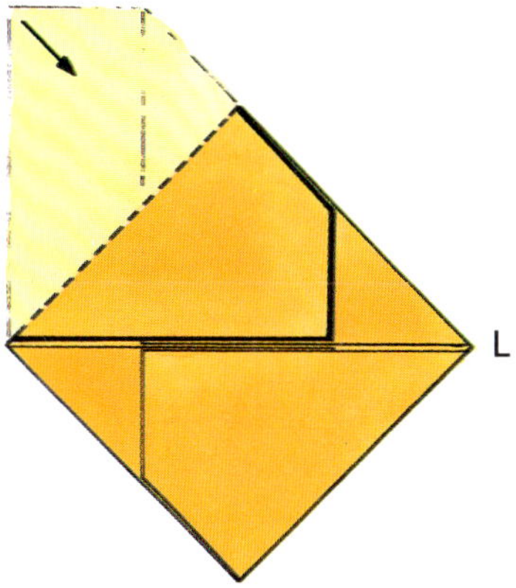

5. An der Mittellinie wird das entstandene Quadrat zum Dreieck zusammengefaltet und zwar so, daß die gefalteten Ecken nach innen kommen.

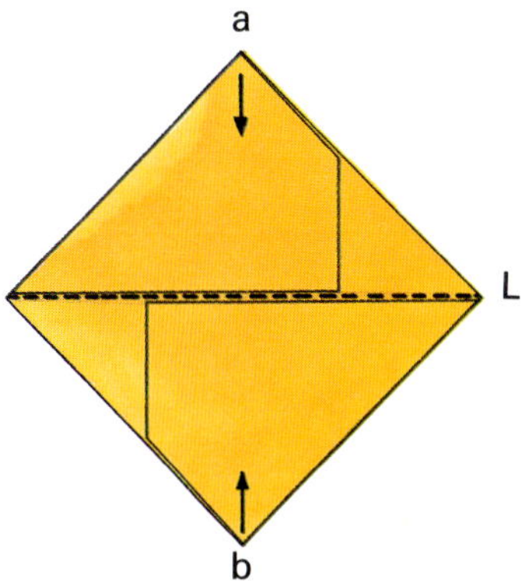

6. Zum Schluß schieben wir mit Daumen und Zeigefinger die Ecken a und b ineinander. Eine Dreieckstüte mit zwei Öffnungen ist fertig.

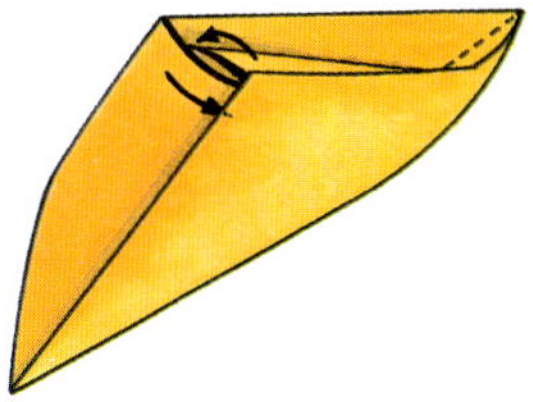

7. Wer Lust hat, kann die Tüte mit kleinen Dekorationssternchen verzieren oder mit Bunstiften bunte Muster aufmalen.

– 5 20 x 20 cm große Quadrate aus Faltpapier in verschiedenen Farben
– Pritt Bastelkleber
– Nadel
– Faden

Lustige Girlanden

Die Faltform dieser Girlande ist unter dem Namen „Himmel und Hölle“ bekannt. In bunter Reihe aneinandergesetzt kann man damit die hübschesten Girlanden basteln.

1. Wir falten ein Quadrat einmal in der Mitte zusammen, klappen es wieder auf und falten es noch einmal nach der anderen Seite zusammen. Wenn wir es jetzt wieder aufklappen, haben wir vier gleich große Quadrate, wie auf der Zeichnung zu sehen.

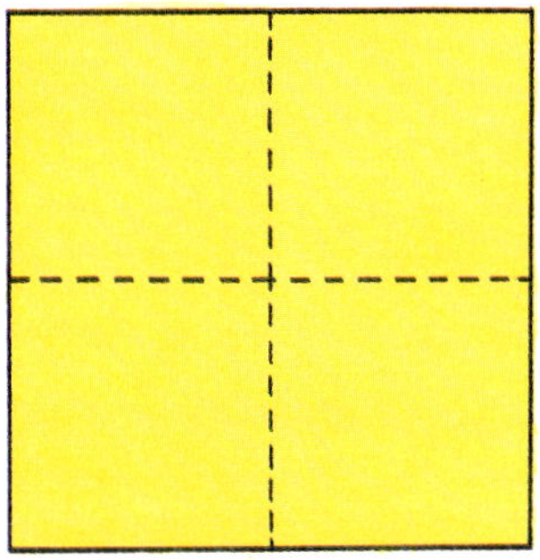

2. Nun klappen wir nacheinander alle vier Ecken bis zum Mittelpunkt nach innen, wie die Zeichnung zeigt, so daß zum Schluß wieder ein Quadrat entstanden ist. Dieses Quadrat wird nun umgedreht; die offenen Ecken liegen jetzt auf dem Tisch.

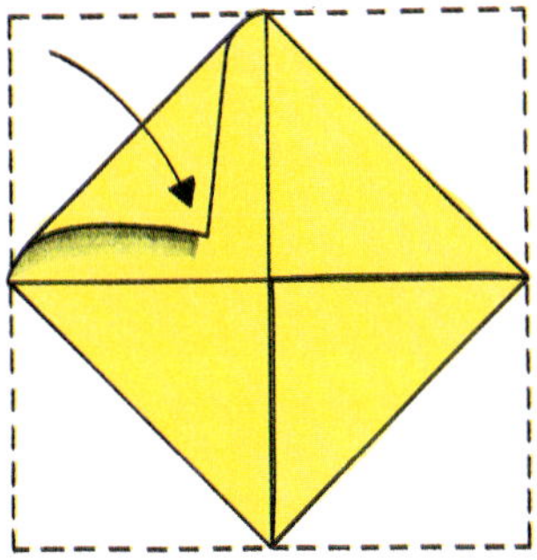

3. Nun falten wir wieder wie eben alle vier Ecken zur Mitte und erhalten ein weiteres kleineres Quadrat.

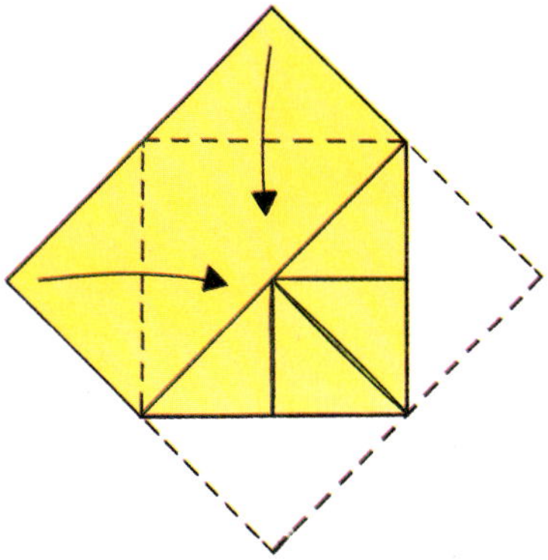

4. Wenn wir dieses Quadrat noch einmal wenden, sehen wir, daß vier „Ecktaschen“ entstanden sind.

5. Nun knicken wir die Form in der Mitte einmal längs und einmal quer, damit das folgende Auffalten leichter geht.

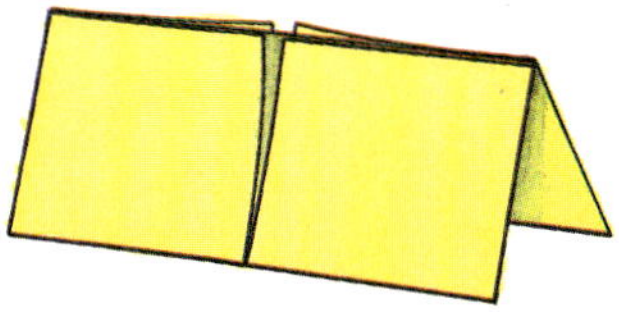

6. Dann schieben wir von jeder Hand Daumen und Zeigefinger in je eine Tasche.

7. Jetzt ist die erste Form fertig. Wir stellen sie weg und machen uns an die nächste. So basteln wir mindestens 5 Formen.

8. Mit Pritt Bastelkleber kleben wir diese Formen alle übereinander, wie die Zeichnung uns zeigt.

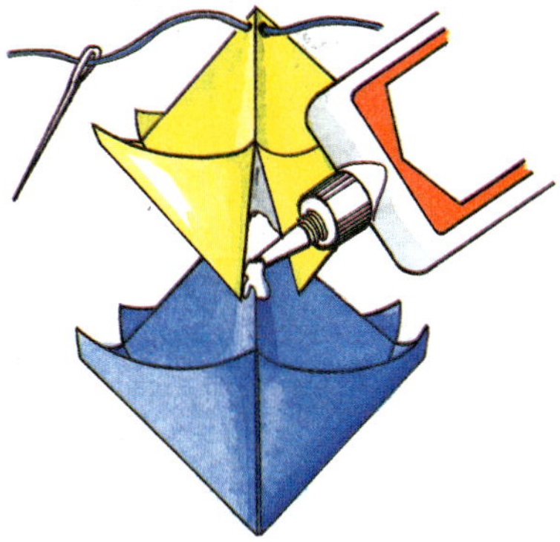

9. Zum Schluß ziehen wir an der obersten Form mit Hilfe einer Nadel den Faden ein und hängen die bunte Girlande auf.

- buntes Papier (Näheres dazu in der Bastelanleitung)
- Lineal
- Bleistift
- Schere
- runde Käseschachtel mit etwa 9 cm Durchmesser
- Luftschlangen
- Pritt Bastelkleber
- Nadel
- Faden

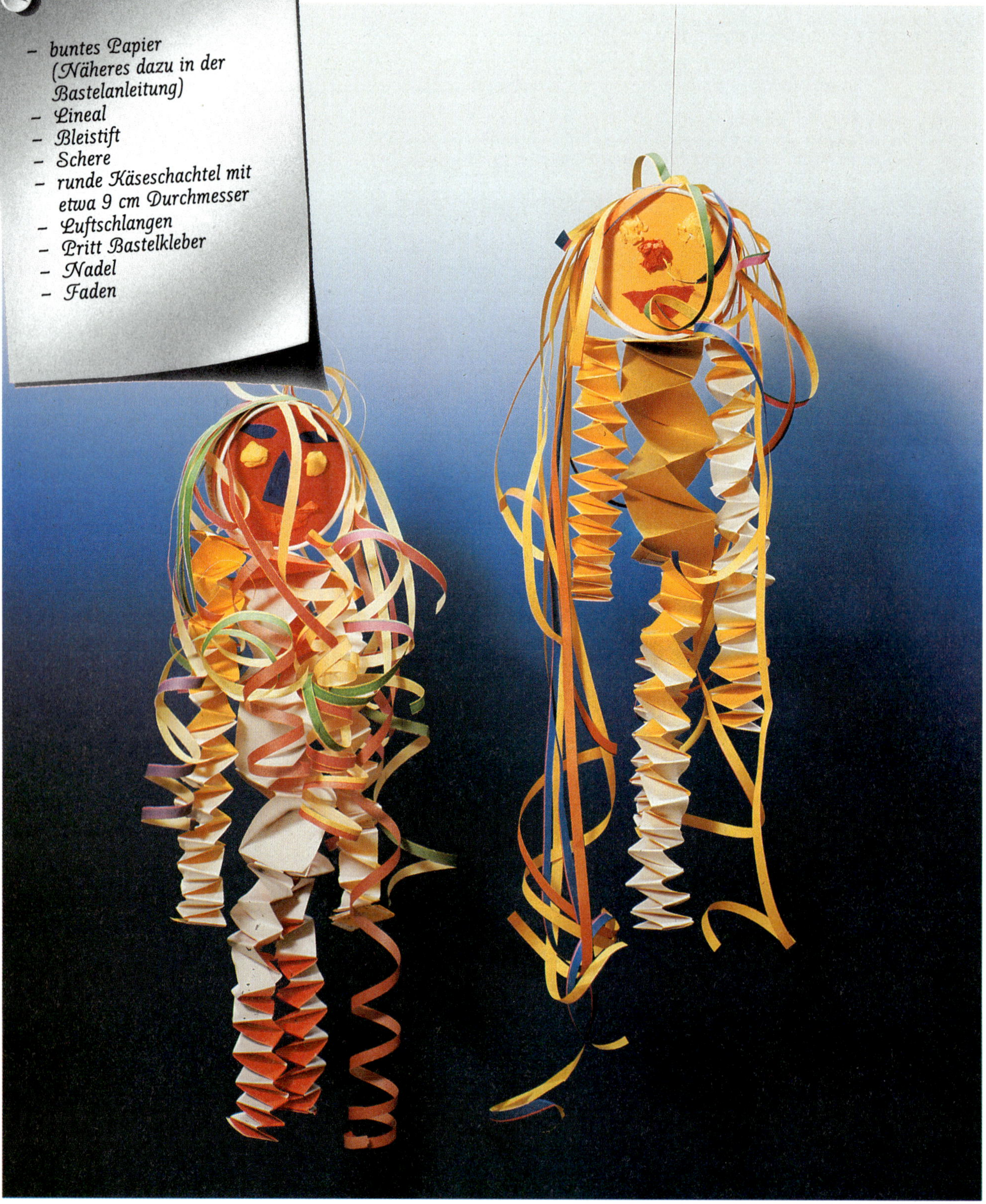

Hexentreppen-Hampelmann

Dieser elastische Hampelmann sieht in allen möglichen Körpergrößen und Abwandlungen lustig aus. Hier eine Möglichkeit: In Druckereien oder Buchbindereien lassen sich Papierabfälle, unter anderem Papierstreifen aller Art kostenlos bekommen. Wer diese Möglichkeit nicht hat, schneide sich aus buntem Geschenk-, Schrank- oder Buntpapier die passenden Streifen zurecht.

1. Mit Lineal und Bleistift zeichnen wir auf unser Papier die Streifen, die wir für den Hampelmann brauchen und schneiden sie aus. Wir benötigen:
2 50 cm lange und 4 cm breite Streifen für den Körper
8 100 cm lange und 2 cm breite Streifen für Arme und Beine.

2. Zunächst kleben wir die 2 4 cm breiten Papierstreifen (a und b auf der Zeichnung) rechtwinklig übereinander, so daß sie nicht verrutschen können.

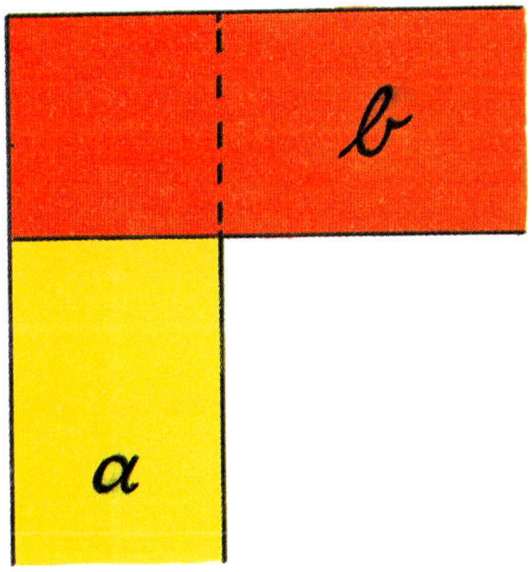

3. Nun falten wir a über b. Dann wird b über a gelegt, dann wieder a über b und immer so weiter, bis zum Ende der Streifen. Die letzte Faltung wird wieder mit Klebstoff fixiert; der Körper ist fertig.

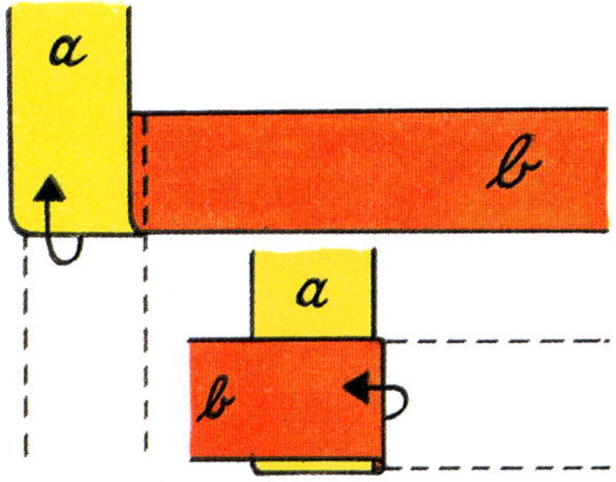

4. Nun falten wir nach demselben Prinzip aus 2 der schmalen Papierstreifen die Beine des Hampelmanns (je 2 Streifen für ein Bein).
Anfang und Ende werden wieder mit Pritt Bastelkleber festgeklebt und dann die Beine am Körper angeklebt (siehe Zeichnung).

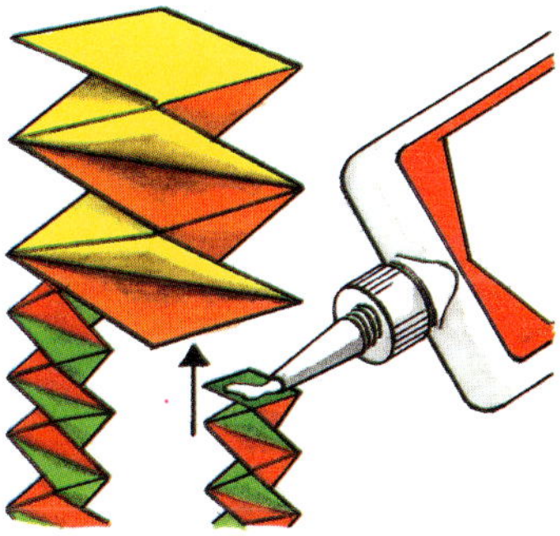

5. Dann falten wir auf die gleiche Art und Weise die Hexentreppen für die Arme. Die Endstreifen lassen wir hier etwas länger und kleben sie an das obere Ende des Körpers, so daß zwei Schultern entstehen.

6. Auf die Schultern kleben wir die runde Käseschachtel als Kopf. Bunte, aufgeklebte Papierschnipsel ergeben ein lustiges Gesicht (siehe Zeichnung).

7. Als Haare nehmen wie Luftschlangen von unterschiedlicher Länge und Farbe. Der „Hinterkopf" kann ganz voll geklebt werden; das Gesicht bleibt natürlich frei.

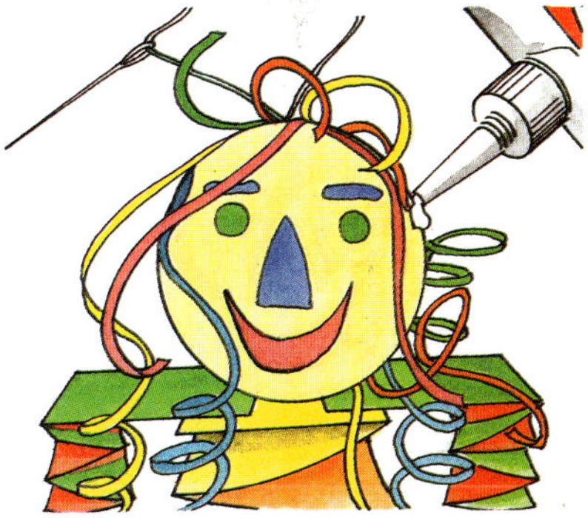

8. Ziehen wir mit Hilfe einer Nadel einen Faden durch die Käseschachtel, können wir den Hampelmann an die Decke oder an eine Lampe hängen. Er wird sich bei jedem Luftzug bewegen.

Aufgeblasenes Teufelchen

- 1 quadratisches Blatt Falt- oder Metallpapier (20 x 20 cm bis 30 x 30 cm)
- Schere
- 1 Rest andersfarbiges Papier
- Pritt Bastelkleber

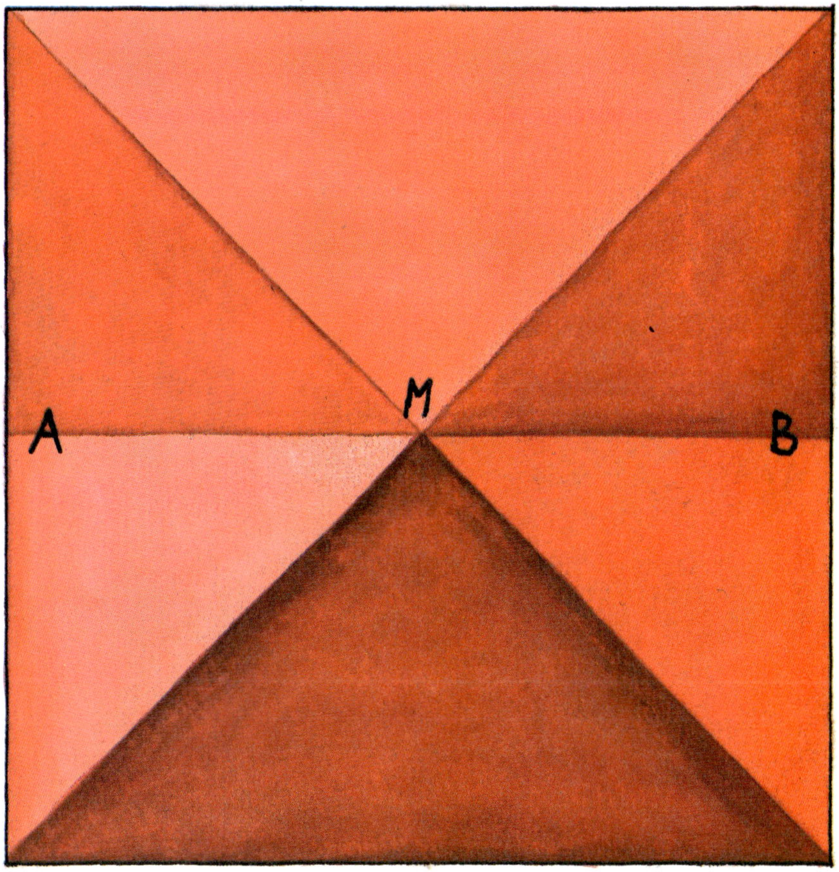

So schwierig, wie es zunächst ausschauen mag, ist das Herstellen des Teufelchens gar nicht. Das Ergebnis wird zumindest jeden erstaunen, sobald aus dem gefalteten quadratischen Blatt Papier eine kugelige Form wird. Nicht nur als Wand- oder Tischschmuck können die Teufelchen dienen – wie wäre es mit einem Mobile aus 5-6 Teufelsköpfen, die man mit Nadel und Faden an einem knorrigen Zweig befestigt?

1. Wir falten das Blatt diagonal zu einem Dreieck zusammen, so daß zwei gegenüberliegende Ecken genau aufeinanderliegen, und öffnen die Form wieder. Danach falten wir die anderen zwei Ecken genauso aufeinander und klappen das Papier wieder auseinander.

2. Dann wenden wir das Blatt so, daß sich der Mittelpunkt vom Tisch abhebt, und falten einmal eine Seite auf die gegenüberliegende. Wir öffnen das Blatt wieder und haben drei sich kreuzende Faltlinien erhalten, wie auf der Zeichnung zu sehen ist.
Diese Ausgangsform wird häufig für Faltarbeiten gebraucht. Ein Beispiel ist die Schwalbe von Seite 130; sie wird wie der Teufel begonnen.

3. Wir drücken mit den beiden Mittelfingern auf die Punkte A und B und schieben sie leicht aufeinander zu: der Mittelpunkt hebt sich. Wenn die Punkte A und B zusammenkommen, legen wir die Dreiecksform flach auf den Tisch und streichen alles glatt.

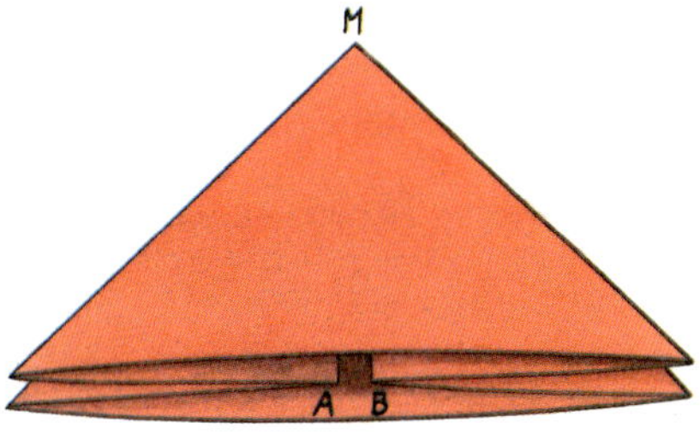

4. Die beiden unteren Ecken des Dreiecks, das obenauf liegt, falten wir nacheinander bis an die gedachte Mittellinie nach oben, die Spitzen liegen auf Punkt M. Es ergibt sich ein auf der Spitze stehendes, geteiltes Quadrat.

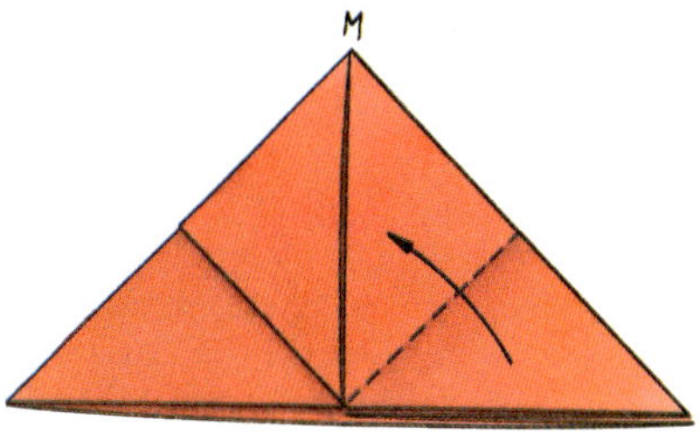

5. Die beiden seitlichen Flügel dieses Quadrates falten wir nacheinander zur Mittellinie. Die gestrichelte Linie in der Zeichnung zeigt den Verlauf der Faltung. Man erhält eine Art kleine Tüte. Wir streichen die Faltkanten gut nach und öffnen die Tüte wieder.

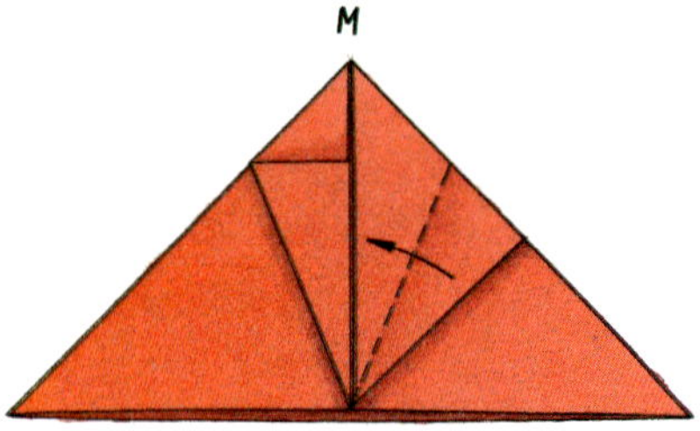

6. Jetzt drehen wir unsere Faltarbeit so herum, daß die Spitze M nach unten zeigt, und falten die beiden oben liegenden Flügel wieder von unten bis an die Mittellinie, so daß sich eine neue Tüte ergibt. Die gestrichelte Linie zeigt wieder den Verlauf der Faltung. Nachdem wir alle Kanten mit dem Fingernagel gut nachgezogen haben, öffnen wir die Tüte.

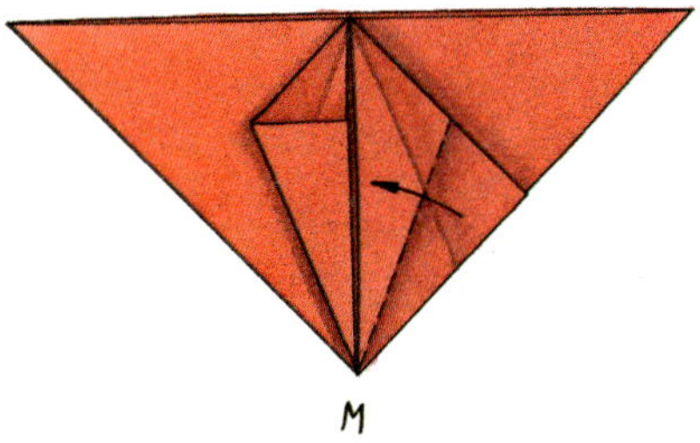

7. Den Zeigefinger der linken Hand legen wir jetzt auf die linke Flügelspitze des Quadrates, Daumen und Mittelfinger der gleichen Hand schieben sich darunter und drücken die Spitze von außen zusammen. Die Kanten des Flügels werden dann bis zur Mittellinie geklappt, so daß die kleine Spitze vom Papier hochsteht.

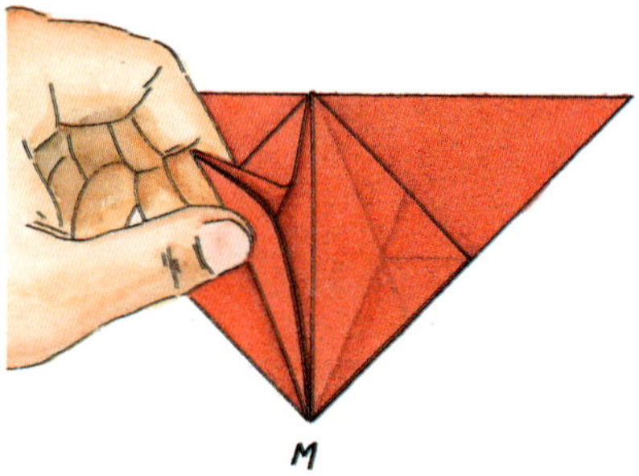

8. Mit dem rechten Flügel machen wir es genauso. Stehen beide Spitzen hoch, knicken wir sie ganz flach nach oben um.

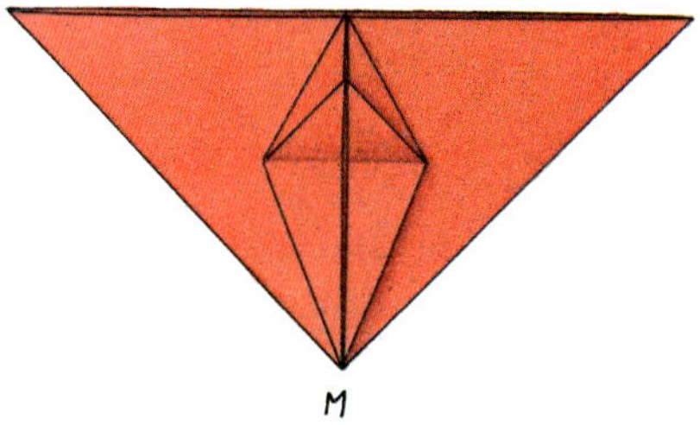

9. Nun wenden wir die Faltarbeit, so daß alle bisherigen Faltungen nach unten zum Tisch zeigen. Punkt M liegt jetzt wieder oben. Die nächsten Arbeitsgänge sind fast genauso wie auf der anderen Seite.

10. Wir falten die unteren Ecken des Dreiecks nach oben auf Punkt M. Wir erhalten wieder ein auf der Spitze stehendes Quadrat, das in der Mitte geteilt ist.

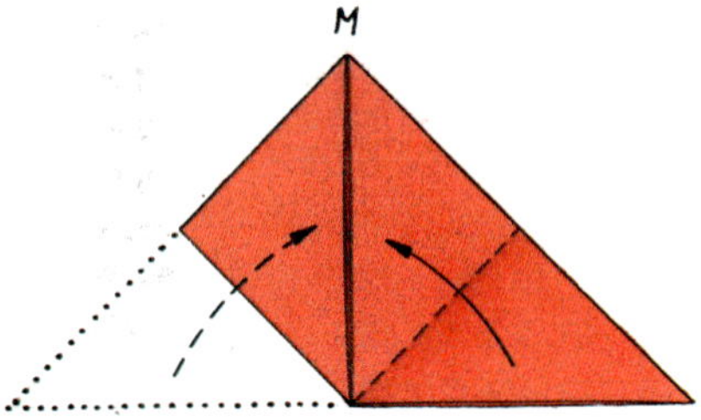

11. Jetzt nehmen wir die neu entstandenen Ecken, also die seitlichen Flügel des Quadrates, und legen sie an der Mittellinie an. Es entsteht wieder eine kleine Tüte.

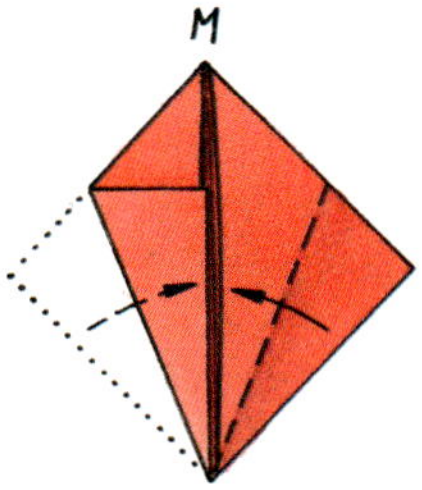

12. Nachdem wir die Faltkanten gut nachgezogen haben, öffnen wir die Tüte und drehen (nicht wenden!) die Faltarbeit auf der Tischplatte so, daß die Spitze M nach unten zeigt.

13. Wir falten die Ecken jetzt wieder von unten an die Mittellinie heran, es entsteht auch hier eine nach oben offene Tüte. Wir streichen die Faltungen gut nach und öffnen die Tüte.

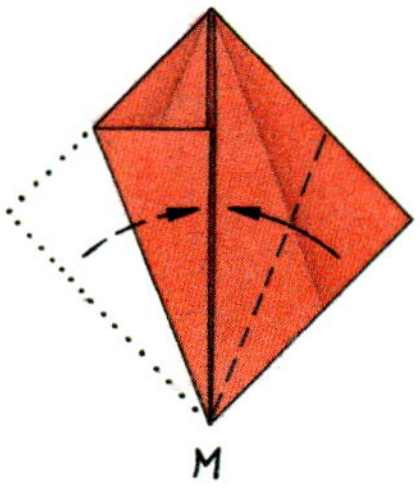

14. Wie bei Schritt 7 drücken wir die Spitze des linken Flügels bis an die sich überschneidenden Faltlinien zusammen und klappen die Flügelkanten bis an die Mittellinie. Die Flügelspitze steht senkrecht hoch. Nun der rechte Flügel.

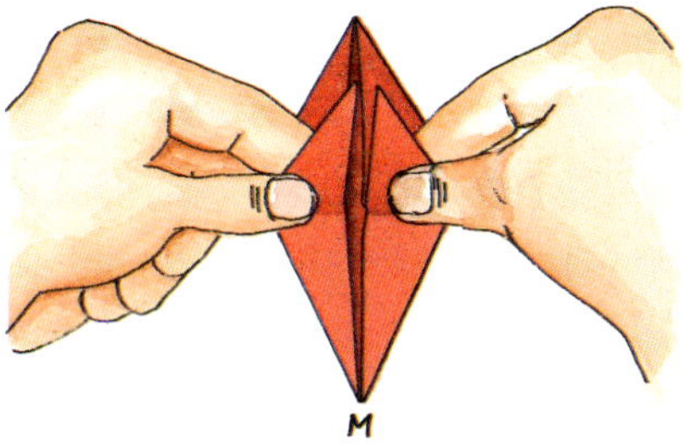

15. Wenn wir beide Spitzen flach nach oben klappen, sieht unsere Faltung schließlich aus wie auf der Zeichnung. Wir schneiden nun mit der Schere ein kleines Stück von der obersten Spitze ab.

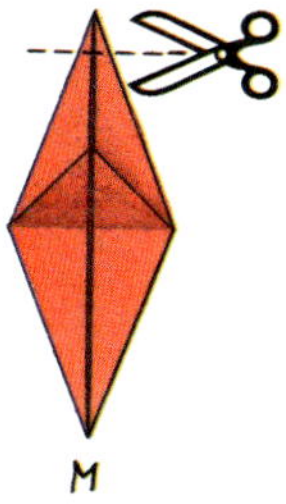

16. An den beiden zuletzt hochgestellten Flügelspitzen halten wir fest und blasen sehr kräftig an der Schnittstelle in unser Faltgebilde hinein. Das Papier bläht sich kugelig auf, die langen, spitzen Hörner springen oben heraus.

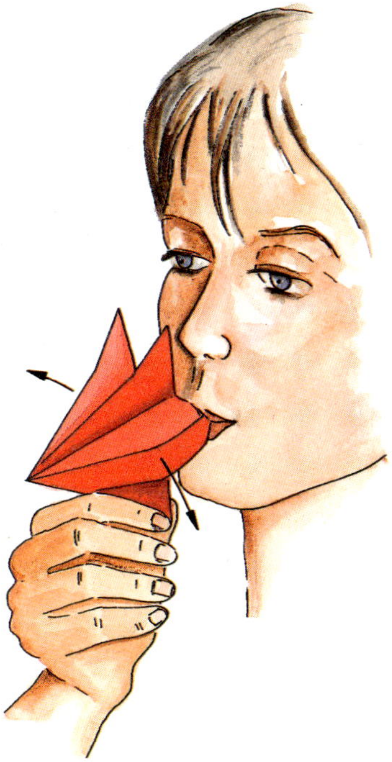

17. Wir drehen den Teufel herum, das Loch ist jetzt an seinem Hinterkopf. Vorne sehen wir jetzt genau auf Punkt M, das ist jetzt die Nasenspitze unseres Teufels. Darunter klappen wir die zwei schmalen Spitzen als gespaltene Zunge heraus.

18. Aus andersfarbigem Papier schneiden wir noch zwei schmale Augen und kleben sie mit Pritt Bastelkleber an.

Papierungeheuer

- *1 quadratisches Faltpapier von beliebiger Farbe mit den Maßen 15 x 15 cm*
- *Lineal*
- *Bleistift*
- *Schere*
- *Papierreste*
- *Zackenschere*
- *Pritt Bastelkleber*
- *1 quadratisches Papier von beliebiger Farbe mit den Maßen 10 x 10 cm*
- *Bleistift*
- *mittelstarker Faden*
- *1 große Nähnadel*

Drachen und Ungeheuer faszinieren Kinder seit eh und je. Unser Drachen kann sogar sein Maul auf- und zumachen. Dieser einfache Mechanismus zieht Kinder immer wieder in seinen Bann. Besonders gelungen wird die Überraschung sein, wenn jeder Gast der Faschingsparty einen selbstgemachten Drachen als Geschenk erhält.

1. Wir falten das quadratische Faltpapier einmal zur Hälfte zusammen und die geschlossene Seite gleich noch einmal auf die offene, so daß ein schmales Rechteck entsteht, wie der dunkelste Teil der Zeichnung zeigt.

2. Den letzten Knick öffnen wir wieder und falten die beiden Ecken von der geschlossenen Seite her bis an den Mittelkniff.

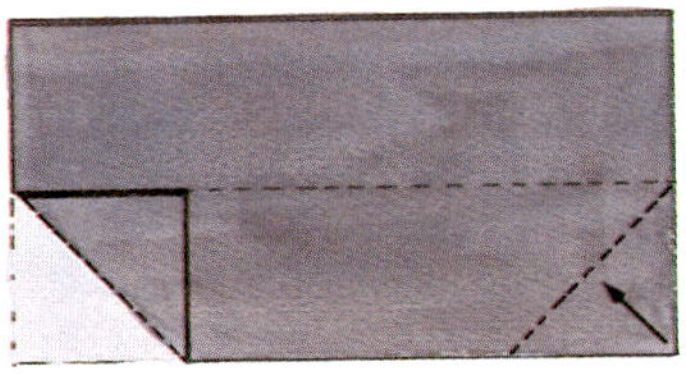

3. Genauso verfahren wir jetzt mit den beiden Ecken der offenen Seite. Allerdings falten wir hier nur die beiden oberen Ecken nach unten zur Mittellinie.

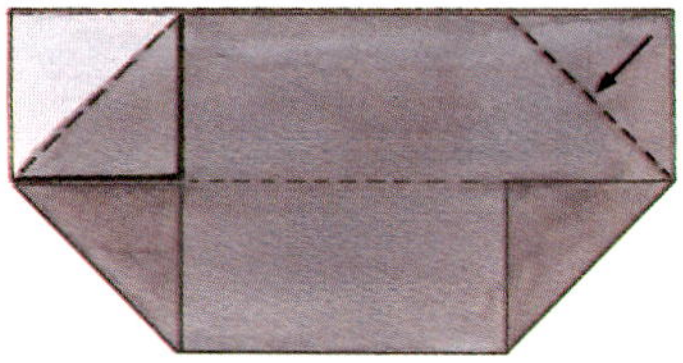

4. Wir drehen die Arbeit um. Jetzt knicken wir auch die beiden letzten Ecken bis an den Mittelkniff.

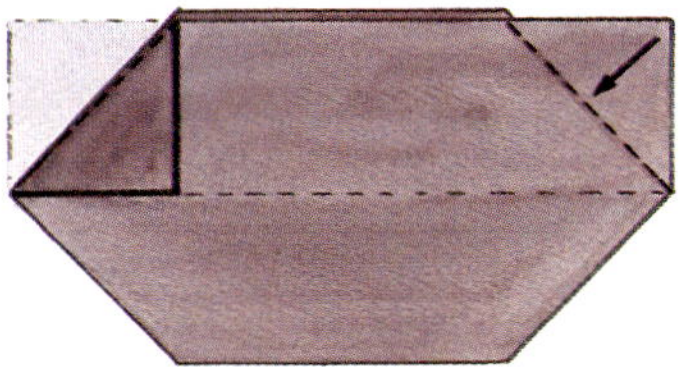

5. Von der oberen, offenen Seite her knicken wir nun die eine Hälfte der Faltarbeit nach links, die andere nach rechts unten, wie die Zeichnung zeigt. Wir erhalten die Form eines Schiffchens.

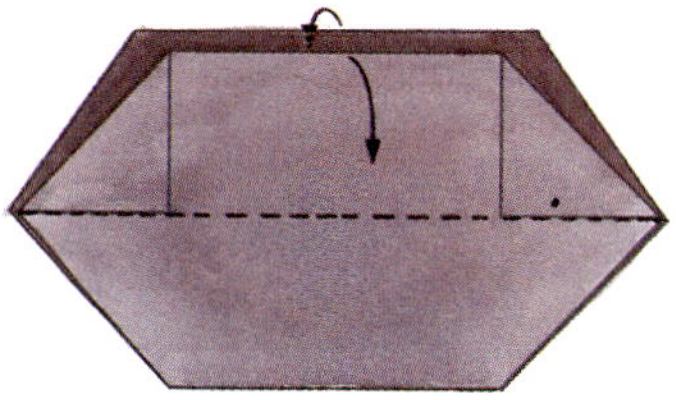

6. Wir messen nun mit dem Lineal die Mitte der längsten Seite ab und schneiden an dieser Stelle ungefähr 1 cm tief senkrecht ein.

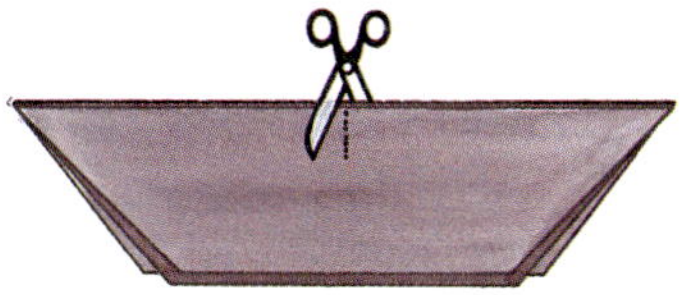

7. An der Schnittstelle haben wir nun 4 Ecken. Wir knicken die obere linke Ecke des Papiers um. Zur Spitze A hin wird der umgeklappte Streifen immer schmaler. Die andere Ecke wird auch umgeknickt und zur Spitze B verlaufend geknickt.

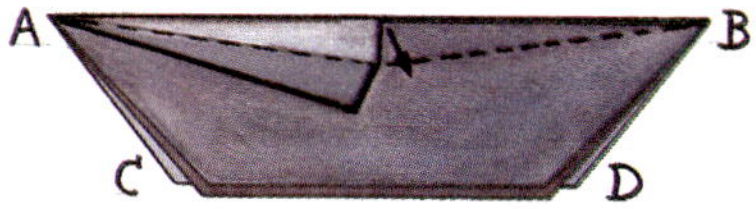

8. Wir wenden die Faltarbeit und knicken auch diese Ecken genauso um.

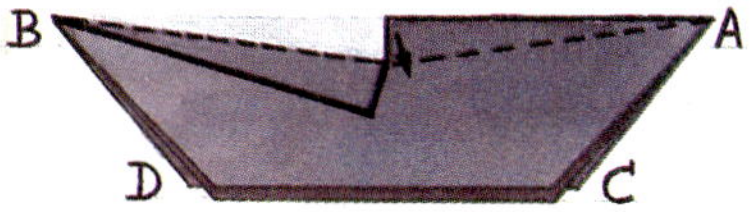

9. Wir ziehen die Öffnung etwas auseinander und drücken vorsichtig die „Schnabelspitzen" A und B zueinander, wie auf der Zeichnung zu sehen. Unser Drachenkopf ist fertig gefaltet.

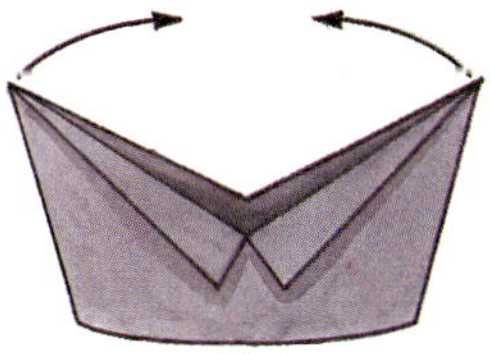

10. Wir schneiden aus Papierresten zwei Augen aus und kleben sie rechts und links an den Kopf. Mit der Zackenschere schneiden wir einen schmalen Streifen Papier und kleben ihn in das „Drachenmaul". Das ist die Drachenzunge. Wer will, kann auf die gleiche Weise Zähne ausschneiden und ankleben.

11. Um mit dem Drachenkopf spielen zu können, braucht er einen „Hals". Wir legen das zweite Stück Papier auf den Tisch und rollen es ganz fest um den Bleistift. Das Ende des Papiers wird festgeklebt. Vorsichtig ziehen wir den Bleistift heraus und haben nun ein Papierröhrchen. Die Enden schneiden wir gerade. An einem Ende schneiden wir vom Rand her 4- bis 5mal ein und biegen die Knicke nach außen.

12. Nun nehmen wir Nadel und einen etwa 20 cm langen Faden. An ein Ende des Fadens machen wir einen dicken Knoten. Dann stechen wir an der Mitte der Seite A C ein und ziehen den Faden bei D wieder heraus.

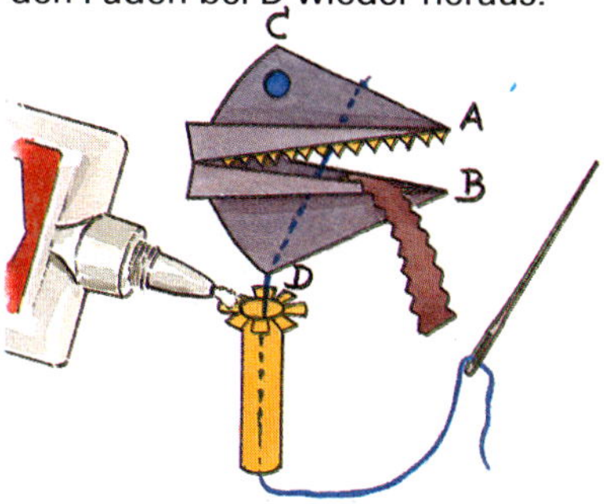

13. Danach lassen wir die Nadel mit dem Faden durch das Papierröhrchen gleiten. Die eingeschnittene Seite des Röhrchens soll an den Drachenkopf kommen. Die eingeschnittenen Teile werden mit Klebstoff bestrichen und an den Drachenkopf gedrückt.

14. Die Nadel können wir nun vom Faden entfernen. Ziehen wir jetzt vorsichtig an dem Faden, so klappt das „Untier" sein Maul auf und zu.

- 1 Streifen rotes Tonpapier (70 x 4 cm)
- Lineal
- Bleistift
- Schere
- Zackenschere
- Nagelschere
- Tonpapierreste
- Pritt Bastelkleber

Feuerspeiender Drache

So furchterregend der feuerspeiende Drache auch aussehen mag – er ist gar nicht so schwierig herzustellen. Wie wär's mit solch einer originellen Tischdekoration für eine „sagenhafte" Faschingsfeier? Man kann ihn auch als stimmungsvollen Wegweiser ins Märchen- und Sagenland verwenden, wenn man eine Märchenstunde gestaltet.

1. Um den spitz zulaufenden Drachenkörper zuzuschneiden, kennzeichnen wir an einem schmalen Ende des Tonpapierstreifens die Mitte mit Bleistift. Vom anderen Ende messen wir an den Längsseiten 12 cm ab und markieren die Stellen ebenfalls. Diese beiden Punkte verbinden wir mit Lineal und Bleistift mit dem zuvor markierten Mittelpunkt und schneiden an diesen Linien entlang die Körperform spitz zu.

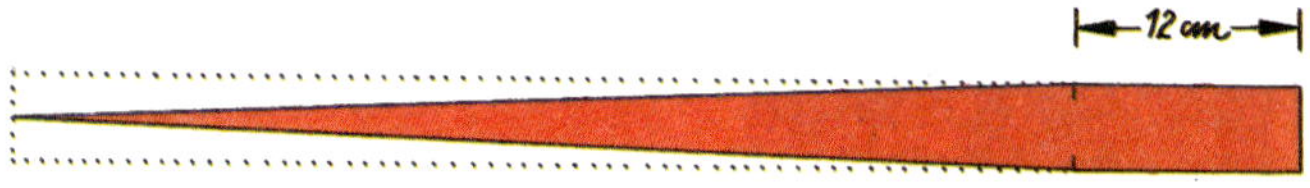

2. Für das gefährliche Drachenmaul schneiden wir an dem geraden Abschnitt vorn mit der Zackenschere etwa 1 cm vom Rand entfernt 3 cm weit ein und runden mit der normalen Schere den Kopf seitlich ab.

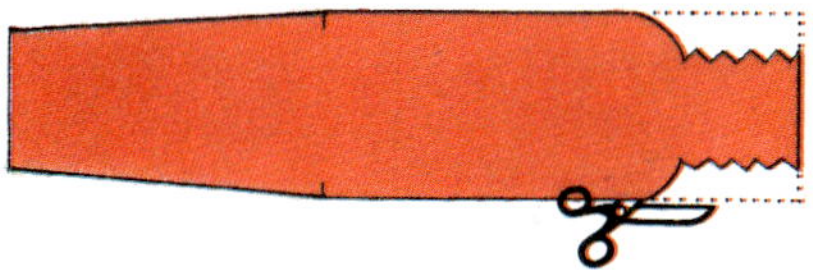

3. Die geschwungenen Hörner entstehen, wenn wir das Papier von den beiden 12-cm-Markierungen aus etwa 6 cm schräg in Richtung Maul einschneiden und die entstandenen Spitzen über einen Bleistift nach oben rollen.

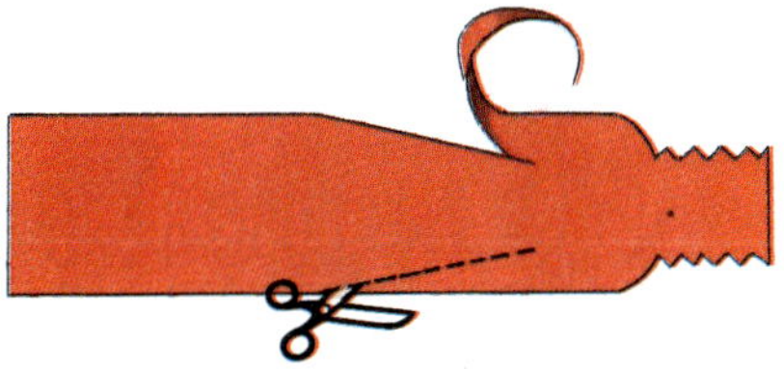

4. Jetzt werden die Augen eingeschnitten. Mit einer spitzen Nagelschere schneiden wir zum Körper hin zwei Winkel ein und biegen die so entstandenen Dreiecke nach oben.

5. Zwischen den Hörnern und den 12-cm-Markierungen schneiden wir die Kanten in schräge Fransen. So sieht der Nacken stachelig aus.

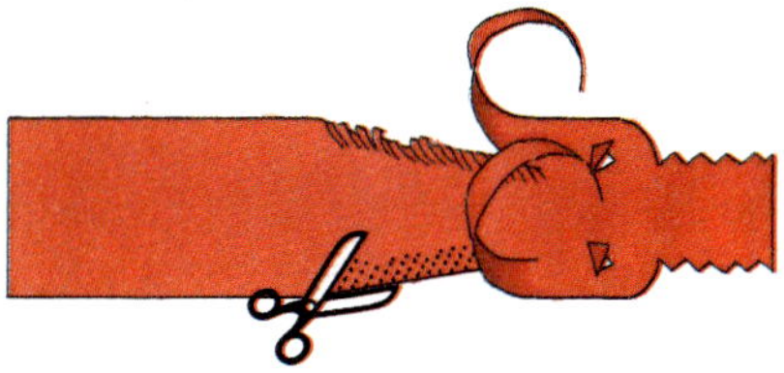

6. Dem feuerspeienden Tier kleben wir mit Pritt Bastelkleber vorne ans Drachenmaul einige spitz zulaufende Streifen in verschiedenen Farben und von unterschiedlicher Länge. Diese züngelnden Flammen rollen wir über den Bleistift einzeln nach oben.

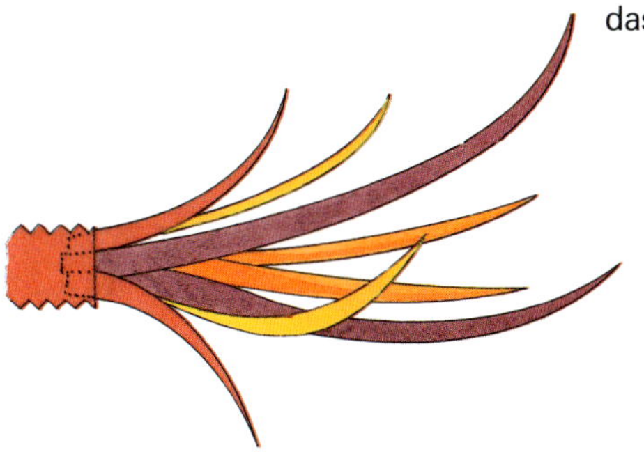

7. Aus einem langen Streifen Tonpapier in passender Kontrastfarbe, der 1 cm breit sein soll und mit der Zackenschere am Rand beschnitten wird, formen wir die großen Rückenzacken. Wir kleben ihn mit Pritt Bastelkleber zuerst am Kopf in Höhe der Hörner fest und knicken ihn abwechselnd nach oben und unten. Jedesmal kleben wir ihn unten am Körper fest. Am Anfang sollten die Zacken 2-3 cm hochstehen, zum Schwanz hin werden sie dann immer niedriger, bis der Streifen wieder flach aufliegt.

8. Anschließend wird der ganze Körper noch vorsichtig hin- und hergebogen, so daß der Drachen recht wild aussieht. Wenn man einen haben möchte, der sich aufbäumt, klebt man einfach zwei große Rückenzacken zusammen. Je weiter diese auseinanderlagen, um so mehr bäumt sich das Ungeheuer auf.

– 1 Bogen graues Tonpapier (DIN A4)
– Pauspapier
– Bleistift
– Schere
– Papiermesser oder kleines Küchenmesser

Geier

„Unter Geiern" könnte das Motto einer so dekorierten Faschings- oder Westernparty lauten. Schreibt man auf die Geier den Namen des jeweiligen Gastes, kann man sie auch als Tischkarten verwenden.

1. Zuerst pausen wir den Geier von der Schablonenzeichnung auf Seite 326 auf das Tonpapier ab. Die gestrichelten Linien werden auch abgepaust, sie dienen als Hilfslinien für die späteren Faltungen. Die Umrißform schneiden wir aus.

2. Wir falten den Geier entlang der gedachten Mittellinie auf die Hälfte zusammen, so daß die Hilfslinien außen liegen, und streichen den Falz mit dem Fingernagel nach. Der Geier wird wieder aufgeklappt und gewendet, so daß die Hilfslinien oben liegen.

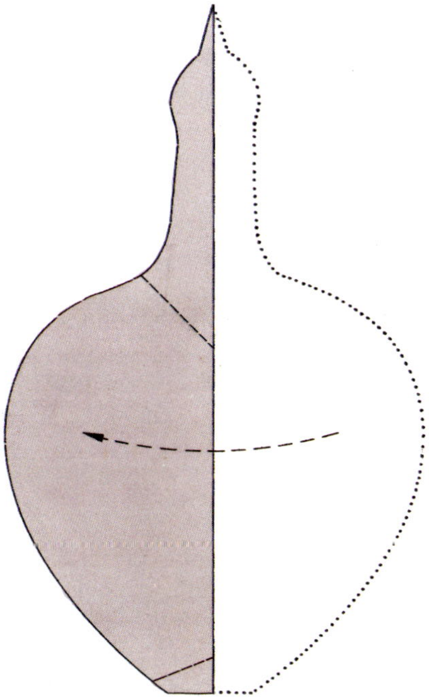

3. Mit dem Messer ritzen wir jetzt das Papier entlang der unteren und der langen Hilfslinien am Halsansatz leicht an, dadurch läßt es sich später besser umfalten.

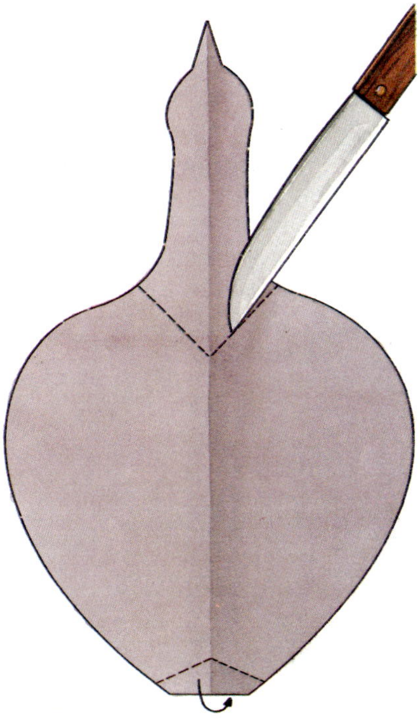

4. Wir legen den Geier wieder zur Hälfte zusammen und klappen dabei das Papier an der unteren Hilfslinie nach innen hoch. Dadurch erhält der Geier seine Standfestigkeit.

5. Jetzt halten wir den zusammengeklappten Geier in einer Hand und ziehen mit der anderen den Hals nach unten, so daß er waagerecht zwischen den Flügeln herausschaut. An der vorher geritzten Linie klappt das Papier fast von selbst um, die Mittellinie am Hals faltet sich nach unten. Wir streichen alles mit dem Fingernagel nach.

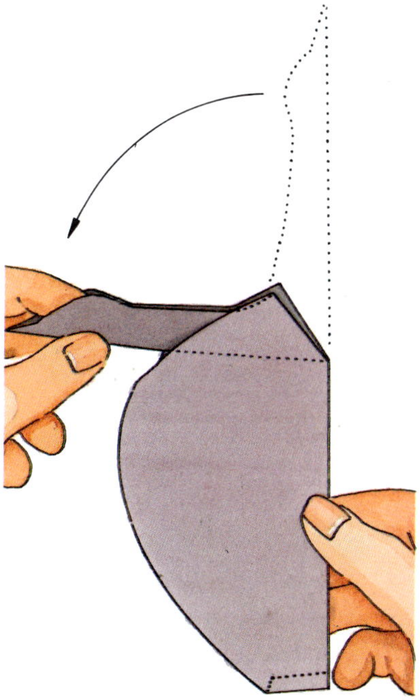

6. Die Spitze am Kopf wird der gekrümmte Schnabel. Wir stülpen ihn entlang der Hilfslinien nach unten und streichen die Faltung glatt. Die äußere Schnabelspitze falten wir noch weiter um. Der Geier sitzt jetzt in seiner typischen Stellung vor uns.

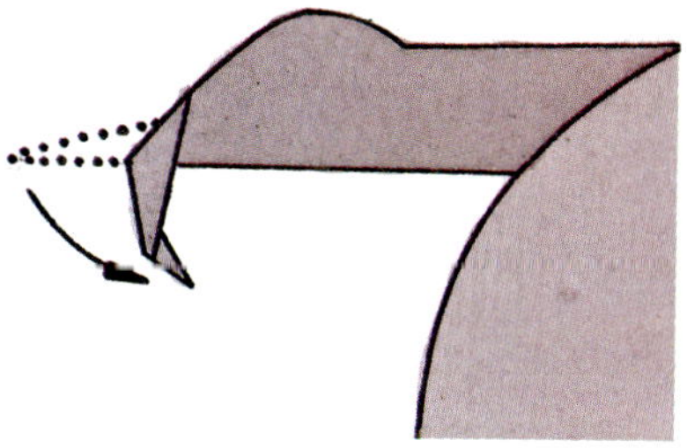

- 1 Bogen graues Tonpapier (DIN A4)
- schwarze Tonpapierreste
- dunkles und helles Pauspapier
- Bleistift
- Schere
- Lineal
- Pritt Bastelkleber
- Papiermesser oder kleines Küchenmesser

Fledermaus

Ein Schwarm solcher Fledermäuse gibt jedem „Burg- und Schloßfest" während der Faschingszeit die richtige, schaurige Atmosphäre. Am besten ist es natürlich, wenn man sie aufhängt. Mehrere Möglichkeiten stehen zur Auswahl: Man kann die Fledermäuse einzeln von der Decke herabhängen lassen oder viele von ihnen an langen Fäden unter der Decke durchs Zimmer flattern lassen. Oder wie wäre es mit einem Mobile?

1. Wir pausen die große Umrißform der Fledermaus von der Schablonenzeichnung auf Seite 330 auf das graue Tonpapier ab. Mit hellem Pauspapier übertragen wir den schmalen Körper und die beiden Innenflächen der Ohren auf das schwarze Tonpapier und schneiden alle Teile aus.

2. Die beiden Innenflächen kleben wir mit Pritt Bastelkleber in die Ohren ein. Sie markieren nun auch die Vorderseite der Fledermaus.

3. Um die Flügelflächen leicht plastisch zu gestalten, legen wir das Lineal zwischen den oberen beiden Flügelspitzen a und den vier unteren Flügelspitzen b an und ziehen das Messer vorsichtig am Lineal entlang von a nach b. Dadurch wird das Papier leicht eingeritzt und läßt sich anschließend viel besser nach hinten knicken.

4. Nacheinander knicken wir entlang dieser vier Linien die Flügelflächen nach hinten um, streichen die Kanten mit dem Fingernagel flach und öffnen die Faltungen wieder.

5. Die Fledermaus wird jetzt gewendet, und mit Hilfe von Lineal und Messer werden zwei weitere Faltlinien zwischen den Punkten a und c angeritzt.

6. Entlang der beiden letzten Faltlinien klappen wir diesmal die Flügelteile zur Vorderseite hin um und streichen den Falz wieder mit dem Fingernagel nach. Wenn wir alles richtig gemacht haben, springen die Flügelflächen abwechselnd nach vorne und hinten.

7. Das schmale Teil für den Körper hat ein abgerundetes und ein spitzes Ende. Das abgerundete Ende klappen wir entlang der Hilfslinie nach vorne um, es stellt den Kopf der Fledermaus dar.

8. Wir geben etwas Pritt Bastelkleber knapp unterhalb der Faltlinie auf das Papier und drücken das Teil am Ohrenansatz fest.

9. Mit etwa 1 cm Abstand von der unteren Spitze des grauen Fledermausteils kleben wir die Spitze des schwarzen Körpers fest. Dadurch wölbt sich der schwarze Körper hoch und wirkt plastisch.

Wer seine Fledermaus frei schweben lassen möchte, sticht rechts und links am Rand der Flügel mit der Nadel kleine Löcher ins Papier und zieht zum Aufhängen einen Faden durch.

Basteln in der Osterzeit

Ob man nun an den Osterhasen glaubt oder nicht – auf Ostern freuen sich alle. Und da die Vorfreude die schönste Freude ist – sagt der Volksmund –, wollen wir mit den unterschiedlichsten Bastelvorschlägen dazu beitragen, die vorösterliche Zeit mit schönen Aktivitäten noch mehr ins Bewußtsein zu rücken. Die Tage werden immer länger, die Sonne lockt die ersten Blüten heraus, und zaghaftes, frisches Grün zeigt den kommenden Sommer an. Diese Stimmung spiegelt sich auch in den Bastelvorschlägen wider. Viele von ihnen sind so leicht, daß man sie gut mit Kindern nacharbeiten kann. Und warum sollte man dem schwer beschäftigten Osterhasen nicht ein wenig helfen und das Osternest selber basteln? Wo er es nachher schließlich versteckt und was er hineintut, darauf ist dann jedes Kind ganz besonders gespannt.

Küken im Ei

- 1 Tasse
- Bleistift
- Schalen eines aufgeschlagenen Eies
- feste Pappe in der Größe eines Bierdeckels
- Pritt Bastelkleber
- Moos
- gelbe Watte
- etwas Buntpapier
- Schere

Eine einfache, aber doch wirkungsvolle Osterbastelei ist dieses Küken, das gerade ausschlüpft. Bei einem Frühjahrsspaziergang holen wir das erste Moos auf einer Wiese oder im Wald, um dem Küken einen weichen, natürlichen Untergrund geben zu können. Wir können es frisch verwenden oder ein paar Tage trocknen lassen.

1. Auf die feste Pappe legen wir eine umgekehrte Tasse und zeichnen den Umriß mit einem Bleistift nach. Diesen Kreis schneiden wir aus.

2. Dann bekleben wir den Kreis mit Moos. Darauf kleben wir nebeneinander die zwei aufgeschlagenen Eierschalenhälften mit der Öffnung nach oben.

3. Die größere Hälfte wird so mit gelber Watte gefüllt, daß oben ein Wattebällchen übersteht, aus dem wir ein Köpfchen formen.

4. Aus Buntpapier schneiden wir die Augen und ein Schnäbelchen und kleben sie, wie die Zeichnung zeigt, auf.

5. Die etwas kleinere Eierschalenhälfte bleibt leer. So erweckt es tatsächlich den Anschein, als ob die Schale gerade zerbrochen sei.

- *Pergamentpapier*
- *Bleistift*
- *Rest rotes Papier*
- *Schere*
- *Pritt Bastelkleber*
- *1 ausgeblasenes Hühnerei*
- *schwarzer Filzstift*
- *buntes Faltpapier, möglichst viele Farben*
- *Küchenmesser*
- *1 leere Klopapierrolle*
- *grüne Finger- oder Wasserfarbe*
- *Pinsel*

Hahn aus einem Ei

Dieser Hahn ist eine hübsche Tischdekoration als Überraschung für den Ostertisch. Er wird aus einem ausgeblasenem Ei und bunten Papierstreifen „gezaubert" (Eier ausblasen siehe Seite 111).

1. Die Vorlagen auf dieser Seite pausen wir auf rotes Papier ab und schneiden sie aus. Den Schnabel brauchen wir 1 mal, den Kamm 2 mal.

2. Den Kamm kleben wir bis zu den gestrichelten Linien zusammen. Den unteren Teil biegen wir auf und kleben diese Laschen an das spitze Ende des Eies.

3. Den Schnabel falten wir zur Hälfte zusammen und kleben ihn ebenfalls an.

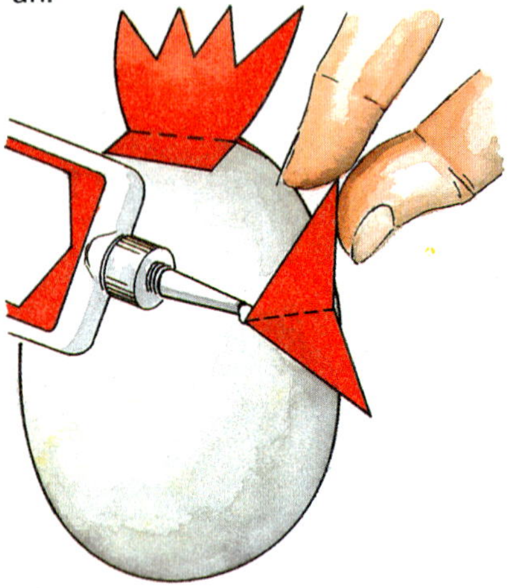

4. Die Augen malen wir mit schwarzem Filzstift auf.

5. Für den Schwanz schneiden wir aus dem bunten Faltpapier viele etwa 0,5 cm breite Streifen aus. Sie sollten 8–12 cm lang sein. Diese Streifen kleben wir an das Hinterteil des Hahns.

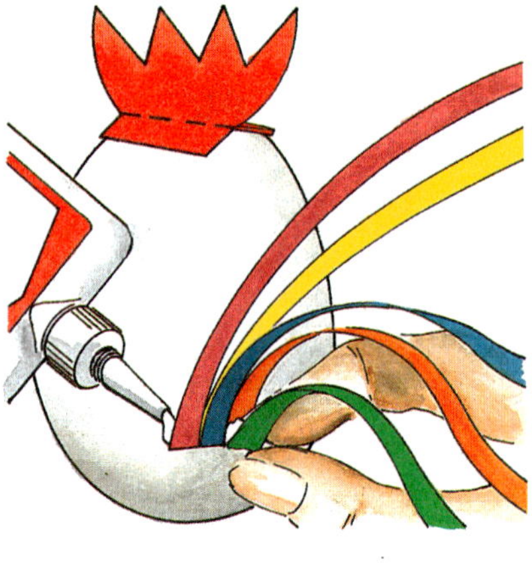

Kamm (2mal abpausen)

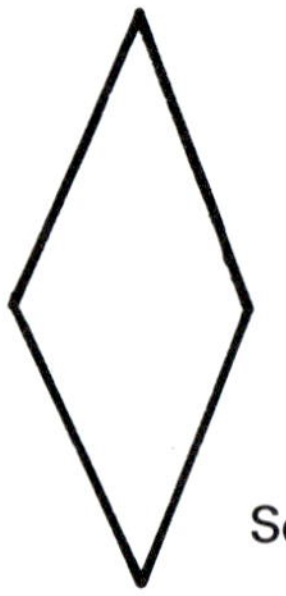

Schnabel

Abpausvorlagen

6. Damit sich die Papierstreifen schön rollen, ziehen wir sie über einen Bleistift. Mit dem Daumen der linken Hand halten wir das angeklebte Ende der Papierstreifen fest. Das andere Ende legen wir über den Bleistift. Der Daumen übt nun einen leichten Druck auf das Papier aus, während wir die Papierstreifen über den Bleistift ziehen.

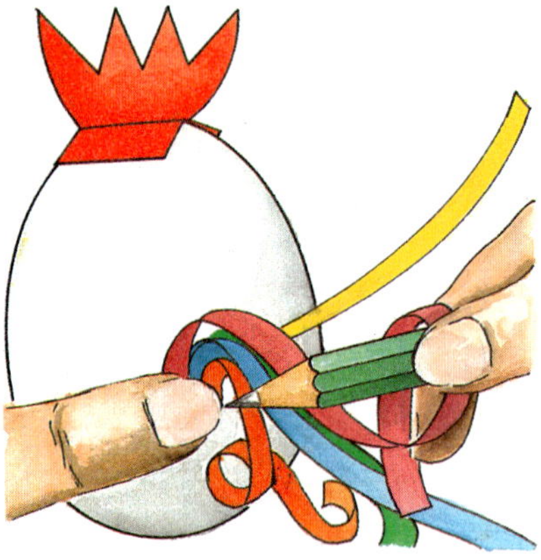

7. Damit wir unseren Hahn auch aufstellen können, schneiden wir mit dem Küchenmesser einen 3 cm hohen Ring von der Klopapierrolle ab. Diesen Ring malen wir grün an und setzen den Hahn nach dem Trocknen hinein.

Bunt betropfte Ostereier

- Tablett (oder Wachstuchdecke)
- Eierkarton
- ausgeblasenes, weißes Ei
- Streichhölzer
- rote, blaue und gelbe Kerzenreste
- weißer Faden (25 cm)

Es macht Spaß, Eier für den Osterstrauß einmal ganz anders zu dekorieren. Die Kerzenreste, die wir dazu benötigen, sollten nicht zu klein sein, damit sich keiner die Finger verbrennt. Bevor es losgeht, machen wir die Kinder darauf aufmerksam, daß wir mit der brennenden Kerze vorsichtig umgehen, sie von unserem Gesicht und unseren Kleidern fernhalten müssen.

1. Wir stellen auf einem Tablett die Dinge bereit, die wir nun brauchen: den Eierkarton, in den wir das ausgeblasene, saubere Ei legen, Streichhölzer und die verschiedenfarbigen Kerzenreste.

2. Mit einem Streichholz zünden wir eine Kerze an. Wir halten sie etwas schräg und über das Ei. Das flüssig gewordene Wachs tropft herunter und erstarrt auf der Eischale.

3. Wir bewegen nun die Hand mit der Kerze so, daß die Wachstropfen auf dieser Eihälfte hübsch verteilt werden. Dabei achten wir aber immer darauf, daß die Flamme nicht an das Gesicht und die Haare kommt. Da die Wachstropfen schnell fest werden, müssen wir nicht lange warten, sondern können das Ei umdrehen und die andere Hälfte auch betropfen. Macht das nicht viel Spaß?

4. Danach löschen wir die Kerze, nehmen eine andersfarbige und verfahren auf die gleiche Weise. Wenn wir nicht zu viele Tropfen einer Farbe gemacht haben, können wir auch noch eine dritte Kerze nehmen und unser Ei damit schön bunt gestalten.

5. Wir nehmen nun ein Streichholz und brechen es in der Mitte durch. Den Faden binden wir an eine der beiden Hälften und schieben das Hölzchen durch eines der beiden Löcher, die beim Ausblasen gemacht wurden. Nun ist unser Ei fertig und kann an den Osterstrauß gehängt werden.

Osternest

- grünes Kreppapier (45 x 15 cm)
- runder Margarinebecher
- Pritt Alleskleber
- rotes Kreppapier (66 x 14 cm)
- Schere
- Ostergras zum Füllen

Um dieses Osternest – eine Blüte – herzustellen, braucht man kein teures Material. Den Margarinebecher müssen wir nur sauber auswaschen. Vorsicht mit dem Kreppapier: Es darf nicht naß werden, da es sonst färbt.

1. Das grüne Kreppapier falten wir einmal zusammen, so daß eine 7,5 cm breite Manschette entsteht.

2. An der Außenseite des Bechers tragen wir etwas Klebstoff auf.

3. Darüber kleben wir nun die grüne Manschette. Ihre Enden kleben wir etwas übereinander fest. Der grüne Streifen muß so hoch stehen, daß der Rand des Bechers nicht mehr zu sehen ist.

4. Wir nehmen nun den roten Kreppapierstreifen und falten ihn wie eine Ziehharmonika auf eine Breite von ungefähr 6 cm zusammen. Mit einer Schere runden wir eine der schmalen Seiten ab.

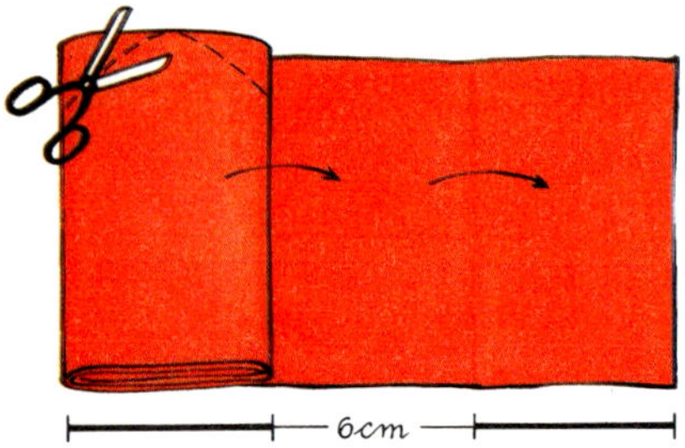

5. Danach falten wir das Papier auf und kleben seine Enden übereinander. Ein Ring ist entstanden.

6. Den Innenrand des Bechers bestreichen wir mit Klebstoff.

7. Wir nehmen nun den Ring aus rotem Papier und stellen ihn in den Becher, so daß die untere Seite auf den Becherboden kommt.

8. Wir drücken das rote Papier an die Becherwand und schieben das Papier etwas zurecht, so daß es schön verteilt wird. Die zurechtgeschnittene Seite des Kreppapiers wirkt nun wie Blütenblätter. Wer will, kann einen zweiten, genauso großen Kreppapierstreifen auf die gleiche Weise in den Becher kleben.

9. In die Mitte des Bechers füllen wir nun Ostergras. Ein so leuchtendes Nest kann wirklich kein Osterhase übersehen!

Hasenkörbchen

- Pauspapier
- Bleistift
- 1/2 Bogen braunes Tonpapier
- Buntpapierreste
- Schere
- Pritt Bastelkleber
- Lineal
- grünes Kreppapier (4 x 85 cm)
- Ostergras (aus dem Bastelgeschäft)

Dieses Hasenkörbchen ist ein sehr ansprechendes Osternest. Es sieht so aus, als sitze der Hase im hohen Gras.

1. Nach der Beschreibung von Seite 14 übertragen wir die Hasenform vom großen Musterbogen auf braunes Tonpapier. Das kleine Teil für das „Innenohr" wird 2mal auf ein beliebig farbiges Buntpapier übertragen. Alle Formen schneiden wir sorgfältig aus.

2. An den gestrichelten Linien falzen wir die Hasenform nach oben. Dabei bleibt der rechteckige „Boden" des Hasenkörbchens auf dem Tisch liegen, die übrigen Teile stellen wir senkrecht auf. Dann kleben wir die Klebelaschen (K) vorne und hinten aufeinander.

3. Nun werden die vorbereiteten Innenohren aufgeklebt. Aus Buntpapierresten schneiden wir die Augen und kleben sie ebenfalls auf.

4. Mit dem Lineal messen wir einen 4 cm breiten und 85 cm langen Streifen Kreppapier ab und schneiden ihn aus. Dieser Streifen wird nun 2mal um das Körbchen geklebt. Dabei wird nur sein unterer Rand festgeklebt, der obere bleibt lose.

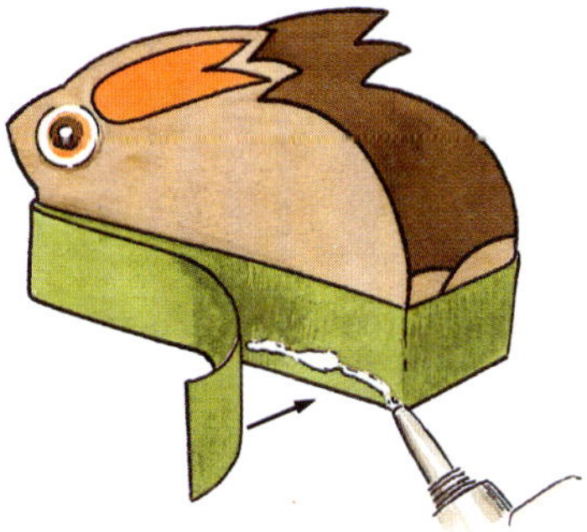

5. Als nächstes machen wir von oben her lauter kleine Einschnitte in den losen Teil des Kreppapiers, damit es wie Gras aussieht.

6. Vor dem Füllen polstern wir das Körbchen mit künstlichem Ostergras aus.

- 1 Eierkarton für 6 Eier
- Schere
- alte Zeitungen
- Wasserfarben
- Pinsel
- Pauspapier
- Bleistift
- etwas rotes Tonpapier (etwa 5 x 5 cm)
- kleines Küchenmesser
- Pritt Bastelkleber
- etwas schwarzes Papier
- eventuell Locher
- Reste von buntem Faltpapier
- etwas Ostergras

Bewachtes Osternest

Gleich zwei aufmerksame Hähne bewachen dieses Nest mit seinen österlichen Überraschungen. Und doch wird auch dieses Körbchen einmal leer sein. Es läßt sich aber dann als hübscher Behälter für allerlei Kleinigkeiten verwenden.

1. Von dem Eierkarton schneiden wir mit der Schere den Deckel ab. Den vorderen Rand schneiden wir bis zur Höhe der Abtrennungen zwischen den drei Kammern herunter. Aus den beiden hochragenden „Säulen" werden wir die Hähne basteln.

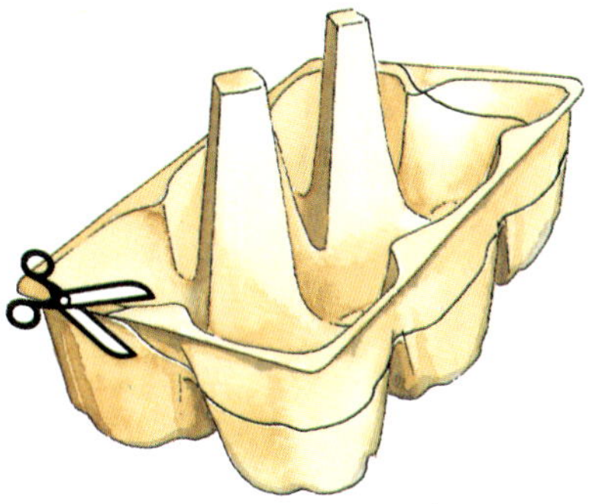

2. Wir decken unsere Arbeitsplatte mit alten Zeitungen ab und malen den Eierkarton mit Wasserfarben in leuchtendem Orangegelb an.

3. Während der Karton trocknet, bereiten wir alle anderen Teile vor. Mit Pauspapier und Bleistift übertragen wir das Teil für Kamm und Schnabel sowie den Kehllappen je zweimal auf rotes Tonpapier und schneiden alles aus.

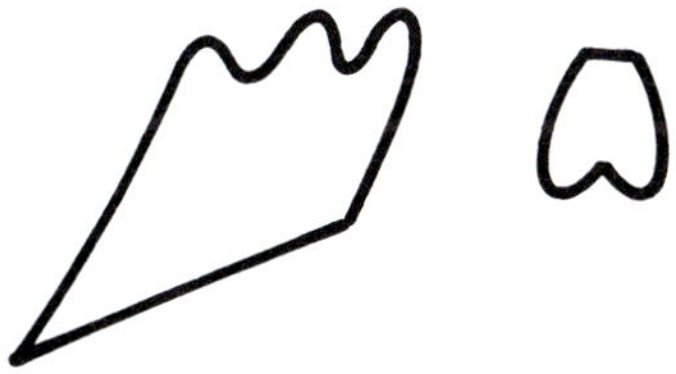

Abpausvorlagen

4. Für die Augen schneiden wir vier gleichgroße Kreise aus schwarzem Papier aus. Wer einen Locher zur Hand hat, kann sie auch bequem ausstanzen.

5. Wenn der Karton trocken ist, schneiden wir in die beiden Säulen je eine senkrechte Spalte von etwa 1 cm Tiefe ein, und zwar sollen sie so verlaufen, daß sich später die beiden Hähne leicht einander zuwenden.

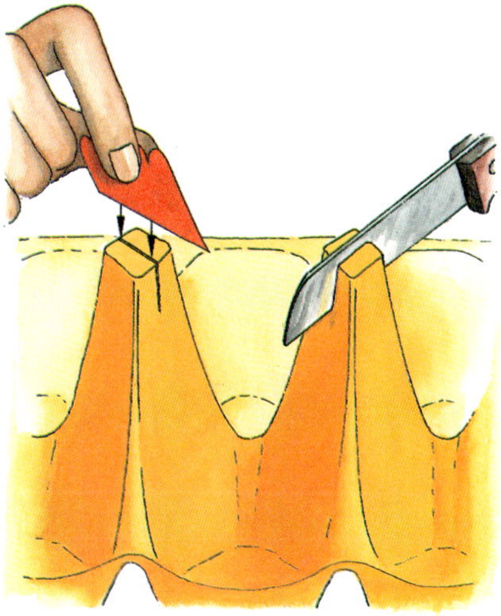

6. Jetzt stecken wir die Hahnenkämme mit den Schnäbeln in die Einschnitte und kleben mit Pritt Bastelkleber die Kehllappen und die Augen auf.

7. Unsere Hähne brauchen noch prächtige Schwanzfedern. Wir stellen sie aus buntem Papier her, das wir in schmale, lange Streifen von etwa 0,5 x 14 cm schneiden.

8. Ungefähr 20 bis 30 solcher Streifen kleben wir an einem Ende zusammen. Damit sie auch hübsch geschwungen sind, ziehen wir sie von diesem Ende aus vorsichtig über einen Bleistift.

9. Zum Schluß kleben wir die buschigen Hahnenfedern mit Pritt Bastelkleber an und setzen etwas Ostergras in die Mulden. Da hinein stellen wir bunte Eier, oder wir verstecken dort kleine Überraschungen.

Hase mit Osterkörbchen

- Pauspapier
- Bleistift
- 1 Bogen dunkelbraunes Tonpapier (DIN A3)
- Schere
- Rest hellbraunes Tonpapier
- 1 Fünfpfennigstück
- Pritt Bastelkleber
- schwarzer Filzstift

Wer sitzt denn da im Grase? Der Hase! Aber einer, der es in sich hat. Auf seinem Rücken verbirgt er nämlich ein Körbchen, in welchem kleine Überraschungen Platz haben.

1. Vom Vorlagebogen pausen wir mit Pauspapier und Bleistift die Umrisse des Hasen mit allen durchgezogenen Linien auf das dunkelbraune Tonpapier ab. Auch die gestrichelten Linien werden übertragen, denn hier wird später das Papier geknickt.

2. Danach schneiden wir an allen durchgezogenen Linien die Hasenform aus. An den beiden Schlitzen am Bauch muß man besonders vorsichtig arbeiten. Am besten geht das, wenn man zuerst ein kleines Loch mitten in die Schlitzformen sticht und dann erst auf die Linien zuschneidet.

3. Für die Hasenaugen ziehen wir die Umrisse des Fünfpfennigstücks mit Bleistift auf hellbraunem Papier nach und schneiden den Kreis aus. Wir knicken ihn einmal auf die Hälfte zusammen und schneiden ihn an dem Knick auseinander. Diese beiden Halbkreise kleben wir mit der geraden Linie nach unten als Augen auf.

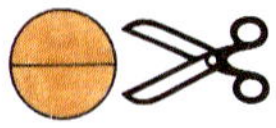

4. Mit dem schwarzen Filzstift malen wir die Pupillen auf, darunter zeichnen wir das Schnäuzchen und einige Schnurrbarthaare. Wer will, kann statt dessen feine Streifen aus hellem Papier ausschneiden und sie als Barthaare aufkleben.

5. Nun wenden wir den Hasen so, daß sein Gesicht zur Arbeitsfläche zeigt. Dann knicken wir das Papier an allen gestrichelten Linien nach oben um.

6. Danach richten wir das Körbchen auf. Die Dreiecke, die auf der Zeichnung gestrichelt dargestellt sind, werden auf den Boden geklebt. Bevor der Pritt Bastelkleber trocken ist, prüfen wir, ob die Hasenpfoten gut durch die dafür vorgesehenen Schlitze passen. Deshalb richten wir auch den Hasenkörper auf und schieben die Pfoten durch die beiden Schlitze nach vorn.

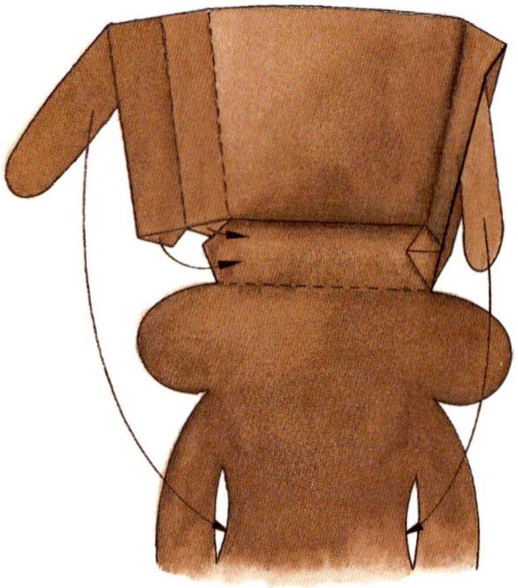

7. Damit das Körbchen beim Füllen nicht auseinanderfallen kann, geben wir etwas Pritt Bastelkleber auf die Rückseite des Hasen direkt neben die zwei Schlitze und drücken das Körbchen dort an, bis es fest klebt. Jetzt können wir kleine Leckereien oder andere Überraschungen dort verstecken.

- *3 verschiedenfarbige Origamipapiere mit den Maßen 13 x 13 cm*
- *Schere*
- *Klebstoff*
- *Bleistift*
- *Locher*

Huhn aus Origamipapier

Diese Hühnchen sind eine hübsche Dekoration für den festlich gedeckten Ostertisch. Natürlich kann man auch anderes Papier anstelle von Origamipapier, das es fertig zugeschnitten im Bastelgeschäft gibt, benutzen, nur muß man darauf achten, daß es sich gut kniffen läßt und an den Knickstellen nicht bricht.

1. Wir falten ein Origamipapier (Farbe beliebig) von einer Ecke auf die andere, so daß ein Dreieck entsteht. Wir klappen es wieder auf. Dasselbe machen wir mit den beiden anderen Ecken und falten das Quadrat dann wieder auf.

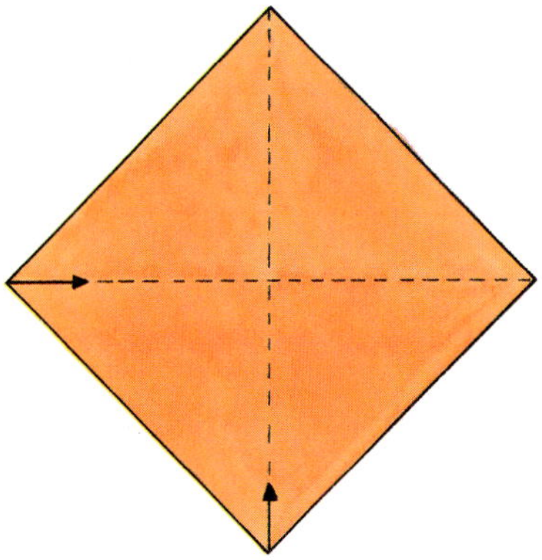

2. Wenn wir beide Seitenkanten zur Mittellinie falten, entsteht eine Drachenform.

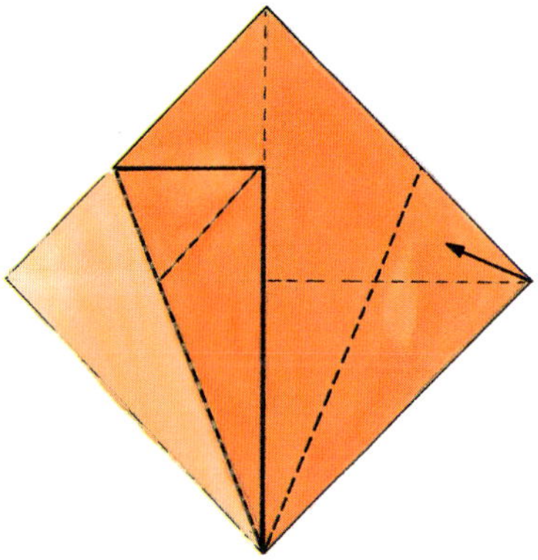

3. Dann wird die Faltarbeit gewendet und die untere Spitze genau auf die obere hochgefaltet, wie die Zeichnung zeigt.

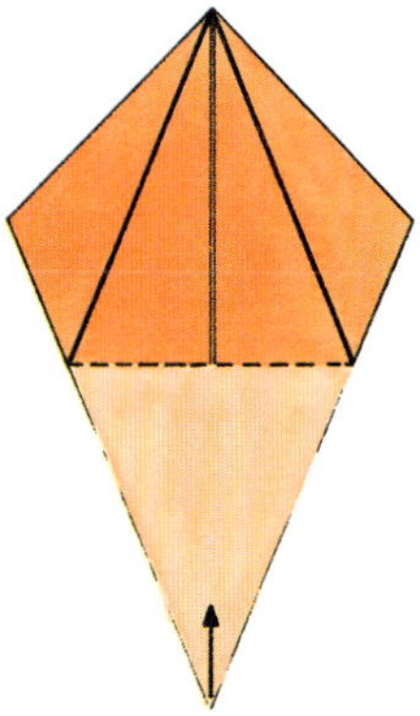

4. Nun wenden wir die Form noch einmal. Sie gleicht jetzt einem Segelschiff. Dieses Schiff falten wir so auf die Hälfte zusammen, wie die Zeichnung zeigt.

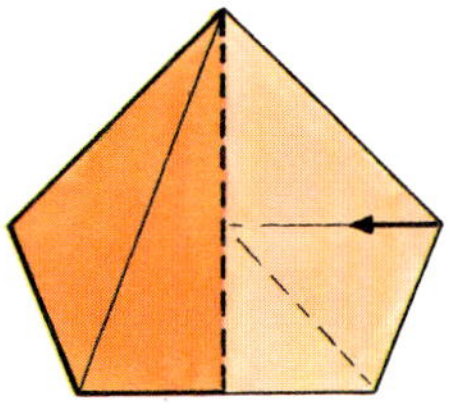

5. Nun ziehen wir die beiden oberen Spitzen so weit auseinander, bis die Form eines Huhnes mit abstehendem Schwanz entsteht. So drücken wir die Form fest auf den Tisch.

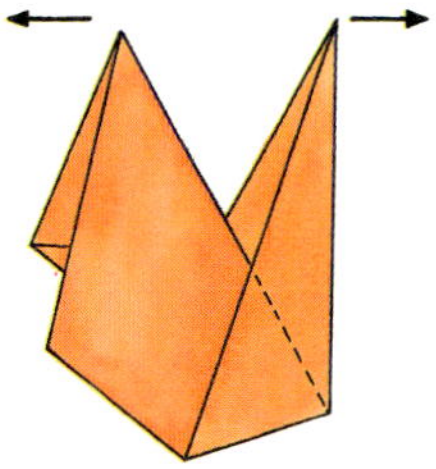

6. Die Faltarbeit hat jetzt eine geschlossene und eine offene Spitze (auf der Zeichnung die linke Spitze). An der offenen Spitze stülpen wir ein kleineres Dreieck nach innen. Dies ergibt den Schnabel.

7. Den Kamm unseres Huhnes zeichnen wir mit Bleistift auf ein weiteres andersfarbiges Origamipapier. Wir können uns dabei an der Zeichnung orientieren. Diesen Kamm kleben wir, wie es die Zeichnung zeigt, auf den Kopf.

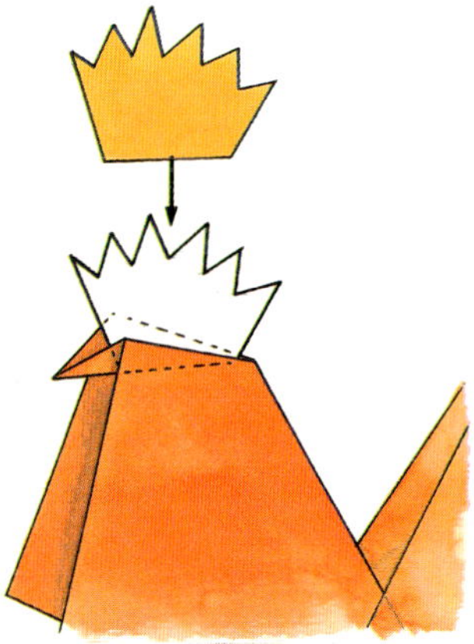

8. Zum Schluß wird beidseitig ein konfettigroßes, rundes Auge aus Origamipapier aufgeklebt. Dies kann mit einem Abheftlocher hergestellt werden. Wer will, kann auch noch eine weiße Pupille aufkleben.

Hasenbecher

- dunkelbraunes Tonpapier (Quadrat von 20 x 20 cm)
- Rest hellbraunes Tonpapier
- 1 Pfennigstück
- Bleistift
- Schere
- schwarzer Filzstift
- Lineal
- Pritt Bastelkleber

Diese Eierbecher sind eine gelungene Dekoration für die festliche Ostertafel. Faltet man den Hasenbecher aus größeren Quadraten, erhält man ein hübsches Osterkörbchen, das mit bunten Süßigkeiten gefüllt werden kann.

1. Wir falten unser Tonpapierquadrat zum Dreieck. Dieses Dreieck falten wir noch einmal zur Hälfte zusammen und ermitteln so die Mittellinie. Nun falten wir das Dreieck wieder auf.

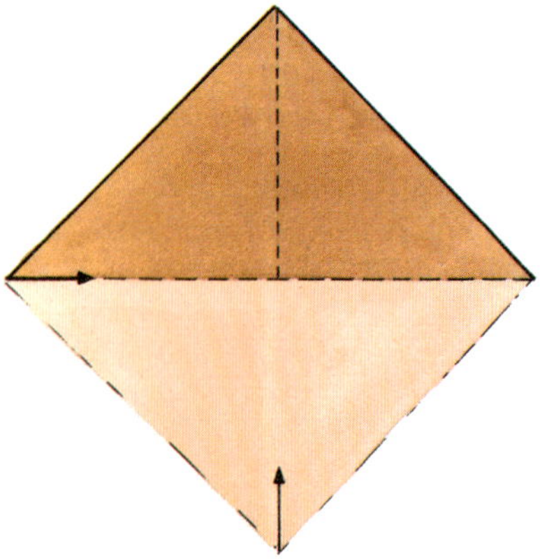

2. Wir biegen nun nacheinander die Spitzen a und b parallel zur Mittellinie nach oben, so daß sie etwa 0,5 cm von der Mittellinie entfernt sind.

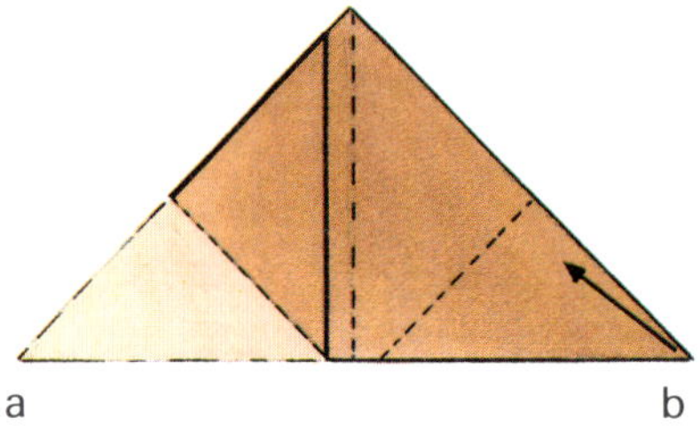

3. Wir biegen die geschlossene untere Seite bis zu der gestrichelt gezeichneten Linie nach oben und streichen den Knick mit dem Fingernagel glatt. Die Arbeit wird gewendet.

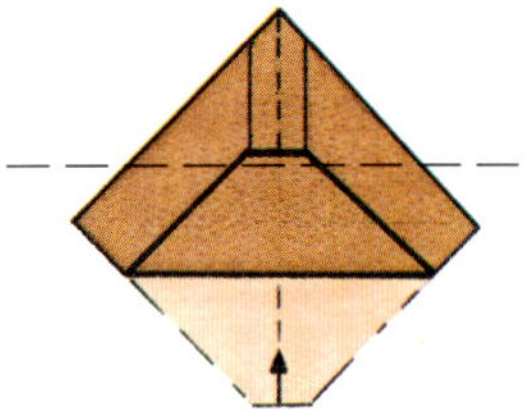

4. Dann legen wir die Ecken 1 und 2 nacheinander an die Mittellinie und streichen auch diese Knicke gut glatt.

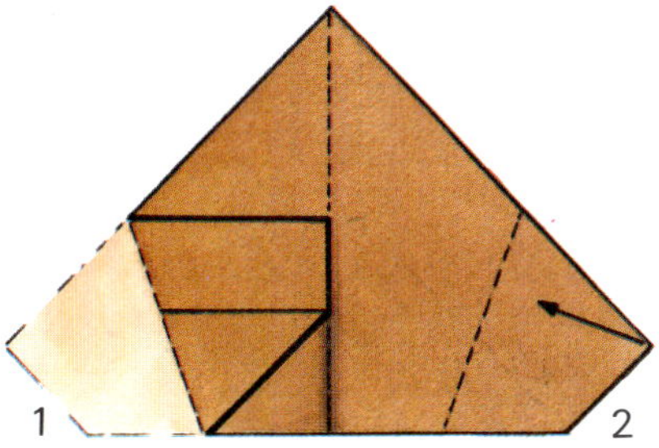

5. Die mit 3 bezeichneten oberen Ecken falten wir nun gemeinsam soweit wie möglich nach unten und streichen den Knick flach.

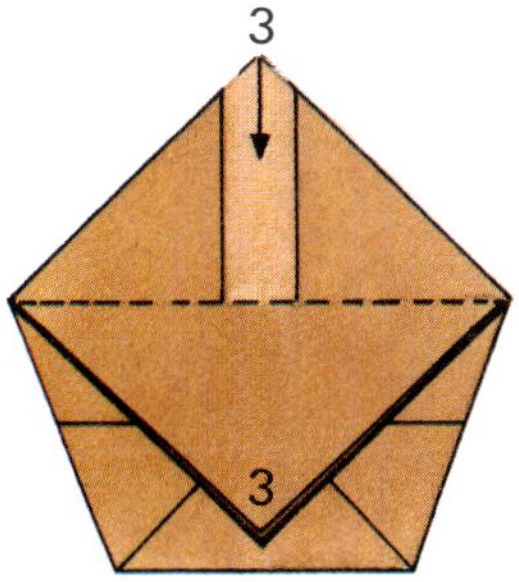

6. Die obenliegende Spitze falten wir nun wieder hoch und schieben sie nach innen in die Faltarbeit – der Hasenbecher ist fertig. Mit dem Finger drücken wir den Becher vorsichtig auf und drehen die Arbeit um.

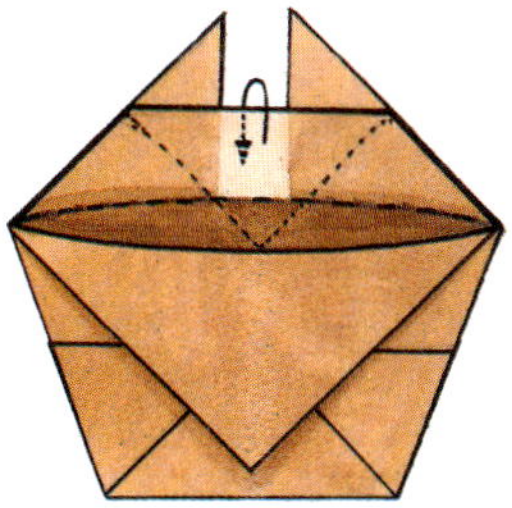

7. Wir legen den Pfennig auf unser hellbraunes Papier und fahren den Umriß mit dem Bleistift nach. Dann schneiden wir den Kreis aus, knicken ihn zur Hälfte und schneiden ihn an dieser Linie auseinander. Mit dem schwarzen Filzstift malen wir noch die Pupillen auf diese Augen und kleben sie dann rechts des Mittelknicks auf.

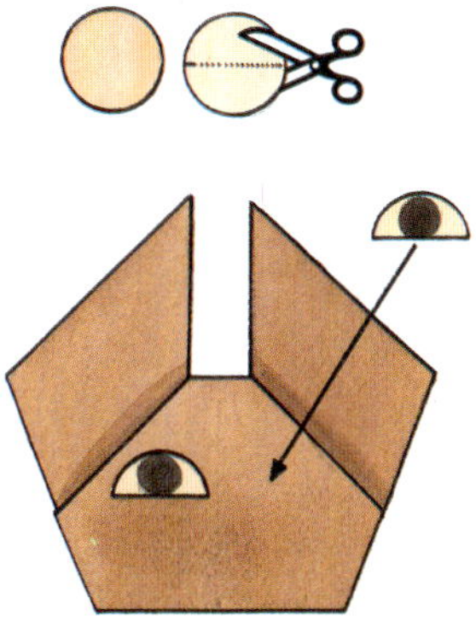

8. Nun müssen wir mit dem Filzstift noch Nase und Mund einzeichnen.

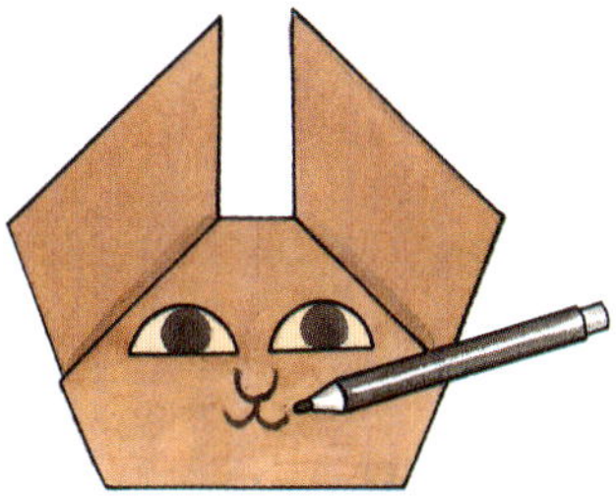

9. Mit Lineal und Bleistift zeichnen wir 2 kleine Trapeze (siehe Zeichnung) auf unser hellbraunes Tonpapier und schneiden sie aus – das wird der Bart.

10. Von den breiteren Seiten aus schneiden wir das Papier mehrmals ein. Nun kleben wir die Schmalseiten rechts und links der Nase an.

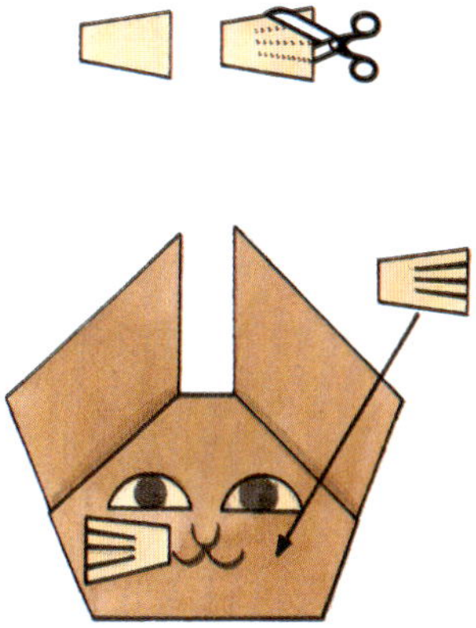

11. Für die Ohren malen wir uns die Umrisse der Ohren der Faltform auf das hellbraune Tonpapier. Mit dem Lineal zeichnen wir entlang dieser Umrisse 2 etwa 0,5 cm kleinere Formen vor und schneiden sie aus. Diese „Innenohren“ werden hinter das Hasengesicht geschoben und festgeklebt.

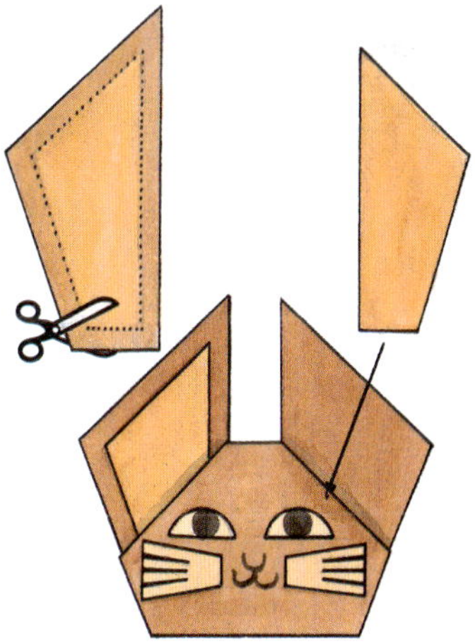

- mehrere rohe Eier zum Ausblasen
- Pauspapier
- Bleistift
- etwas rotes Tonpapier
- mehrere Streichhölzer
- Faden
- Schere
- Pritt Bastelkleber
- schwarzer Filzstift
- Ton- oder Faltpapier in
- verschiedenen Farben

Hahn und Hühner

Dieses muntere Hühnervolk ist eine hübsche Dekoration für den Osterstrauß, die Eier drehen sich bei jeder leisen Luftbewegung. Während der vorösterlichen Backzeit sollte man also nicht einfach alle Eier wie immer aufschlagen, sondern einige von ihnen für solche Basteleien ausblasen. Man kann sie auch für das Mobile auf Seite 114 verwenden.

1. Je nach Größe des Hühnervolkes brauchen wir die entsprechende Anzahl Eier. Um die rohen Eier auszublasen, durchbohren wir sie der Länge nach mit einer dünnen Stricknadel und blasen so lange in eines der Löcher, bis der Inhalt aus dem anderen herauskommt. Anschließend wird das Ei gut mit Wasser ausgespült und mit Küchenkrepp getrocknet.

2. Wir pausen die Vorlagen für den Hahn (Kamm, Kehllappen und Schnabel) einmal, die Teile für die Hühner mehrmals auf rotes Tonpapier ab, je nach der Anzahl der ausgeblasenen Eier. Alle Formen schneiden wir an den Umrißlinien entlang aus.

3. Bevor wir nun den Hahn dekorieren, müssen wir zuerst für die Aufhängung sorgen. Dazu brechen wir das Köpfchen von einem Streichholz ab, binden an der Mitte des Hölzchens einen dünnen Faden an und geben zur Sicherheit ein wenig Pritt Bastelkleber an die Verknotung. Sobald der Klebstoff trocken ist, lassen wir das Streichholz in das Ei fallen. Wenn wir nun vorsichtig am Faden ziehen, legt sich das Hölzchen quer und kann nicht mehr heraus – die Aufhängung ist fertig.

4. Jetzt schneiden wir den Hahnenkamm am unteren Rand an der dafür vorgesehenen Stelle bis zur gestrichelten Linie ein. Wir klappen jetzt ein Teil entlang dieser Linie nach vorne, das andere nach hinten, geben etwas Pritt Bastelkleber darunter und kleben den Kamm oben auf das Ei.

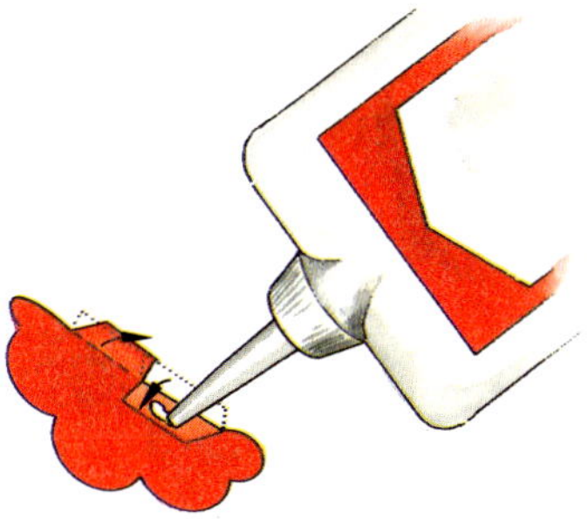

5. Der Schnabel wird an der gestrichelten Linie geknickt und vorn am Ei angeklebt.

6. Den Kehllappen schneiden wir wie beim Kamm an der dafür vorgesehenen Stelle ein und falten die zwei Streifen zum Ankleben an der gestrichelten Linie wieder nach vorn und hinten. Wir kleben ihn genau unter dem Schnabel fest.

7. Die Augen malen wir mit schwarzem Filzstift auf.

8. Den buschigen Hahnenschwanz stellen wir aus verschiedenfarbigen Papierstreifen her. Wir schneiden Streifen von 6-16 cm Länge zurecht und kleben sie an einem Ende zusammen. Damit sie schön buschig aussehen, ziehen wir sie immer von der gleichen Seite aus einzeln über einen Bleistift oder eine Schneidefläche der Schere. Dann kleben wir die Schwanzfedern so an das untere Ende des Eies, daß sie sich nach oben kringeln.

9. Jetzt wenden wir uns den Hühnern zu. Wir beginnen wie beim Hahn mit der Streichholzaufhängung und kleben dann die kleineren Kämme, Schnäbel und die Kehllappen an. Die Augen werden wieder mit Filzstift gemalt.

10. Die Hühnerschwänze werden nicht so prachtvoll wie beim Hahn hergestellt. Aus gelbem Tonpapier schneiden wir diesmal nur jeweils drei sehr schmale Streifen aus (etwa 7 cm lang), kringeln sie und kleben sie am unteren Ende der Eier an.
Sobald der Klebstoff trocken ist, hängen wir das ganze Hühnervolk verteilt in einen Osterstrauch.

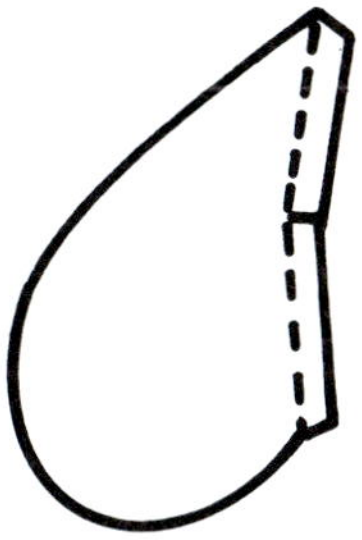

Abpausvorlage für den Hahn

Abpausvorlage für die Hühner

Tontiere zum Aufhängen

- weißer, roter und schwarzer Ton
- Schneidedraht
- Kuchenrolle
- Küchenbrett
- Pauspapier
- Tonpapier
- Schere
- Messer
- Schaschlikspieß
- Ausstechformen vom Backen
- Zeitungspapier
- weiße, rote und braune Engobe
- kleine Töpfchen
- Pinsel
- Nähgarn

Zur Osterzeit holen wir uns mit einem frischen Forsythien- oder Weidenzweig den Frühling ins Haus. Diesen Zweig können wir noch schöner gestalten, indem wir kleine Vögelchen und Hasen aus Ton hineinhängen. Sehr schön sehen diese Tontiere auch in einem Korkenzieherhaselnußzweig aus, der von der Decke hängt.

1. Von dem Tonblock schneiden wir mit dem Draht eine ungefähr fingerdicke Platte ab.

2. Diese legen wir auf das Küchenbrett und rollen sie mit der Kuchenrolle etwas dünner aus. Dabei drehen wir die Platte immer wieder vorsichtig auf die andere Seite um, damit sie nicht am Brett festklebt.

3. Nun pausen wir von Seite 325 die Vögelchen auf Tonpapier ab und schneiden sie aus. Wir legen sie auf die Tonplatte und malen die Umrisse mit dem Schaschlikspieß auf dem Ton nach.

4. Wir nehmen die Vorlage weg und schneiden den Vogel mit dem Messer aus. Mit einem Backförmchen können wir den Hasen auch ausstechen.

5. Mit den feuchten Fingern glätten wir die Ränder und drücken mit dem stumpfen Ende des Spießes von beiden Seiten die Augen ein. Bei den Vögelchen sieht es sehr schön aus, wenn die Flügel und der Schwanz eingeritzt werden.
Das Loch zum Aufhängen nicht vergessen!

6. Wir legen die Vögel und Hasen auf eine andere Holzplatte zum Trocknen und decken sie mit einer Zeitung ab. Trocknet der Ton nämlich zu schnell, dann biegen sich seine Ecken hoch.

7. Am nächsten Tag rühren wir die Engobe an. Das Tonpulver geben wir in einen kleinen Becher und fügen vorsichtig Wasser hinzu. Die angerührte Engobe sollte so flüssig wie Dosenmilch sein. Wir achten darauf, daß keine Knötchen darin sind.

8. Mit dem Pinsel malen wir nun von beiden Seiten den Schnabel, die Augen und eventuell auch die Flügel farbig an.

9. Die Vögel und Hasen sollten noch ungefähr 3 Tage trocknen, dann können sie gebrannt werden. Dort, wo wir den Ton gekauft haben, gibt es normalerweise auch eine Möglichkeit zum Brennen. Vorsicht jedoch beim Transport! In trockenem Zustand brechen die Tontiere leicht entzwei.

10. Nachdem die Tiere gebrannt sind, ziehen wir einen dünnen Faden durch die Löcher und hängen die Figuren an den Korkenzieherzweig oder den Osterstrauß.

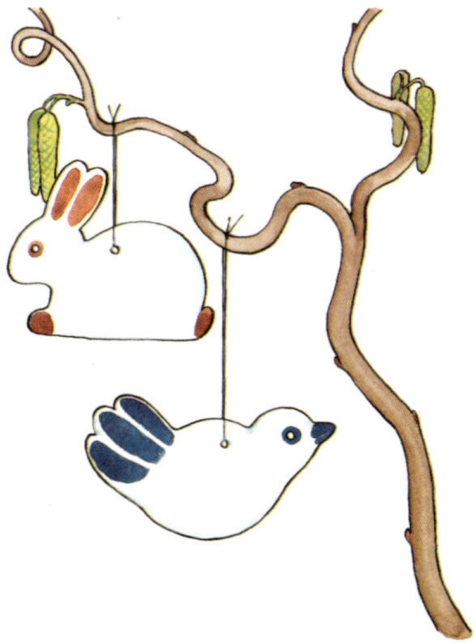

- 1 rohes Ei
- 1 dünne Stricknadel
- Pauspapier
- Bleistift
- 1 DIN-A 4-Bogen Tonpapier (Farbe beliebig)
- Schere
- Wasserfarben
- dünner Pinsel
- Sprühlack (klar)
- 1 Streichholz
- Faden
- Nadel

Eier im Scherenschnitt

Wenn vor Ostern ein Kuchen gebakken wird, sollten wir die Eier dafür nicht aufschlagen sondern ausblasen – sie können für verschiedene Bastelarbeiten verwendet werden. Diese Eier im Scherenschnitt sind zum Beispiel eine festliche Dekoration für einen Osterstrauß.

1. Das rohe Ei durchbohren wir der Länge nach mit einer dünnen Stricknadel. Wir halten das Ei an den Mund und pusten, als ob wir einen Luftballon aufblasen, so lange in eines der Löcher hinein, bis beim anderen Loch der Inhalt des Eies herausgekommen ist. Anschließend wird das Ei mit Wasser ausgespült und mit Küchenkrepp abgetrocknet.

2. Vom Musterbogen auf Seite 328 übertragen wir einen der 3 Scherenschnitte auf unser Tonpapier (siehe Abpausen von Vorlagen Seite 14) und schneiden ihn aus.

3. Nun wird das Ei mit Wasserfarben bemalt. Am schönsten sieht es aus, wenn die Farben der Bemalung auf die Farbe des Tonpapiers abgestimmt werden.

4. Wenn die Farben getrocknet sind, lackieren wir das Ei mit dem Sprühlack.

5. Von dem Streichholz brechen wir den Kopf ab und binden es so an einen Faden, daß dieser etwa in der Mitte des Holzes ist. Dann lassen wir das Streichholz in das Ei fallen. Wenn wir nun am Faden ziehen, legt sich das Streichholz quer – das Ei hat eine Aufhängung erhalten.

6. Wir fädeln den Faden auf die Nadel. Jetzt nehmen wir unseren Scherenschnitt, halten ihn senkrecht und ziehen durch seine obere Mitte den Faden und knoten ihn so fest, daß das Ei sich frei im Scherenschnitt drehen kann, wie die Zeichnung (blau gezeichneter Faden) zeigt.

7. Für die Aufhängung am Osterstrauß schneiden wir einen langen Faden ab und fädeln ihn auf die Nadel auf. Mit der Nadel ziehen wir nun ein Fadenende durch dasselbe Loch, das wir schon für die Aufhängung des Eies im Scherenschnitt gestochen haben, siehe Zeichnung. Wir ziehen dann die Nadel heraus, nehmen beide Fadenenden und verknoten sie, fertig ist das Ei im Scherenschnitt.

Eierkranz

- 6 ausgeblasene Eier
- Wasserfarben
- dünner Pinsel
- Sprühlack (klar)
- Draht (1 mm Durchmesser und 70 cm lang)
- 8 Holzperlen mit 2 cm Durchmesser
- 4 Holzperlen mit 3,5 cm Durchmesser
- einige Ästchen Ruskus (Bastelgeschäft)
- Blumendraht
- 1 Samtband, 30 cm lang und 1 cm breit
- Kneifzange
- Streichholz
- Faden

An dieser Bastelarbeit kann sich die ganze Familie beteiligen, denn der Eierkranz braucht 6 bemalte Eier. Natürlich sieht es besonders schön aus, wenn die Farben der Eier aufeinander abgestimmt werden. Wenn der fertige Eierkranz dann am Osterstrauß hängt, wird jedes Familienmitglied sicher finden, daß sich die Mühe gelohnt hat.

1. Die ausgeblasenen Eier werden bemalt und mit dem Sprühlack lackiert. (Ausblasen von Eiern siehe Seite 111).

2. Anschließend werden die Holzperlen in zu den Farben der Eier passenden Tönen bemalt und ebenfalls lackiert. (Man kann auch Wattekugeln nehmen, die dann mit einer dicken Nadel einmal ganz durchbohrt werden müssen.)

3. Wir legen eines der bemalten Eier beiseite. Wir brauchen es später noch für die Mitte. Die restlichen Eier und Kugeln werden so auf den Draht aufgereiht, daß zwischen jedem Ei immer 2 – 3 Perlen sitzen. Der Abschluß rechts und links wird von jeweils 1 Holzperle gebildet.

4. Nun wird der Draht vorsichtig zum Rund gebogen. Die Drahtenden fassen wir mit der Kneifzange und verdrehen sie miteinander (siehe Zeichnung). An dieser Stelle ziehen wir einen langen Faden durch den Draht zum Aufhängen des Eierkranzes.

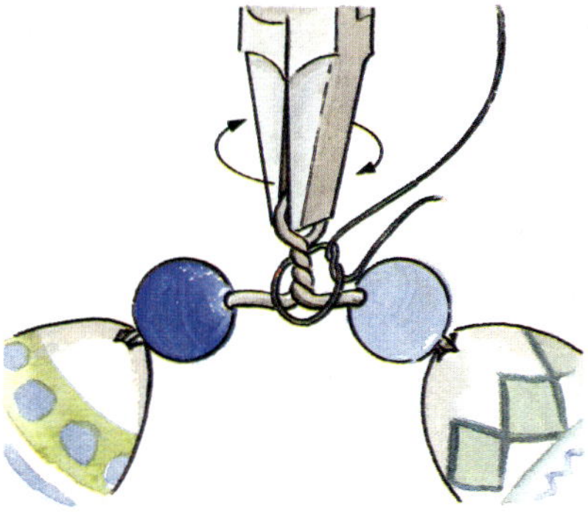

5. Die Drahtenden verdecken wir durch den Ruskus. Einige Ruskusästchen werden mit Blumendraht an der Nahtstelle des Eierkranzes befestigt.

6. Dann binden wir das Samtband zu einer Schleife und befestigen diese ebenfalls mit Blumendraht oben am Eierkranz.

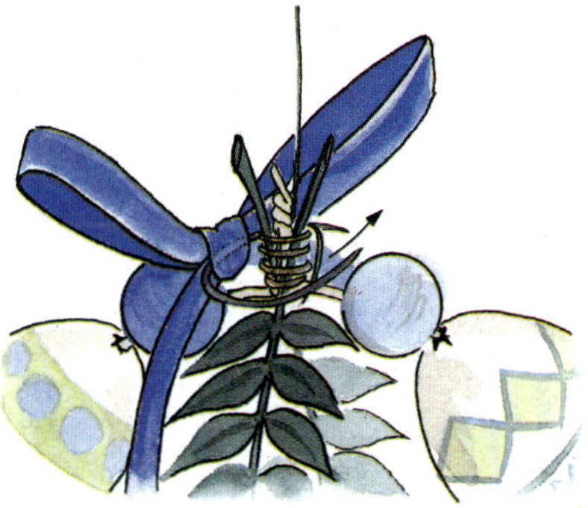

7. Unser letztes Ei versehen wir mit einer Aufhängung (siehe Seite 111 Eier im Scherenschnitt) und binden es so an ein Ästchen des Ruskus, daß es in der Mitte des Eierkranzes hängt.

Eiermobile

- Pauspapier
- Bleistift
- 1 Bogen dünne Pappe (30 x 30 cm)
- alte Zeitungen
- Papiermesser oder kleines Küchenmesser
- Schere
- Wasserfarben und Klarlack zum Sprühen (oder Bastellack)
- Pinsel
- 3 ausgeblasene und bemalte Eier
- 3 Streichhölzer
- Nadel und Faden

Ein sehr wirkungsvoller Osterschmuck sind diese Eiermobiles. Die einzige Schwierigkeit besteht darin, das scherenschnittartige Muster aus dem dünnen Karton auszuschneiden. Doch wer etwas Geduld hat, wird sich über das Ergebnis freuen.

1. Mit Pauspapier und Bleistift übertragen wir das Muster vom großen Vorlagebogen auf die Pappe, also alle Linien und die vier Punkte.

2. Zunächst arbeiten wir das Motiv im Kreisinnern heraus. Dazu legen wir eine dicke Lage alte Zeitungen glatt auf unsere Arbeitsfläche und darauf die Pappe. Mit dem Papier- oder Küchenmesser schneiden wir an allen Linien entlang die überflüssigen Flächen heraus. Dabei soll die Pappe nicht verknickt werden. Wenn alle Teile herausgeschnitten sind, begradigen wir mit der Schere noch einige Unebenheiten.

3. An den vier Punkten durchstechen wir die Form mit einer spitzen Stopfnadel, dort werden nach dem Bemalen die Eier und das gesamte Mobile aufgehängt. Schließlich schneiden wir mit der Schere den äußeren Kreis aus.

4. Das fertig geschnittene Mobile malen wir mit Wasserfarben einfarbig an. Damit die Farbe gleichmäßig wird, beginnen wir auf der einen Seite und malen erst nach dem Trocknen auf der anderen weiter. Wenn alles trocken ist, besprühen wir beide Seiten mit Klarlack. Dadurch werden die Farben schön kräftig. (Wer gleich farbigen Bastellack verwendet, kann sich den Klarlack sparen.)

5. Jetzt hängen wir die ausgeblasenen Eier auf. Wir brechen zunächst von einem Streichholz den Kopf ab und binden in der Mitte einen dünnen Faden fest an. Dann lassen wir das Hölzchen in ein bemaltes Ei fallen. Wenn wir jetzt leicht an dem Faden ziehen, legt sich das Streichholz quer, es kann nicht mehr herausrutschen – und das Ei hat eine Aufhängung. So verfahren wir auch mit den anderen beiden Eiern.

6. Um die Eier in dem hübschen österlichen Rahmen zu befestigen, fädeln wir die Aufhängefäden in eine Nadel und ziehen sie durch die dafür vorgesehenen Löcher. Wenn die Eier so hängen, daß sie sich frei in den ausgeschnittenen Feldern bewegen können, knoten wir die Fäden fest. Schließlich ziehen wir durch das obere Loch im Kartonrand ein langes Stück Garn, mit dem wir das Mobile aufhängen.

Stehaufmännchen aus Ostereiern

- *ausgeblasene Eier*
- *Knete*
- *Strohhalm*
- *Eierbecher*
- *Zeitungen*
- *Plastikkännchen*
- *Wasser*
- *Schneebesen*
- *Gips*
- *Küchenpapier*
- *Plakafarben*
- *Pinsel*
- *Wassertöpfchen*
- *Pauspapier*
- *Bleistift*
- *Schere*
- *Pritt Alleskleber*
- *Tonpapier*
- *Locher*

Stehaufmännchen aus Eiern sind eine lustige Sache für den Ostertisch oder das Osterkörbchen. Sie drehen sich und wackeln hin und her, wenn man sie mit dem Finger anschubst.

1. Die Eier werden zuerst ausgeblasen. Achtet darauf, daß die Löcher sehr klein sind, sonst können wir sie später nicht abdecken.

2. Das Loch an der runden Seite des Eies mit Knete verstopfen.

3. In das Loch auf der anderen Seite stecken wir einen Strohhalm, den wir so abschneiden, daß oben noch ein Stück herausschaut. Nun stellen wir das Ei in einen Eierbecher oder Eierkarton.

4. Jetzt decken wir die Arbeitsfläche mit Zeitungen ab und rühren den Gips an. Das Pulver kommt in ein Plastikgefäß, das nach Möglichkeit eine spitze Tülle haben sollte. Nun geben wir unter Rühren Wasser hinzu, bis der Gips so flüssig wie Büchsenmilch ist.

5. Vorsichtig gießen wir den Gips durch den Strohhalm in das Ei. Das Ei soll ungefähr bis zur Hälfte mit Gips gefüllt sein. Den übergelaufenen Gips müssen wir sofort abputzen, da er ganz schnell hart wird.

6. Nun müssen wir das Ei gerade hinstellen, damit der Gips im Ei in der unteren Hälfte trocknen kann. Soll der Gips noch schneller trocknen, stellen wir alles bei 50 Grad in den Backofen.

7. Jetzt können wir damit beginnen, die Teile vom Vorlagebogen abzupausen, auf Tonpapier zu übertragen und auszuschneiden.

8. Inzwischen ist der Gips im Ei sicher schon getrocknet, und wir können das Ei mit Plakafarbe anmalen.

Osterhase

1. Das Ei für den Osterhasen malen wir braun an.

2. Wir nehmen die von Seite 327 abgepausten und ausgeschnittenen Hasenohren und kleben die weißen kleineren auf die größeren braunen Teile so auf, daß überall noch ein brauner Rand hervorschaut.

3. Anschließend knicken wir die Ohren auf der gestrichelten Linie um und kleben sie oben links und rechts seitlich am Ei fest.

4. Die Augenteile kleben wir auch aufeinander: das kleine schwarze auf das größere weiße und beides auf das Ei.

5. Für die Nase kleben wir ein kleines schwarzes oder braunes Dreieck auf oder malen es wie das Maul auf.

6. Für den Schnurrbart schneiden wir kleine schmale Streifen Tonpapier aus und kleben sie links und rechts unter der Nase an.

Hahn

Dieses Ei können wir weiß lassen.

1. Den Hahnenkamm schneiden wir nach der Vorlage auf Seite 327 aus rotem Tonpapier zweimal aus und kleben ihn bis zur gestrichelten Linie an den Zacken zusammen.

2. Wir knicken das Tonpapier unterhalb der gestrichelten Linie nach außen auseinander. Die umgeknickten Stücke bestreichen wir mit etwas Klebstoff und kleben sie oben auf dem Ei fest.

3. Für die Augen können wir Pünktchen aus dem Bürolocher nehmen. Wir kleben sie links und rechts auf das Ei.

4. Wir knicken den Schnabel auf der gestrichelten Linie, geben auf den Knick etwas Klebstoff und kleben ihn unterhalb der Augen mitten auf das Ei.

5. Für den Schwanz schneiden wir ein paar bunte Papierstreifen aus und kleben diese hinten ans Ei. Damit sie sich rund biegen, ziehen wir sie über eine Schere.

Indianer

1. Das Indianerei malen wir mit rotbrauner Farbe an.

2. Wir nehmen einen etwa 20 cm langen Tonpapierstreifen, der in der Mitte ungefähr 2 cm breit und zu den Enden hin schmaler sein sollte. Das ist das Stirnband, welches wir mit Federn schmücken.

3. Wir fangen mit der größten Feder in der Mitte des Stirnbands an und kleben dann nach links und rechts immer kleinere Federn in vielen verschiedenen Farben dazu.

4. Nun geben wir auf die untere Kante des Stirnbands etwas Klebstoff und kleben den Federschmuck um das obere Drittel des Eies. Die langen Enden lassen wir hinten überhängen.

5. Die Nase wird aus einem Dreieck gemacht (Seite 327), das auf der gestrichelten Linie nach innen umgeknickt wird. Wir kleben die Nase an den umgeknickten Stellen ans Ei.

6. Für die Augen nehmen wir Pünktchen aus dem Bürolocher und kleben sie nun unterhalb des Federschmucks auf das Ei.

Chinese

1. Wir malen das Chinesenei mit gelber Farbe an.

2. Den Chinesenhut (Seite 327) schneiden wir aus gelbem Tonpapier aus. Er wird auf der vorgezeichneten Linie bis zur Mitte eingeschnitten, bis zur gestrichelten Linie übereinandergeschoben und anschließend zusammengeklebt.

3. Den fertigen Hut kleben wir oben auf das Ei.

4. Die Augen und die Nase pausen wir von Seite 327 auf Tonpapier ab, schneiden sie aus und kleben sie wie in der Zeichnung auf das Ei.

5. Den Chinesenzopf flechten wir aus 3 schwarzen Tonpapierstreifen und kleben ihn hinten an der Innenseite des Hutes fest.

Sicher hast du noch eine Menge andere Ideen, welche Stehaufmännchen man noch basteln kann.

3. Die beiden Klebelaschen (K) schneiden wir nun entlang der durchgezogenen Linie in der Mitte einmal ein.

4. Dann knicken wir die Klebelaschen an den gestrichelten Linien um, und zwar jeweils eine Lasche nach rechts und eine nach links. An diesen Laschen kleben wir nun Kopf und Schwanz auf den Joghurtbecher. Die beiden Teile stehen sich dabei genau gegenüber und berühren mit der oberen Lasche den Becherrand.

Hahn mit Osternest

- *Pauspapier*
- *Bleistift*
- *dünne, weiße Pappe (DIN-A 5)*
- *Schere*
- *Wachsmalstifte*
- *1 Joghurtbecher*
- *Pritt Bastelkleber*
- *bunte Kreppapierreste*
- *Ostergras (aus dem Bastelgeschäft)*

Dieser bunte Hahn verbirgt leckere Süßigkeiten in seinem „Körper" und wird bestimmt bei der Osternestsuche freudige Überraschung auslösen. Eine hübsche Bastelei, die ältere Kinder für ihre jüngeren Geschwister anfertigen können.

1. Die Umrisse des Hahnenkopfes und des Schwanzes übertragen wir vom **Musterbogen Seite 336 auf weiße** Pappe und schneiden sie aus. (Tips zum Abpausen siehe Seite 14.)

2. Nun malen wir die Teile von beiden Seiten mit Wachsfarben an. Wir können uns dabei an dem Foto orientieren. Die Klebelaschen (K) brauchen nicht bemalt zu werden.

5. Sitzen Kopf und Schwanz fest, schneiden wir kleine bunte Kreppapierstückchen aus. Diese werden schuppenförmig von unten nach oben rings um den Joghurtbecher geklebt.

6. Zum Schluß füllen wir den Becher mit Ostergras und bunten Eiern.

Bald ist Muttertag

In den Wochen vor dem Muttertag wird in vielen Familien eifrig gebastelt, gemalt und gewerkelt, denn jedes Kind will natürlich gern die Mutter mit einem selbstgebastelten Geschenk überraschen. Damit auch den Kleinsten die Überraschung gelingt, sind sie allerdings auf die Hilfe der Väter oder älterer Geschwister angewiesen, die ihnen vorlesen müssen, was zu tun ist. In diesem Kapitel sind viele hübsche Ideen, was man der Mutter zum Muttertag basteln kann, zusammengestellt. Und wer hier nichts Passendes findet, kann ja auch in den anderen Kapiteln nachsehen und einen dort vorgestellten Bastelvorschlag nacharbeiten. Auch die Großmütter freuen sich übrigens über ein kleines Geschenk zu diesem Anlaß.

Hand aufs Herz

- *Pergamentpapier*
- *Bleistift*
- *dünne, weiße Pappe (30 x 42 cm)*
- *Schere*
- *Finger- oder Wasserfarben*
- *Pinsel*
- *3 verschiedenfarbige Wollfäden, je 5 m lang*
- *Pritt Bastelkleber*

Wie wäre es mit etwas „Herzigem" zum Muttertag? Dieses Herz ist einfach zu basteln. Die Kleinsten brauchen aber Hilfe beim Drehen der Kordel.

1. Wir suchen das Herz auf dem großen Schnittmusterbogen und pausen es mit Hilfe des Pergamentpapiers auf die Pappe (Abpausen von Vorlagen siehe Seite 14). Dann schneiden wir es aus.

2. Wir nehmen nun die Farben, wählen eine aus und bestreichen mit dem Pinsel zuerst die linke Hand. Dabei achten wir darauf, daß die ganze Handfläche und die Innenseite der Finger gleichmäßig mit Farbe angemalt ist. Mit gespreizten Fingern drücken wir die Hand auf die linke Herzhälfte, pressen sie fest an und heben sie vorsichtig wieder hoch.

3. Wir waschen dann die linke Hand und malen die rechte Hand an. Diesen Handabdruck machen wir auf die rechte Herzhälfte und lassen die Farbe trocknen.

4. In der Zwischenzeit drehen wir aus den Wollfäden eine Kordel (Anleitung dazu siehe Seite 126, Glocke). Die Farben der Wollfäden sollten mit der Farbe der Handabdrücke harmonieren.

5. Wir kleben die Kordel mit Pritt Bastelkleber um den Rand des Herzens. Wir beginnen oben in der Mitte und kleben die Kordel um das ganze Herz herum. Wenn wir wieder oben angekommen sind, lassen wir eine Schlaufe stehen und kleben das Ende der Kordel fest. An der Schlaufe kann das Herz aufgehängt werden.

Kleisterpapier-tablett

- Tapetenkleister
- Gefäß zum Anrühren des Kleisters
- 1 Bogen DIN-A 3-Papier
- Pinsel
- Wasserfarben
- eventuell 1 Kamm
- Deckel einer runden Waschmitteltonne
- Bleistift
- Schere
- Pritt Bastelkleber

Von dem für dieses hübsche Geschenk benötigten Kleisterpapier stellen wir am besten gleich mehrere Bogen her. Dabei können wir verschiedene Farben und Muster ausprobieren. Nach dem Trocknen wählen wir das schönste Papier für unser Tablett aus. Die anderen können wir als Buch- oder Hefteinbände benutzen.

1. Wir bedecken unsere Arbeitsfläche mit Zeitungen oder einer Wachsdecke und ziehen einen Malkittel an. Dann beginnen wir mit der Herstellung von Kleisterpapier.

2. Den Tapetenkleister rühren wir nach den Angaben des Herstellers an und tragen ihn, wenn er gut durchgezogen ist, dick auf unser Papier auf. Dieses machen wir am besten mit der Hand.

3. Als nächstes tropfen wir mit dem Pinsel Wasserfarbenklekse auf den Kleister oder malen breite Farbstreifen darauf.

4. Solange der Kleister noch naß ist, können wir mit den Fingern allerlei Muster auf das Papier malen, zum Beispiel Kreise, Striche, Wellenlinien usw. Wer das nicht mit den Fingern machen möchte, kann auch einen Kamm benutzen, der aber nach Gebrauch gründlich ausgewaschen werden muß!

5. Sollte das Muster uns nicht gefallen, so können wir mit der flachen Hand alles glattstreichen und neue Muster auf dem Papier ausprobieren.

6. Nach dem Trocknen der Farbe legen wir den Deckel der Waschmitteltonne auf die unbemalte Seite unseres Kleisterpapiers und ziehen mit Bleistift den Umriß nach. Dann schneiden wir den Kreis aus, streichen Klebstoff auf die unbemalte Seite und kleben das Papier in den Deckel hinein.

- *Foto im Format 9 x 13 cm*
- *weißer Papierrest*
- *Bleistift*
- *Lineal*
- *Schere*
- *Fotokarton*
- *Kreppapier*
- *Wollrest*
- *Pritt Alleskleber*
- *Locher*

Kinderbild im Kreppapierrahmen

Jede Mutter und jede Oma freut sich über ein hübsch verziertes Foto ihres Kindes oder Enkelkindes. Hierzu werden zwei Arten von Bilderrahmen vorgestellt, die jedes Kind leicht anfertigen kann.

1. Wir wählen ein hübsches Foto aus und überlegen, welche Rahmenform dazu paßt.
Auf Seite 329 sind die Vorlagen in zwei verschiedenen Größen aufgezeichnet. Die kleinere Form ist für das Format unseres Fotos, die größere für den Rahmen gedacht.

2. Die kleinere Form pausen wir auf weißes Papier ab und schneiden sie aus. Die größere Form übertragen wir direkt auf unseren Fotokarton und schneiden sie ebenfalls aus. Beim ovalen Rahmen mit der Rüschenverzierung ist ein zweites Oval für die Rückseite notwendig!

3. Nun halten wir das Foto mit der Rückseite gegen das Licht. Wir sehen die Person durch das Foto scheinen. Wir halten die kleinere, weiße Form davor und legen beides vorsichtig auf den Tisch. Die Formen sollten sich dabei nicht mehr verschieben.

4. Dann zeichnen wir die Umrisse mit Bleistift nach und schneiden sie aus. Schon hat unser Foto die gewünschte Form.

5. Wir kleben das Foto auf den größeren Fotokarton. Der Rahmen unseres Bildes ist entstanden.

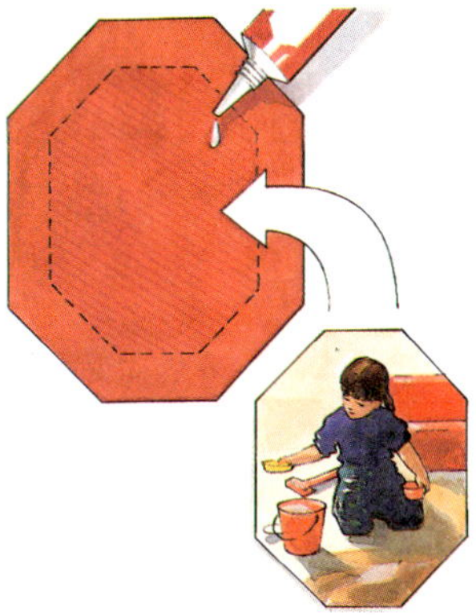

Rahmen mit Kreppapierkügelchen:

1. Für die Aufhängung markieren wir auf der Rückseite mit Hilfe des Lineals die Mitte und lochen etwa 1 cm links und rechts davon je ein Loch in den Fotokarton.

2. Farblich zum Bilderrahmen passend wählen wir das Kreppapier für die Verzierung aus. Wir schneiden etwa 5 x 4 cm große Stücke aus Kreppapier und knüllen sie zu festen Kügelchen.

3. Diese kleben wir dicht aneinander als Rahmenverzierung auf.

4. Nun drehen wir eine Kordel nach der Anleitung auf Seite 256 (Fotoalbum). Dazu bereiten wir 4 farblich passende Wollfäden mit etwa 45 cm Länge vor.

5. Zum Schluß fädeln wir die Kordel von hinten in ein Loch nach vorne und durch das andere Loch wieder zurück. Dort verknoten wir auch dieses Ende, so daß es nicht mehr herausrutschen kann.
Unser Bild ist nun fertig zum Verschenken!

Rahmen mit Rüschenverzierung:

1. Auf die gleiche Weise wie das vier- oder das achteckige Bild bereiten wir das ovale Foto vor. Ein zweites Oval aus Fotokarton ist für später wichtig!

2. Die Rüschenverzierung besteht aus 2 Kreppapierstreifen:
3 x 100 cm und 4 x 100 cm.

3. Zunächst raffen wir den schmaleren Streifen und kleben ihn auf die Rückseite unseres Bildes.

4. Dann raffen wir den breiteren Streifen und kleben ihn darüber.

5. An der oberen Seite des Ovals kleben wir eine kleine Wollfadenschlinge als Aufhängung an.

6. Für einen sauberen Abschluß auf der Rückseite des Fotos sorgt das zweite Oval aus Fotokarton, das nun auf die Rüschen aufgeklebt wird.

Blumentopfglocke

- Reste von mitteldicker Wolle
- Bleistift
- 1 Blumentopf aus Ton mit etwa 10 cm Durchmesser
- 1 Holzperle mit 2,5 cm Durchmesser
- Plakafarben
- Pinsel
- Sprühlack (klar)

Diese Glocke aus einem Blumentopf hängt an einer selbstgedrehten Schnur. Wer die Glocke nicht zum Musizieren benutzen möchte, kann sie auch als „Haustürklingel" vor der Tür des Kinderzimmers anbringen. Bunt bemalt ist sie dort ein nützliches Schmuckstück.

1. Wir schneiden von unserer Wolle 5 100 cm lange Fäden ab und verknoten alle Wollfäden einmal am oberen und einmal am unteren Ende miteinander.

2. Das eine Ende der verknoteten Fäden hängen wir in eine Türklinke, ziehen die Fäden straff und schieben in das andere Ende einen langen Bleistift. Wir nehmen den Strang nun hinter dem Bleistift fest in die Hand und drehen den Bleistift wie einen Propeller immer in derselben Richtung. Hierbei muß man darauf achten, daß die Fäden immer gespannt sind.

3. Sind die Fäden fest miteinander verdreht, nehmen wir das Ende, das in der Türklinke eingehängt war, in die gleiche Hand, in der wir das „Bleistiftende" halten. Die Kordel liegt jetzt doppelt und beginnt sich sofort ineinander zu verdrehen. Mit der freien Hand streichen wir so lange an der Kordel herunter, bis sie völlig glatt ist.

4. In der einen Hand halten wir noch immer die beiden Kordelenden; sie werden nun miteinander verknotet.

5. Das verknotete Ende ziehen wir von außen nach innen durch das Loch im Boden des Blumentopfes.

6. Wir streifen den Blumentopf so weit zurück, bis er am Ende der Kordel auf dem Knoten aufsitzt. Nun machen wir in der Höhe des Topfrandes einen weiteren Knoten.

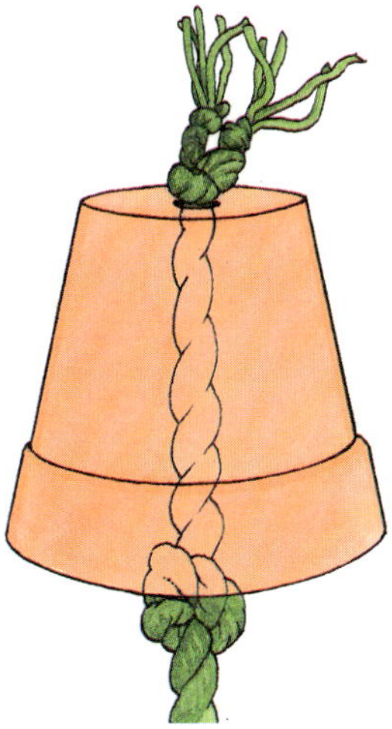

7. Dann ziehen wir am oberen Ende der Kordel und lassen unsere Blumentopfglocke frei schwingen. Nun fädeln wir die Holzperle auf das herunterhängende Stück Kordel.

8. Die Perle schieben wir so weit hinauf, daß sie gerade in der Glocke verschwindet. Direkt unter ihr machen wir erneut einen Knoten in die Kordel.

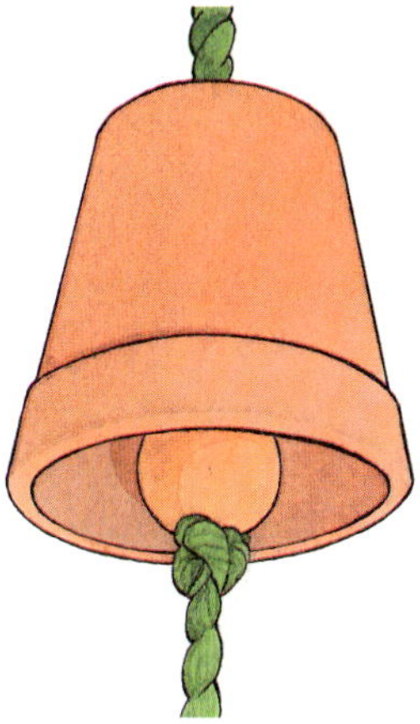

9. Mit Pinsel und Plakafarben malen wir die Glocke nun an. Hierbei sehen auch ganz einfache Muster, wie wahllos mit dem Pinsel aufgetragene Punkte, sehr hübsch aus.

10. Zum Schluß wird unsere Glocke noch lackiert. Da wir einen Sprühlack verwenden, sollte dies entweder im Freien geschehen oder aber der ganze Tisch, auf dem die Glocke steht, muß mit Zeitungen abgedeckt werden.

- einige alte Zeitungen
- Terpentin
- 1 alter Teller
- Wasser
- Metylan spezial Instant-Kleber
- Lackfarben (möglichst in verschiedenen Tönen)
- Holzstäbchen
- 1 Zahnstocher oder Streichholz
- mehrere Bogen weißes Schreibmaschinen- oder Zeichenpapier (auf das Format DIN A6 geschnitten)
- 1 alte Wäscheklammer

Marmoriertechnik

Selbstgemustertes Papier kann man natürlich auch für Geschenkanhänger verwenden. Dabei sollte man auf eine genügend breite, weiße Umrahmung achten. Die beschriebene Marmoriertechnik bringt immer neue Überraschungen mit sich, deshalb sollte man ruhig ein wenig experimentieren. Wer eine große, flache Schale zur Hand hat, kann auf diese Weise natürlich auch größere Papierformate mustern.

1. Da unerwünschte Lackflecken nur sehr schwer zu entfernen sind, empfiehlt es sich, die Arbeitsfläche zunächst gut mit alten Zeitungen abzudecken. Terpentin sollte bereitstehen, um Flecken zu entfernen.

2. In dem Teller rühren wir einen Eßlöffel Metylan spezial Instant-Kleister an. Die Verdünnung ist auf der Verpackung angegeben. Die Masse lassen wir 3-4 Minuten quellen.

3. Mit dem Lack gießen wir dann mit Hilfe eines Holzstäbchens viele dünne Linien auf den Kleister. Die Farbe schwimmt obenauf. Damit mehr Bewegung in unser Muster kommt, nehmen wir nun das Streichholz oder den Zahnstocher und rühren damit Wellenlinien und Schlieren in die Farbe. Es entstehen an Marmor erinnernde Strukturen.

4. Danach legen wir ein weißes Blatt Zeichenpapier langsam von einer Seite aus so auf Kleister und Farbe auf, daß sich unter dem Papier keine Luftblasen bilden. Nun fassen wir das Blatt vorsichtig mit der Wäscheklammer an einer Ecke und ziehen es wieder hoch.

5. Sofort spülen wir den überschüssigen Kleister unter fließendem Wasser von dem Blatt ab. Man muß übrigens keine Angst haben, daß dabei die Farbe wieder verschmiert. Sie haftet so gut an der Papieroberfläche, daß ihr das Wasser nichts anhaben kann. Dann legen wir das Blatt zum Trocknen auf alte Zeitungen.
Mit diesem Kleistergrund können wir meistens noch mehrere Papiere nacheinander marmorieren, bis kaum noch Farbe darauf schwimmt. Die Muster werden dann natürlich immer blasser, wenn man nicht immer wieder neue Farbe darauftropft.

Geschenkpapier mit Tropfbatik

- einige alte Zeitungen
- mehrere Bogen weißes Zeichenpapier
- 1 weiße Kerze
- Streichhölzer
- Wasserfarben
- breiter Pinsel
- Bügeleisen

Tropfbatik ist keine schwierige, aber eine sehr wirkungsvolle Technik. Man nutzt den Effekt aus, daß Wachs keine wässrige Farbe annimmt. So färbt man ein Blatt Papier immer dunkler ein und sichert mit Wachs zwischendurch all die Stellen auf dem Papier, die hinterher die helleren Farbtöne behalten sollen.
Da wir mit brennender Kerze und Bügeleisen hantieren müssen, ist größte Vorsicht angebracht.

1. Mit einem Teil der Zeitungen dekken wir unseren Arbeitstisch ab und legen einige Bogen weißes Papier darauf.

2. Wir zünden nun die Kerze an und lassen das flüssige Wachs nach und nach gut verteilt auf die weißen Blätter tropfen. Diese Stellen werden später weiß bleiben.

3. Nun beginnen wir mit dem ersten Einfärben. Der ganze Bogen wird mit einer sehr hellen Farbe, zum Beispiel mit Gelb, bemalt. Dabei nehmen die mit Wachs bedeckten Stellen natürlich keine Farbe an, sie perlt ab. Während das erste Blatt trocknet, malen wir an einem anderen weiter. Dabei können wir gut verschiedene Farbvariationen probieren.

4. Ist die Farbe getrocknet, tropfen wir erneut Kerzenwachs auf das Papier, diesmal auf die erste Farbschicht. Diese Stellen werden dann später gelb bleiben, wenn wir alles mit der nächsten Farbe, mit Orange, übermalen. Auch die weißen Flecken bleiben erhalten, denn auch hier klebt ja noch Wachs, das die Farbe nicht annimmt.

5. Nach dem Trocknen wird ein drittes Mal Wachs auf das Papier getropft und danach mit Rot übermalt.

6. Zum Schluß lassen wir das Papier wieder trocknen und legen es dann auf eine dicke Schicht alter Zeitungen. Mit zwei zusätzlichen Bogen bedecken wir unsere Batik und bügeln dann bei Temperatureinstellung „Baumwolle" die Wachstropfen heraus; sie schmelzen und ziehen in das saugfähige Zeitungspapier ein. Dabei müssen wir die oberen Zeitungsblätter öfter wechseln.
Unser Geschenkpapier ist nun rot und hat weiße, gelbe und orange Sprenkel. Wer diese Technik auch mit anderen Farben versuchen möchte, muß immer mit hellen Tönen beginnen und nach und nach alles mit dunkleren Farben übermalen. Schön sieht es aus, wenn die Farben miteinander verwandt sind. Einige Beispiele: von Hellblau über Mittelblau, Dunkelblau nach Violett oder von Hellgelb über Hellgrün, Mittelgrün, Blaugrün nach Dunkelblau und so weiter. Die Anzahl der Einfärbungen bleibt jedem selbst überlassen.

– 2 Papierservietten

Dekorative Servietten

Schön gefaltete Servietten sind das Tüpfelchen auf einem festlich gedeckten Tisch. Darum beschäftigen sich die nächsten Vorschläge mit dem Falten von Servietten.

Segelboot

1. Wir legen eine zweimal gefaltete Serviette so vor uns hin, daß die geschlossene Ecke nach oben zeigt. Dann falten wir die offene Ecke zur geschlossenen hoch, wir erhalten ein Dreieck.

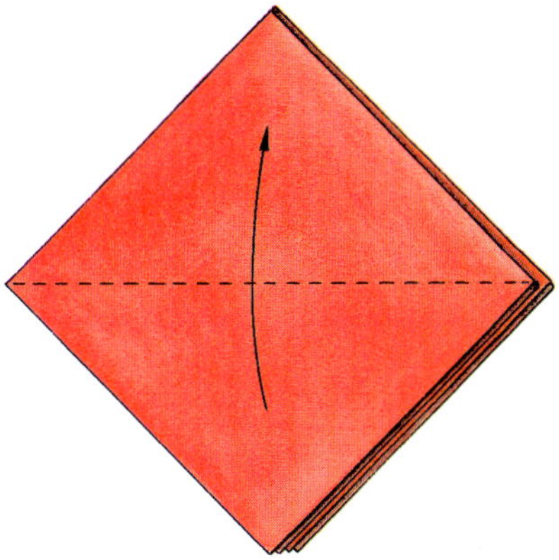

2. Nun klappen wir die rechte und linke Kante an der gedachten Mittellinie nach unten, die Ecken ragen dann natürlich über die untere Kante des Dreiecks hinaus.

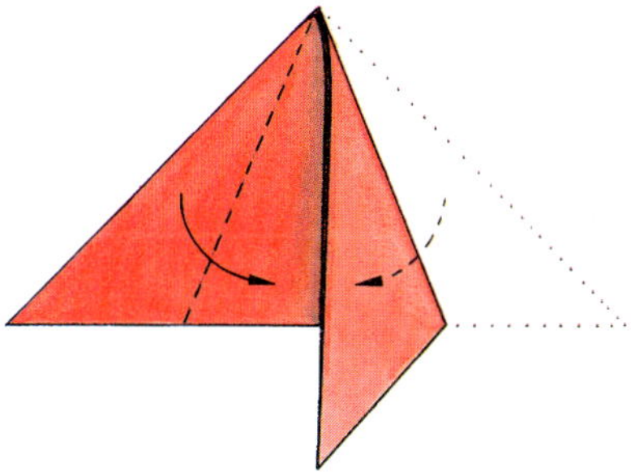

3. Diese beiden überstehenden Zipfel klappen wir dann nach hinten um.

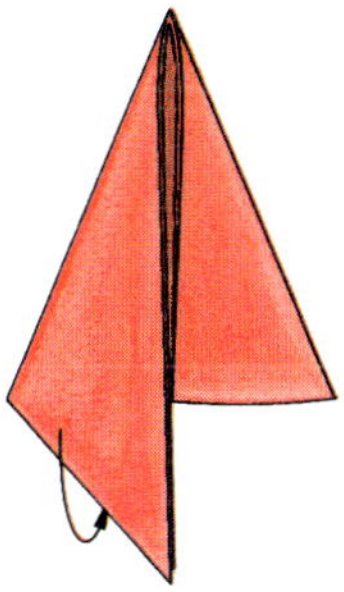

4. Ebenso nach hinten legen wir anschließend die Serviette auf die Hälfte zusammen.

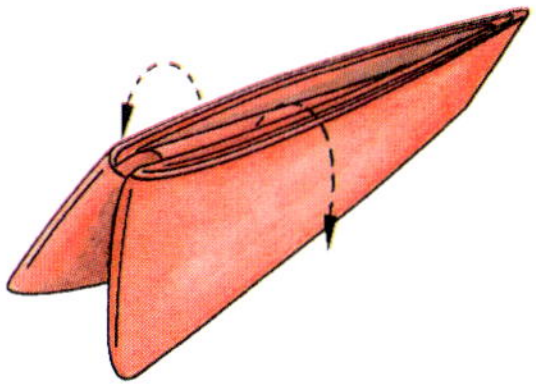

5. Mit der linken Hand drücken wir nun diese Form an der Schmalseite zusammen. Mit der rechten Hand zupfen wir schließlich vorsichtig der Reihe nach die vier Ecken nach oben, die jetzt noch oben auf der Faltkante liegen.

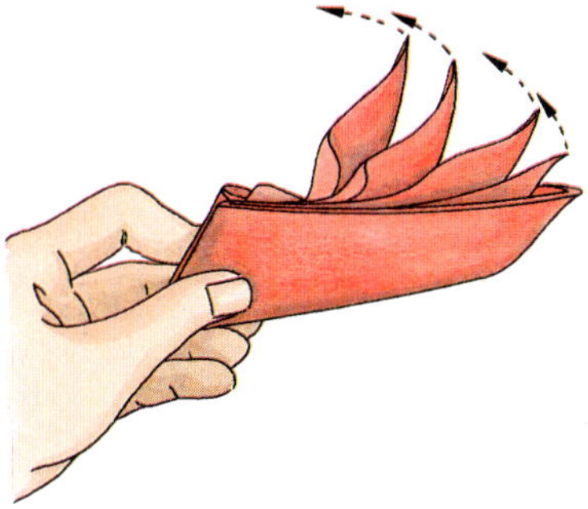

Schmetterling

1. Wir falten die ausgebreitete Serviette einmal diagonal Ecke auf Ecke zu einem Dreieck zusammen.

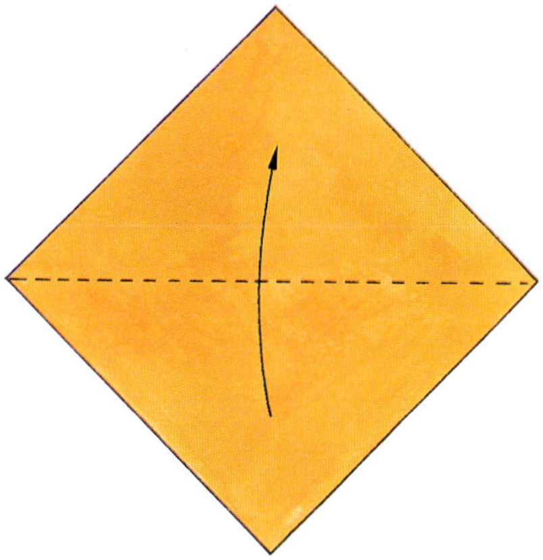

2. Von der geschlossenen Seite aus falten wir das Dreieck wie eine Ziehharmonika bis zur Spitze zu einem schmalen Streifen zusammen.

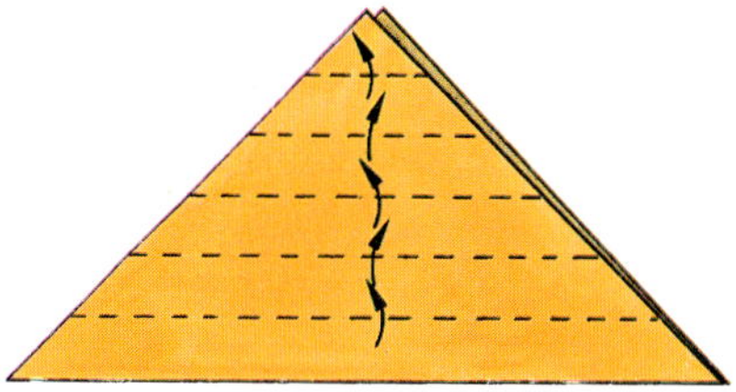

3. Dann drehen wir die Serviette so herum, daß alle Faltungen auf der Tischplatte liegen. Wir legen den Finger auf die Mitte und klappen dann die beiden Seiten des Streifens nach oben zusammen. Die Spitzen kann man oben noch zusammenzwirbeln. Manchmal muß man das Messer oder die Gabel unten in die Serviette schieben, damit sie gut steht.

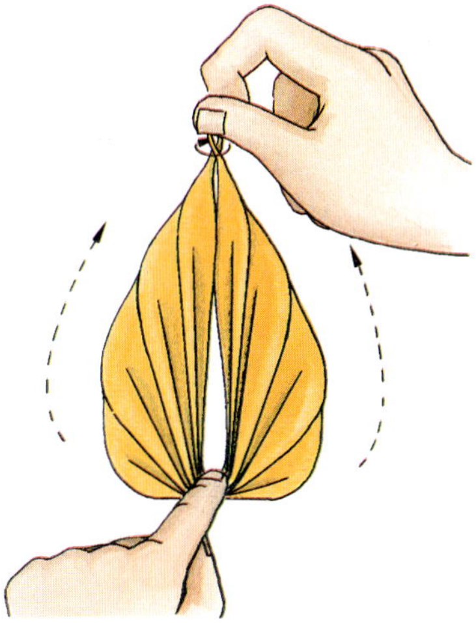

Doppelter Fächer

– 2 gleich große Servietten, deren Farben miteinander harmonieren

Auch bei diesem Tischschmuck verwenden wir verschiedene Servietten. Der Fächer ist doppellagig: Die eine Farbe wird von der anderen eingeschlossen und zeigt sich nur oben am Rand.

1. Wir legen die ausgebreiteten Servietten genau aufeinander, wobei die Farbe, die wir später außen haben wollen, oben liegen muß. Dann falten wir sie Seite auf Seite nach oben zu einem Rechteck zusammen.

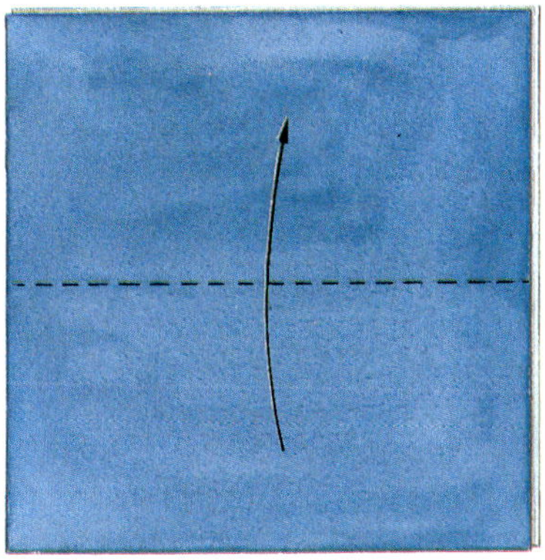

2. Anschließend klappen wir die zwei oben aufliegenden Servietten nach vorne herunter, bis ihre Kanten an der Faltlinie unten anstoßen.

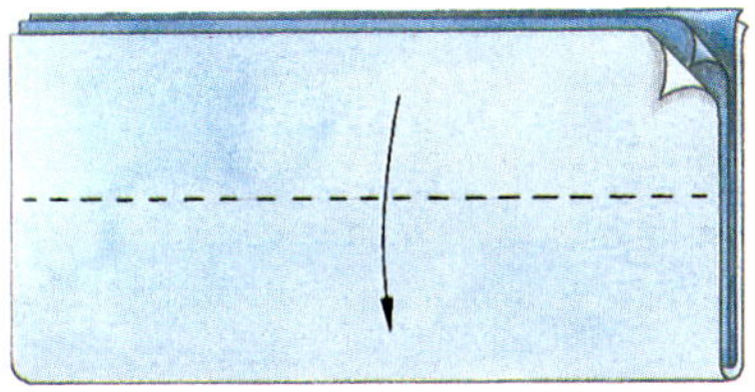

3. Wir wenden die Serviette und verfahren mit den restlichen zwei Lagen genauso.

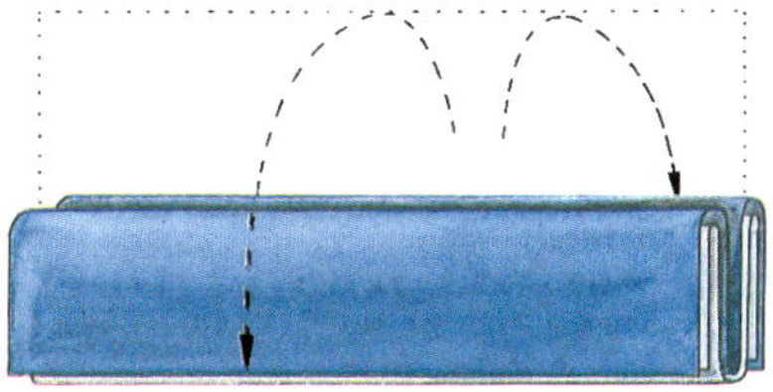

4. Nun falten wir die Serviette, an einer Schmalseite beginnend, sorgfältig wie eine Ziehharmonika zusammen. Der Abstand zwischen den Knicken soll etwa 2 cm betragen. Liegt die Serviette nun in vielen Lagen übereinander, pressen wir dieses „Päckchen" noch einmal gut zuusammen, damit die Faltkanten später besser halten.

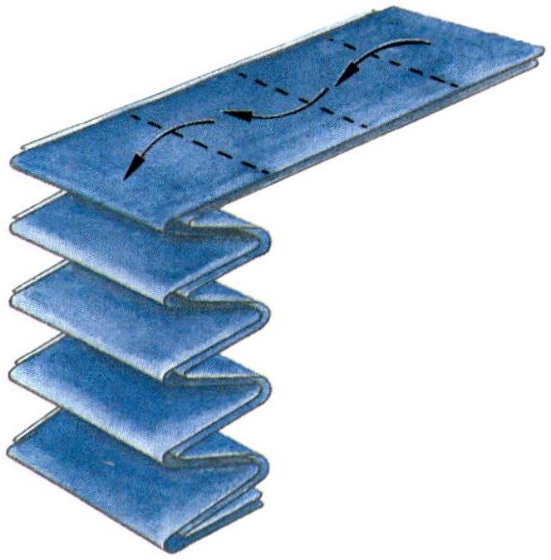

5. Die geschlossene Seite des Fächers, an der man nur eine Farbe sieht, halten wir unten zusammen. An der offenen Seite wird jetzt Schritt für Schritt die äußere Serviette etwas heruntergeklappt, damit die innere Farbe zum Vorschein kommt. Dazu greifen wir mit Daumen und Zeigefinger in jedes „Tal" hinein und ziehen die äußere Serviette nach vorne. Man klappt also den Knick am oberen Rand einfach im rechten Winkel von innen nach außen herunter.

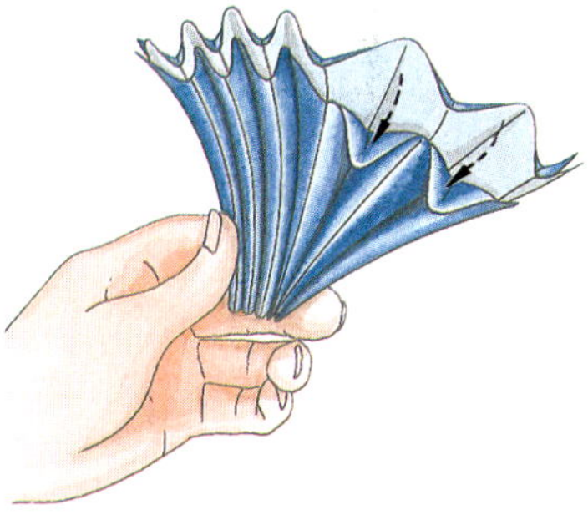

6. Haben wir das auf der einen Seite des Fächers getan, wenden wir ihn und machen das gleiche auch auf der anderen Seite. Die beiden Farben bilden nun eine schöne Schmuckkante am oberen Fächerrand.

- 2 Bogen Tonpapier (DIN A4) in 2 unterschiedlichen, miteinander harmonierenden Farben
- Pauspapier
- Bleistift
- Lineal
- Papiermesser
- Schere
- Locher
- Pritt Bastelkleber
- 1 Stück Pappe oder alte Zeitungen als Unterlage
- Nadel und Faden

Tauben mit Muster

Diese Bastelei kommt besonders gut zur Geltung, wenn wir gleich mehrere Tauben in den unterschiedlichsten Farben herstellen und damit einen großen Strauß schmücken.

1. Auf Seite 336 finden wir die Abpausvorlage für den Körper und die Flügel unserer Taube. Mit Hilfe des Pauspapiers übertragen wir zunächst die Form des Körpers auf eines unserer Tonpapiere. Die Schnittlinie um den Körper, den Punkt für die Aufhängung und das Auge pausen wir dabei mit ab. Anschließend schneiden wir den Körperumriß mit der Schere aus.

2. Auf das andere Tonpapier pausen wir den Umriß der Flügel und schneiden ihn ebenfalls aus.

3. Nun nehmen wir den Körper und zeichnen an Hals und Schwanz kleine Muster ein. Der Phantasie sind dabei keine Grenzen gesetzt. Die Muster am Hals sollten allerdings nicht zu dicht angeordnet werden, da er sonst seine Stabilität verliert.

4. Wir legen den Körper auf die Unterlage und schneiden die Muster mit dem Papiermesser aus. Runde Formen wie zum Beispiel das Auge stanzen wir mit dem Locher heraus.

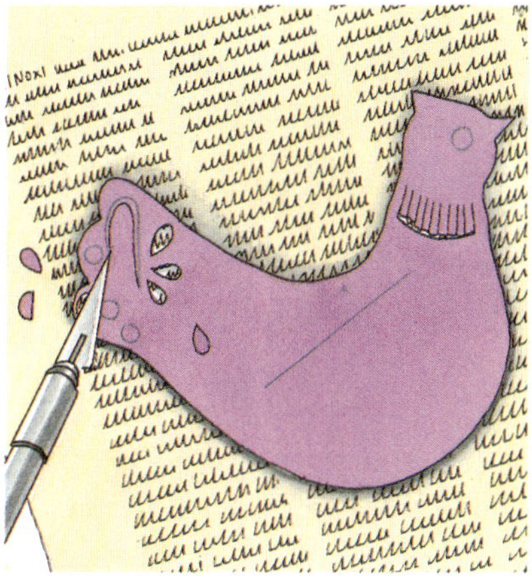

5. Zum Schluß legen wir das Lineal an die vorgezeichnete Linie und schneiden mit Hilfe des Papiermessers einen geraden Schlitz in den Körper der Taube.

6. Als nächstes zeichnen wir auf die Flügelspitzen ebenfalls ein Phantasiemuster, das wir in der eben beschriebenen Art ausschneiden.

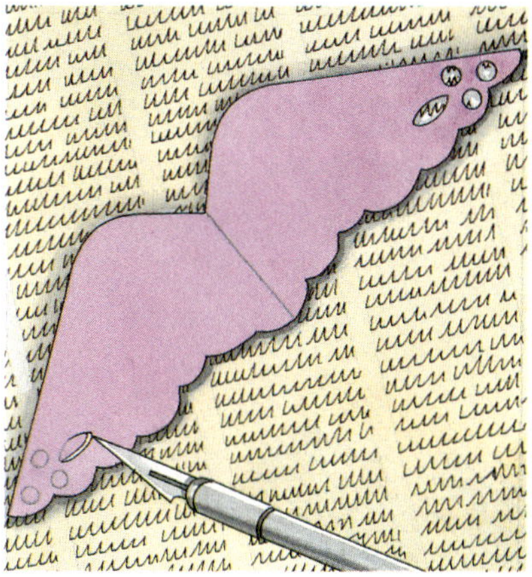

7. Dann falten wir die Flügel einmal zur Hälfte zusammen und schieben sie durch den Schlitz im Körper der Taube. Wenn wir die Flügel ein Stück weit hereingeschoben haben, bestreichen wir den Mittelknick dünn mit Pritt Bastelkleber, schieben das Flügelpaar bis zum Mittelknick durch und kleben es fest.

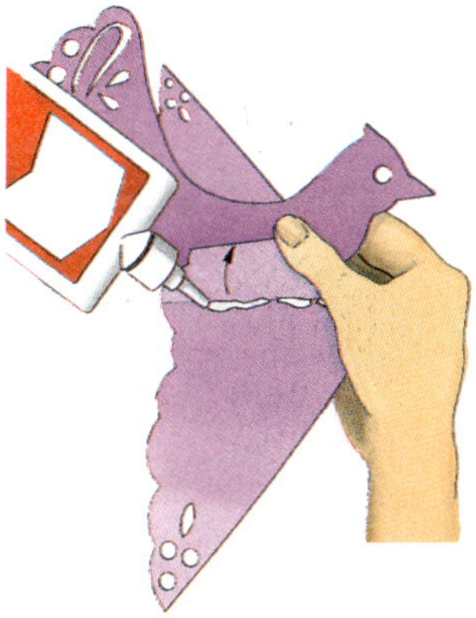

8. Nun fehlt unserer Taube nur noch eine Aufhängung. Wir nehmen die Nadel und ein langes Stück Faden und fädeln den Faden in die Nadel. Dann stechen wir mit der Nadel durch den markierten Punkt für die Aufhängung, ziehen den Faden zur Hälfte durch und verknoten die beiden Enden miteinander.

Fächervogel im Herz

- 2 farblich zueinander passende Tonpapierbögen (DIN-A 5)
- Pauspapier
- Bleistift
- Schere
- 1 quadratisches Stück (12 x 12 cm) Tonpapier, farblich zu den anderen passend
- Buntpapierreste
- Pritt Bastelkleber
- Nadel
- Faden

Junge Vögelchen sind immer ein beliebtes Motiv für Basteleien in der Frühlingszeit. Warum nicht einmal ein fliegendes Vögelchen in einem „herzlichen" Rahmen? Das macht auch noch nach Ostern Freude.

1. Das Herz und die Vogelform pausen wir vom Musterbogen Seite 330 auf die beiden Tonpapiere ab. Dann schneiden wir die Formen aus.

2. Entlang der gepunkteten Linie schneiden wir einen kleinen Schlitz in den Körper des Vogels.

3. Das quadratische Tonpapier falten wir zu einem „Fächer" für die Flügel. Dazu wird ein Streifen von etwa 1 cm Breite eingefaltet, das Papier gewendet, wieder ein gleichbreiter Streifen eingefaltet, wieder gewendet und so weiter, bis das ganze Papier wie eine Ziehharmonika gefaltet ist.

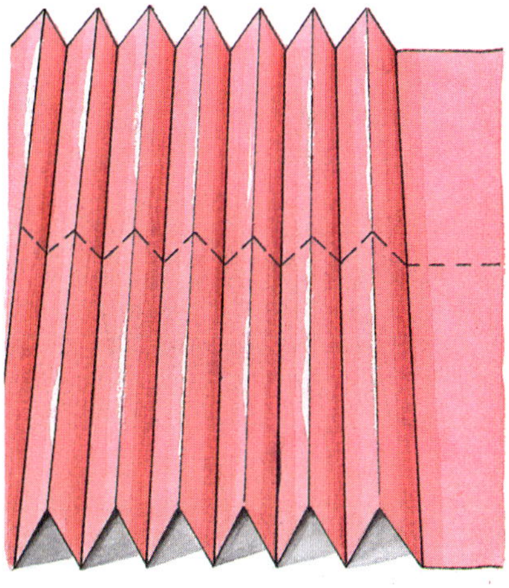

4. Der fertige Fächer wird bis zur Mitte durch den Schlitz im Leib des Vogels geschoben und die aneinanderstoßenden Fächerenden an beiden Seiten zusammengeklebt.

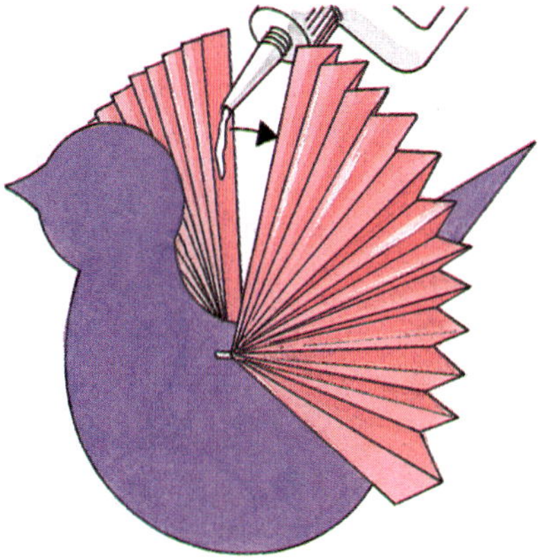

5. Nun schneiden wir zwei runde Augen aus Buntpapier und kleben sie links und rechts auf das Köpfchen des Vogels.

6. Mit Hilfe von Nadel und Faden hängen wir den „Fächervogel" so in das Papierherz, daß er sich drehen kann. Zum Aufhängen des Ganzen verlängern wir den Faden nach oben und verknoten ihn (siehe Zeichnung).

Herzliche Grüße

- Pauspapier
- Bleistift
- 1 DIN-A 4-Bogen rosa Tonpapier
- Trockenblumen oder -gräser
- Pritt Bastelkleber
- Schere
- Nadel
- Faden

Für diese Bastelei benötigen wir getrocknete Blumen und Gräser. Diese können wir selbst sammeln und einige Wochen umgekehrt aufhängen, bis sie getrocknet sind. Natürlich sind Trockenblumen auch in Blumengeschäften erhältlich.

1. Nach der Anleitung von Seite 14 pausen wir das Herz vom großen Musterbogen 2mal auf unser Tonpapier und schneiden beide Herzen aus.

2. Auf die untere Ecke des Herzens streichen wir jetzt reichlich Klebstoff. Auf den noch flüssigen Klebstoff legen wir entweder einzeln unsere Trockenblumen und -gräser oder wir stellen sie zuerst zu einem Sträußchen zusammen und kleben dieses dann auf.

3. Das zweite Herz wird nun auf das erste aufgeklebt, so daß die Gräser und Blumen zwischen den beiden Papierherzen kleben.

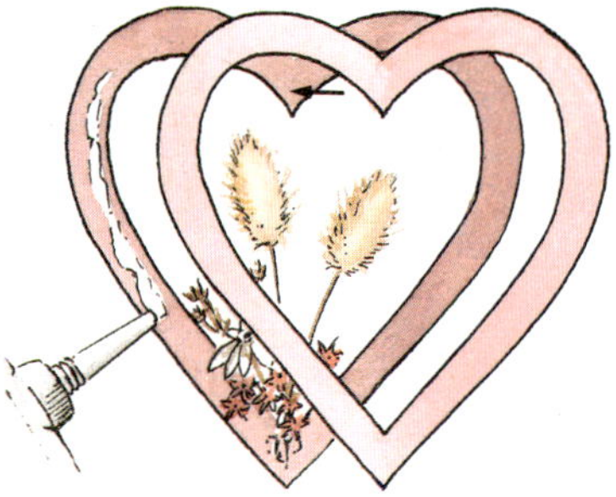

4. Zum Aufhängen des fertigen Zimmerschmuckes ziehen wir mit der Nadel einen Faden durch die obere Mitte des Herzens und verknoten ihn.

Vögelchen im Ring

- *1 hölzerner Gardinenring mit 5 cm Durchmesser*
- *1 Holzkugel mit 1 cm Durchmesser*
- *1 Holzkugel mit 0,5 cm Durchmesser*
- *Pritt Bastelkleber*
- *roter Filzrest*
- *Schere*
- *Moos*
- *Trockenblumen und -gräser*
- *2–3 Federn*
- *Faden*

Besonders hübsch wirkt dieses Vögelchen im Ring als Schmuck an einem Strauß frischer Zweige. Auch die Papierherzen mit Trockenblumen (siehe gegenüberliegende Seite) passen gut mit an diesen Strauß.

1. Wir kleben zunächst die große Holzkugel in die Mitte des Gardinenrings. Sie bildet den Bauch des Vögelchens.

2. Auf diesen Bauch kleben wir die kleinere Holzkugel, den Kopf.

3. Aus dem roten Filz schneiden wir eine kleine Raute aus und kleben sie in die Mitte des Kopfes. Es sieht so aus, als ob der kleine Vogel den Schnabel weit aufreißt.

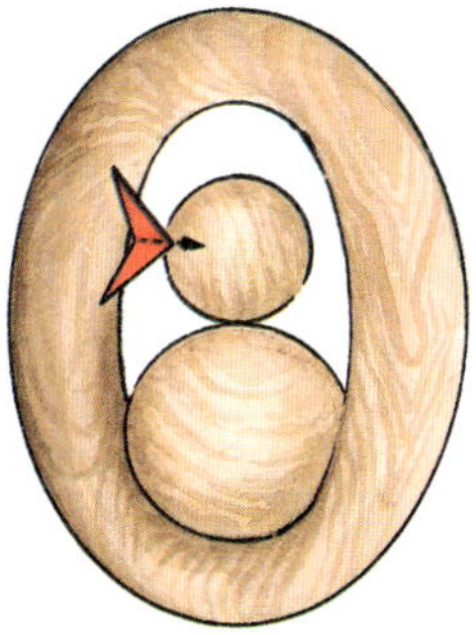

4. Am Hinterteil kleben wir 2 oder 3 Federn als Schwanz auf.

5. Rings um den Sitzplatz des Vögelchens kleben wir Moos, kleine Trokkenblumen und -gräser.

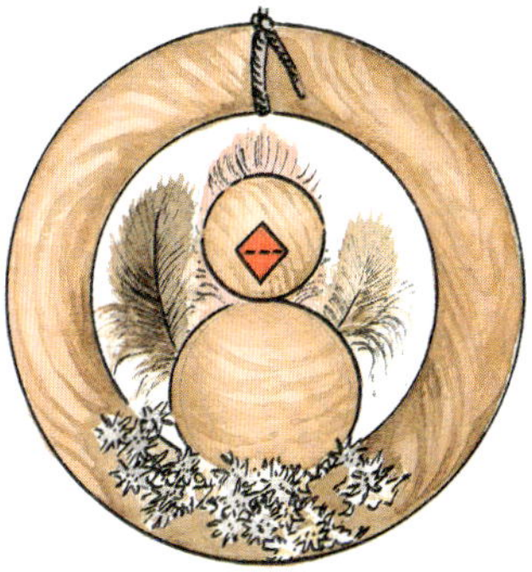

6. Oben in der Mitte des Gardinenrings bringen wir jetzt noch unseren Faden an – das Vögelchen schaukelt im Ring.

Scherenschnittporträt

- Stuhl mit Rückenlehne
- Diaprojektor oder eine Lampe mit kräftigem, gebündelten Licht
- 1 Bogen schwarzes Scherenschnittpapier (DIN A3), ersatzweise je 1 Bogen schwarzes Tonpapier und weißes Zeichenpapier
- Pritt Bastelkleber
- Klebeband
- Bleistift
- kleine, spitze Schere
- 1 Blatt weißes Zeichenpapier (DIN A3 oder DIN A2)

Ein eindrucksvolles Geschenk ist solch ein Scherenschnittporträt, denn nicht nur mit Fotos kann man das Charakteristische eines Kopfes wiedergeben, sondern auch mit diesem viel älteren Verfahren.

1. Wir stellen einen Stuhl ganz dicht seitlich an eine Wand oder einen Schrank. Derjenige, der porträtiert werden soll, setzt sich so auf den Stuhl, daß sein Kopf möglichst nah an der Wand ist; trotzdem soll die Haltung noch bequem sein.

2. Dann stellen wir den Diaprojektor oder die Lampe so auf, daß das Licht etwa in Augenhöhe direkt seitlich auf den Kopf des Sitzenden fällt. Wenn das Licht nämlich zu schräg auf die Wand fällt, ergeben sich sofort verzerrte Schattenbilder.

3. Jetzt befestigen wir mit Klebeband das Scherenschnittpapier so an der Wand, daß die weiße Seite zu uns zeigt. (Wer kein spezielles Scherenschnittpapier hat, beklebt einfach einen Bogen schwarzes Tonpapier sorgfältig auf einer Seite mit weißem Zeichenpapier und hängt es stattdessen auf.) Beim Ankleben des Bogens müssen wir uns vergewissern, ob auch wirklich der ganze Schatten des Kopfes auf das Blatt fällt. Ist dies nicht der Fall, schieben wir es so lange hin und her, bis der ganze Schatten darauf erscheint. Außerdem sollte der Sitzende seinen Kopf einmal leicht hin- und herdrehen, damit man erkennt, ob das Gesicht auch wirklich genau im Profil auf dem Papier erscheint.

4. Mit dem Bleistift fahren wir nun den Umriß des Schattens nach. Wir sollten nicht allzu schnell arbeiten, damit wir auch wirklich viele Einzelheiten erfassen; denn sie sind für die spätere Wirkung des Porträts von großer Bedeutung. Während dieser Phase sollte das Modell bewegungslos sitzen bleiben. Da kleine Kinder dazu selten in der Lage sind, empfielt es sich in solch einem Fall, zu zweit zu arbeiten: Einer zeichnet, während der andere den Kopf des Kindes hält.

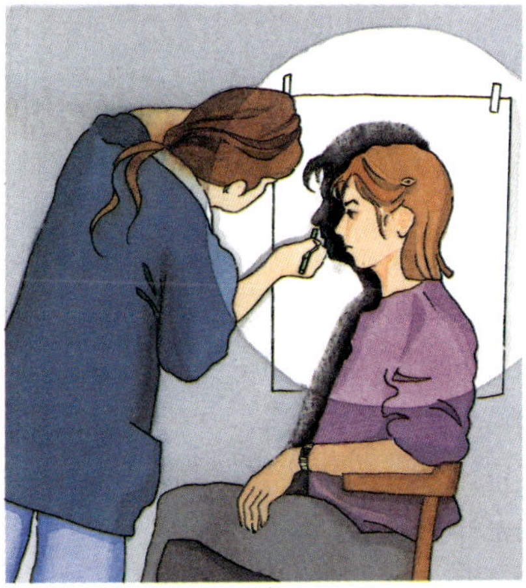

5. Ist der Schatten abgezeichnet, können wir das Blatt von der Wand entfernen und das Porträt fein säuberlich mit der kleinen Schere ausschneiden.

6. Zum Schluß streichen wir Pritt Bastelkleber auf die weiße Seite und kleben den Kopf auf weißes Zeichenpapier. Für ein Erwachsenenporträt braucht man dazu in der Regel einen DIN-A2-Bogen, bei kleinen Kinderscherenschnitten wirkt ein DIN-A3-Bogen besser. Jetzt kommt der Scherenschnitt auf dem hellen Hintergrund richtig zur Geltung. (Wer will, kann das Ganze noch auf einen noch größeren Bogen Tonpapier oder Fotokarton kleben, damit das Porträt, das wir nun „Schwarz auf Weiß" vor uns haben, einen abschließenden Rahmen erhält.)

Pappmachéschüssel

- 8 – 10 Bogen Zeitungspapier
- Tapetenkleister
- Gefäß zum Anrühren des Kleisters
- 1 Porzellanschüssel als Form, Größe nach Wunsch
- 1 dicker Pinsel
- 4 Schaschlikspieße
- 5 verschiedene Lackfarben
- 1 Flasche Nitro-Universalverdünner

Für diese Bastelarbeit brauchen wir ungefähr 6 Tage Zeit. 2 Tage muß die Pappmachémasse stehengelassen werden, um zu trocknen, und die Lackfarben, die danach aufgetragen werden, brauchen auch noch mal 4 Tage bis sie außen und innen trokken sind. Da der Geruch der Lackfarben sehr intensiv ist, sollten wir nach Möglichkeit bei offenem Fenster arbeiten und die Schüssel zum Trocknen der Farbe in einen unbewohnten Raum stellen.

1. Bevor wir mit dem Basteln beginnen, bedecken wir den Tisch mit einem Wachstuch und ziehen ein altes Hemd zum Schutz unserer Kleidung an.

2. Wir reißen 8 – 10 Blätter Zeitungspapier in kleine Teile.

3. Den Tapetenkleister bereiten wir nach den Angaben auf der Packung in einem flachen Gefäß, in das wir gut mit zwei oder drei Fingern hineinlangen können, zu.

4. Die Porzellanschüssel legen wir mit der Öffnung nach unten auf den Tisch und bestreichen Boden und Außenseiten mit den Fingern mit Kleister. Die Zeitungsteilchen legen wir einzeln darauf und streichen sie mit neuem Kleister ein. Nacheinander legen wir die Zeitungsschnipsel rund um die Schüssel und streichen immer wieder mit Kleister darüber. Wir achten dabei darauf, daß die Zeitungsteilchen zum Schluß gleichmäßig die ganze Schüssel bedecken.

5. Wenn alle Zeitungsschnipsel aufgebraucht sind, streichen wir nochmals alles gut glatt und stellen die beklebte Schüssel in den auf 150°C vorgeheizten Backofen. Nach ungefähr 30 Minuten nehmen wir sie wieder heraus und stellen sie auf ein Gitter zum Abkühlen.

6. Vorsichtig lösen wir nun die Pappmachéschüssel von der Porzellanschüssel. Den Rand der Pappmachéschüssel streichen wir mit Kleister glatt und stellen sie zum Trocknen auf. Sie hat nun die gleiche Form, wie unsere Porzellanschüssel. Das Trocknen kann 2 Tage dauern. Fühlt sich die Schüssel leicht und trocken an, so können wir mit dem Anmalen beginnen.

7. Wir legen die Schüssel auf eine Zeitung und streichen sie außen rundherum mit der von uns gewählten Grundfarbe vollständig an. Dazu nehmen wir den dicken Pinsel. Nach dem Auftragen der Farbe reinigen wir ihn mit Nitro-Universalverdünner. Farbe, die versehentlich auf Kleidung oder Haut geraten ist, können wir ebenfalls mit diesem Verdünner wieder entfernen.

8. Für das Auftragen der anderen Farben brauchen wir pro Farbe 1 Schaschlikspieß. Wir tauchen den Spieß jeweils in eine der Farben und tropfen sie auf die noch nasse Grundfarbe. Die Farben werden zusammenfließen und dekorative Muster bilden.

9. Der Lack muß nun 2 Tage trocknen, dann kann die Schüssel innen nach dem gleichen Prinzip angemalt werden. Nach weiteren 2 Tagen Trockenzeit ist unsere Pappmachéschüssel fertig.

Mobile: Sonne, Mond und Sterne

- Ton
- Küchenbrett
- Wellholz oder Flasche
- spitzes Messer
- Schaschlikspieß
- Ausstechförmchen: Sterne in 2 Größen und 1 Mond
- Schüsselchen (Durchmesser 13 cm)
- Tasse mit Wasser
- fester Karton
- Nylonfaden

Dieses Tonmobile „Sonne, Mond und Sterne" sieht in einem Windfang aufgehängt nicht nur schön aus, sondern funktioniert wie ein Windspiel, wenn sich die Formen in leichtem Luftzug berühren – Ton klingt sehr angenehm!

1. Wir legen das Küchenbrett auf den Tisch, stellen eine Tasse mit etwas Wasser bereit und lassen den Ton in Plastikfolie verpackt daneben liegen.

2. Nun schneiden wir eine Scheibe Ton ab, die etwa 1 cm dick sein soll. Den Rest decken wir sofort wieder zu, damit er vor dem Austrocknen geschützt ist.

3. Mit dem Wellholz oder einer Flasche rollen wir den Ton dünner aus. Wir wenden die Scheibe dabei mehrmals, damit der Ton nicht am Küchenbrett hängenbleibt.

4. Dann drücken wir ein Schüsselchen mit etwa 13 cm Durchmesser auf den Ton und schneiden ihn um das Schüsselchen herum ab.

5. Nach Augenmaß suchen wir die Mitte unseres Kreises und markieren sie mit einem Schaschlikspieß. Dann ritzen wir, von der Mitte ausgehend, mit der Messerspitze Sonnenstrahlen nach außen. Die Abstände können unregelmäßig sein. Auch die Rückseite unserer Sonne erhält Sonnenstrahlen.

6. Für die Aufhängung drücken wir an einer Seite ein Loch mit dem Spieß durch den Ton, an der gegenüberliegenden Seite 3 Löcher im Abstand von etwa 2,5 cm. Die Sonne ist fertig.

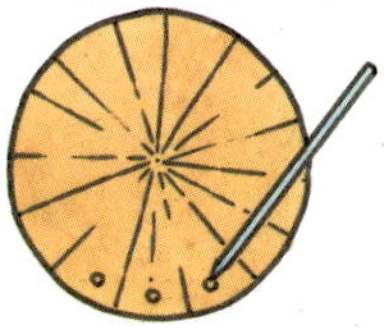

7. Nun wenden wir uns dem Mond und den Sternen zu. Wieder rollen wir ein Stück Ton aus, drücken die Ausstechform Mond einmal, die Sterne je zweimal ein. Mit dem Messer entfernen wir den Rest des Tons.

8. An einer Spitze drücken wir jeweils wieder 1 Loch durch den Ton, damit die Formen aufgehängt werden können.

Mutti wird sich sehr freuen und das Mobile sofort aufhängen!

9. Auf festem Karton lassen wir die Formen 1 Woche lang trocknen. Dann bringen wir sie zum Brennen ins Bastelgeschäft. Dort lassen wir sie auch glasieren.

10. Mit Nylonfaden verbinden wir die Formen, wie es die Abbildung unten zeigt. An jedem Loch wird er fest verknotet. Die Aufhängung der Sonne besteht aus doppeltem Nylonfaden, der oben verknotet wird.

- Ton (gibt es nur kiloweise im Bastelgeschäft)
- Nudelholz
- 1 Blatt Zeitungspapier
- kleines Messer
- 1 Schaschlikspieß
- 1 Küchensieb
- 1 Packung Tonglasur (Bastelgeschäft)

Blumenampel

Diese Bastelarbeit ist sehr schön und wirkungsvoll, kann aber nur gemacht werden, wenn eine Möglichkeit zum Brennen des Tons vorhanden ist. Danach fragen wir am besten gleich beim Kauf des Tons im Bastelgeschäft.

Wer mag, kann die Ampel nach dem ersten Brennen auch noch bemalen – Farben dafür gibt es ebenfalls im Bastelgeschäft.

1. Wir bereiten unsere Arbeit vor, indem wir eine Wachsdecke auf den Tisch legen. Außerdem stellen wir ein kleines Gefäß mit Wasser bereit, weil wir unsere Finger oft anfeuchten müssen. Der Klumpen Ton, mit dem wir gerade icht arbeiten, sollte mit einem feuchten Tuch abgedeckt werden, damit er nicht trocken und spröde wird.

2. Wir nehmen etwa die Hälfte unseres Tons und rollen ihn mit dem Nudelholz oder einer Flasche ungefähr fingerdick zu einem Rechteck aus. Diese Platte wird die Rückwand unserer Blumenampel.

3. Aus einem weiteren Batzen Ton rollen wir ein zweites Rechteck. Dieses wird die „Tasche" der Blumenampel. Es sollte etwas kleiner sein als das erste Rechteck.

4. Wir knüllen das Zeitungspapier zusammen und legen es auf die untere Hälfte der Rückwand. Darüber legen wir die andere Tonplatte (siehe Zeichnung) und drücken den rechten, linken und unteren Rand gut an.

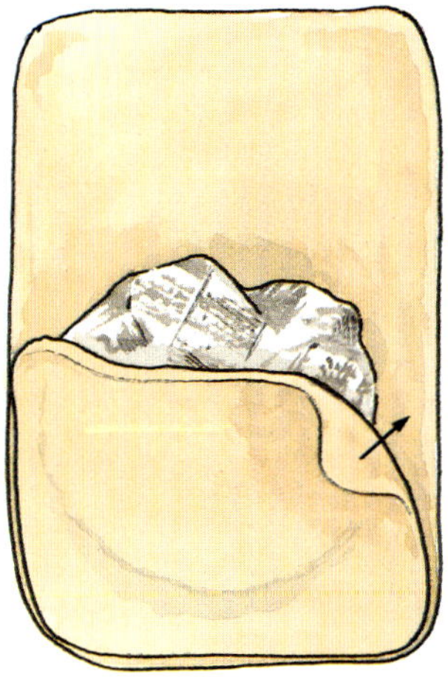

5. Wir feuchten unsere Finger an und verstreichen die Verbindungsränder sehr gut, bis sie ganz glatt sind. Der Rand der „Tasche" wird nach außen geklappt und kann mit den Händen wellig geformt werden. Auch die Ränder der Rückwand können wellig geformt werden.

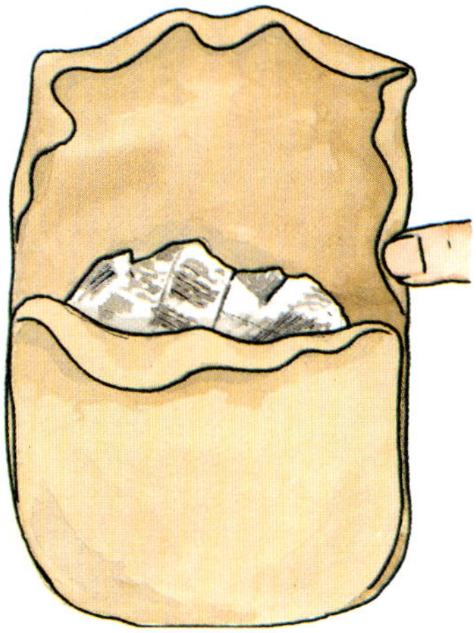

6. Zum späteren Aufhängen der Ampel machen wir mit dem Schaschlikspieß je ein Loch in die oberen Ecken der Rückwand.

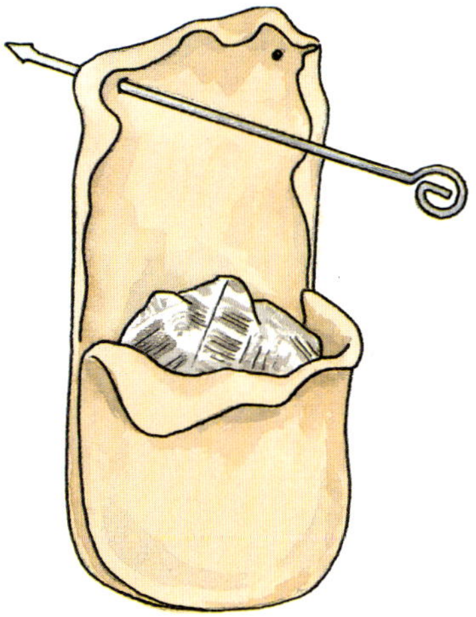

7. Nun können wir die Blumenampel noch verzieren und die Blüten und Blätter auf der Ampel hübsch verteilen. Wichtig ist, daß wir alle Verzierungen mit dem Schaschlikspieß oder dem Messer gut andrücken und mit feuchten Fingern verstreichen, da die Teile sonst beim Brennen abfallen. Wir können Blüten und Blätter anbringen. Ton, durch ein Küchensieb gestrichen, wirkt wie Moos.

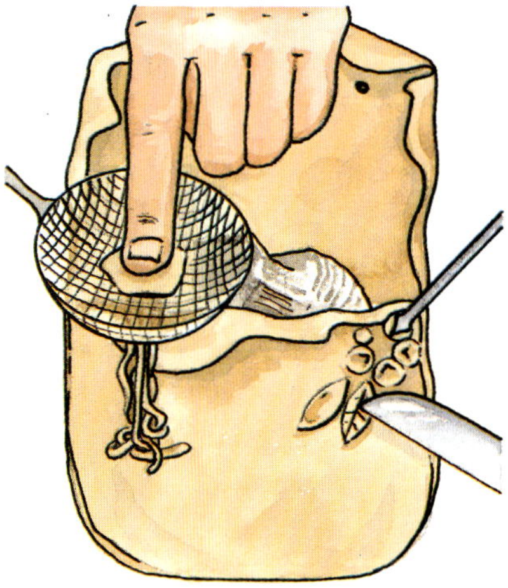

8. Nun muß die Ampel 1 Woche trocknen und kann dann zum Brennen gebracht werden. Die Zeitung wird dabei nicht entfernt. Sie stützt die Wölbung der Tasche und verbrennt beim Brennen der Ampel vollständig.

9. Damit die Ampel wasserdicht ist, müssen wir sie nach dem Brennen glasieren. Das machen wir nach den Angaben auf der Packung. Die Glasur muß ebenfalls eingebrannt werden.

10. Falls die Ampel trotz der Glasur nicht wasserdicht ist, legen wir vor dem Einfüllen der Erde ein entsprechend zugeschnittenes Plastiksäckchen in die Öffnung. Wenn wir jetzt noch eine kleine Blume einpflanzen, haben wir ein schönes Muttertagsgeschenk, das noch lange Freude bereiten wird.

Kindergeburtstag zu Hause

Der Geburtstag ist ein Fest, auf das sich Kinder ein ganzes Jahr lang freuen. Wenn irgend möglich, sollte dieses Ereignis mit einer Geburtstagsfeier, zu der sich alle Freunde des Geburtstagskindes versammeln, gebührend gewürdigt werden. Anregungen für die passenden Einladungskarten finden sie im Kapitel: „Wir laden ein".

Nach der obligatorischen Kaffeetafel wird natürlich gespielt, und es gibt Preise und kleine Geschenke zu gewinnen. Das müssen gar keine teuren und aufwendigen Dinge sein, die Gäste werden sich über selbstgemachte Kleinigkeiten ebenso freuen. Und für das Geburtstagskind fängt das Fest schon an, wenn die ganze Familie gemeinsam für die geplante Feier Geschenke, Preise und Tischdekoration bastelt.

- 1 kastenförmiger Rührkuchen
- 1 Becher Schokoladenglasur
- 1 Backpinsel
- bunte Schokodragees
- Gummibärchen
- 2 verschiedenfarbige Bogen Seidenpapier
- Bleistift
- Lineal
- bunte Papierreste
- dünne Schnur (etwa 70 cm)
- 2 Schaschlikspieße
- 2 Zahnstocher
- Schere
- Pritt Bastelkleber
- blaue Serviette

Kuchenschiff

Dieses Kuchenschiff wird der Mittelpunkt der festlichen Geburtstagstafel sein. Am besten bitten wir die Mutter, uns einen Rührkuchen zu backen, den wir dann entsprechend verzieren können.

1. Den erkalteten Kuchen bestreichen wir mit dem Backpinsel rundum mit Schokoladenglasur, die wir nach der Packungsanweisung hergestellt haben.

2. Als Bullaugen kleben wir bunte Schokodragees an die Längsseiten des Schiffes. Die weiche Schokoladenglasur ist ja klebrig!

3. Gummibärchen werden zu Matrosen. Sie werden in einer Reihe nebeneinander auf das „Deck" gestellt.

4. Nun stellen wir die Segel her. Dazu legen wir einen Schaschlikspieß so wie auf der Zeichnung auf das Seidenpapier. Der Spieß muß unten etwa 2 cm überstehen. Dieser Teil wird später in den Kuchen gesteckt. Unten messen wir mit dem Lineal 20 cm ab.
Nun ziehen wir mit Hilfe des Bleistifts und Lineals eine Linie vom Punkt A zu Punkt B. Wie die Zeichnung zeigt, bestimmt dabei die Länge des Schaschlikspießes den Verlauf der Linie. Entlang der Linie schneiden wir das Seidenpapier ab.

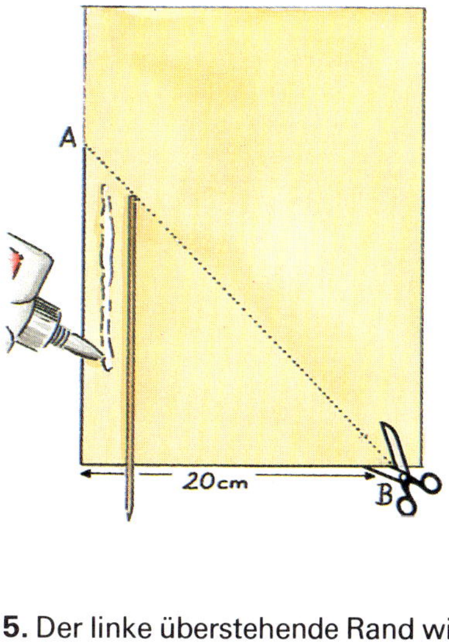

5. Der linke überstehende Rand wird mit Klebstoff eingestrichen und fest um den Spieß gewickelt. Das obere, überstehende Dreieck wird abgeschnitten.

6. Genauso basteln wir das zweite Segel.

7. Dann stecken wir die 2 Masten mit den Segeln dicht nebeneinander in die Mitte des Kuchens.

8. An Bug und Heck (vorne und hinten) unseres Schiffes wird jeweils 1 Zahnstocher schräg eingesteckt, das wird die Halterung für unsere Fähnchengirlande.

9. Um besonders echt zu wirken, erhält unser Schiff noch eine Fähnchengirlande. Auf buntes Papier zeichnen wir etwa 10 2,5 cm große Quadrate und schneiden sie aus. Dann falten wir sie zum Dreieck zusammen und kleben sie wie Wimpel an eine 70 cm lange Schnur, wie auf der Zeichnung zu sehen.

10. Der Anfang der Schnur wird an einen Zahnstocher gebunden. Dann führen wir die Girlande nach oben, befestigen sie durch 2 Umdrehungen an den Masten und binden das Ende am anderen Zahnstocher fest.

11. Wenn wir das Geburtstagsschiff auf eine blaue Serviette stellen, sieht es wie ein Schiff im Wasser aus.

Kekshaus

- Saft von 1/2 Zitrone
- etwas Puderzucker
- kleine Schüssel
- 2 Butterkekse
- 1 Praline oder 1 Dominostein
- 1 Gummibärchen
- Küchenmesser
- Lineal
- Pinsel
- kleines Sieb

Dieses Kekshaus mit seinen süßen Bewohnern und dem Puderzuckerschnee ist besonders etwas für winterliche Geburtstagsfeiern. Ob als Tischdekoration oder als kleines Geschenk – die Gäste werden sich sicher darüber freuen. Die angegebenen Mengen reichen immer für ein Kekshaus – wenn wir mehrere davon basteln wollen, müssen wir entsprechend mehr Materialien bereitstellen.

1. Zunächst stellen wir die Zuckerglasur her. Wir füllen den Saft von 1/2 Zitrone in die Schüssel und rühren so viel Puderzucker ein, bis die Masse dickflüssig ist.

2. Wir geben in die Mitte eines viereckigen Butterkekses mit dem Pinsel etwas Zuckerglasur und setzen darauf eine Praline oder einen Dominostein. Durch die Glasur klebt er nach einer Weile fest.

3. Dann ritzen wir mit Hilfe des Küchenmessers und des Lineals einen leichten Riß in die Mitte eines weiteren Butterkekses. An dieser Stelle brechen wir den Keks vorsichtig auseinander und setzen die beiden Teile als Dach auf die Praline. Zuckerglasur dient als Klebstoff.

4. Ein winziges Stückchen Keks wird mit Zuckerglasur als Kamin an und ein Gummibärchen vor das Haus geklebt.

5. Zum Schluß stäuben wir mit dem Sieb eine leichte Prise Puderzucker über das Kekshaus.

Baiserschwan

- Pergamentpapier
- Bleistift
- 1 DIN-A5-Bogen dünne, weiße Pappe
- Schere
- Filzstift
- 1 Baiser vom Konditor
- Küchenmesser
- blaue Serviette

Setzen wir mehrere dieser eleganten Schwäne auf eine mit einer blauen Serviette bedeckte Platte, schwimmen die Wasservögel auf einem See: eine duftige, wirkungsvolle und schmackhafte Tischdekoration! Für jeden Gast brauchen wir übrigens 1 Baiser.

1. Nach der Anleitung von Seite 14 pausen wir Kopf und Schwanz des Schwans vom Musterbogen Seite 223 auf weiße Pappe und schneiden beide Formen aus.

2. Mit Filzstiften malen wir den Schnabel und die Augen auf beiden Seiten des Kopfes aus.

3. Vorne und hinten am Baiser ritzen wir mit dem Küchenmesser einen kleinen Riß ein und stecken Hals und Schwanz ein.

Gefüllte Maus

- Tonpapier
- Bleistift
- Pauspapier
- Schere
- Pritt Alleskleber
- Wollrest
- kleine Leckereien
- Filzstifte

Diese kleine Maus kann entweder mit einem kleinen abgepackten Käse (was der Maus am liebsten ist!) oder einer kleinen Süßigkeit gefüllt sein. Jedes Kind wird sich freuen, wenn es auf seinem Teller oder auf der Serviette eine solche Maus vorfindet!

1. Diese einfache Form übertragen wir von der Mustervorlage (auf Seite 324) auf Tonpapier und schneiden sie aus.

2. Wie in der Abbildung bestreichen wir ein kleines Stück Tonpapier von der unteren Mitte der Maus aus mit Klebstoff.

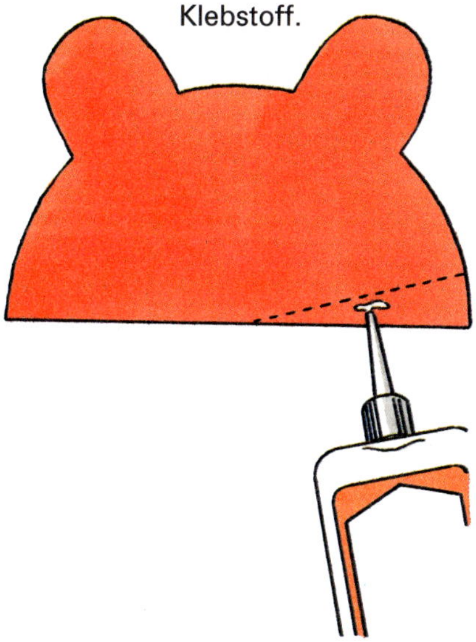

3. Nun kleben wir die Form wie eine Tüte zusammen.

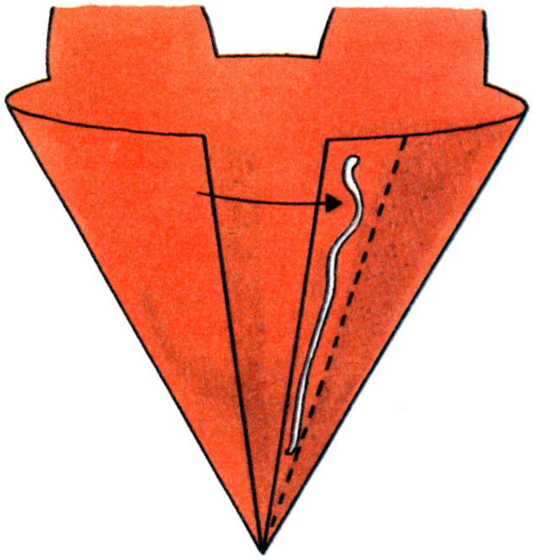

4. Für den Schwanz schneiden wir 1 etwa 10 cm langen schmalen Streifen aus Tonpapier aus, der an einem Ende spitz wird. Das stumpfe Ende des Schwänzchens kleben wir innen in das offene Teil ein.

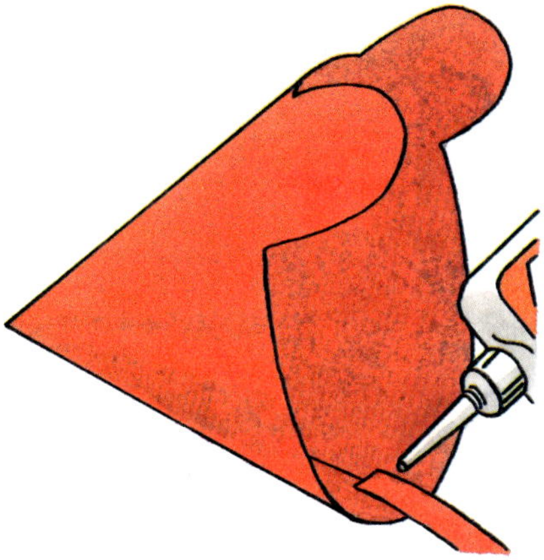

5. Mit einer Schere streichen wir am Schwänzchen entlang und kringeln es.

6. Mit Filzstiften malen wir nun nach Belieben das Gesicht auf.

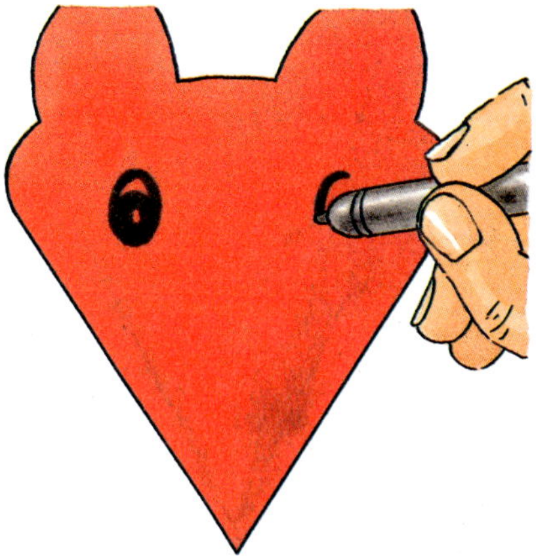

7. Für den Schnurrbart schneiden wir 4 etwa 3 cm lange Wollfäden und binden sie mit einem weiteren Stückchen Wolle in der Mitte fest zusammen.

8. Diesen Schnurrbart kleben wir auf die Spitze des Schnäuzchens.

9. Nun kann die Maus mit einer Leckerei gefüllt werden.

Kekskerzen

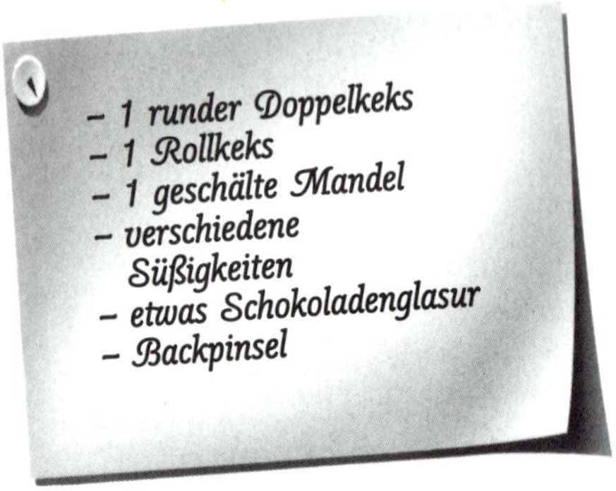

Eine Geburtstagsfeier ohne Kerzen kann man sich kaum vorstellen. Warum nicht einmal eßbare Kerzen, die, auf einer Serviette aufgestellt, sehr verlockend aussehen!
Doppelkekse sind in jedem Lebensmittelgeschäft erhältlich, Rollkekse eventuell in der Konditorei.

1. Beim Verzieren von Kuchen oder Plätzchen bleibt oft etwas Schokoladenglasur übrig, die man gut für diese Kerze verwenden kann. Oder man nimmt nur einen Teil einer Schokoladenglasur und läßt sie im Wasserbad heiß werden.

2. Wir legen den Doppelkeks flach auf die Arbeitsfläche. Mit dem Pinsel klecksen wir ein wenig Glasur in die Mitte des Kekses. Darauf stellen wir einen Rollkeks und halten ihn so lange fest, bis die Glasur fest wird und der Keks von alleine steht.

3. Eine geschälte Mandel tauchen wir ein kleines Stückchen in die Glasur und stecken sie auf den Rollkeks.

4. Nun verzieren wir den „Kerzenständer" mit allerlei Süßigkeiten oder mit Nüssen, indem wir sie jeweils in ein wenig Schokoladenglasur als „Klebemasse" setzen.

Variation:

Anstelle der Schokoladenglasur kann auch Zitronenglasur verwendet werden. Man rührt etwas Zitronensaft in 3 Eßlöffel Puderzucker. Vorsicht: nicht zu viel Flüssigkeit! Die Glasur muß ziemlich dickflüssig sein, sonst klebt das Ganze nicht!
Wer möchte, kann mit Hilfe eines Siebes etwas Puderzucker über die Kerze streuen. Dann sieht sie winterlich aus.

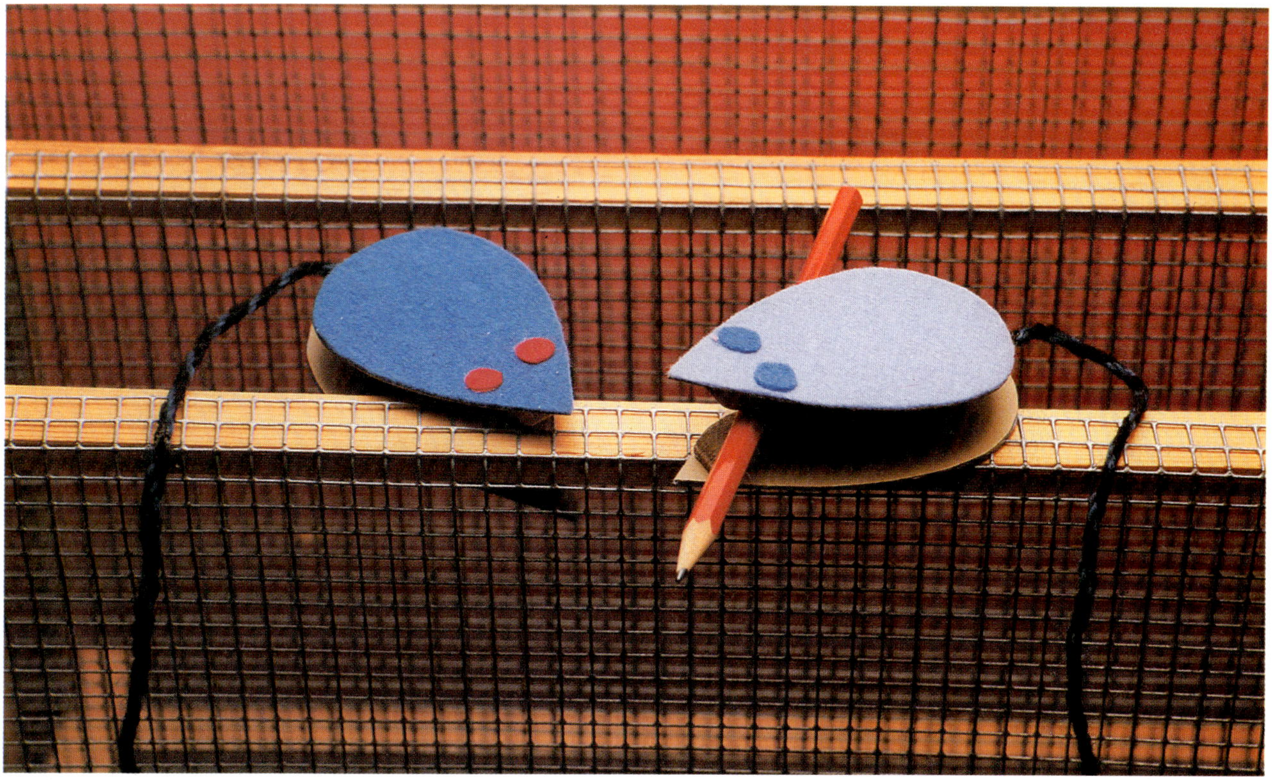

Klammermaus

- 1 DIN-A5 Pappe
- Pergamentpapier
- Bleistift
- Filzreste (2–3 Farben)
- Schere
- Pritt Bastelkleber
- 1 Wäscheklammer aus Holz
- etwas Wolle

Diese niedliche Maus sollte bei keinem Geburtstag fehlen. Auf dem gedeckten Kaffeetisch kann sie mit einem Bonbon oder einem Luftballon im Maul auf dem Dessertteller jedes Gastes sitzen.
Auch als Tischkärtchen ist diese Maus geeignet. Wir stecken ihr dazu das entsprechende Namensschild jedes Kindes ins Maul.

1. Wir pausen die Form der Maus von Seite 324 2mal auf unsere Pappe und schneiden die beiden Mäusekörper aus.

2. Dann kleben wir die beiden Teile auf Filz und schneiden den überstehenden Filz entlang der Kanten ab.

3. Nun kleben wir eine Wäscheklammer so zwischen die Pappteile, daß das „Maul" der Klammer an der Spitze der Maus ist. Am runden, hinteren Teil der Maus läßt sich die Klammer zusammendrücken. Die Filzseiten sind oben und unten.

4. Aus einem andersfarbigen Filzrest schneiden wir kleine Augen und kleben sie auf die Oberseite der Maus. Wer Lust hat, gestalte noch einen Schnurrbart. Dazu schneiden wir ein paar Wollfäden, binden sie in der Mitte zusammen und kleben sie am spitzen Näschen fest.

5. Zum Schluß wird ein dicker Wollfaden oder eine gehäkelte Luftmaschenschlange als Schwanz eingeklebt.

Walnußtiere

- 2 halbe Walnußschalen
- Rest braunes Tonpapier oder dünne Pappe
- Bleistift
- Schere
- Pritt Bastelkleber
- etwas dicke, graue Wolle
- schwarzer Filzstift
- Pergamentpapier

Diese kleinen Tiere sind schnell gebastelt und machen allen Beschenkten Freude. Sie eignen sich sehr als Preise für die Spiele bei einer Geburtstagsfeier oder anderen Kinderfesten.

Walnußschildkröte

1. Wir pausen die Umrisse der Schildkröte auf Tonpapier oder Pappe und schneiden sie aus.

Abpausvorlage

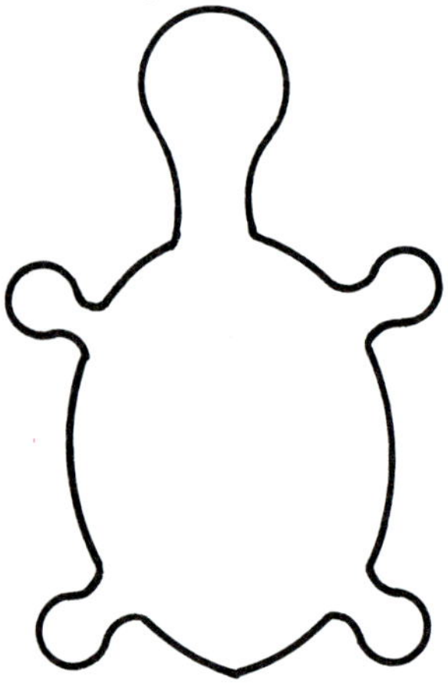

2. Den Rand einer Nußschalenhälfte bestreichen wir mit Pritt Bastelkleber und setzen sie auf die Pappschildkröte. Das runde Ende der Schale wird dabei das Vorderteil des Panzers, das spitze Ende das Hinterteil mit einem angedeuteten Schwänzchen.

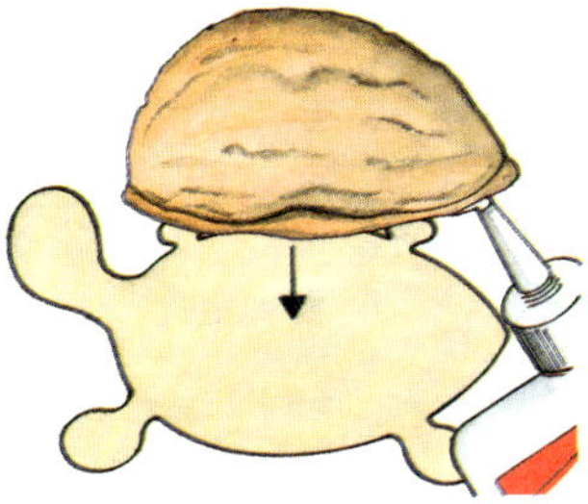

3. Zum Schluß malen wir Augen und Mund mit schwarzem Filzstift auf das Tonpapier.

Walnußmaus

1. Um eine Maus zu machen, legen wir die Nußschale auf die Pappe und ziehen den Umriß mit Bleistift nach. Dann schneiden wir ihn aus.

2. In die Nußschale tropfen wir Pritt Bastelkleber und kleben ein Ende eines etwa 12 cm langen Wollfadens fest. Der Rest des Fadens hängt an dem runden Ende der Nußschale heraus.

3. Den Rand der Nußschale bestreichen wir ebenfalls mit Pritt Bastelkleber und drücken die ausgeschnittene Pappe darauf. Der Wollfaden ist das Schwänzchen und hängt zwischen Nußschale und Pappe heraus.

4. Zwei runde Augen malen wir mit dem Filzstift am spitzen Ende der Nußschale auf.

5. Aus einem weiteren kurzen Stück Wollfaden wird der Schnurrbart. Wir kleben den Faden in der Mitte des Schnäuzchens fest und ziehen ihn an den Enden leicht auseinander, so daß er haariger wirkt.

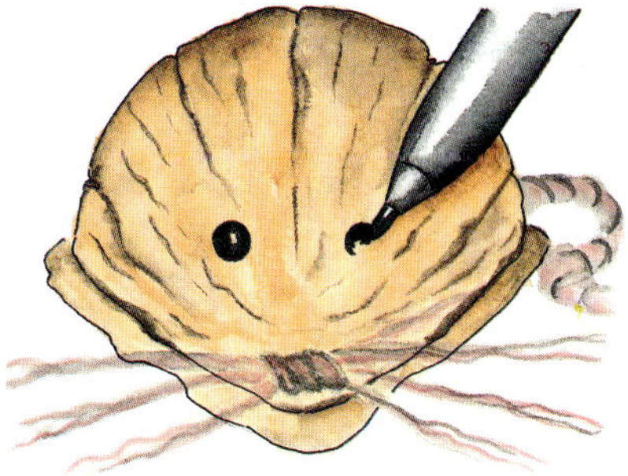

Wurfpfeil

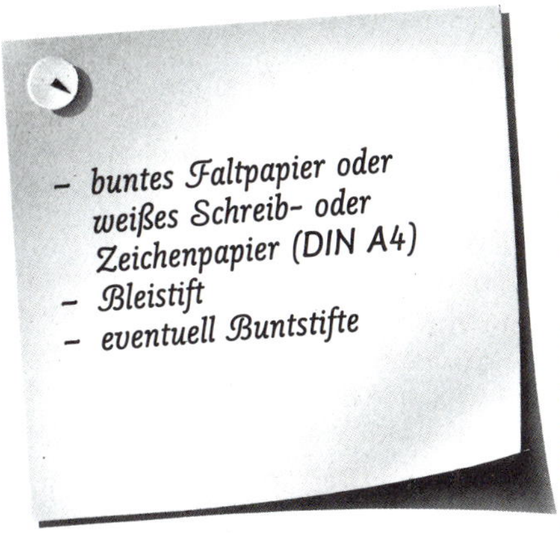

Es gibt Tage, die sind zu naß für ein Geburtstagspicknick oder für das Spielen im Sand. Da kann ein solcher Papierflieger schnell wieder für gute Laune sorgen. Er ist leicht zu falten, und nachdem jeder Flugkapitän seinen Namen auf seinen Flieger geschrieben hat, kann man eine Linie ziehen und von da aus die Pfeile um die Wette starten.

1. Wir legen das Blatt waagerecht vor uns auf den Tisch und falten die beiden Längsseiten unseres Papiers aufeinander. Die Faltkanten streichen wir sorgfältig nach, dann öffnen wir das Papier wieder.

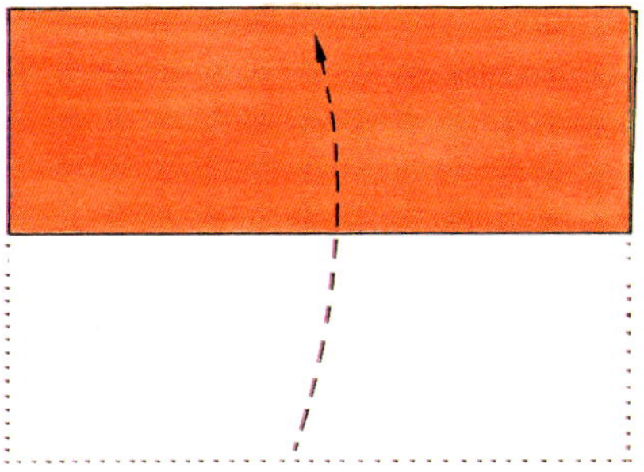

2. Wir falten die beiden linken Ecken bis an die Mittellinie heran; die beiden Kanten sollen dort nur aneinanderstoßen und dürfen sich nicht überschneiden. Die beiden Knicke werden mit dem Fingernagel sorgfältig nachgezogen.

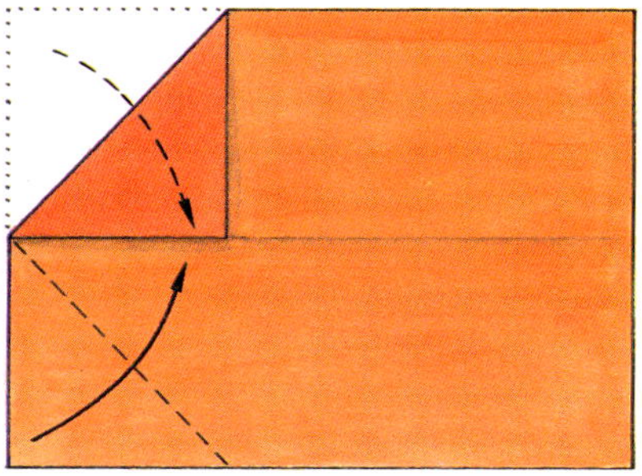

3. Wir klappen auf die gleiche Weise auch die beiden neu entstandenen Faltkanten an die Mittellinie und ziehen die Knicke wieder gut nach.

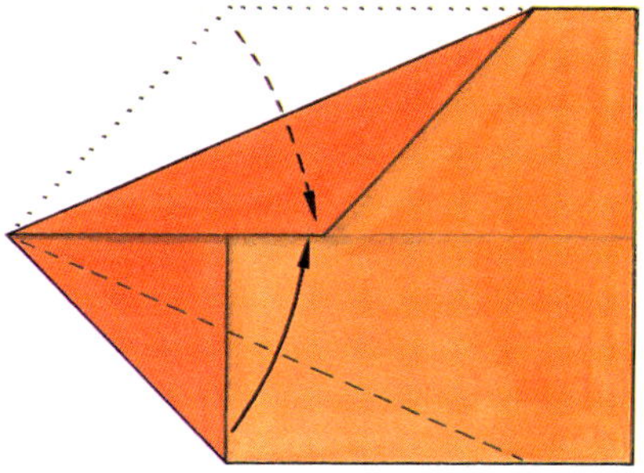

4. Nun wenden wir das Blatt, so daß alle Faltungen für uns nicht sichtbar auf dem Tisch liegen. Jetzt falten wir von dieser Seite genau wie vorher beschrieben die beiden Flügel wieder nacheinander zur Mittellinie. Nun ist unser Pfeil schon fast fertig.

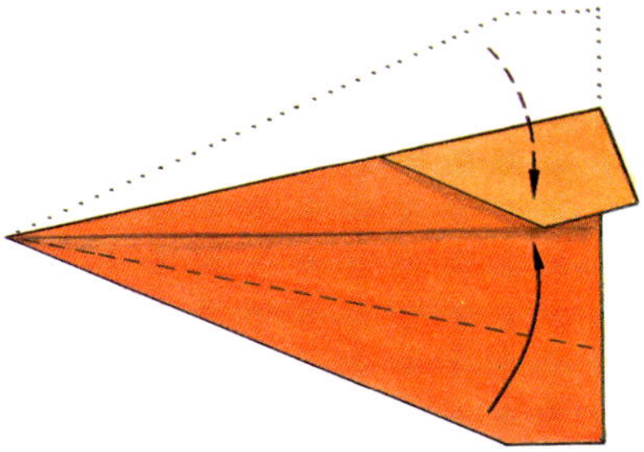

5. Wir wenden das Papier, so daß wieder die ersten Faltungen oben liegen, und klappen den Pfeil an der Mittellinie zusammen.

6. Jetzt halten wir ihn von unten am Mittelknick fest und klappen die beiden Flügel zu einer waagerechten Fläche nach oben.

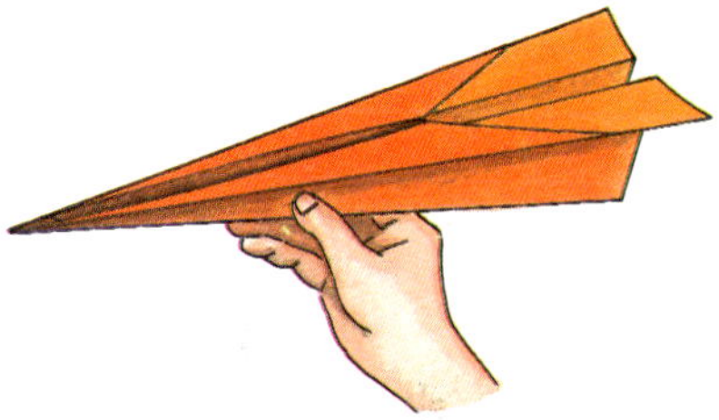

7. Bevor wir unseren Pfeil mit einem kleinen Stoß davonfliegen lassen, sollte jeder den Namen auf seinen Pfeil schreiben. Wer will, kann ihn noch mit Buntstiften ganz individuell anmalen.

- 1 Blatt quadratisches Faltpapier (17 x 17 cm oder größer)
- Filzstifte oder Kugelschreiber
- etwas Watte

Dampferflotte

Eine hübsche Tischdekoration kann so eine bunte Dampferflotte sein. Wenn wir auf den Schornstein oder den Schiffsrumpf die Namen der eingeladenen Gäste schreiben, haben wir gleichzeitig originelle Tischkarten. Als Erinnerung an dieses Fest oder die Geburtstagsfeier darf natürlich jeder seinen Dampfer mit nach Hause nehmen.

1. Wir falten das quadratische Blatt zu einem Rechteck, so daß Seite auf Seite liegt. Dann öffnen wir es wieder und falten es in der anderen Richtung genauso. Wenn wir das Papier wieder aufklappen, haben wir zwei Faltlinien vor uns, die sich in der Mitte überschneiden.

2. An diesen Mittelpunkt legen wir nun nacheinander die vier Ecken und streichen die Faltkanten gut nach.

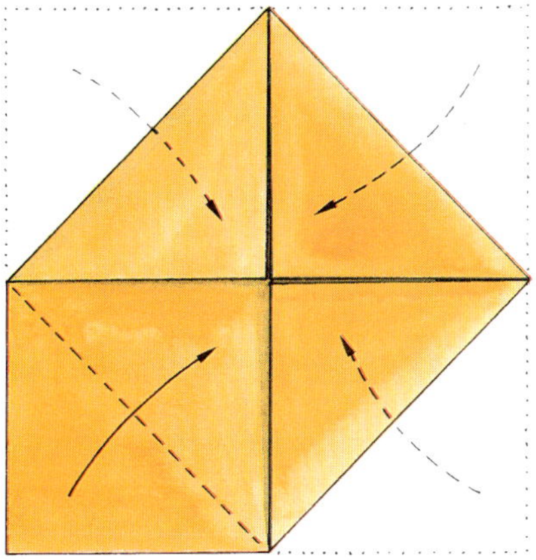

3. Wir wenden das Papier, so daß alle Faltungen nach unten zur Arbeitsplatte zeigen, und klappen dann auch auf dieser Seite alle vier Ecken zum Mittelpunkt.

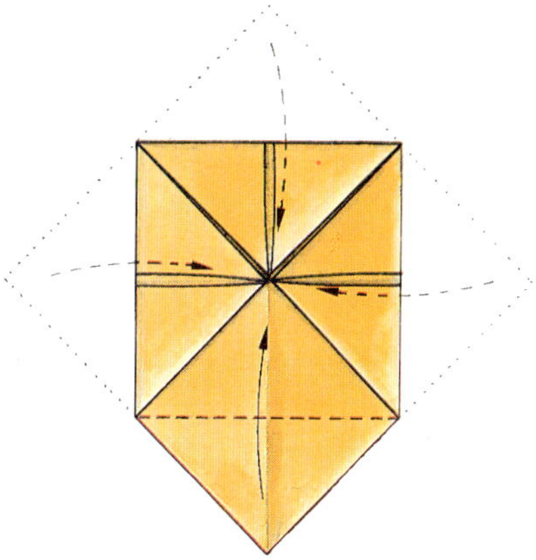

4. Danach wenden wir das Blatt erneut und falten nun zum dritten Mal alle vier Ecken zur Mitte.

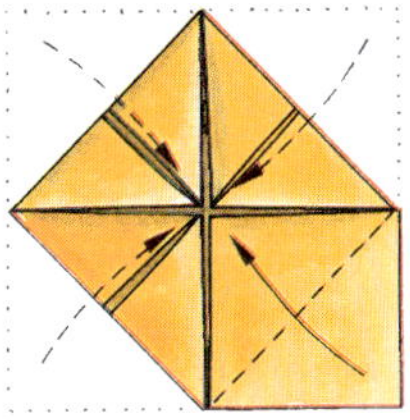

5. Schließlich wenden wir die Faltarbeit ein letztes Mal. Wir haben nun vier kleine Quadrate in einem großen Quadrat vor uns. Eines davon klappen wir nach oben, indem wir zunächst die Spitze vom Mittelpunkt her senkrecht hochstellen, so daß sich das kleine Quadrat öffnet. Dann klappen wir es weiter herunter bis zur äußeren Spitze: wir erhalten ein Rechteck. Die Ränder streichen wir gut nach.

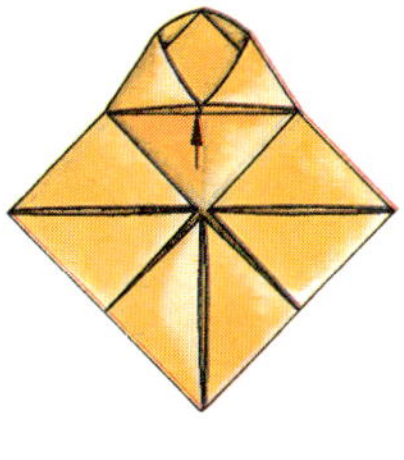

6. Dasselbe machen wir mit dem gegenüberliegenden Quadrat. Unsere Faltarbeit sieht dann so aus wie auf der Zeichnung. Die beiden Rechtecke werden später die Schornsteine, die beiden anderen Quadrate zum Bug und Heck des Dampfers.

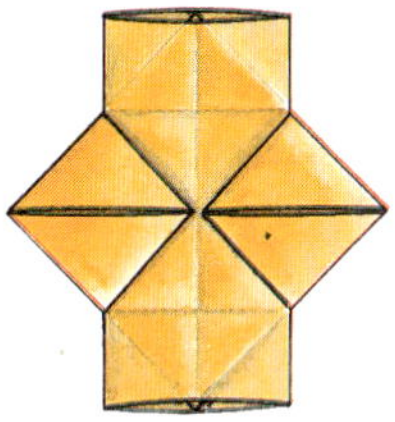

7. Dazu greifen wir mit beiden Zeigefingern gleichzeitig unter die Spitzen am Mittelpunkt. Dann ziehen wir sie vorsichtig nach außen, während wir gleichzeitig mit den Daumen und Mittelfingern das Schiff seitlich zusammenschieben. Beide Schornsteine legen sich dadurch nebeneinander – das Schiff ist fertig.

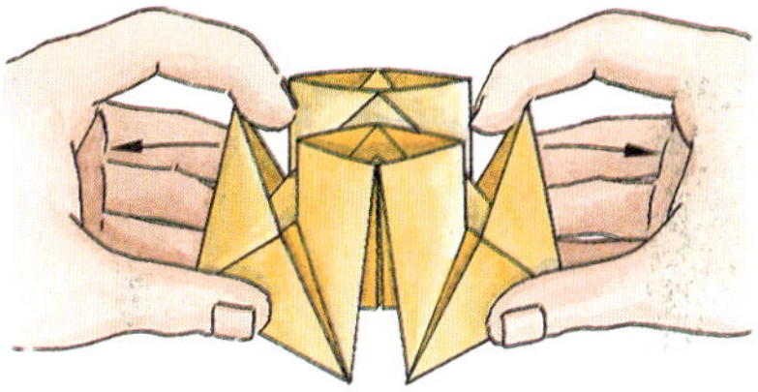

8. Jetzt schreiben wir noch die Namen der Gäste auf die Dampfer. In die Öffnung der Schornsteine können wir noch etwas Watte schieben, so daß es aussieht, als ob sie qualmten. Wer will, kann die Dampfer noch auf blaue Servietten setzen oder sie in einem „Meer" aus welligen Luftschlangen über dem Tisch verteilen. Hier sind der Phantasie bei der Tischdekoration keine Grenzen gesetzt.

- 1 Blatt Falt- oder Schreibmaschinenpapier (DIN A4)

Papierschiffchen mit Kapitänsgeschichte

Solche gefalteten Schiffe kann man bei einer Geburtstagsfeier sehr vielfältig einsetzen. Bastelt man sie aus buntem Faltpapier und versieht man sie mit den Namen der Gäste, können sie als Tischkarten dienen. Wer jedoch ein großes Schiff aus festem Papier herstellt, kann es mit vielen kleinen Geschenken füllen und dem Geburtstagskind damit eine besondere Freude bereiten. Wichtig ist beim Falten, daß alle Knicke immer gut mit dem Fingernagel nachgezogen werden, auch wenn das nicht jedesmal in der Bastelanleitung wiederholt wird. Das erleichtert uns nämlich alle weiteren Arbeitsgänge erheblich.

1. Wir legen das Papier senkrecht vor uns auf den Tisch und falten die obere schmale Seite auf die untere. Die Faltkante streichen wir sorgfältig mit dem Fingernagel nach.

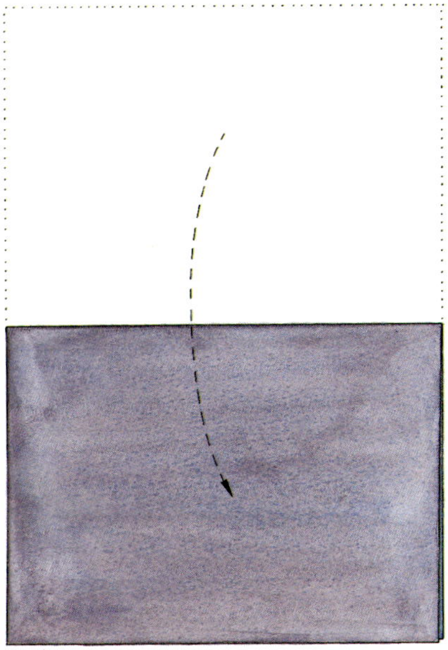

2. Jetzt falten wir das Doppelblatt in der anderen Richtung zur Hälfte zusammen, ziehen die Faltkante gut nach und öffnen diese letzte Faltung wieder. Wir haben eine Mittellinie erhalten.

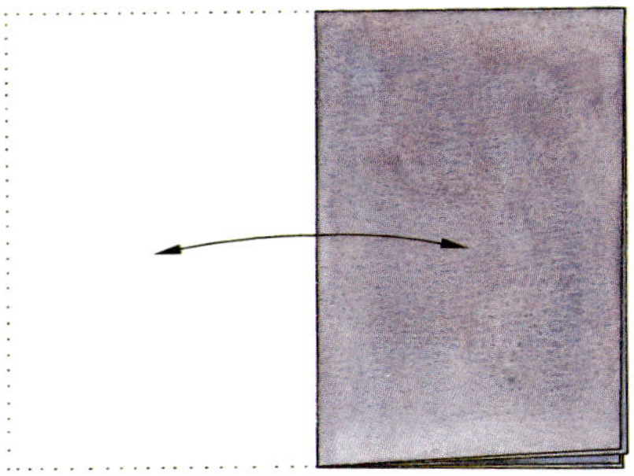

3. Von der oberen, geschlossenen Kante aus klappen wir nun die linke Ecke sorgfältig zur Mittellinie herunter. Das gleiche machen wir auch mit der rechten Ecke. Es stoßen jetzt zwei Dreiecke aneinander.

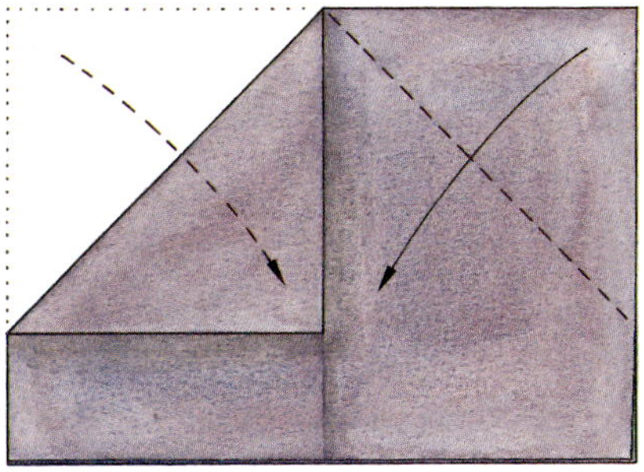

4. Von dem unten herausschauenden Papier klappen wir den obenaufliegenden Streifen so weit wie möglich über die beiden Dreiecke nach oben.

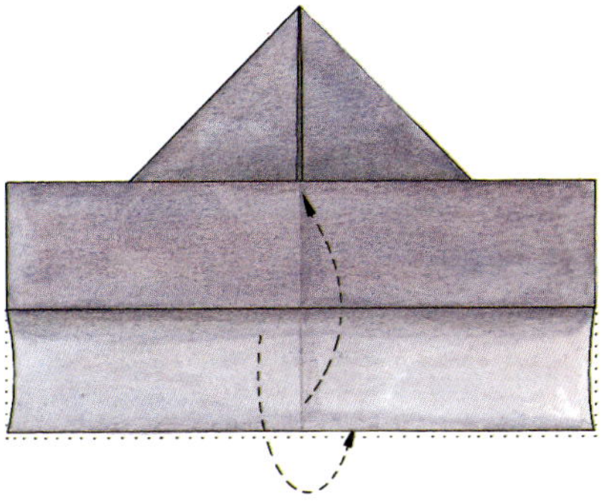

5. Wir wenden die Faltarbeit und klappen auch hier den überstehenden Papierstreifen nach oben.

6. Nun greifen wir von unten in die Öffnung hinein und drücken die Dreiecksform leicht auseinander. Dabei schieben wir an jeder Seite die Enden des einen Papierstreifens unter den anderen. Wir haben nun einen Papierhut hergestellt. Aus dieser Form entwickeln wir weiter das Schiffchen.

7. Wir legen die beiden unteren Spitzen unseres Hutes aufeinander, so daß sich die Form in der anderen Richtung wieder schließt. Die schrägen Kanten oben streichen wir sorgfältig flach, wir erhalten ein auf der Spitze stehendes Quadrat.

8. Nun klappen wir die obenaufliegende Spitze von unten nach oben zur geschlossenen Ecke hoch und streichen die neue Faltkante gut nach.

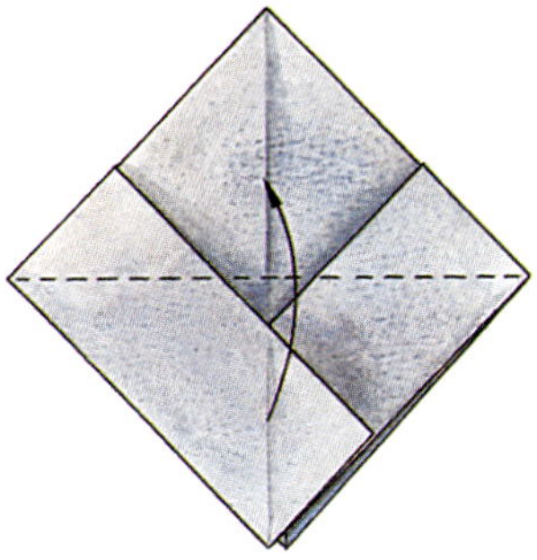

9. Wir wenden das Papier, so daß die letzte Faltung auf der Tischplatte liegt. Dann klappen wir auch an dieser Seite die untere Spitze nach oben. Wir erhalten ein Dreieck.

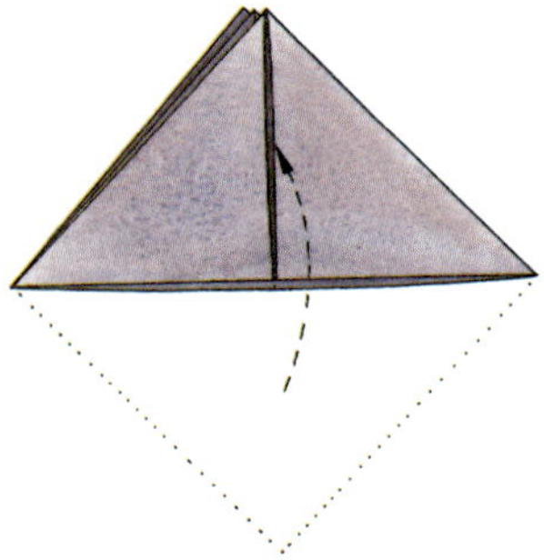

10. Unser Papier sieht nun wieder wie ein kleiner Hut aus. Wir greifen von unten hinein und drücken die gesamte Form wieder so weit auseinander, bis die beiden unteren Ecken aufeinanderliegen. Alle Faltungen streichen wir sorgfältig nach. Unser Papier sieht wieder wie ein auf der Spitze stehendes Quadrat aus.

11. An der geschlossenen, oberen Ecke ist nun eine Mittelspitze zu sehen, die rechts und links von zwei schmalen Spitzen eingeschlossen wird. Mit Daumen und Zeigefinger ziehen wir diese äußeren Ecken vorsichtig so weit auseinander, bis das fertige Schiffchen flach und langgestreckt vor uns liegt. Dann streichen wir es glatt.

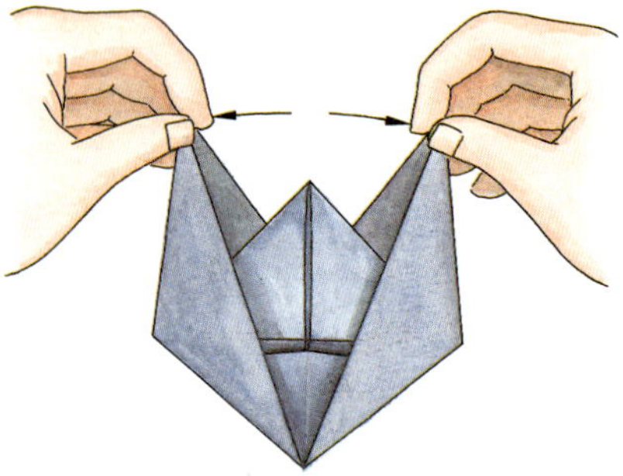

12. Wenn wir die Öffnung an der Unterseite des Bootes etwas auseinanderbiegen, kann es sogar schwimmen.
Die folgende „Seeräuberkapitänsgeschichte" kann in fröhlicher Runde nach dem Falten erzählt werden.

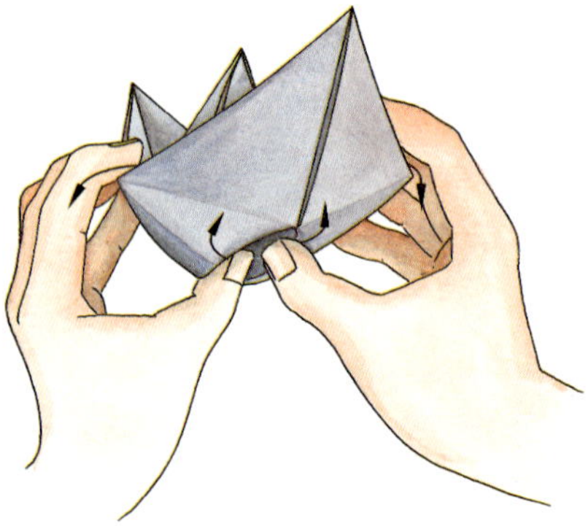

Kapitänsgeschichte

Es war einmal ein grimmiger Seeräuberkapitän. Der fuhr mit seinem Schiff über das Meer und lauerte anderen Schiffen auf, um sie zu überfallen. (Wir setzen unser Schiff auf den Zeigefinger und drehen die Hand suchend hin und her.)
Dabei bemerkte er gar nicht, daß ein furchtbarer Sturm heraufzog. Die Wellen wurden immer höher und schlugen gegen das Schiff. Es begann zu schaukeln – bald war es hoch oben auf einer Welle, bald tief unten. Auf und ab ging es in einem fort. (Die Bewegungen werden dem Text entsprechend ausgeführt.)

Da geschah es: Der große Mast in der Mitte des Schiffes brach ab! (Wir nehmen das Schiff und reißen die mittlere Spitze ab.)

Zu allem Unglück fiel der Mast so herunter, daß er das Ende des Schiffes auch noch zertrümmerte. (Wir reißen ein Ende des Papierbootes ab.)

Das war schlimm, denn nun konnte das Schiff nicht mehr gesteuert werden. Es drehte sich unaufhörlich im Kreise, bis es an einem Felsen anschlug – und zu allem Pech zerbrach auch noch das andere Ende des Schiffes. (Wir reißen das andere Ende des Bootes ab.)

So kam es, wie es kommen mußte: Immer mehr Wasser drang in das Schiff ein, bis es schließlich sank. (Wir nehmen die Hände herunter und falten das Papier auseinander.)
Am anderen Morgen jedoch schaukelte ein Hemd auf dem Meer. (Nach dem Auffalten hat unser Papier die Form eines Hemdes: Wir fassen es in Querrichtung an den kurzen Ärmeln an und heben es hoch.)
Und nun sagt mir: War es Winter oder Sommer, als dem Seeräuberkapitän dieses schreckliche Unglück widerfuhr?
(Wir lassen die Gäste raten.)
Es war Sommer. Wieso ich das behaupte? Nun, das Hemd hat ja kurze Ärmel! Wäre es im Winter geschehen, so hätte es (wir falten das Papier auseinander und legen es diesmal in der anderen Richtung zusammen) lange Ärmel gehabt. (Nach dem letzten Falten ist das Hemd etwas kürzer, hat dafür aber lange Ärmel.)
Viel Spaß!

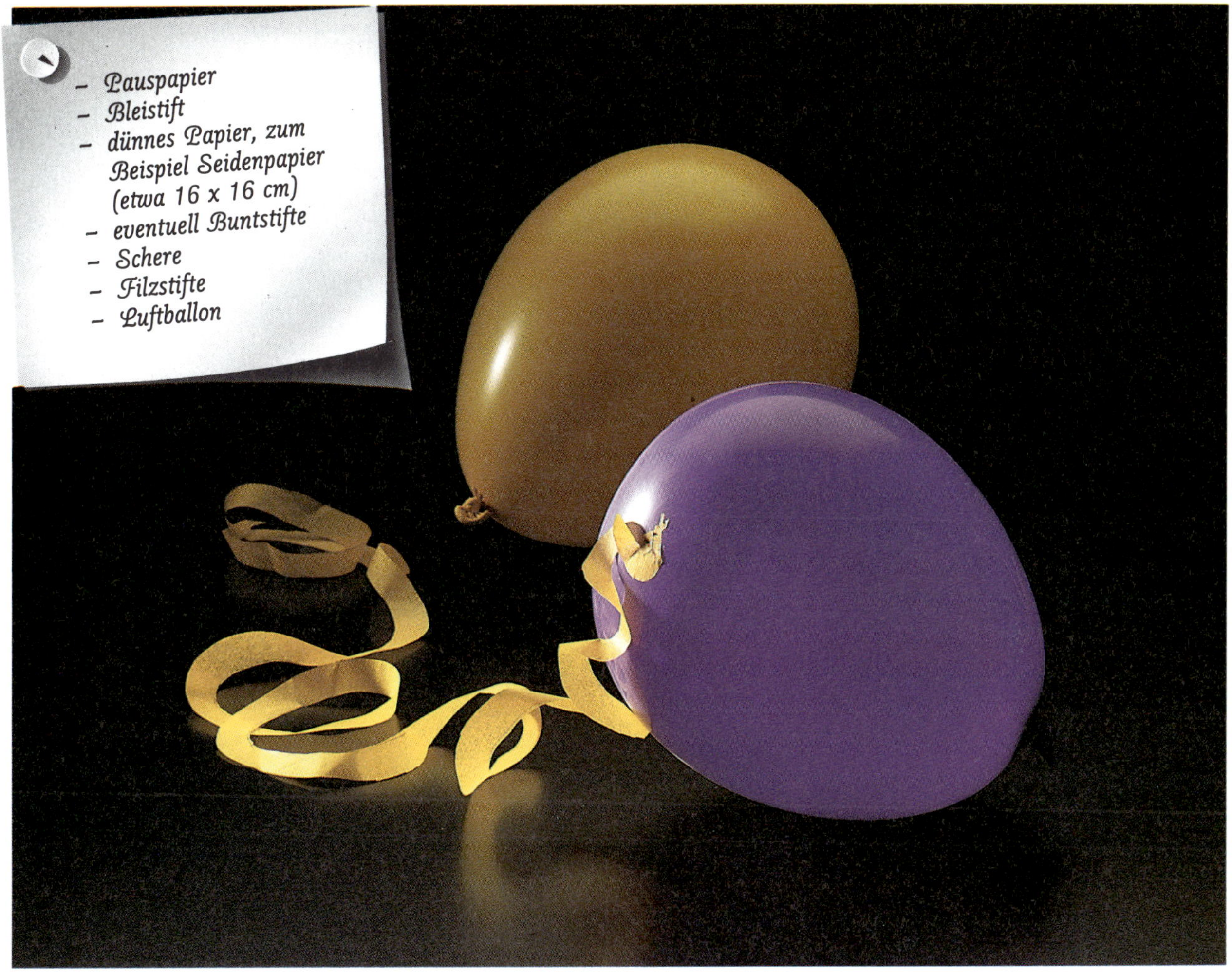

Die beißende Schlange

Eine nette Überraschung für große und kleine Geburtstagskinder kann eine solche Schlange sein. Sie ist sehr einfach herzustellen, verblüfft aber durch ihre ausgesprochen große Beweglichkeit.

1. Von der Zeichnung auf Seite 327 übertragen wir mit Pauspapier und Bleistift die Schlange auf unser dünnes Papier. Wer Seidenpapier verwendet, kann die Vorlage direkt darauf durchzeichnen. Haben wir weißes Papier, so können wir mit Buntstiften oder Filzstiften unsere Schlange noch anmalen.

2. Danach schneiden wir entlang der Linie sorgfältig die spiralförmige Schlange aus.

3. Die schraffierten Flächen werden weggeschnitten, dabei muß man auf die gespaltene Zunge der Schlange achten. Die Augen malen wir mit Filzstiften auf.

4. Nun ist unsere Schlange schon für ein lustiges Spielchen bereit. Wir benötigen dazu noch einen Ballon, den wir aufblasen und mit einem Knoten verschließen. Wir reiben den Luftballon etwas an unserer Kleidung und nähern ihn dem Schlangenkopf. Der schießt nun vor und auf den Ballon zu. Es sieht aus, als wolle die Schlange in den Ballon beißen. Rührt sie sich nicht, muß der Ballon kräftiger gerieben werden.

- 1 Blatt Falt- oder Schreibmaschinenpapier (DIN A4)
- Schere

Schwalbe

Ein hübsches Geschenk, das dem Geburtstagskind und seinen Gästen gleichermaßen Freude bereitet, ist diese Papierschwalbe. Sie kann als originelle Tischkarte dienen, man kann aber auch ein Wettfliegen mit ihr veranstalten.

Bei größeren Kindern kann man auch gemeinsam mit den Geburtstagsgästen eine ganze Schwalbenschar bauen und anschließend ein Wettfliegen veranstalten!

1. Wir legen das Blatt quer vor uns auf den Tisch und falten die untere linke Ecke zur oberen Seite hoch; die entstehende Faltkante soll dabei ganz genau durch die linke obere Ecke laufen. Den überstehenden Streifen an der rechten Seite schneiden wir sorgfältig mit der Schere ab. Wir legen ihn vorerst beiseite, wir benötigen ihn aber später noch, um daraus den Schwalbenschwanz zu machen. Zunächst werden wir aus dem zu einem Dreieck gefalteten Quadrat den Körper der Schwalbe basteln.

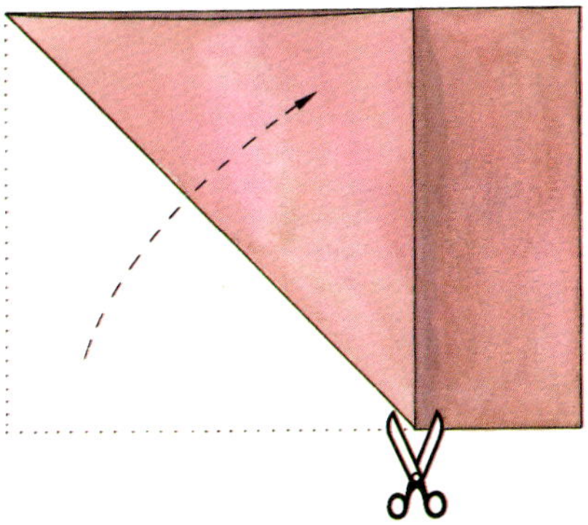

2. Das Dreieck öffnen wir wieder zum Quadrat, falten dann die beiden anderen Ecken an den Enden der Diagonalen aufeinander und öffnen das Blatt wieder. Danach wenden wir es, so daß sich die zwei Knicklinien zur Mitte hin leicht vom Tisch abheben. Dann klappen wir das Quadrat zur Hälfte zu einem Rechteck zusammen. Nach dem Öffnen haben wir drei sich kreuzende Linien, so wie es die Zeichnung zeigt. Dabei wölben sich die diagonalen Knicke nach oben, die waagerechte Faltlinie dagegen knickt nach unten ein.

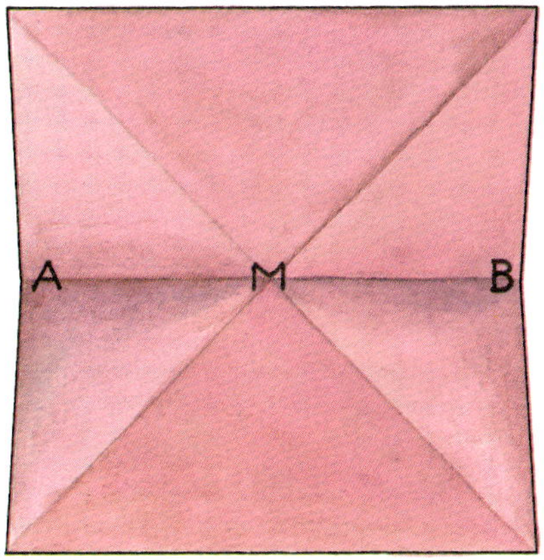

3. Wir drücken mit den beiden Mittelfingern auf die Punkte A und B und schieben sie leicht aufeinander zu. Der Mittelpunkt M hebt sich dadurch. Wenn die Punkte A und B zusammenkommen, legen wir die Faltarbeit flach auf den Tisch und streichen alles glatt. Wir haben eine Dreiecksform vor uns.

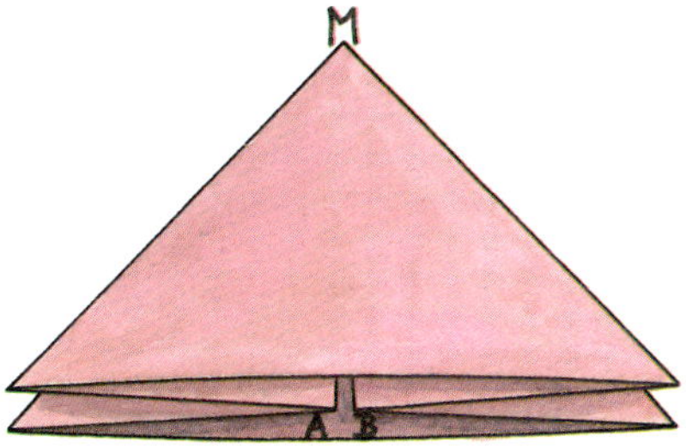

4. Die beiden unteren Ecken des obenauf liegenden Dreiecks falten wir mit den offenen Unterkanten nacheinander zur gedachten Mittellinie. Die beiden Spitzen liegen dann auf Punkt M. Wir haben dann ein auf der Ecke stehendes Quadrat vor uns.

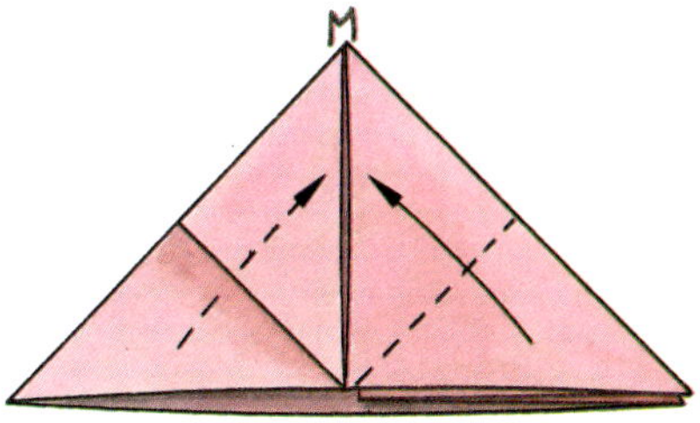

5. Wir legen nun die beiden zuletzt entstandenen schrägen Faltkanten an die Mittellinie und streichen die Knicke sorgfältig nach. Es entsteht eine Art Tüte. Anschließend öffnen wir die Tüte wieder.

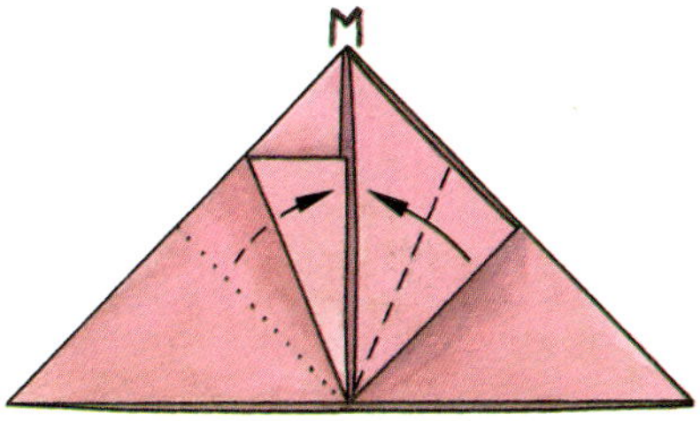

6. Wir drehen die Faltarbeit so, daß die Spitze M jetzt nach unten zeigt. Dann falten wir auch von dieser Seite wie vorhin beschrieben eine Tüte. Nachdem die Knicke gut nachgestrichen wurden, öffnen wir nun die Tüte wieder.

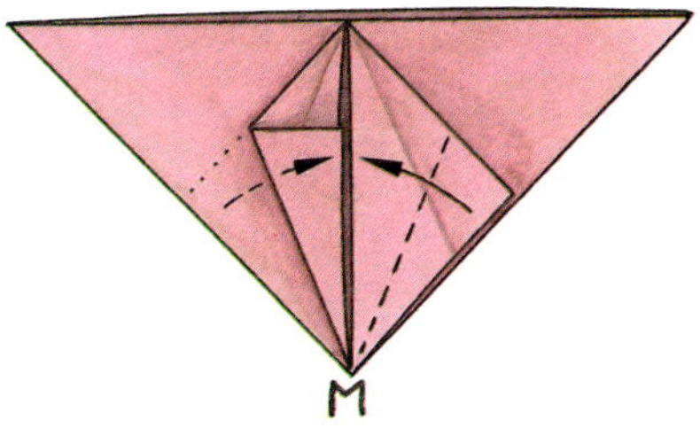

7. Den Zeigefinger der linken Hand legen wir jetzt auf die linke Flügelspitze des Quadrats, Daumen und Mittelfinger der gleichen Hand schieben sich darunter und drücken die Spitze von außen zusammen. Die Kanten des Flügels werden dann bis zur Mittellinie heruntergeklappt, so daß dann eine kleine Spitze vom Papier hochsteht. Mit der rechten Ecke machen wir es genauso.

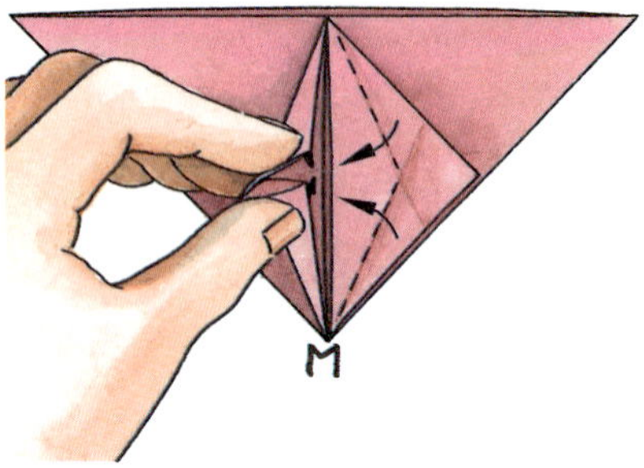

8. Jetzt klappen wir beide Spitzen flach nach unten zu Punkt M herunter.

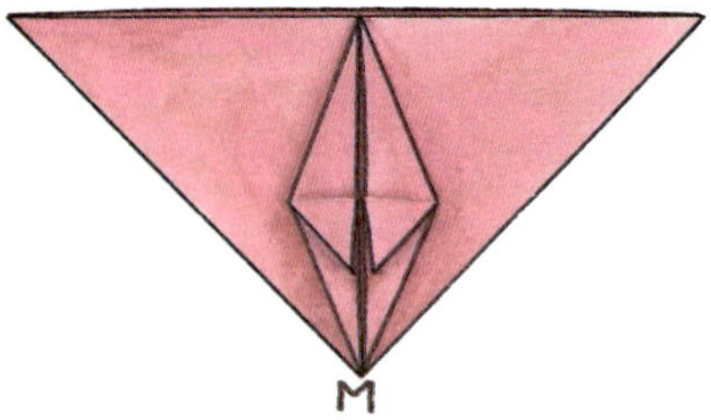

9. Jetzt nehmen wir das zu Anfang abgeschnittene Rechteck zur Hand und falten es einmal der Länge nach zur Hälfte zusammen. Weil der Schwanz für unsere Schwalbe so zu breit wäre, schneiden wir ihn genau an der Faltlinie entlang auseinander und arbeiten nur mit einem der Teile weiter.

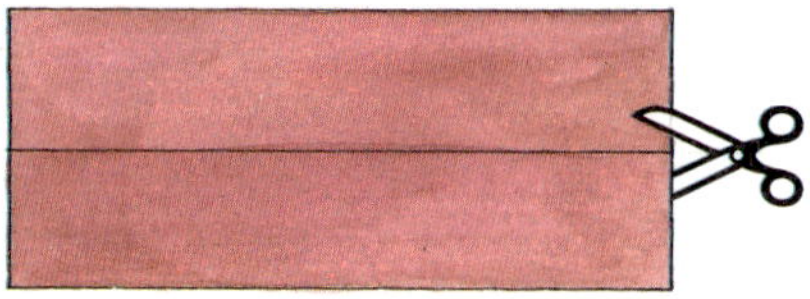

10. Diesen schmalen Streifen falten wir nun auch der Länge nach auf die halbe Breite zusammen und schneiden ihn dann etwa zu einem Drittel spitz zu. Wir müssen darauf achten, daß wir nicht zu viel wegschneiden, da die Schwalbe sonst nicht mehr gut fliegen kann. Dann öffnen wir den Schwalbenschwanz.

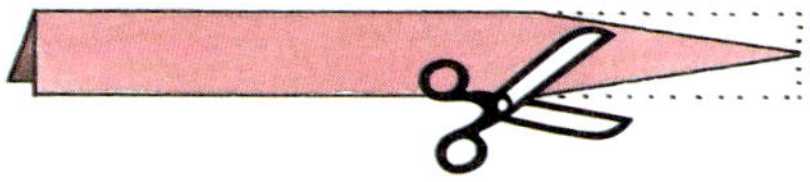

11. Der vorbereitete Schwalbenkörper wird nun gewendet, so daß alle Faltungen zur Tischplatte nach unten zeigen. Dann schieben wir das gerade Ende des Schwanzes, so weit es geht, in die Schwalbe hinein. Danach wird die Spitze des Dreiecks, also Punkt M, bis an die lange Hinterkante der Schwalbe umgeklappt. Die Kante wird gut mit dem Fingernagel nachgestrichen.

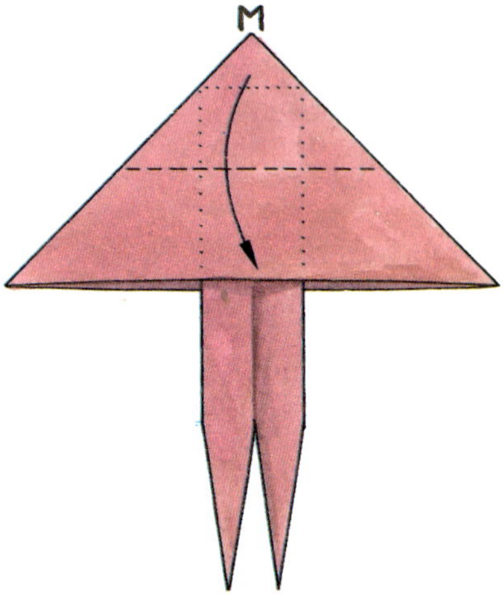

12. Nun falten wir die Schwalbe einmal entlang der Längsachse nach oben zusammen. Um die Schwalbe nun in ihrer typischen Art fliegen zu lassen, greifen wir mit dem Zeigefinger von vorn zwischen die Flügel – der Schwanz zeigt von der Hand weg – und werfen die Schwalbe für ihren ersten Startversuch hoch in die Luft.

- *4 Streifen Kreppapier in verschiedenen Farben (6–10 cm breit, etwa 90 cm lang)*
- *Bürohefter (Tacker) oder Pritt Bastelkleber*
- *Schere*

Geburtstagskränzchen

Eine nette Überraschung kann dieses Kränzchen sein. Es ist aus vier Krepppapierbändern leicht zu flechten und sieht dekorativer aus als ein aus drei Strängen geflochtenes Kränzchen.

1. Wir falten die Kreppapierstreifen zweimal der Länge nach auf die Hälfte zusammen, damit sie fülliger wirken. Dann heften oder kleben wir die vier Bänder, an einem Ende zusammen.

Da wir zum Flechten beide Hände brauchen, sollte uns jemand die Arbeit festhalten.

2. Wir breiten die vier Bänder nebeneinander aus. Dann wird immer abwechselnd ein Streifen nach dem anderen quer durch die anderen geflochten, und zwar beginnen wir bei jedem Flechtgang an der linken Seite mit der äußeren Farbe: Mit der linken Hand legen wir das erste Band beinahe waagerecht über das zweite, unter das dritte und wieder über das vierte Band. Wir lassen es dann einfach lose an der rechten Seite herabhängen.

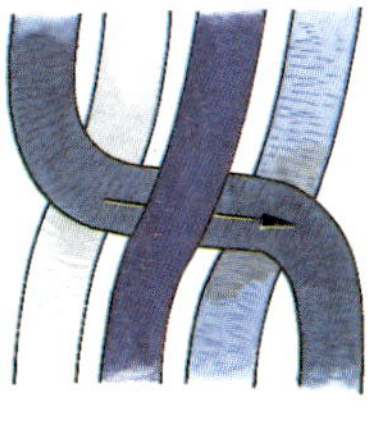

3. Jetzt geht es mit der nächsten Farbe genauso weiter: Wieder nehmen wir das Band, das jetzt ganz links liegt, und führen es genauso über dem zweiten, unter dem dritten und über dem vierten Band nach rechts. Wir lassen es wie vorher dann herabhängen.

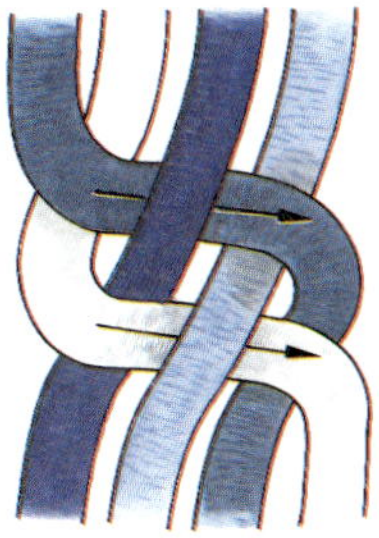

4. Anschließend nehmen wir die dritte Farbe von ganz links und flechten mit ihr nach rechts herüber, danach verfahren wir genauso mit der vierten Farbe.
So geht es immer weiter, jedesmal wird das ganz links liegende Band mit den drei herabhängenden verflochten; man arbeitet also alle Flechtgänge in nur einer Richtung mit immer den gleichen Handbewegungen. Am besten prägt man sich den Rhythmus „drüber, drunter, drüber" gut ein, dann kann man eigentlich nicht durcheinanderkommen.

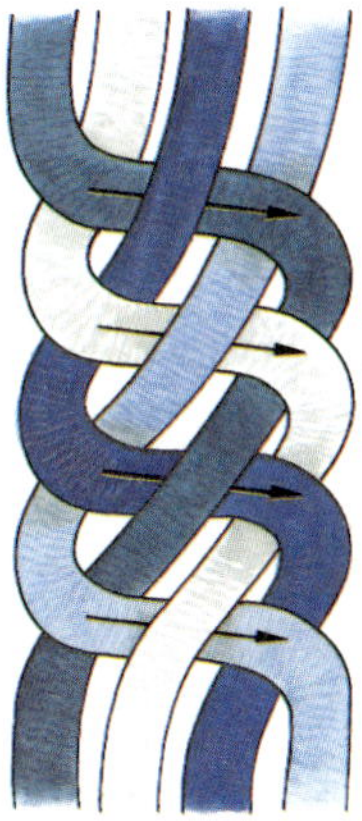

5. Sobald der Viererzopf etwa 50 cm lang ist, halten wir alle vier Bänder am Ende des letzten Flechtganges zusammen und kleben oder heften diese Stelle mit dem Anfangsstück zusammen.

6. Die vier herabhängenden Enden des Kreppapiers schneiden wir mit der Schere in schmale Streifen, so daß sie luftig und lustig aussehen: Das Kränzchen ist nun fertig.

- *Tapetenrest*
- *Bleistift*
- *Lineal*
- *Schere*
- *Pritt Bastelkleber*
- *Nadel*
- *Faden*
- *1 Perle*

Fangbecher

Wenn das Wetter nicht zum Spielen im Freien einlädt, können wir mit allen Geburtstagsgästen diese Fangbecher basteln. Wenn jeder einen Becher fertiggestellt hat, können wir um die Wette versuchen, die Perlen mit Schwung hochzuwerfen und sie mit unseren Bechern zu fangen. Das ist gar nicht so einfach. Wer als erster seine Perle gefangen hat, ist Sieger.

1. Auf den Tapetenrest zeichnen wir mit Hilfe des Lineals ein Quadrat mit 18 x 18 cm Seitenlänge und schneiden es aus. Dann falten wir es einmal Ecke auf Ecke.

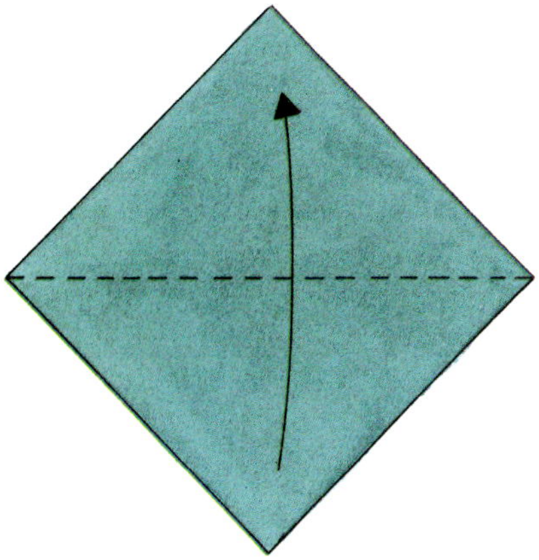

2. Die eine Ecke des Dreiecks falten wir nach rechts, so wie die Zeichnung zeigt. Dann drehen wir die Faltarbeit um.

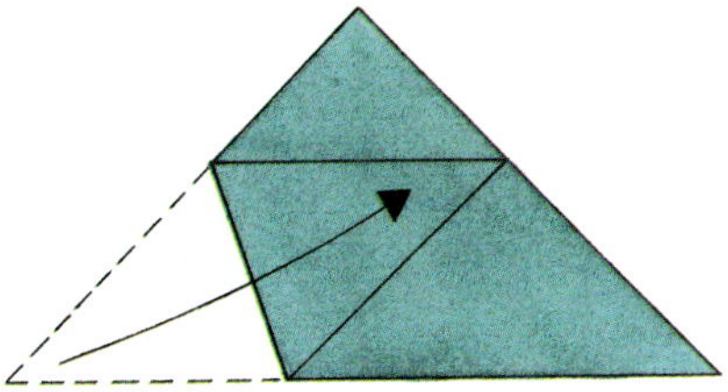

3. Nun klappen wir auch noch die andere Ecke nach rechts. Unsere Faltarbeit sieht damit schon fast wie ein Becher aus.

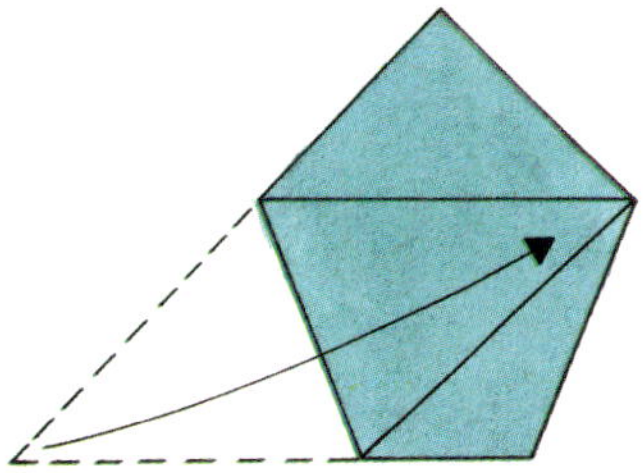

4. Nun falten wir die restliche Ecke, die aus einer vorderen und hinteren Spitze besteht, nach vorn und hinten soweit wie möglich um – der Becher ist nun fertig.
Sollten sich die beiden heruntergeklappten Ecken wieder heben, können sie mit Bastelkleber am Becher festgeklebt werden.

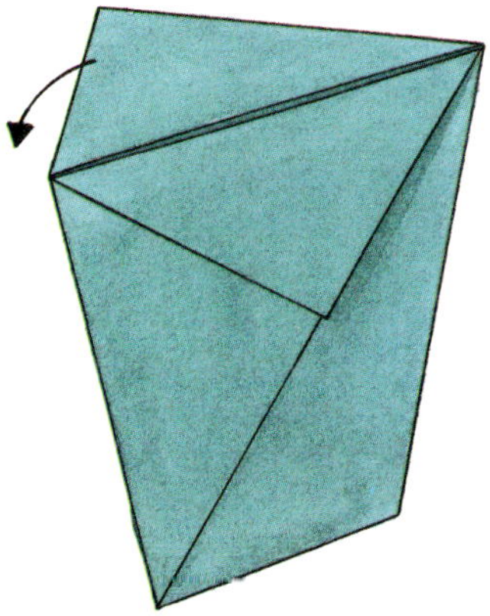

5. Um daraus einen Fangbecher zu machen, brauchen wir Nadel, Faden und eine Perle. Der etwa 25 cm lange Faden bekommt einen dicken Knoten, und dann ziehen wir ihn von außen durch den Becherboden nach innen. An das andere Ende des Fadens knoten wir die Perle. Für größere Kinder kann der Faden länger, für kleinere entsprechend kürzer sein.

- 1 dicke Stopfnadel
- Zange
- 1 Kerze
- 1 Joghurtbecher
- 14 cm dünner Draht
- Kreppapier
- Schere
- Pritt Bastelkleber
- 1 mittelgroßer Haken
- 1 m Schnur
- 1 Stock
- 1 Karton oder Kiste

Angelkörbchen

Diese Bastelei ist vielseitig verwendbar. Entweder werden die mit Süßigkeiten oder kleinen Geschenken gefüllten Angelkörbchen als Preise bei Wettspielen verteilt, oder wir spielen gleich das „Angelspiel“.

Das Angelspiel

Dazu brauchen wir für jedes Kind ein gefülltes Angelkörbchen. Alle Körbchen werden in den Karton gestellt und jeweils vier Kinder versuchen gleichzeitig, sich eines der Körbchen herauszuangeln. Das ist gar nicht so einfach, da die Schnur recht lang und widerspenstig ist.

1. Wir fassen die Nadel am Nadelöhr mit der Zange und erhitzen die Spitze über der Kerzenflamme. Dann brennen wir mit der heißen Nadel 2 Löcher in den Joghurtbecher. Die Löcher sollen gleich unter dem Rand sein und sich gegenüberstehen. Durch diese Löcher ziehen wir nun den dünnen Draht, wickeln die Enden ein paarmal um und erhalten so einen Henkel.

2. Das Kreppapier schneiden wir etwa doppelt so hoch wie den Becher und ungefähr 25 cm breit zu. Wir bestreichen den Becher mit Pritt Bastelkleber und wickeln das Papier um ihn herum. Da der Becherboden etwas enger ist als der obere Rand, müssen wir unten das Kreppapier etwas raffen und übereinander kleben.

3. An den Stellen, wo der Draht aus dem Becher herauskommt, schneiden wir das Kreppapier von oben bis zum Becherrand auf.

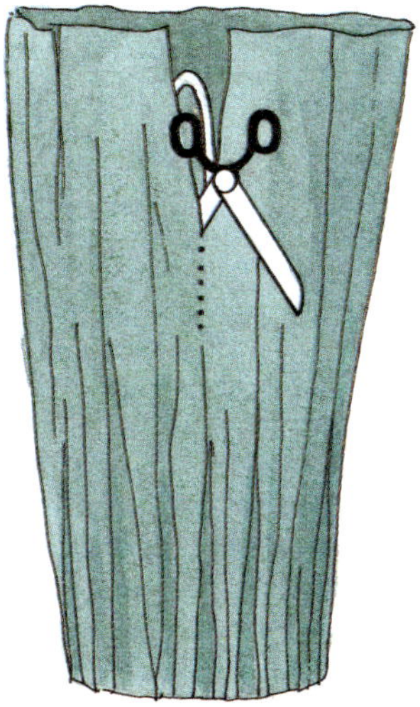

4. Nun kann der Becher mit kleinen Spielsachen und Süßigkeiten gefüllt werden. Danach schieben wir das Kreppapier über den Becherrand nach innen. So ist das Angelkörbchen verschlossen, und keiner kann sehen, was er sich herausangelt.

5. Die Angel entsteht, indem wir das eine Ende der Schnur oben um den Stock wickeln. Am anderen Ende wird der Haken befestigt.

Laufender Igel

- Pergamentpapier
- Bleistift
- 1 Stück feste, braune Pappe (15 x 15 cm)
- Schere
- Wasserfarben
- 1 alte Zahnbürste
- Sieb für Spritztechnik oder kleines Küchensieb
- brauner Buntstift
- Lochzange oder spitze Schere
- 1 Musterklammer

Der Reiz dieser Bastelarbeit besteht darin, daß die „Füßchen" des Igels sich bewegen und es deshalb so aussieht, als könne er wirklich laufen.
Wir können, gemeinsam mit unseren Geburtstagsgästen, solche Igel basteln oder sie vor dem Fest fertigstellen und als Preise bei den Geburtstagsspielen austeilen.

1. Der Igel wird von der Vorlage auf die Pappe abgepaust.
Nun schneiden wir die Umrisse des Igels aus. Das kleine Zahnrad wird ebenso abgepaust und ausgeschnitten.

2. Bevor wir mit den Wasserfarben in Spritztechnik arbeiten, decken wir unsere Arbeitsfläche mit Zeitungen oder einer Wachsdecke ab und ziehen einen Kittel an.

3. An dem ausgeschnittenen Igel ist ein Zacken größer als die anderen. Er ist das Schnäuzchen des Igels. Wir legen ein Papier darüber, ehe wir mit dem Spritzen beginnen.

4. Zuerst rühren wir etwas schwarze Wasserfarbe mit wenig Wasser an und reiben die Zahnbürste darin. Den Igel mit der abgedeckten Nase legen wir vor uns, halten das Sieb darüber und streichen mit der Bürste einige Male über das Sieb hin und her.

5. Dann waschen wir Sieb und Zahnbürste aus und machen das gleiche mit der braunen Farbe. Wir müssen darauf achten, daß keine dicken Farbtropfen auf die Pappe fallen, sondern nur feine Spritzer. Diese deuten die Stacheln des Igels an. Der Kopf bleibt ohne Farbauftrag, nur das Auge wird mit dem braunen Buntstift aufgemalt.

Abpausvorlage

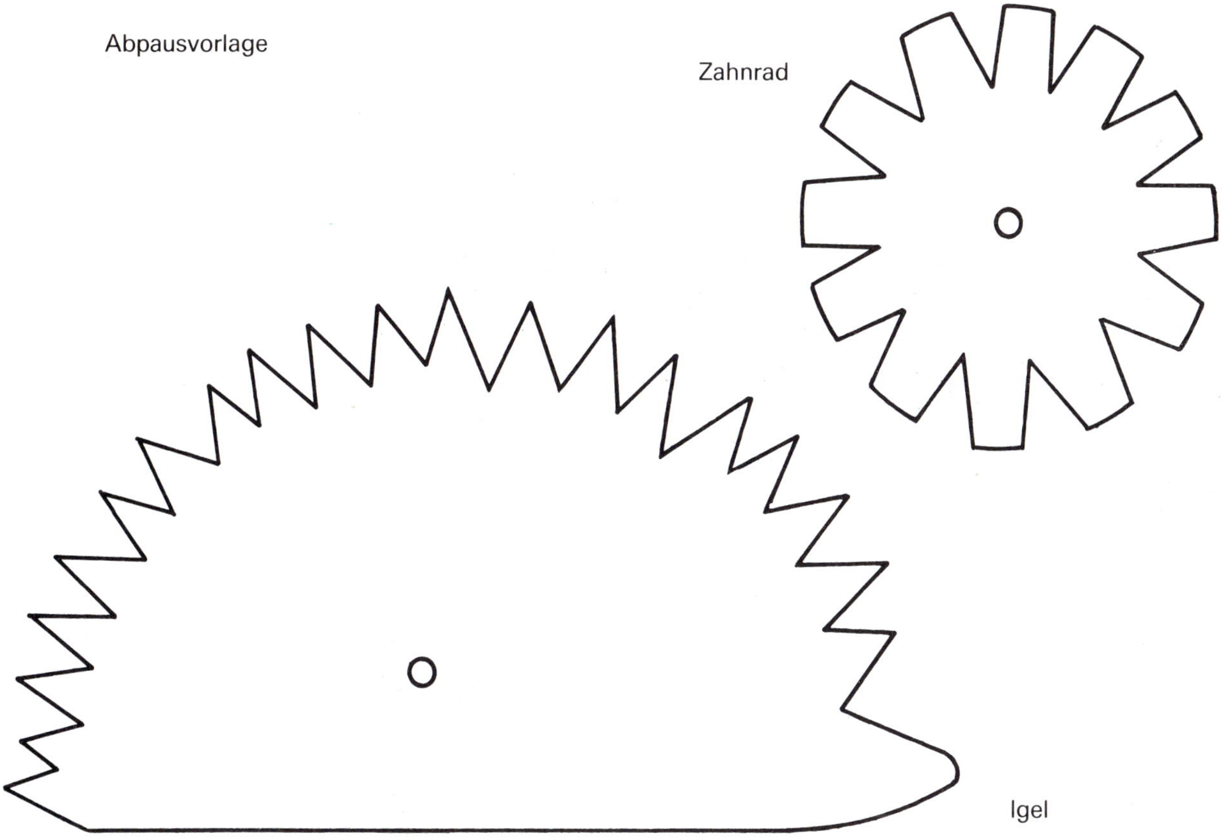

6. Wenn die Farbe getrocknet ist, bringen wir das Zahnrad mit Hilfe einer Musterklammer am Igel an. An dem bezeichneten Punkt machen wir mit der Lochzange oder einer spitzen Schere ein kleines Loch in den Körper des Igels und im Mittelpunkt des Zahnrads ebenfalls.

7. Wir legen nun den Igel so auf das Zahnrad, daß beide Löcher aufeinanderliegen, und schieben die Musterklammer durch. Dann biegen wir sie auf der Rückseite des Igels auseinander.

8. Der Igel ist nun fertig. Wenn wir ihn oben an den Stacheln anfassen und über eine (nicht zu glatte) Fläche führen, dreht sich das Zahnrad, und man meint, der Igel liefe auf seinen kurzen Beinchen.

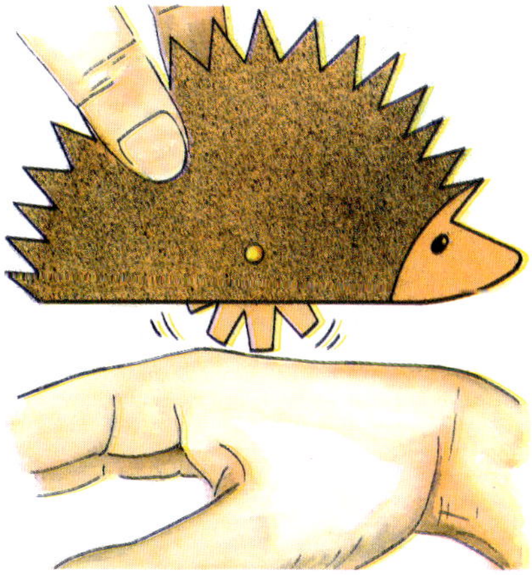

- fester Karton (DIN-A3)
- Tapetenrest oder Geschenkpapier
- festes weißes Papier (DIN-A4)
- Filzreste
- Bleistift
- Pauspapier
- Schere
- Pritt Alleskleber
- Klebeband
- Sack aus Jute oder Kunststoff
- Lochzange
- Schnur
- Kastanien oder Tischtennisbälle
- Lineal

Gefräßiges Nashorn

Geschicklichkeitsspiele sind bei einem Kindergeburtstag immer beliebt. Und wenn dann noch ein Nashorn so gierig sein Maul aufsperrt, wird jedes Kind versuchen, es mit Kastanien zu füttern.
Wer keine Kastanien hat, kann natürlich auch Tennisbälle verwenden. Einen Sack bekommen wir auf dem Markt oder im Gemüseladen (wenn auch gefüllt mit Zwiebeln, Kartoffeln oder Nüssen).

1. Zunächst bekleben wir einen DIN-A3-Bogen festen Karton mit einer dezent gemusterten Tapete oder mit Geschenkpapier. (Tapetenreste sind im Raumausstattergeschäft kostenlos zu bekommen!)

2. Dann übertragen wir vom Musterbogen die Kopfform auf den Karton und schneiden sie aus. Die Maulöffnung wird mit der Schere ganz herausgeschnitten.

3. Die Zähne des Ober- und Unterkiefers werden auf weißes Papier übertragen, ausgeschnitten und von hinten ins Maul geklebt. Die Klebelaschen dafür sind gestrichelt aufgezeichnet. Auf der gemusterten Vorderseite erscheinen nun die weißen Zähne.

4. Wir übertragen die Nase und die Augen mit den Pupillen auf Filz, schneiden sie aus und kleben sie an.

5. Die Befestigung des Sackes: Wir beginnen auf der Rückseite des Nashorns an der oberen Kopfhälfte. Die beiden Seitennähte des Sackes halten wir links und rechts etwa in der Mitte des Kopfes und kleben sie mit Klebestreifen fest. Dann legen wir die obere Sacköffnung so auf den Oberkiefer, daß der Sack etwa 2 cm auf dem Karton liegt. Nun kleben wir Klebebandstreifen darüber (möglichst zweimal).

6. Genauso kleben wir den Sack am Unterkiefer fest.

7. Für die Aufhängung unseres Wurfspiels stanzen wir nun seitlich je 2 Löcher mit der Lochzange ein. Sie sollten etwa in der Mitte des Kopfes im Abstand von 5 cm liegen.

8. Durch das obere Loch ziehen wir eine 110 cm lange Schnur ein und durch das untere wieder hinaus. So verfahren wir auf beiden Seiten.

9. Damit der Sack eine Tiefe nach hinten bekommt, befestigen wir eine 140 cm lange Schnur hinten, etwa 20 cm von oben herunter gemessen.

10. An diesen Schnüren hängen wir das Spiel auf, im Freien an einen Baum oder Zaun, im Raum an eine Stuhllehne und den Sack hinten an eine Türklinke.

Nun kann das Zielwerfen mit den Kastanien oder Tennisbällen losgehen! Wer trifft ins Nashornmaul?

Wir spielen Theater

Theater spielen und anschauen ist sowohl bei Kindern wie auch Erwachsenen sehr beliebt. Selbst die einfachsten Spielfiguren aus Pappe oder aus Servietten können schon die spannendsten Geschichten vorführen. Ganz gebannt werden die zuschauenden Kinder auf die Bewegungen der Figuren und auf den Inhalt der Geschichte achten.
Schon das Basteln der Spielfiguren und der entsprechenden Puppenbühnen macht riesigen Spaß.
Die Kinder können sich auch eine Geschichte ausdenken und dann den anderen vorspielen. Dabei wird nicht nur die Phantasie angeregt, sondern auch eine Geschichte in Bewegung und in sprachlichen Ausdruck umgesetzt.
Wir wünschen euch viel Freude am nachfolgenden Kapitel!

Handpuppen aus Faltpapier

- 3 quadratische Faltpapiere von beliebiger Größe (zum Beispiel 25 x 25 cm) in den Farben: orange (für den Fuchs) gelb (für den Hahn) grün (für den Frosch)
- Pritt Bastelkleber
- Schere
- Bleistift
- Filzstifte
- bunte Papierreste
- Locher

Diese Fingerpuppen entstehen aus der „Himmel und Hölle" Form. Wie die gefaltet wird, wird auf Seite 74 erklärt. Diese Ausgangsform eignet sich besonders gut zur Herstellung von originellen Tierfiguren. Die vorgestellten Tiere sind als Anregung gedacht. Sicher fallen Euch noch viel mehr Möglichkeiten ein! Um den Tieren beim Theaterspielen noch mehr Realität zu verleihen, kann man beim Spielen auch einen einfarbigen Handschuh anziehen!

Fuchs

1. Für den Fuchs verwenden wir das orangefarbene Papier. Wir falten die „Himmel und Hölle" Form und stellen sie so auf, daß die 4 Taschen nach oben zeigen. Dann falten wir 2 nebeneinander liegende Spitzen nach innen und kleben sie fest.

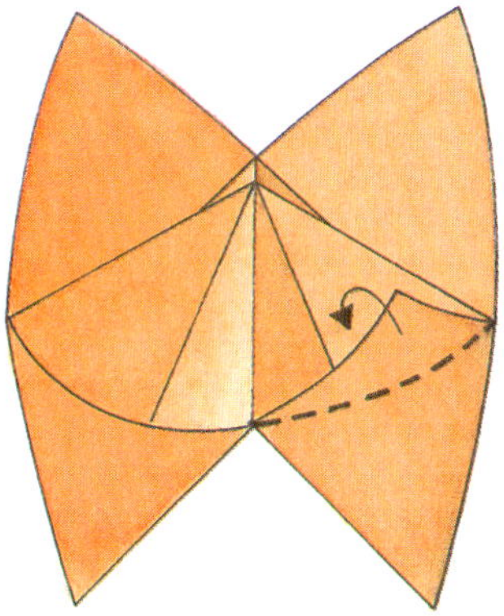

2. Mit 4 Fingern einer Hand greifen wir in die Taschen und halten die Form so, daß ein offenes Maul entsteht (siehe Zeichnung). Der Ober- und Unterkiefer wird an den mit O und U bezeichneten Flächen zusammengeklebt.

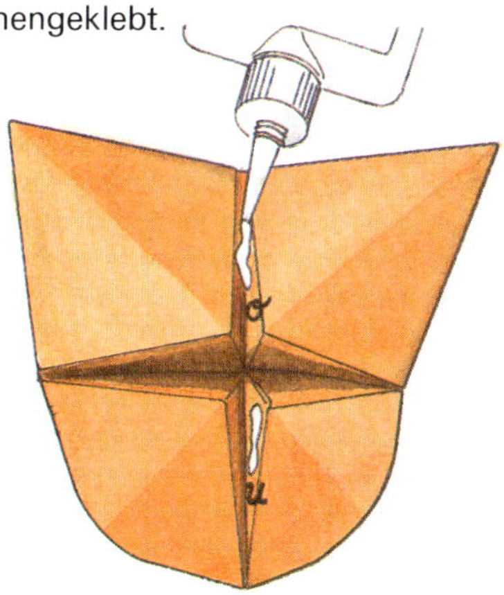

3. Die Ohren werden deutlich gemacht, indem wir, wie die Zeichnung zeigt, an den beiden hochstehenden Oberkieferteilen einige kleine Einschnitte machen.

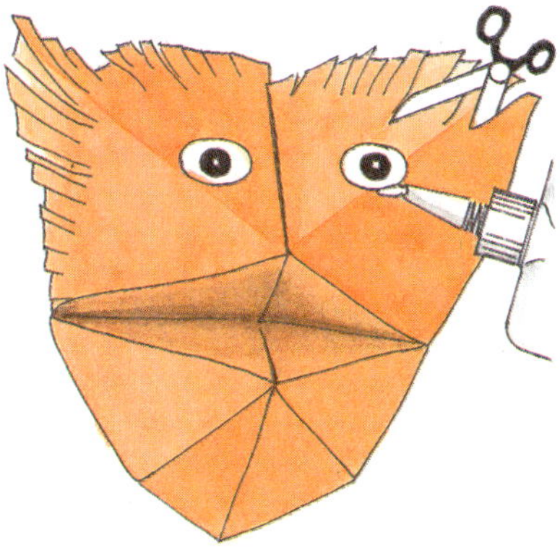

4. Aus andersfarbigem Papier schneiden wir 2 runde Augen, malen die Pupillen ein und kleben sie auf. Natürlich können die Augen auch mit Filzstiften aufgemalt werden.

5. Mit einem Locher stanzen wir runde Papierstückchen aus einem Blatt Schreibpapier aus und kleben sie als Zähne an die Innenseite von Ober- und Unterkiefer.

6. Ein längliches Oval aus einem Stück andersfarbigem Papier wird als Zunge schräg eingeklebt. So sieht unser Fuchs furchterregend aus und wird beim Theaterspiel für Spannung sorgen.

Hahn

1. Für den Hahn wählen wir gelbes Faltpapier. Wieder stellen wir die fertige Form so vor uns hin, daß die 4 Taschen nach oben zeigen. Alle 4 Spitzen werden nach innen gefaltet und festgeklebt.

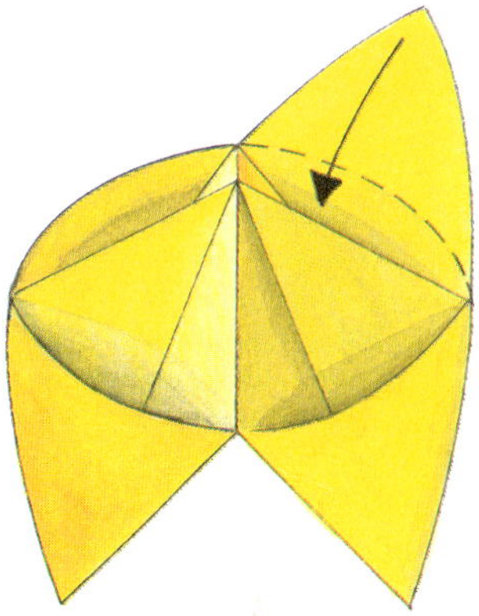

2. Auf ein Stück rotes Papier zeichnen wir einen Kamm und einen Kinnlappen und schneiden beides aus. Wie Kamm und Kinnlappen eines Hahnes aussehen, zeigt die Zeichnung.

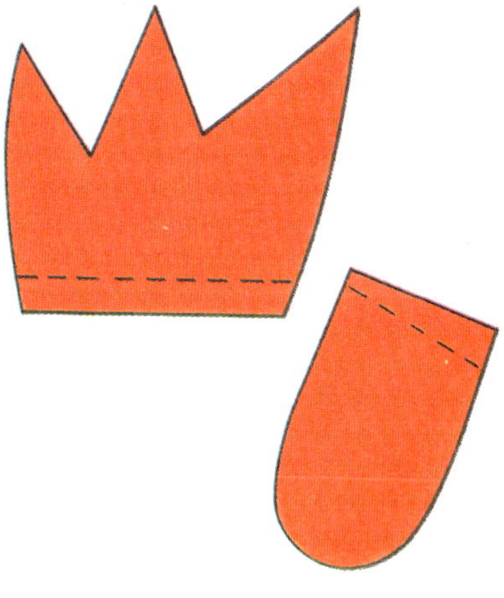

3. Den Kamm kleben wir zwischen die zwei Oberkieferhälften, den „Kinnlappen" zwischen die zwei Unterkieferhälften.

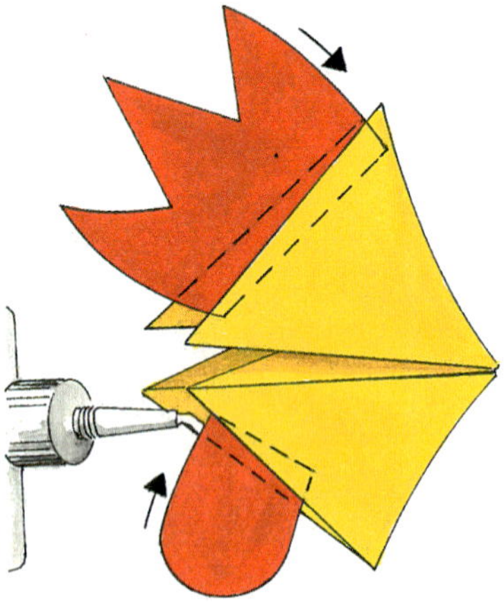

4. Der Schnabel entsteht aus einem Stück rotem Papier in Form einer „Raute" (siehe Zeichnung). Diese wird in der Mitte zusammengeklappt und in das Maul geklebt.

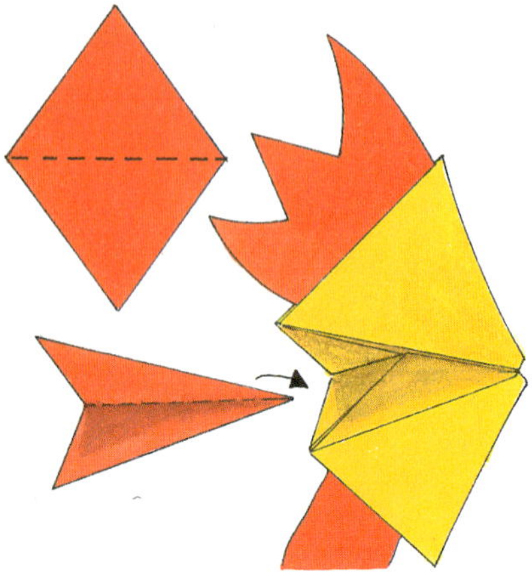

5. Rechts und links neben den Kamm malen wir mit rotem Filzstift die Augen.

Frosch

1. Für den Frosch nehmen wir grünes Faltpapier. Wir stellen die fertige „Himmel und Hölle" Form so vor uns auf, daß die 4 Taschen nach oben zeigen. Nun werden alle 4 Spitzen nach innen gefaltet und festgeklebt.

2. Nun drehen wir die Form um und kleben Ober- und Unterkiefer wie beim Fuchs zusammen.

3. Auf ein Stück andersfarbiges Papier zeichnen wir 2 große runde Augen, malen 2 Pupillen ein und schneiden sie aus. Dann kleben wir sie so am Kopf an, daß die Hälfte der Kreise über die gefaltete Form hinausragt.

4. Zum Schluß schneiden wir eine große ovale Zunge aus und kleben sie, wie beim Fuchs, in den Unterkiefer.

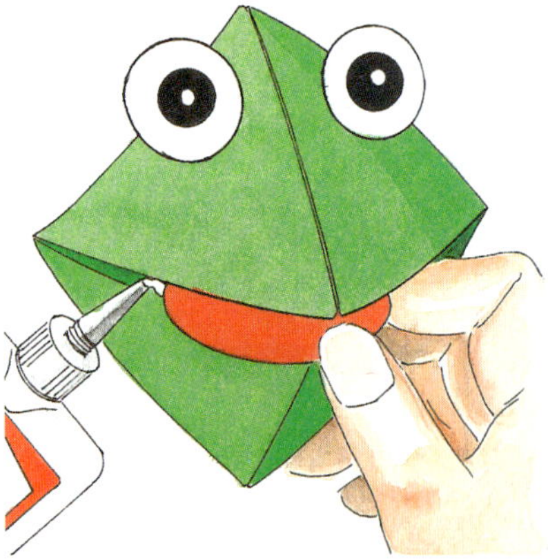

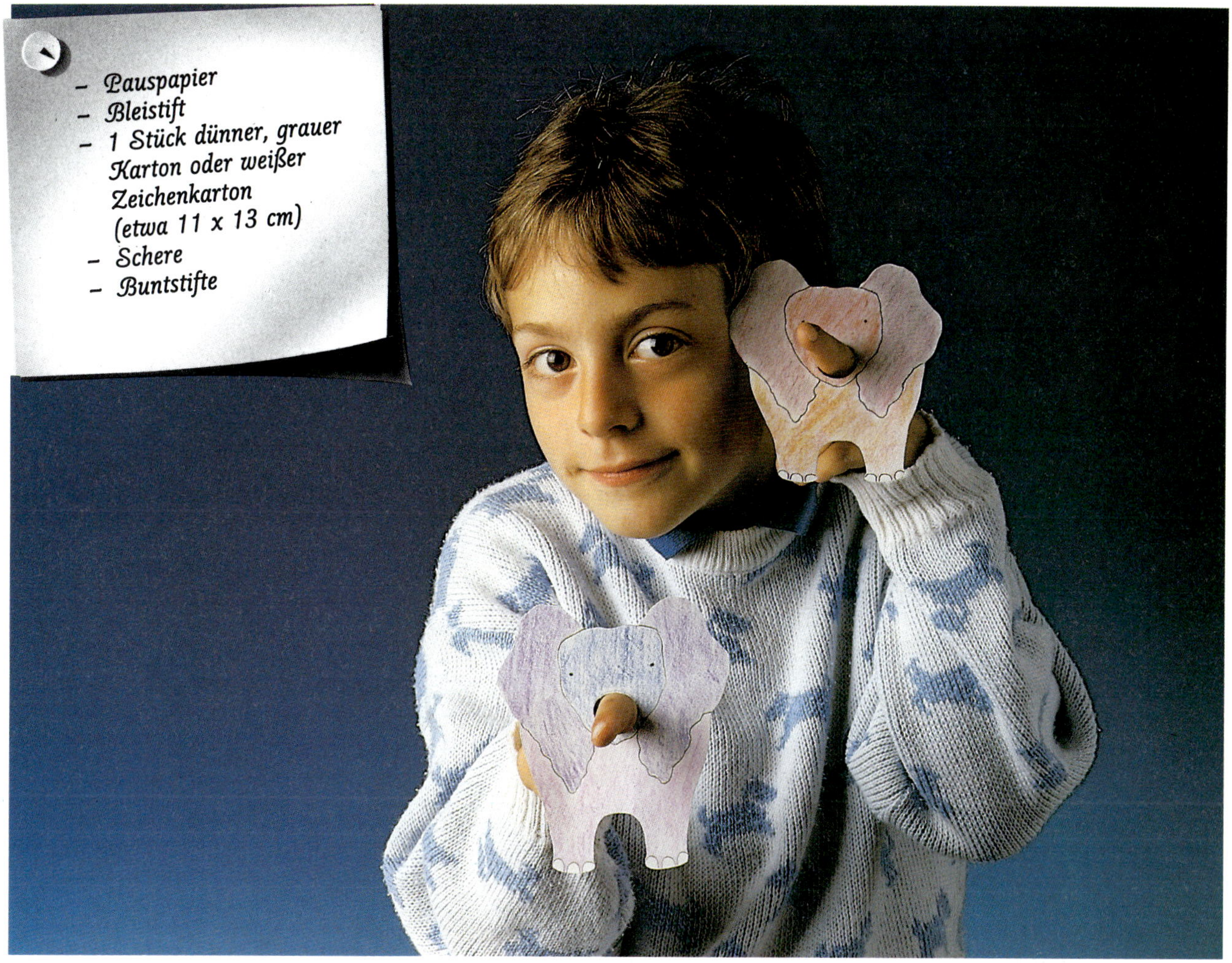

Fingerspielfiguren

Diese Elefanten eignen sich nicht nur als kleines Geschenk für das Geburtstagskind, sondern auch als Überraschung für die kleinen Gäste.

1. Von der Schablonenzeichnung auf Seite 326 pausen wir mit Pauspapier und Bleistift den Elefanten auf unsere Pappe ab.

2. Mit der Schere schneiden wir dann den Elefanten entlang der Umrißlinie und zusätzlich das kreisrunde Loch aus. Die Abgrenzungslinien zwischen Kopf, Ohren und Zehen werden nicht ausgeschnitten, wir ziehen sie (wie die Augen) nur mit dem Bleistift kräftig nach.

3. Wir malen nun mit Buntstiften in verwandten Farbtönen das Gesicht, die Ohren und den Körper unseres Rüsseltiers an. Wer doch lieber einen grauen Elefanten haben möchte, kann ganz leicht mit Bleistiften unterschiedlicher Härtegrade verschiedene Grautöne erzeugen. Es geht natürlich auch mit einem Stift: Wir drücken ihn dann beim Zeichnen verschieden stark auf.

4. Wenn wir nun den Zeigefinger von hinten durch das Loch schieben, hat unser Elefant auch einen Rüssel, und wir können mit ihm spielen.

Sockentiere

- *1 alte Socke*
- *1 Stück Karton (etwa DIN-A 4-Format)*
- *Bleistift*
- *Schere*
- *Pritt Bastelkleber*
- *2 Wattekugeln mit 3 cm Durchmesser*
- *2 Knöpfe*
- *Wollreste*
- *20 helle Holzperlen*
- *Filzreste*

Alte Socken, denen auf geheimnisvolle Art und Weise das Gegenstück abhanden gekommen ist, hat sicherlich jeder in seinem Nähkästchen. Mit Hilfe von Stoff- und Wollresten, Filz, Perlen, nöpfen oder was sich sonst noch in einem Nähkästchen ansammelt, lassen sich aus ihnen phantasievolle Sockentiere herstellen, die schnell zum Lieblingsspielzeug der ganzen Familie werden.

1. Wir ziehen die Socke an und stellen den Fuß auf den Karton. Der Umriß des Fußes wird mit Bleistift nachgezogen.
Wir nehmen den Fuß vom Karton und begradigen die Fußform etwas, so daß wir zum Schluß ein langes Oval erhalten.

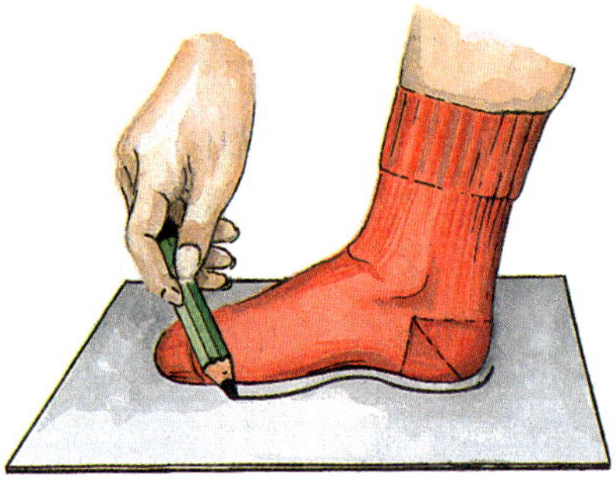

2. Diese Kartonsohle schneiden wir aus.

3. Dann falten wir die Kartonsohle einmal zur Hälfte zusammen, so daß in der Mitte ein Knick entsteht.

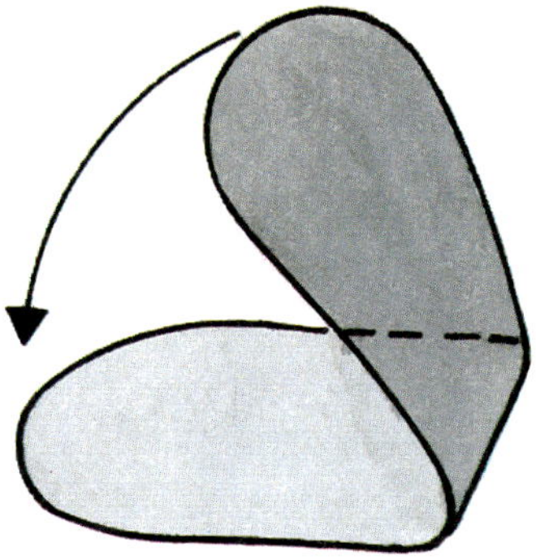

4. Wir drehen die Socke nach links und kleben die Kartonsohle auf die Sohle der Socke. Wenn der Klebstoff getrocknet ist, drehen wir die Socke wieder nach rechts.

5. Jetzt können wir zum ersten Mal mit der Hand in unser Sockentier hineinschlüpfen und mit den Fingern das nun entstandene Maul bewegen.

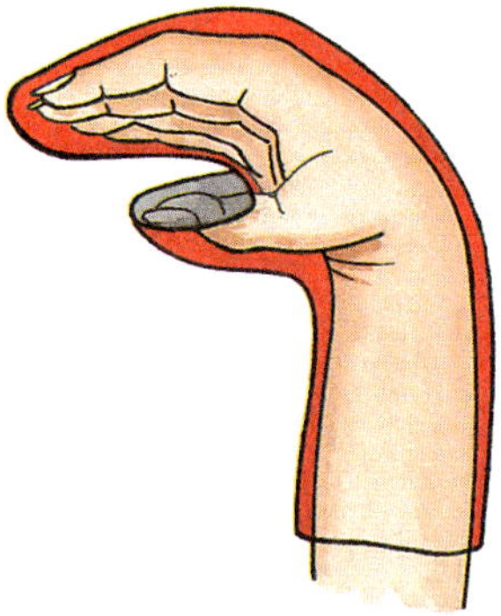

6. Jetzt kommt der schönste Teil: das Aufkleben und Annähen von Augen, Zähnen, Haaren usw. ... der Phantasie sind hier keine Grenzen gesetzt und jedes Sockentier wird ein ganz individuelles Aussehen haben.

7. Das Sockentier auf dem Foto wurde zum Beispiel folgendermaßen dekoriert: Die Augen, 2 mit schwarzer Wasserfarbe bemalte Wattekugeln, wurden aufgeklebt. Einige Wollfäden wurden als Haare und Bart durch die Socke gezogen und verknotet.
Die Nasenlöcher entstanden durch 2 aufgenähte Knöpfe. Das Maul wurde mit Filz- und Wollresten ausgelegt, und am Rand wurden kleine Perlen als Zähne aufgenäht. Die Zunge entstand ebenfalls aus einem Filzrest und wurde ins Maul geklebt.

- weißes Papier
- Bleistift
- Pauspapier
- Buntstifte
- Schere
- Pritt Alleskleber

Einfingerpuppen

Ganz leicht zu basteln sind die Einfingerpuppen. Mit ihnen kann man überall spielen. Durch das Drehen unseres Zeigefingers bewegt sich die Puppe nach oben, zur Seite oder neigt sich nach unten.
Alle möglichen Figuren können in unserem Spiel vorkommen: Menschen, Märchenwesen, Tiere, Monster und andere. Die Figuren können auch ganz verschieden aussehen, zum Beispiel ein Männchen mit Beinen, eines mit einem Kopf und Oberkörper oder auch nur ein Kopf.
Hüte, Ohren, Schwänze und Schleifen lassen die Figuren noch lustiger aussehen. Was immer uns zum Ausschmücken einfällt, wird aus Papier ausgeschnitten und angeklebt. Viele Ideen dafür findet ihr auf den Musterseiten 332 und 333 für einen Clown, eine Katze, einen Indianer und einen Cowboy.

1. Zuerst pausen wir die Grundform auf das Papier ab, schneiden sie aus und knicken sie an der Faltlinie.

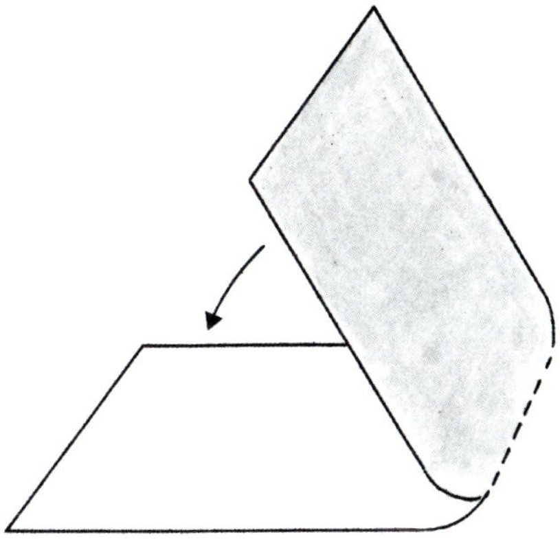

2. An den langen Seiten kleben wir sie bis zur Faltlinie zusammen.

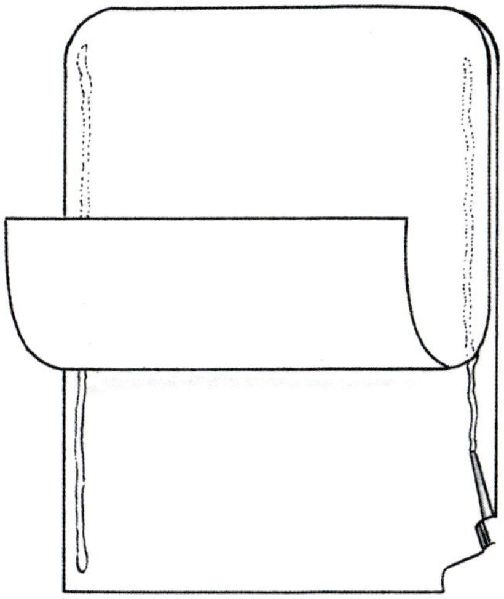

3. Nun ist aus der gestalteten Grundform eine Tüte entstanden, die gerade groß genug für unseren Zeigefinger ist.

4. Die Tüte wird mit Buntstiften bemalt. Auf den Seiten 332 und 333 können wir uns einen Hut oder eine bunte Feder aussuchen, wenn wir uns nicht selbst neue Ideen einfallen lassen wollen, und sie dann auf die Figur kleben.

5. Soll die Figur etwas in der Hand halten, was wir später wieder austauschen wollen, können wir es natürlich nicht mit Klebstoff fest ankleben. Für solche Sachen, zum Beispiel einen Ball, nehmen wir ein Stück durchsichtigen Klebestreifen und rollen ihn so aufeinander, daß die klebenden Seiten außen sind. Diesen Klebepunkt drücken wir vorsichtig auf die Hand unserer Puppe.

Zweifingerpuppen mit Spielgeschichte

Nicht nur das Spielen mit den fertigen Puppen, auch schon das Basteln der Figuren macht viel Spaß. Die Spielfigur ist nicht an einen bestimmten Aufführungsort gebunden, wie zum Beispiel ein Kasperle an das Kasperletheater, sondern überall einsetzbar. Sie erhält Lebendigkeit durch das Drehen der gesamten Puppe und die Bewegung ihrer Arme, die nichts anderes als die Finger des Spielers sind.

Material Schornsteinfeger:
- *Pauspapier*
- *Bleistift*
- *schwarzer Tonkarton (DIN-A3)*
- *Schere*
- *Pritt Alleskleber*
- *orangefarbener Tonkarton (9 x 18 cm)*
- *beigefarbene Wolle für die Haare*
- *2 Wäscheklammern*
- *grünes Kreppapier (2 x 8 cm)*
- *brauner Tonkarton (DIN-A5)*
- *Reste von gelbem und rotem Tonkarton*
- *braunes Kreppapier (2 x 18 cm)*
- *braune Wolle für den Besen*
- *Nadel*

Schornsteinfeger

1. Der Körper wird vom Musterbogen auf schwarzen Tonkarton abgepaust und ausgeschnitten, der Kopf einmal und der Körper zweimal.

2. Die Löcher für die Finger des Puppenspielers werden nun vorsichtig ausgeschnitten.

3. Bevor der Körper zusammengeklebt werden kann, müssen wir ihn durch mehrfaches Hin- und Herbewegen zu einem Kegel rollen.

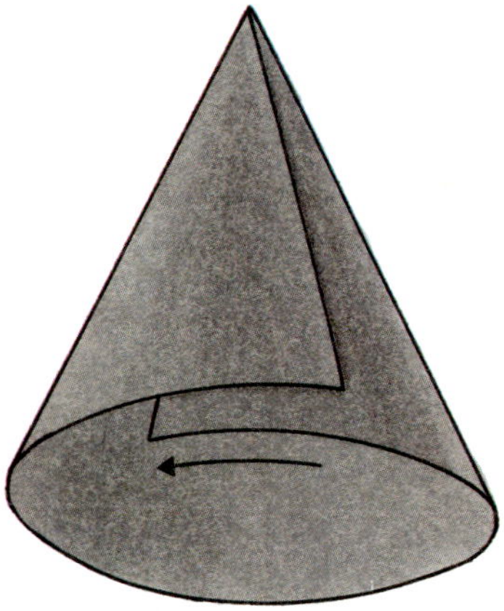

4. Nun kleben wir den Körper zusammen und halten ihn gut fest, bis der Klebstoff getrocknet ist.

5. Jetzt pausen wir die Kopfscheibe zweimal ab und schneiden sie aus.

6. Auf eine der Scheiben werden die Haare geklebt. Das ist jetzt der Hinterkopf des Schornsteinfegers.

7. Die Haare, die das Gesicht umrahmen, werden an der anderen Scheibe oben angeklebt.

8. Die Spitze des Körpers wird leicht zusammengedrückt, damit wir die beiden Teile des Kopfes gut an den Körper kleben können.

9. Zuerst wird das Vorderteil und danach das Rückteil des Kopfes an den Körper geklebt. Wichtig ist, daß wir beide Teile gut zusammenkleben. Dafür nehmen wir am besten die beiden Wäscheklammern zu Hilfe – so geht's leichter!

10. Nachdem alles gut getrocknet ist, können wir den auf schwarzen Tonkarton abgepausten und ausgeschnittenen Hut am Kopf ankleben. Er wird ein kleines Stück über die Haare geklebt. Danach wird das grüne Kreppapier als Band auf den Hut geklebt.

11. Die große oder die kleine Leiter wird vom Musterbogen auf braunen Tonkarton abgepaust und ausgeschnitten. Wir kleben sie dann dem Schornsteinfeger entweder von vorne oder von hinten über die Schulter. Die Knöpfe aus gelbem und schwarzem Tonkarton werden auch aufgeklebt. Aus dem braunen Kreppapier wird nun ein Schal, der hinten zusammengebunden und an den Enden eingeschnitten wird.

12. Die Form des Besens wird auf braunen Tonkarton abgepaust und ausgeschnitten. Mit der Schere werden an der ganzen langen Seite Streifen eingeschnitten. Jetzt bestreichen wir den nicht eingeschnittenen Teil mit Klebstoff und rollen ihn zusammen. Am Ende des Besens wird ein brauner Wollfaden angeknotet und aufgerollt.

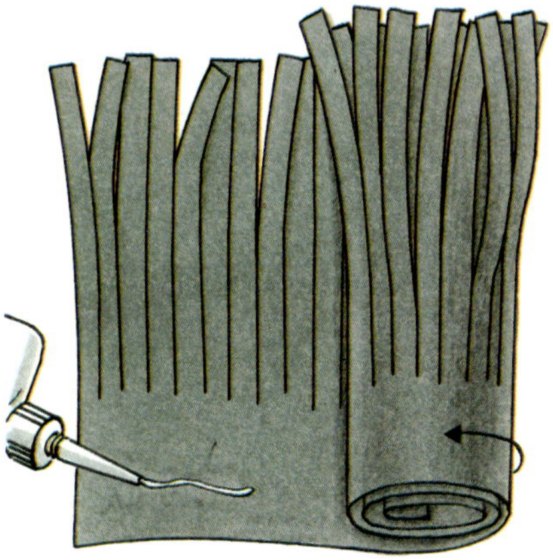

13. Unter das linke Fingerloch stechen wir den Wollfaden mit einer Nadel durch den Körper, knoten den Besen fest und malen oder kleben das Gesicht an.

Schneemann

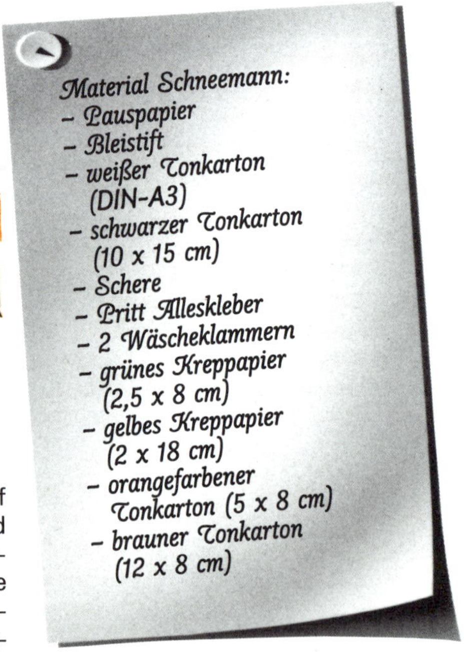
Material Schneemann:
- Pauspapier
- Bleistift
- weißer Tonkarton (DIN-A3)
- schwarzer Tonkarton (10 x 15 cm)
- Schere
- Pritt Alleskleber
- 2 Wäscheklammern
- grünes Kreppapier (2,5 x 8 cm)
- gelbes Kreppapier (2 x 18 cm)
- orangefarbener Tonkarton (5 x 8 cm)
- brauner Tonkarton (12 x 8 cm)

Der Körper, der Hut, der gelbe Schal und der Besen (mit Stiel) des Schneemanns werden genauso hergestellt wie beim Schornsteinfeger, nur daß der Schneemann keine Haare, dafür aber eine wunderschöne Karottennase hat. Als Knöpfe dienen beim Schneemann „Kohlestücke".

1. Am einfachsten ist es, die flache Nase vom Musterbogen abzupausen, auszuschneiden und anzukleben. Noch lustiger ist aber die Kegelnase. Wir pausen die Form auf den orangenen Tonkarton ab, schneiden sie aus und danach an den gestrichelten Linien ein.

2. Auch dieser kleine Kegel wird vorsichtig gerollt und zusammengeklebt, die eingeschnittenen Teile nach innen geknickt, mit Klebstoff bestrichen und in die Mitte der Kopfscheibe geklebt.

Knabberix

Man kann die hier beschriebenen Grundformen auch für andere Fingerpuppen gebrauchen, wie zum Beispiel unsere kleine Maus, den „Knabberix":
Er wird aus 2 Kopfteilen, 1 Körper, 1 Wollschwanz, schwarzen Barthaaren und 1 orangenen Schleife wie der Schneemann und der Schornsteinfeger gebastelt.

Wenn wir die Geschichte auf der nächsten Seite nach- und weiterspielen wollen, brauchen wir außer dem Knabberix, dem Schornsteinfeger und dem Schneemann noch eine Prinzessin und einen kleinen Jungen, die aus der Grundform nach eigener Phantasie gestaltet werden können.

Die Geschichte kann beliebig verändert und weitererzählt werden.

Die Suche nach der verschwundenen Prinzessin

Knabberix gähnte ganz furchtbar. Er war ja so müde! Er streckte und räkelte sich noch einmal. Also, Knabberix – ach ja! Ihr wißt ja nicht, wer Knabberix ist, oder doch? Knab-berix. Er ist braun und hat einen langen Schwanz, Barthaare und eine grüne Schleife. Nein, ihr sagt, er hat keine grüne Schleife? Stimmt! Seine Schleife ist orange. Aber das wollte ich euch ja gar nicht erzählen. Knabberix, die kleine braune Maus, war also müde. Er stand so herum und guckte in die große Sonne, aber nicht lange, denn die blendet ja furchtbar. Die Sonne schien in die kleine Straße, in der das kleine Haus stand und in dem das kleine Mauseloch von Knabberix war. Er stand im Garten. Der war neben dem Haus. Obwohl das Haus in einer kleinen Stadt stand, in der es viele Straßen und Autos gab, gab es dort herrlich bunte Blumen.

„Ich werde einen schönen großen Blumenstrauß pflücken und ihn der Prinzessin bringen", dachte Knabberix. Doch er wußte ja, daß es heute eigentlich keine Prinzessinnen mehr gibt. Er hatte gestern heimlich unter einem Sessel im Wohnzimmer gesessen und gelauscht, wie die Mutter ein Märchen vorlaß. War das schön gewesen! Knabberix hatte nur vergessen, wie es hieß, könnt ihr euch vorstellen, welches Märchen die Mutter vorgelesen hat? Es ist ihm einfach nicht mehr eingefallen.

„Dort ist eine schöne Blume. Sie ist so herrlich rot. Und dort, die große Gelbe. Sie paßt bestimmt in meinen Blumenstrauß", rief Knabberix. Er hatte inzwischen schon sehr viele Blumen gepflückt und war unterwegs nach Hause. Auf dem kleinen Weg, wißt ihr, dem bis zur Eingangstür. „Man müßte von hoch oben hinunter sehen können, ob es nicht doch irgendwo eine Prinzessin gibt, der ich meinen schönen Blumenstrauß schenken kann", überlegte Knabberix und hüpfte die Treppenstufen zum Dach hinauf. „Dort ist ja eine offene Dachluke!" Schnell flitzte er durch ein Loch zwischen den Dachziegeln, und schon war er auf dem Dach.

War das hoch! So richtig unheimlich! Kirchturm, Häuser, Bäume, Türme, alles war plötzlich zu sehen! Aber, da bewegte sich doch etwas! Da hinter Knabberix. Paß auf, Knabberix!

Beinahe wäre er vor Schreck heruntergefallen. Da hat doch der Schornsteinfeger seinen Besen aus dem Schornstein geholt und die Leine, an der der Besen hängt, war ihm das Dach heruntergerollt. „Hallo, wer ist denn da? Eine so kleine Maus habe ich ja hier oben noch nie gesehen. Was machst du denn hier?" „Oh", sagte Knabberix, „ich suche eine Prinzessin, der ich meinen wunderschönen Blumenstrauß schenken kann." Der Schornsteinfeger überlegte und überlegte, aber auch er kannte keine Prinzessin, und sehen konnten sie auch keine. Also gingen sie wieder hinunter. Beide nebeneinander. Das sieht lustig aus: auf den Treppenstufen ein großer schwarzer Schornsteinfeger und daneben eine kleine braune Maus. Unten im Haus trafen sie den kleinen Jungen, der im Haus wohnte. Ihn kannte Knabberix schon: „Weißt du, wo wir eine Prinzessin finden können?" Alle überlegten und überlegten, aber keiner wußte eine Antwort. Knabberix saß ganz traurig in dem kleinen Zimmer, in dem kleinen Haus, in der kleinen Stadt.

„Ich glaube, ich kann euch helfen", sagte plötzlich eine Stimme in die Stille hinein. Alle drehten sich um, doch da war niemand zu sehen! „Ich bin doch hier", sagte die Stimme wieder, „im Bild, das die Kinder im Winter gemalt haben. Hier oben!" Knabberix, der Schornsteinfeger und der kleine Junge sahen sich ganz erstaunt um. Und tatsächlich, dort, auf dem Bild, war ein großer weißer Schneemann zu sehen. „Hallo", sagte Knabberix, „du weißt, wo ich eine Prinzessin finden kann?" „Oh, ja! Gleich um die Ecke, hinter den drei großen alten Bäumen ist ein riesiger Palast, und dort wohnt auch eine wunderschöne Prinzessin. Komm doch einfach zu mir ins Bild, und dann bringe ich dich hin. Ich bin sicher, die Prinzessin wird sich über unsern Besuch sehr freuen." „Ach ja, daß mußt du machen", sagten der Schornsteinfeger und der kleine Junge sogleich. „Wir warten hier auf dich." „Also gut", sagte Knabberix gerade noch, und dann saß plötzlich auf dem Bild eine kleine braune Maus neben einem großen weißen Schneemann. Was glaubst du, wie die Geschichte wohl weitergeht?

Spielbild

- weißes Papier
- Bleistift
- Pauspapier
- Schere
- Pappe (mindestens 2 Bogen DIN-A3)
- Pritt Alleskleber
- Lineal
- Zeitungen
- Wasserfarben oder Filzstifte
- Pinsel
- Klebestreifen
- spitzes Messer

Welches Kind schaut nicht gerne beim Kasperletheater zu? Hier zeigen wir eine Möglichkeit, wie man die Kulisse und die Spielfiguren selbst gestalten kann. Als Hintergrundbild, also Puppenbühne, läßt sich vieles malen: ein finsterer Wald für den Räuber, ein Schloß für den König oder das kleine Häuschen, in dem der Kasper mit Gretel und Großmutter zusammen wohnt.

1. Zuerst pausen wir die 5 Spielfiguren vom Vorlagebogen auf weißes Papier ab und malen sie anschließend mit Wasserfarben oder Filzstiften bunt an.

2. Dann kleben wir Pappe als Verstärkung hinter die Figuren und schneiden sie aus.

3. Um die Figuren halten und bewegen zu können, benötigen sie nach unten eine Verlängerung. Dazu schneiden wir 5 Streifen aus Pappe (30 x 3 cm) zu. Ist die Pappe zu dünn, kleben wir 2 oder 3 Streifen aufeinander, damit Stabilität gewährleistet ist.

4. Diese Streifen kleben wir jeweils hinter die Spielfiguren, so daß ein 25 cm langer Pappstreifen nach unten übersteht.

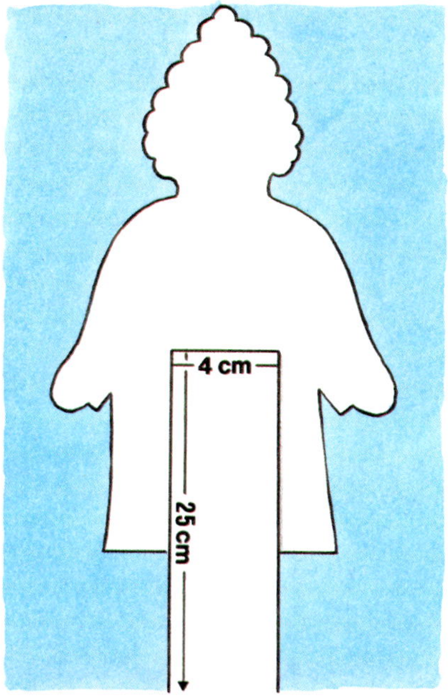

5. Wir decken den Tisch mit Zeitungen ab und malen auf ein weißes Papier (DIN A3) mit Wasserfarben ein Hintergrundbild im Querformat. Nach dem Trocknen kleben wir dieses auf ein gleich großes Pappstück, damit es stabil genug zum Spielen ist.

6. Jetzt messen wir 4 cm von unten und je 4 cm von beiden Seiten ab und zeichnen einen 32 cm langen Strich ein.

7. Über diesen Strich kleben wir einen Klebestreifen zur Befestigung und ritzen die Linie mit dem Messer am Lineal entlang vorsichtig ein. Dann verstärken wir den Riß auch von hinten mit Klebestreifen.

8. Mit der Schere vergrößern wir diesen Spalt auf etwa 3 mm Breite, damit die Spielfiguren von hinten nach vorne gut eingeschoben werden können.

Das Puppentheater ist fertig! Wird es flach auf den Tisch gelegt, kann man alleine oder zu zweit damit spielen. Wird es an der Wand befestigt, können die Spieler sich darunterstellen und sogar vor Publikum spielen.

- 2 Korken
- Küchenbrettchen
- scharfes Küchenmesserchen
- Filzrest (4 x 10 cm)
- Zackenschere
- Pritt Alleskleber
- Nadel
- Leinenzwirn
- 17, 21 oder 27 Holzperlen
- Fellreste
- Schere

Marionetten aus Korken

Diese Marionette kann ein Trostspender bei großem und kleinem Kummer sein, aber auch sonst gute Laune verbreiten. Ihre Bewegungen sind nämlich so drollig, daß man darüber lachen muß. Die einfache Aufhängung ermöglicht es auch kleinen Kindern, damit zu spielen und die Ausdrucksmöglichkeiten einer Marionette zu erforschen.

1. Die beiden Korken sollten neu oder kaum beschädigt sein. Wir legen einen auf das Brettchen und schneiden mit dem Küchenmesser 4 schmale Scheiben ab. Sie sollen etwa 0,5 cm breit sein. Aus ihnen werden die Hufe gemacht. Der Rest des Korkens ist der Kopf.

2. Der zweite Korken wird zum Körper des Tieres. Wir schmücken ihn mit einer Filzdecke. Dazu nehmen wir den Filzrest und schneiden seine Ränder mit der Zackenschere ab.

3. Danach streichen wir Klebstoff auf die Hälfte des Korkens und legen den Filzrest darüber. Nun ist die Filzdecke am Rücken des Tieres festgeklebt, während sie an den Seiten frei herunter hängt.

4. Wir wollen jetzt die Beine basteln und am Körper befestigen: Dazu nehmen wir die Nadel, fädeln den Zwirn durch und schieben die Nadel schräg durch den Korkenrand. Wir machen es da, wo keine Decke geklebt ist – am Bauch des Tieres. Wir ziehen den Faden bis auf ein kurzes Stück durch.

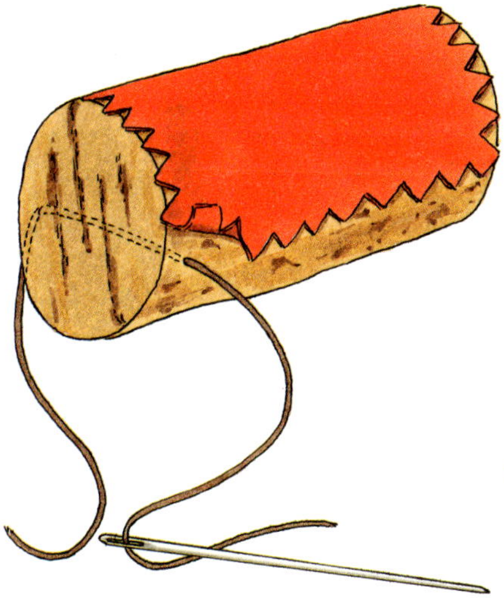

5. Nun fädeln wir 3 große, 4 mittlere oder 5 kleine Perlen auf, schieben die Nadel durch die Mitte einer der 4 Korkplatten, ziehen sie durch und stechen gleich wieder in die Korkplatte, aber diesmal nicht in das gleiche Loch.

6. Wir ziehen nun die Nadel und den Faden durch die 4 Perlen. Oben angekommen ziehen wir den Faden vorsichtig straff und verknüpfen das Fadenende mit unserem Faden – das erste Bein ist befestigt! Die anderen 3 Beine bringen wir so am Körper an, daß insgesamt vorne und hinten je 2 Beine baumeln. Sie werden auf die gleiche Weise eingefädelt, durchgezogen und verknotet.

7. Wir wollen nun den Hals und den Kopf des Tieres anbringen. Dazu nehmen wir wieder Nadel und Faden und machen einen Knoten in das Garnende. Danach heben wir den Filz etwas an und schieben die Nadel so in den Korken, daß sie genau gegenüber den beiden Vorderbeinen oben durch den Filz wieder herauskommt.

8. Wir fädeln 3 Perlen auf und stecken die Nadel in die dickere Korkplatte, die wir für den Kopf brauchen. Diesmal aber nicht in die Kreismitte, sondern durch die schmale Seite des Korkens. Nachdem wir den Hals und den Kopf zusammengeschoben haben, verknoten wir den Faden und schneiden die Enden ab.

9. Nun fehlt noch das Schwänzchen, das genau gegenüber dem Hals angebracht wird. Der Faden, den wir diesmal nehmen, sollte 25 bis 30 cm lang sein. Wieder machen wir einen Knoten ans Fadenende und ziehen Nadel und Faden durch den Korkenrand. Wir fädeln 2 Perlen auf. Durch die zweite Perle fädeln wir den Faden gleich noch einmal durch. So kann sie nicht mehr verrutschen. Danach ziehen wir Nadel und Faden durch den Korken, der den Kopf unseres Tieres darstellt, und verknoten ihn. Der Faden zwischen Schwänzchen und Kopf soll etwa 20 cm lang sein. An ihm werden wir die fertige Marionette führen.

10. Zuvor nehmen wir aber noch den Fellrest und schneiden ihn mit der Schere so zu, daß er um den Kopf des Tieres gelegt werden kann. Wer will, kann der Marionette noch ein Gesicht aufmalen.

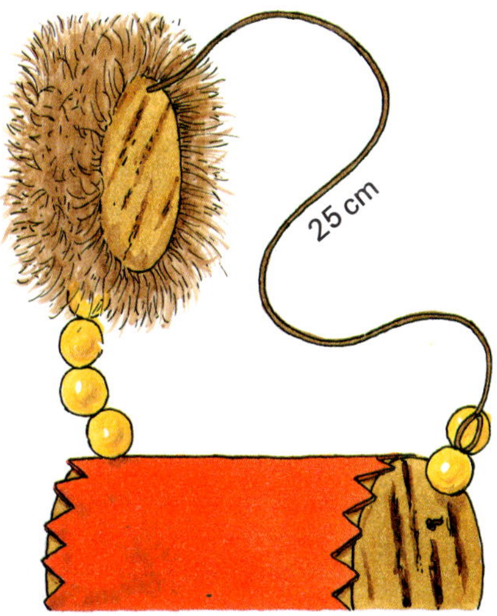

- 1 Rest dünne Pappe (12 x 7 cm)
- Lineal
- Bleistift
- Schere
- 1 Stück Wellpappe (etwa 80 x 7 cm)
- 1 Schraubverschluß von einer Flasche oder 1 halbierter Korken
- Pritt Bastelkleber
- Kreppapier in verschiedenen Farben
- Fell- oder Wollreste

Wellpappepuppen

Wellpappe wird als wertloses Material meistens weggeworfen. Hier jedoch ist eine großartige Idee, aus Wellpappe lustige Kasperpuppen zu zaubern. Wer mag, kann auf diese Weise ein ganzes „Figurenkabinett" herstellen.

1. Mit Lineal und Bleistift zeichnen wir ein Rechteck von etwa 12 x 7 cm auf die dünne Pappe und schneiden es aus. Daraus formen wir den Hals unserer Handpuppe. Er muß natürlich innen hohl sein, damit wir später den Zeigefinger zum Theaterspielen einführen können.

2. Wir formen also einen Zylinder, indem wir das Papprechteck 2- bis 3mal um unseren Zeigefinger wikkeln. Beim Wickeln streichen wir Pritt Bastelkleber auf die Pappe, damit der Zylinder zusammenhält. Den fertigen Zylinder halten wir eine Weile fest, bis der Klebstoff getrocknet ist und er von alleine zusammenhält.

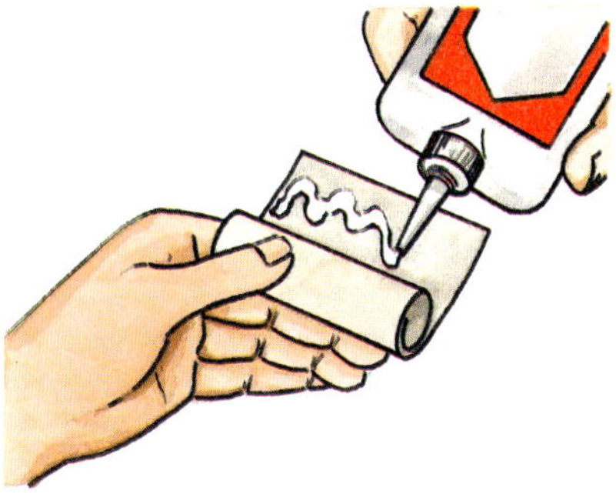

3. Dann zeichnen wir einen etwa 80 cm langen und 7 cm breiten Streifen auf die Wellpappe und schneiden ihn aus.

4. Wir kleben den Anfang des Wellpappestreifens so an den Zylinder, wie die Zeichnung zeigt. Die „Wellen" zeigen dabei nach außen.

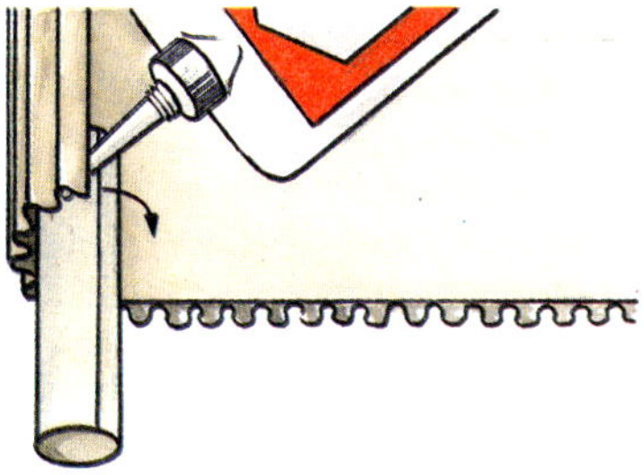

5. Nun wickeln wir den Streifen in seiner ganzen Länge um den „Halszylinder" und kleben jede Lage mit Pritt Bastelkleber fest. Zum Schluß ist ein dicker Kopf entstanden.

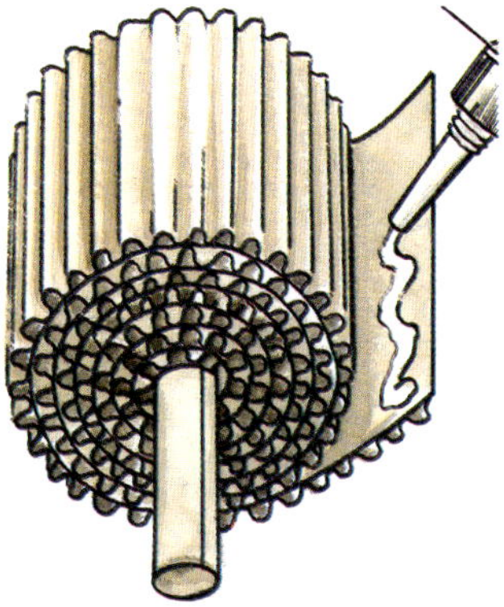

6. Aus Kreppapierresten formen wir 2 Kügelchen für die Augen und eine längliche „Wurst" für den Mund und kleben sie auf. Ein aufgeklebter Flaschendeckel oder halbierter Korken ergibt die Nase.

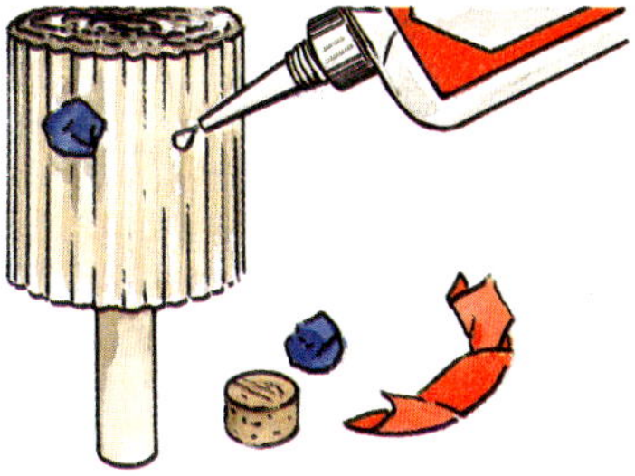

7. Die Frisur wird aus Fellresten oder Wolle gemacht und aufgeklebt. Wer will, kann auch ein Hütchen aus einem Marmeladenglasdeckel oder einer Käseschachtel aufkleben. Auch eine Krone aus Goldfolie oder ein Schleier aus Gardinenresten sieht hübsch aus.

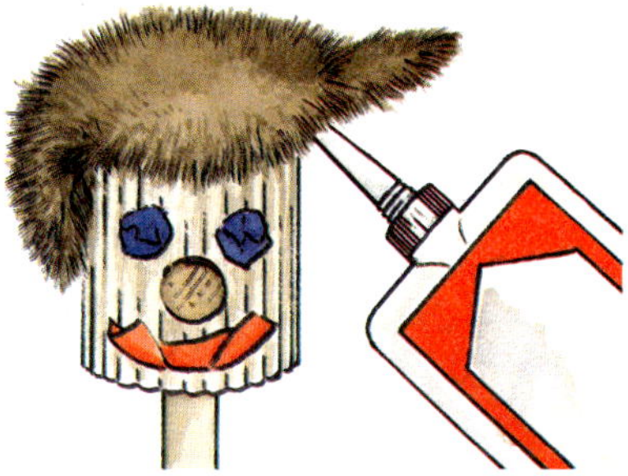

8. Auf buntes Kreppapier zeichnen wir nun ein Rechteck von 50 x 25 cm für das Kleid der Puppe und schneiden es aus.

9. Nun wird das Kleid an den Hals geklebt. Damit man die Naht später nicht sieht, beginnen wir hinten. Beim Kleben raffen wir das Kreppapier so stark zusammen, daß die eine der 50 cm langen Seiten auf den Halsumfang zusammengefaßt wird. Wir hören wieder hinten auf, wobei wir das Ende etwa 1 cm über den Anfang legen.

10. Wir schließen die Naht des Kleides, indem wir das Kreppapier an den überlappenden Stellen etwa 1 cm übereinander kleben.

11. Als Rüschenkragen oder Krawatte verwenden wir einen Streifen aus Kreppapier, den wir in beliebiger Breite und Länge zuschneiden. Wir kleben diesen Streifen um den gerafften Teil des Kleides und binden ihn vorne zum einfachen Knoten.

12. Nun fehlen nur noch Knöpfe und Taschen auf unserem Gewand. Dazu schneiden wir Kreise und Rechtecke aus Kreppapier aus und kleben sie auf.

13. Greifen wir nun mit einer Hand unter das Kreppapierkleid und schieben den Zeigefinger in die „Halsmanschette", können wir die Figur bewegen und zum Leben erwecken.

Kasperletheater mit Figuren

- 1 weißer Schuhkarton mit Deckel
- Schere
- Geometriedreieck
- Deckfarben oder Filzstifte
- Kohlepapier
- Bleistift
- weißer Fotokarton (DIN-A4)
- Borten- und Stoffreste
- Schaschlikspieße
- 1 kleines Glas
- Pritt Bastelkleber
- Leukoplast

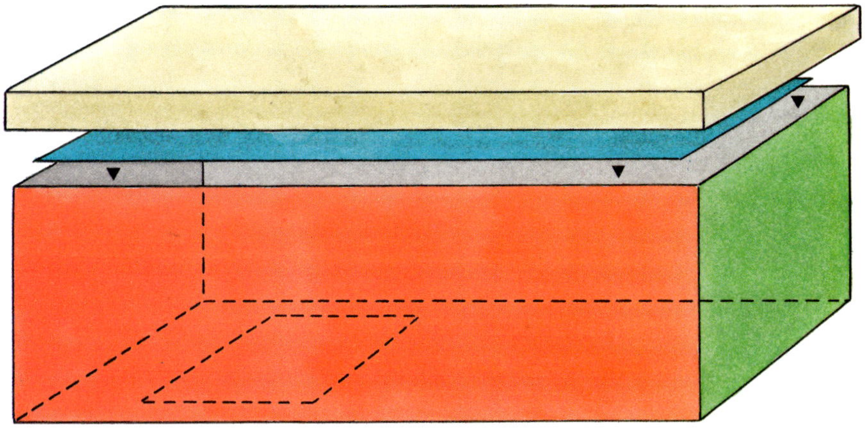

So ein selbstgemachtes Kasperletheater hat schon viele Vorteile: Man kann es nach seinen Vorstellungen gestalten, es ist schnell her- und wieder weggeräumt, und es braucht nicht viel Platz.

1. In eine Hälfte des Schuhkartonbodens schneiden wir eine rechteckige Bühne (etwa 10 x 13 cm) und bemalen nun unser Kasperletheater von außen nach eigener Phantasie.

2. Sind die Farben trocken, kleben wir, sozusagen als Vorhang, Borten- oder Stoffreste an die Kanten der Bühne.

3. Nun schneiden wir eine Fotokartonplatte zu, die etwas kleiner als der Schachtelboden ist. Sie wird am Ende unseres Spiels zum Verschließen der Bühne lose in den Schuhkarton gelegt.

4. Die Spielfiguren übertragen wir entweder von Seite 331 auf weißen Fotokarton, schneiden sie aus und bemalen sie, oder wir entwerfen die Mitglieder unserer Theatergruppe selbst.

5. Jetzt werden die Holzspieße mit Bastelkleber und einem zusätzlichen Leukoplaststreifen auf die Rückseite der Figuren geklebt und dienen uns nun als Führungsstäbe.

6. Alle Figuren, die wir gerade nicht zum Spielen brauchen, stellen wir im Glas ab. Wenn unser Spiel beendet ist, legen wir zuerst den Verschlußkarton und dann das Glas mit unseren Spielpuppen in den Schuhkarton. Nun kommt der Schachteldeckel drauf, und so können wir unser Kasperletheater sicher und platzsparend bis zur nächsten Vorstellung aufbewahren.

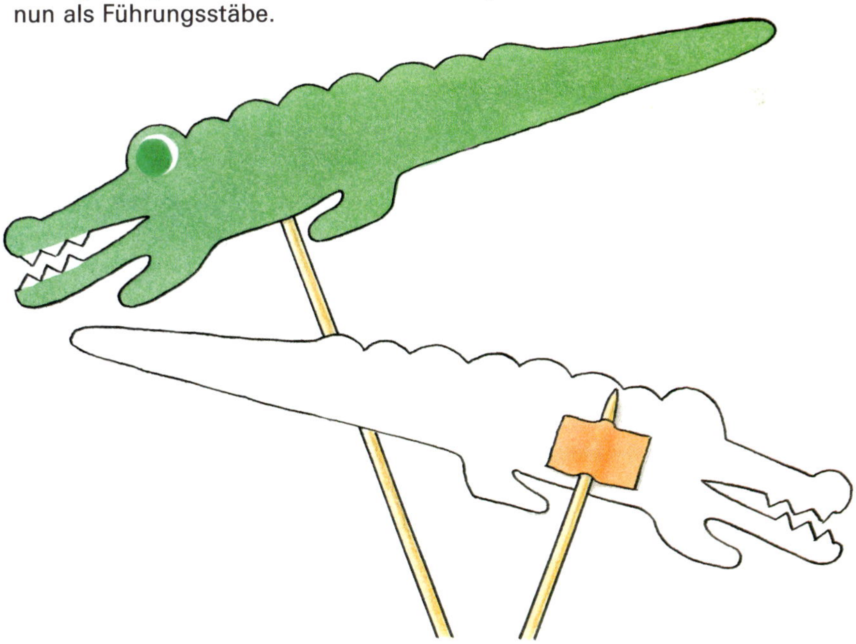

Hübsche Dinge fürs Kinderzimmer

Auch Kinder fühlen sich, genau wie Erwachsene, in einer Umgebung, die auf ihre Bedürfnisse zugeschnitten und nach ihrem Geschmack dekoriert ist, am wohlsten. In diesem Kapitel, werden lauter Basteleien vorgestellt, die als Schmuck im Kinderzimmer aufgestellt oder aufgehängt werden können.

Sandbilder

Das Material für diese Bastelarbeit ist leicht zu beschaffen. Den Sand können wir aus einem Sandkasten holen und ihn in der Wohnung trocknen lassen. Wir können aber auch farbigen Sand aus dem Bastelgeschäft kaufen und damit bunte Bilder gestalten.

1. Wir benützen weißes oder Papier mit einer Farbe, von der sich das Beige des Sandes gut abhebt.

2. Wir lassen den flüssigen Klebstoff auf das Blatt fließen und malen dabei Schleifen, Tupfen, Kringel und andere Muster.

3. Dann streuen wir den trockenen Sand über das ganze Blatt, lassen ihn einen Moment antrocknen und schütteln den überflüssigen Sand herunter. Die mit Klebstoff vorgezeichneten Muster sind nun mit Sand beklebt und gut sichtbar.
(Wer Lust hat, kann mit dem Klebstoff Blumen, Bäume, Häuser, Wasser, Schilf oder vielleicht sogar einen Zirkus aufmalen und hat am Ende einen ganz besonderen Wandschmuck.)

5. Nachdem der Klebstoff gut getrocknet ist, können wir unser Sandbild noch mit Klarlack besprühen, um den Sand noch zusätzlich zu fixieren.

6. Das Bild kann auf ein etwas größeres Blatt Papier geklebt werden, welches farblich zum ersten paßt. Es sieht dann aus, als sei es gerahmt.

Postkarten-eisenbahn

- Ansichtskarten (so viele wie möglich)
- Tonpapierreste
- Cremedose mit einem Durchmesser von etwa 4 cm
- Bleistift
- Schere
- Pritt Bastelkleber
- Klebstreifen

Mit der Zeit sammeln sich viele Ansichtskarten an, die aus allen Teilen der Welt kommen. Hier eine Anregung, wie wir sie in eine lustige Eisenbahn mit vielen interessanten Waggons verwandeln können.

1. Die Cremedose dient als Schablone für die Räder. Wir legen sie auf das Tonpapier, zeichnen die Umrisse auf und schneiden die Räder aus. Wir brauchen pro Waggon 2 Räder.

2. Dann kleben wir immer zwei Kreise auf die Rückseite einer Postkarte, und zwar so, daß nur die Hälfte des Kreises rausschaut. Dabei achten wir darauf, daß die Räder auch an die richtige Seite der Karte geklebt werden, damit die Landschaft nicht plötzlich kopfsteht.
Außer der Lokomotive können zwischendurch noch weitere hochformatige Karten verwendet werden. Dies macht den Zug interessanter. Die Räder kleben wir dann entsprechend an die untere Schmalseite der Karte.

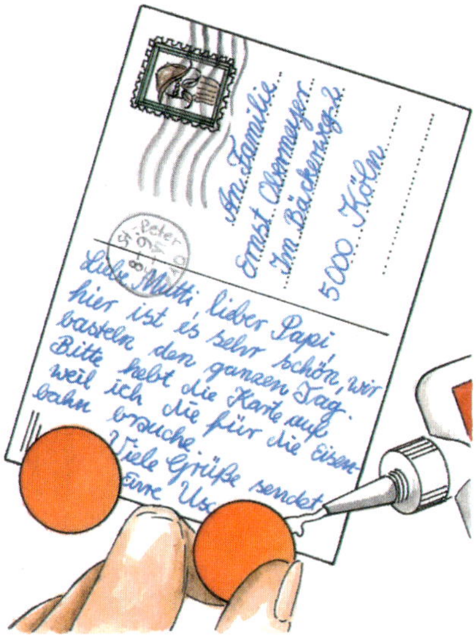

3. Mit Klebestreifen werden die Waggons aneinandergereiht an die Wand des Kinderzimmers geklebt. Los geht die Reise!

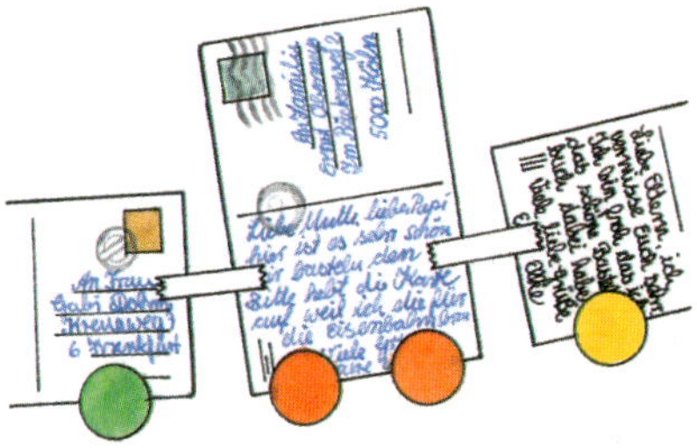

Tapetenschnecke

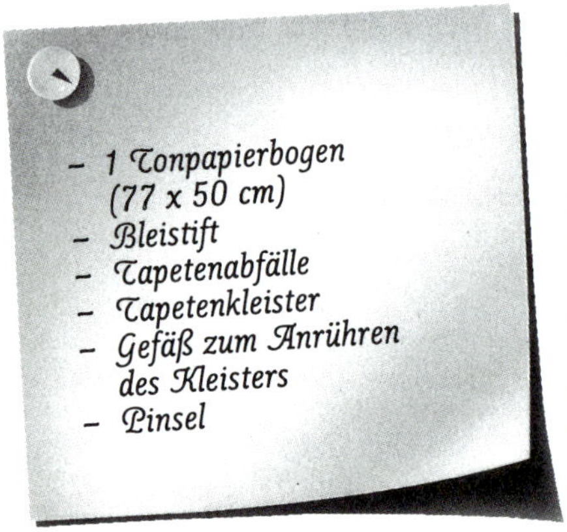

- 1 Tonpapierbogen (77 x 50 cm)
- Bleistift
- Tapetenabfälle
- Tapetenkleister
- Gefäß zum Anrühren des Kleisters
- Pinsel

Diese Bastelarbeit eignet sich besonders gut für eine Gemeinschaftsarbeit, denn mehrere Kinder können gleichzeitig daran arbeiten.
Natürlich eignen sich auch andere Motive als die hier vorgestellte Schnecke für ein Bild aus Tapetenresten.

1. Um kein Unheil auf einer Tischdecke anzurichten, decken wir den Arbeitsplatz mit einer abwaschbaren Decke ab. Dann rühren wir etwas Tapetenkleister nach der Vorschrift auf der Packung in einem Gefäß an.

2. Auf unseren Bogen Tonpapier zeichnen wir mit Bleistift die Umrisse einer Schnecke auf.

3. Nun reißen wir kleine Stücke von den Tapetenabfällen ab. Auf die vorskizzierte Schnecke tragen wir mit dem Pinsel den Kleister auf und kleben bunte Tapetenstückchen darauf. Wenn wir verschiedene Tapeten haben, kleben wir immer etwa 20 Tapetenstücke eines Tapetenmusters nebeneinander. Dann folgt das nächste Muster. So wird die Spirale des Schneckenhauses gut sichtbar.

Wäscheklammer-flotte

- Stoffreste
- Lineal
- Bleistift
- Schere
- 1 Zahnstocher
- Pritt Bastelkleber
- 2 Bastelklammern oder 2 halbe Holzwäscheklammern
- Ponal-express-Holzleim
- Nadel
- Faden

Die Bastelklammern, die man zu kaufen bekommt, sind halbe Holzwäscheklammern. Man kann sie also entweder kaufen oder aus einer Holzwäscheklammer die Drahtfeder entfernen und aus den beiden Hälften ein Schiffchen machen. Fertigen wir mehrere Segelschiffe, so können wir sie an einen Ast oder direkt an die Zimmerdecke hängen und erhalten so ein hübsches Mobile.

1. Auf den Stoffrest zeichnen wir ein Quadrat mit 8 cm Seitenlänge auf und schneiden es aus. Wir legen es Ecke auf Ecke und schneiden an dem Knick mit der Schere von einem Ende zum anderen durch. Dadurch erhalten wir zwei gleiche Dreiecke, die unser Segel bilden sollen.

2. Eines dieser Dreiecke legen wir mit der rechten Stoffseite nach oben auf den Tisch.
Wir nehmen den Zahnstocher und legen ihn so darauf, daß das eine Ende auf die Spitze zeigt, das andere 2,5 cm über den Stoff hinaussteht.

3. Wir bestreichen den Zahnstocher dick mit Pritt Bastelkleber und verteilen etwas davon auch auf den Stoff. Das andere Dreieck legen wir möglichst genau auf das erste und pressen es an.

4. Wir legen das Segel zum Trocknen beiseite, nehmen 2 Bastelklammern und bestreichen die geraden, glatten Seiten mit Ponal-express.

5. Die beiden Teile der Bastelklammer pressen wir fest zusammen. In die kleine, zylinderförmige Öffnung drücken wir noch etwas Ponal-express und schieben den Zahnstocher mit dem Segel daran durch. Zum Schluß ziehen wir einen Faden zum Aufhängen durch die Spitze des Segels.

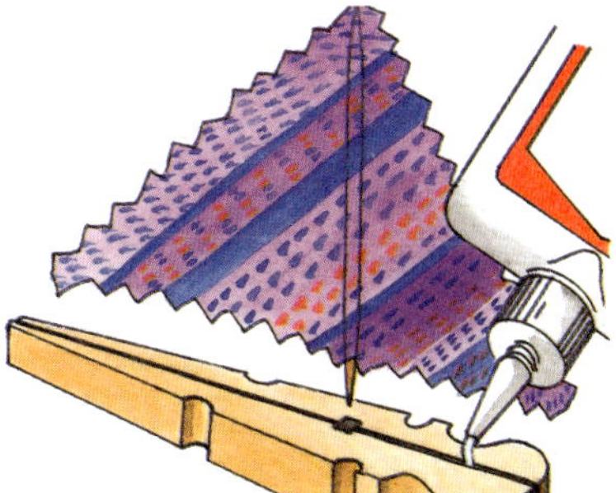

Hampelmann-mobile

- *Pergamentpapier*
- *Bleistift*
- *1 DIN-A 4-Bogen dünne, weiße Pappe*
- *Schere*
- *Vivelle (siehe „Kleine Materialkunde" Seite 10) in verschiedenen Farben*
- *Pritt Bastelkleber*
- *Nadel*
- *Faden*

Ein Hampelmann ist ein gerngesehener Gast in jedem Kinderzimmer. Dieser hier ist nicht schwer herzustellen und kann sich lustig drehen, wenn man ihn zum Beispiel an einer Lampe aufhängt.

1. Die einzelnen Teile des Hampelmanns pausen wir vom großen Musterbogen auf Pergamentpapier, übertragen sie auf die dünne Pappe und schneiden den Hampelmann aus.

2. Wir wählen nun eine Farbe für die Arme aus und zeichnen die Form 2mal auf die Rückseite des Vivelle, da wir beide Seiten der dünnen Pappe damit bekleben wollen. Am einfachsten geht das, wenn wir die Umrisse unserer Pappschablone mit Bleistift umfahren. Dann schneiden wir die Formen aus und kleben sie auf die Vorder- und Rückseite der Pappe.

3. Wir suchen uns nun eine Farbe für die Beine aus, zeichnen die Umrisse auch 2mal auf Vivelle und schneiden sie aus. Dann kleben wir sie auch vorne und hinten auf die dünne Pappe.

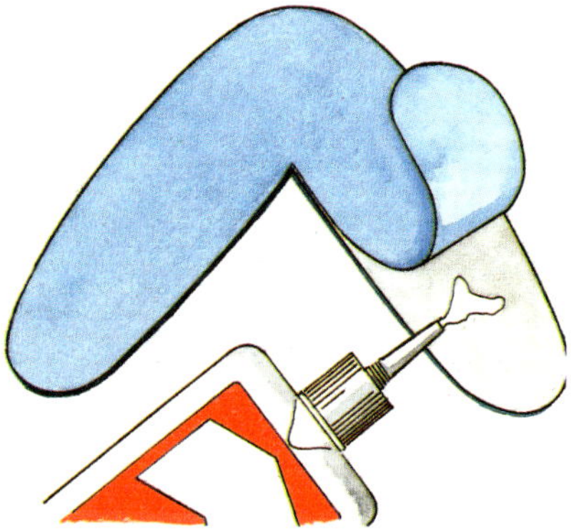

4. Weil Kopf und Mütze in der Vorlage aus einem Stück bestehen, müssen wir uns aufzeichnen, wie groß die Mütze ist. Sie wird auch 2mal auf andersfarbiges Vivelle aufgezeichnet und ausgeschnitten. Dann kleben wir sie auf. Die Bommel kann wieder eine andere Farbe bekommen.

5. Augen, Nase, Mund und, wer mag, auch Haare und Bart schneiden wir aus Vivellresten aus und kleben damit das Gesicht beziehungsweise die Haare auf den Hinterkopf auf die weiße Pappe.

6. Die einzelnen Teile des Hampelmannes verbinden wir mit Hilfe von Nadel und Faden so, daß sie sich frei drehen können. Der Faden, den wir durch die Mütze ziehen, muß etwas länger sein, damit wir den Hampelmann daran aufhängen können.

Herbstbaum

- *1 Stück Pappe, DIN-A 5*
- *braunes Buntpapier*
- *Kreppapierreste in Grün, Orange, Gelb, Rot*
- *Pritt Bastelkleber*

Dieser Herbstbaum ist eine Bastelei, die auch die Kleinsten schon bewältigen können. Jedes drei- bis vierjährige Kind wird an diesem hübschen Wandschmuck seinen Spaß haben und stolz sein Werk im Kinderzimmer aufhängen.

1. Auf die Pappe kleben wir zunächst gerissene, braune Buntpapierstreifen als Baum auf.

2. Aus Kreppapier reißen wir kleine Stückchen und knüllen davon Kügelchen. Dabei nehmen wir Herbstfarben wie Grün, Braun, Gelb, Orange und Rot.

3. Diese Kügelchen werden nun vereinzelt in den Baum geklebt. Ein paar „Blätter" liegen bereits am Boden, andere befinden sich im „freien Fall".

4. Mit einem Reißnagel oder mit Klebestreifen kann das Bild an die Wand des Kinderzimmers gehängt werden.

Kleine Lokomotive

- Pergamentpapier
- Bleistift
- feste Pappe (etwa 12 x 12 cm)
- Schere
- Stoffreste
- Pritt Bastelkleber
- Nadel
- Faden

Diese kleine Lokomotive ist schnell gebastelt und macht viel Freude. Mehrere Kinder können gemeinsam eine Lokomotive mit Stoffresten schmücken. Warum sollte man an einer Geburtstagsfeier nicht auch einmal gemeinsam basteln? Wir können sie auch als Preis an den Gewinner eines Spieles vergeben.

1. Wir pausen die Vorlage für die Lokomotive auf die Pappe und schneiden sie aus.

2. Aus den Stoffresten schneiden wir nun hübsche Streifen und Muster und bekleben damit unsere Lokomotive. Durch unterschiedliche Stoffe werden Führerhaus, Räder und Schlot betont.

3. Um die Lokomotive an die Wand hängen zu können, ziehen wir mit Nadel und Faden einen Faden vom Führerhaus zum Schlot und verknoten die Enden.

Abpausvorlage

Windmühle

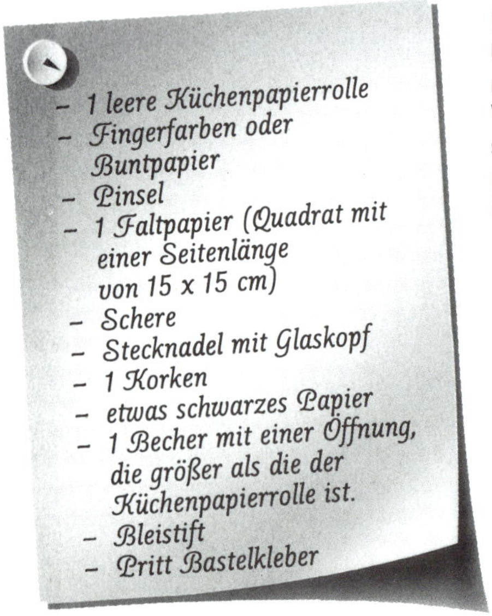

- 1 leere Küchenpapierrolle
- Fingerfarben oder Buntpapier
- Pinsel
- 1 Faltpapier (Quadrat mit einer Seitenlänge von 15 x 15 cm)
- Schere
- Stecknadel mit Glaskopf
- 1 Korken
- etwas schwarzes Papier
- 1 Becher mit einer Öffnung, die größer als die der Küchenpapierrolle ist.
- Bleistift
- Pritt Bastelkleber

Bestimmt hat schon jeder mal im Urlaub oder auf Abbildungen Windmühlen gesehen. Je kräftiger der Wind bläst, desto schneller drehen sich ihre Flügel. Eine solche Windmühle können wir auch basteln – es ist gar nicht so schwer!

1. Die leere Küchenpapierrolle wird der Turm der Windmühle. Wir können ihn mit Fingerfarben anmalen oder mit einem entsprechend großen Bogen Buntpapier bekleben. Ob man das einfarbig macht oder bunt, ob man Fenster und Türen aufklebt oder draufmalt, das bleibt jedem selbst überlassen. Zum Malen stellen wir die Rolle auf den Tisch auf eine Zeitung, halten sie mit der linken Hand in der Öffnung oben fest und können sie nun mit dem Pinsel rundherum anmalen. Die so vorbereitete Rolle muß bis zum nächsten Tag stehen, damit sie richtig trocken ist. Haben wir sie mit Buntpapier beklebt, so kann gleich weitergebastelt werden.

2. Aus unserem quadratischen Faltpapier machen wir das Windrad. Wir wählen das Faltpapier in einer Farbe, die sich gut vom Mühlenturm abhebt. Wir falten das Papier einmal Ecke auf Ecke, öffnen es und falten die beiden anderen Ecken auch aufeinander.

3. Auf diesem Knick schneiden wir nun von der Ecke in Richtung Mittelpunkt. Ungefähr zwei Drittel eines jeden Knickes werden aufgeschnitten, wie die gepunkteten Linien der Zeichnung zeigen.

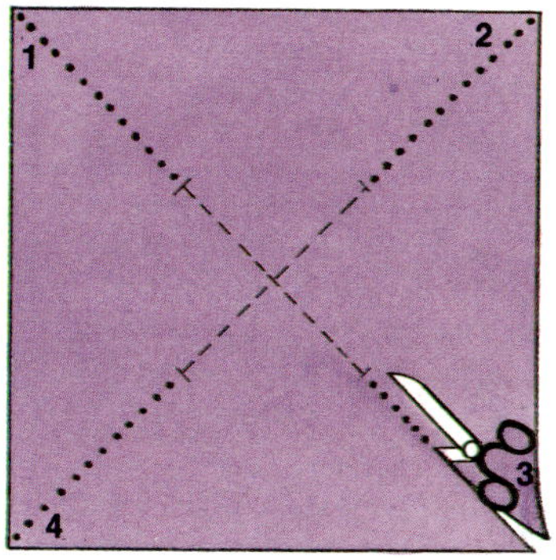

4. Wir haben dann in jeder Ecke 2 Spitzen. Je 1 davon nehmen wir nun und schieben die Stecknadel von unten durch. Auf der Zeichnung sind diese Spitzen mit 1, 2, 3 und 4 numeriert. Wir schieben nacheinander alle vier Spitzen auf die Stecknadel und stecken die Nadel dann durch den Mittelpunkt des Quadrats. Damit ist das Windrad fertig.

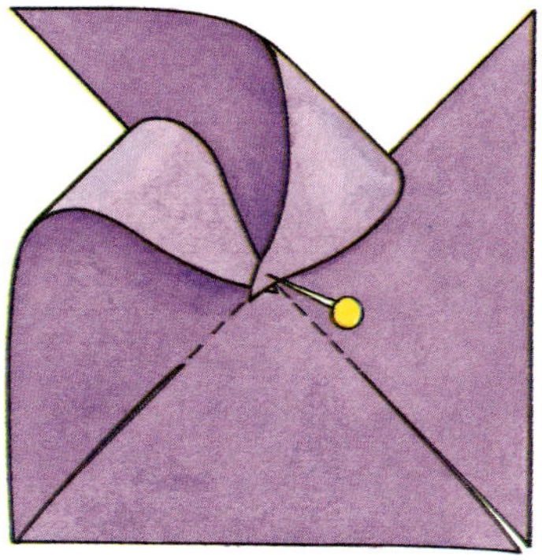

5. Ungefähr 5–7 cm vom oberen Rand des Turmes entfernt wird nun das Windrad befestigt. Wir stecken die Stecknadel durch die Kartonrolle und pressen einen Korken von der Innenseite der Rolle an der Stelle, wo die Nadel durchkommt, dagegen. Dadurch bekommt das Windrad Halt.

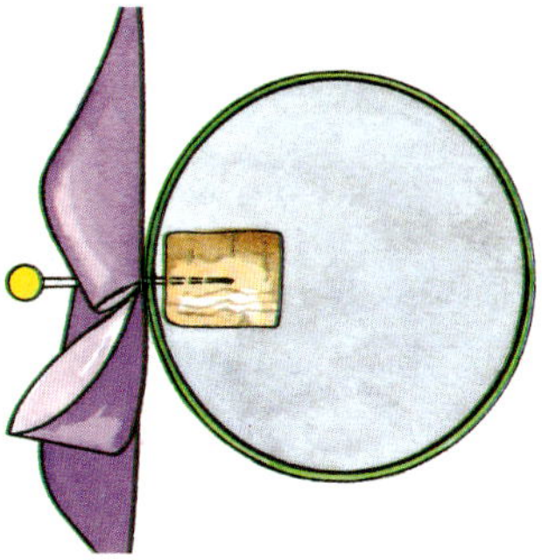

6. Das Dach der Windmühle machen wir aus einem Kreis schwarzen Papiers. Wir nehmen dazu einen Becher, dessen Öffnung größer ist als der Durchmesser unserer Rolle, und ziehen den Rand mit Bleistift nach. Dann schneiden wir den Kreis aus. Vom Rand bis zur Mitte schneiden wir ihn ein und legen die beiden Enden etwas übereinander, so daß eine Spitze entsteht. Dieses Dach kann spitzer oder stumpfer sein, muß aber etwas größer sein als der Durchmesser der Rolle. Das probieren wir aus und kleben dann die Enden übereinander.

7. Wenn das Dach gut hält, streichen wir auf den oberen Rand der Kartonrolle etwas Pritt Bastelkleber und setzen das Dach darauf. Wir pressen es leicht an und warten, bis es etwas getrocknet ist. Nun ist die Windmühle fertig, und wir können damit spielen.

- Pauspapier
- Bleistift
- Lineal
- 1 leere Klopapierrolle
- 1 Heft Buntpapier
- 1 30 cm langer Pfeifenputzer
- Wollfaden
- 1 Stück Pappe, DIN A 5
- Pritt Bastelkleber
- Schere
- Lochzange oder Dosenmilchöffner

Schmetterling

Dieser hübsche Schmetterling ist aus Materialien hergestellt, die meist in jedem Haushalt da sind. Nur Pfeifenputzer für dic Fühler müssen in einem Bastelgeschäft gekauft werden. An die Decke des Kinderzimmers gehängt, schaukelt er sanft in jedem Luftzug.

1. Für den Körper des Schmetterlings überkleben wir eine Klopapierrolle mit Buntpapier. Dazu zeichnen wir mit Lineal und Bleistift ein 10 x 18 cm großes Rechteck auf Buntpapier und schneiden es aus. Dann streichen wir es mit Klebstoff ein und überziehen die Rolle damit. (Die Länge der Rolle ist 10 cm, der Umfang etwa 16 cm. Die restlichen 2 cm kleben wir übereinander.)

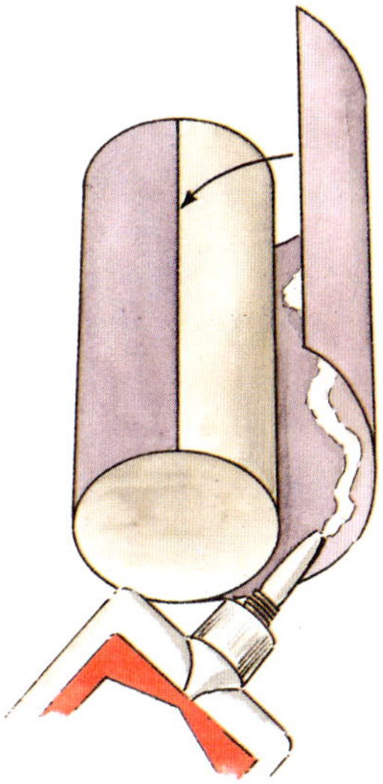

2. Nach der Anleitung von S. 14 übertragen wir die Schmetterlingsform vom Vorlagebogen auf das Stück Pappe. Hat die Pappe schon eine ansprechende Farbe, kleben wir nur auf die Oberseite der Flügel möglichst viele bunte Muster. Ist die Pappe grau oder braun, verzieren wir sie beidseitig mit Buntpapier. Anregungen zum Bekleben finden wir auf dem Foto.

3. Nun kleben wir die verzierten „Flügel" auf den vorbereiteten Körper und biegen sie etwas nach unten.

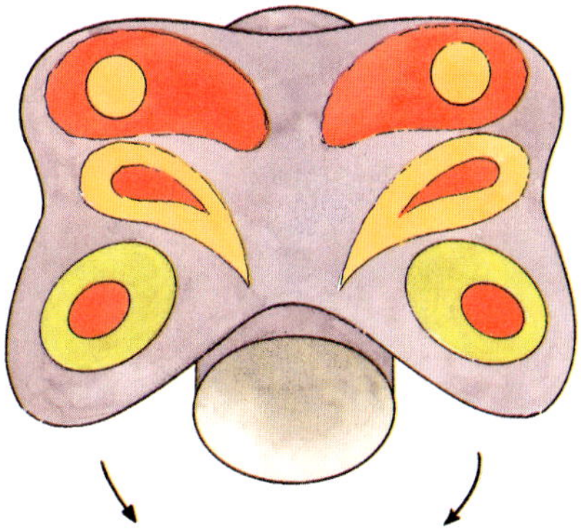

4. Dann stanzen wir 4 Löcher in den Rücken und „Kopf" des Schmetterlings: 2 für die Fühler und 2 zum Aufhängen der fertigen Arbeit. Mit einer Lochzange sind diese Löcher leicht einzustanzen. Wer keine besitzt, kann sich auch mit einem anderen spitzen Gegenstand behelfen, wie zum Beispiel einem Dosenmilchöffner. Wo die Löcher hingehören, zeigt die Zeichnung.

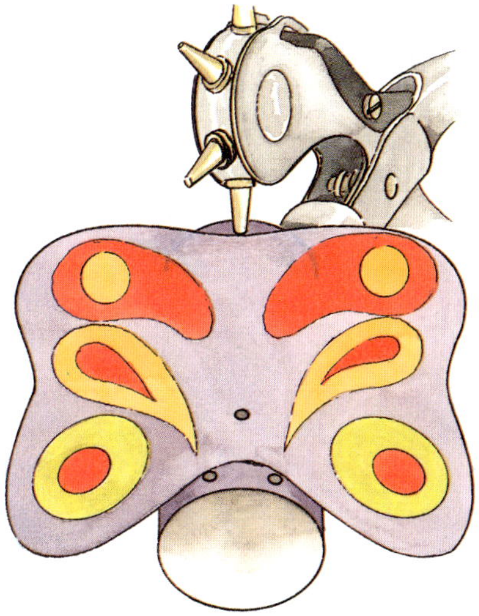

5. Durch eines der Löcher an der Vorderseite ziehen wir einen 30 cm langen Pfeifenputzer und zum anderen wieder heraus. Die Enden werden rundgebogen.

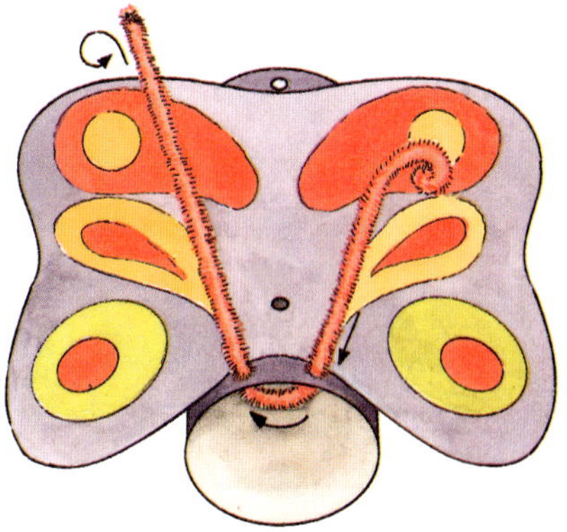

6. Dann ziehen wir durch die beiden Löcher am Schmetterlingsrücken einen beliebig langen Wollfaden und verknoten ihn zum Aufhängen des hübschen Fliegers.

– schwarzer Fotokarton (DIN-A5)
– Pauspapier
– Bleistift
– Schere
– Nadel oder Lochzange
– Pritt Alleskleber
– Reststücke von rotem Fotokarton
– weißes Papier oder Klebepunkte
– schwarzer Filzstift
– 2 Musterklammern
– Schnur oder Wolle (60 cm)
– 1 Gummiring mit 1 cm Durchmesser (Zopfgummi) oder 1 etwas größerer, doppelter Gummiring
– 1 Perle

Hampelrabe

Einen Hampelmann kennt jeder – warum nicht einmal einen witzigen Raben im Kinderzimmer, der mit den Flügeln schlägt, wenn man an der Schnur zieht?
Dieser Hampelrabe läßt sich besonders leicht bewegen. Ein Gummiring sorgt dafür, daß er immer wieder in die Grundstellung zurückgeht.

1. Von Seite 330 übertragen wir die Vorlagen für den Kopf, den Körper und die Flügel des Raben auf schwarzen Fotokarton – und vergessen dabei die Markierungspunkte für die spätere Montage nicht.

2. Nun werden die Teile ausgeschnitten. Die Markierungspunkte durchstechen wir mit einer Nadel oder Lochzange. Wer mit der Nadel arbeitet, vergrößert anschließend noch die Löcher für die Musterbeutelklammern mit der Scherenspitze (sind auf der Vorlage mit M gekennzeichnet).

3. Das Teil für den Kopf wird so auf den Körper geklebt, daß die Löcher gerade noch frei bleiben.

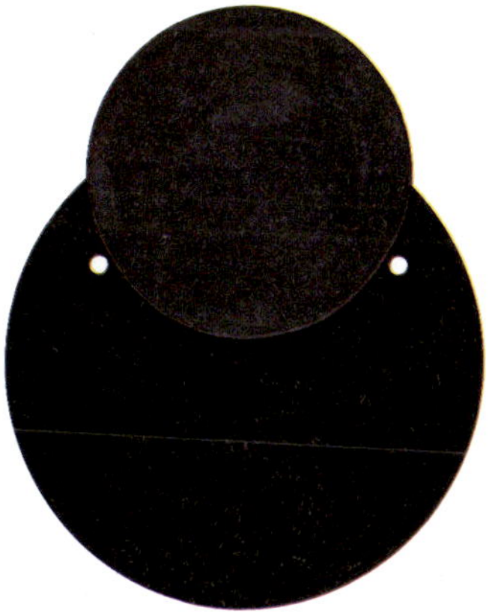

4. Aus rotem Fotokarton schneiden wir ein Dreieck für den Schnabel. Die Augen schneiden wir aus weißem Papier zu, oder wir nehmen Klebepunkte. Nun kleben wir Augen und Schnabel auf. Mit einem schwarzen Filzstift zeichnen wir die Pupillen in die Augen.

5. Die Füße übertragen wir jetzt auf roten Fotokarton, schneiden sie aus und kleben sie unten hinten an den Rabenkörper.

6. Mit den beiden Musterbeutelklammern befestigen wir die Flügel am Körper. Damit sich die Flügel später leicht bewegen lassen, müssen sie genügend Spiel haben. Deshalb schieben wir beim Aufbiegen der Klammern ein Stück Pappe oder die Schere in das Gelenk.

7. Auf der Rückseite des Raben verbinden wir jetzt die beiden kleinen Löcher oben in den Flügeln mit einem kurzen Stück Schnur. Diese führen wir dabei durch den Gummiring. Beim Verknoten sollte die Flügelstellung möglichst gerade sein.

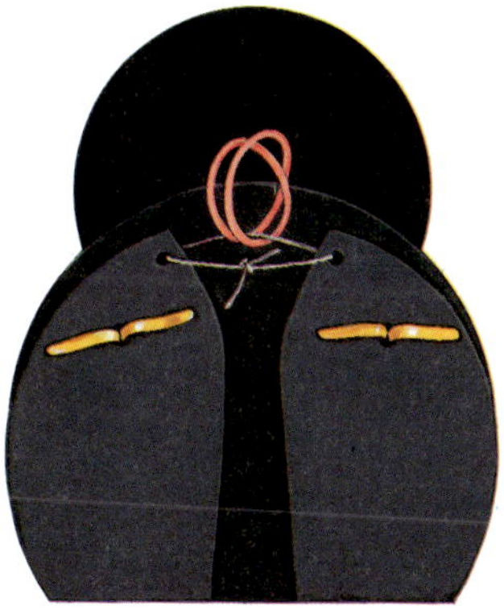

8. Von der Schnur nehmen wir ungefähr 15 cm für die Aufhängung. Bevor wir sie verknoten, führen wir sie durch das Loch im Kopf und durch den Gummiring.

9. Nun knoten wir noch die restliche Schnur um die waagrechten Verbindungsfäden.

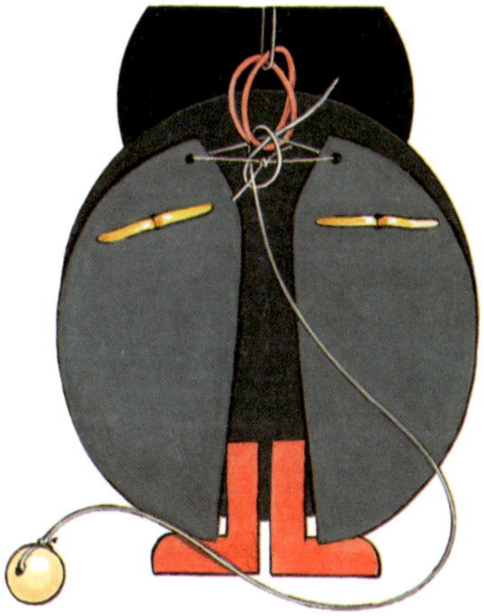

10. Am unteren Ende der Schnur befestigen wir die Perle.

- Deckel von 1 großen Schuhkarton oder 1 altes Tablett
- blaues Transparentpapier
- Sand
- Strandgut
- Pritt Alleskleber

Collage aus Fundstücken

Im Urlaub sammelt die ganze Familie eifrig Muscheln, Steine oder Seesterne. Diese Schätze liegen dann häufig in einer Schublade herum und geraten in Vergessenheit. Viel schöner ist es dagegen, wenn man die liebsten Fundstücke dekorativ in Sand bettet.

1. Wir schlagen den Deckel mit blauem Transparentpapier aus. Dazu kleben wir das Papier an ein paar Stellen fest.

2. Nun füllen wir den Deckel mit Sand aus.

3. Darauf ordnen wir die Muscheln und Steine an, pflanzen ein paar Gräser dazwischen oder setzen eine Möwenfeder darüber. Jetzt können wir die Collage ausstellen.

Zahlenmotive:
- *weißer Zeichenkarton (66,5 x 11 cm)*
- *Lineal*
- *dicker und dünner Filzstift*
- *Pergamentpapier*
- *verschiedenfarbiges Buntpapier oder selbstklebende Folie*
- *Bleistift*
- *Schere*

Zentimetermaß: Wie groß bin ich?

Das fertige Maß wird, vom Fußboden aus gemessen, in 120 cm Höhe mit Heftzwecken an der Wand befestigt.

Zahlenmotive

1. Mit dem Lineal messen wir an den beiden langen Seiten des Zeichenkartons Punkte im Abstand von 1 cm ab und markieren sie mit dem Bleistift.

2. Mit dem dicken Filzstift ziehen wir oben und unten am Rand sowie dazwischen alle 5 cm jeweils eine Linie quer von Punkt zu Punkt, mit dem dünnen Filzstift alle übrigen Linien.

3. Von den Seiten 332 und 333 pausen wir Zahlen auf das Buntpapier oder auf die Folie ab und kleben sie auf den Karton. Fertig!

Zwergenmotive

1. Die Zwerge mit Leiter und Zentimeterskala übertragen wir vom Musterbogen mit Bleistift auf Pergamentpapier. Mit kleinen Klebestreifen fixieren wir sie oben und unten auf dem Zeichenkarton.

2. Wir legen einen Bogen Kohlepapier zwischen Zeichenkarton und Pergamentpapier und pausen das Motiv durch.

3. Wir entfernen das Pergamentpapier und malen die Zwerge und die Leiter mit Pinsel und Farbe an. Die Konturen können wir mit schwarzem Filzstift nachzeichnen.

Zwergenmotive:
- *weißer Karton (66,5 x 11 cm)*
- *Bleistift*
- *Pergamentpapier*
- *Klebestreifen*
- *Kohlepapier*
- *Lineal*
- *Pinsel*
- *Farbe*
- *schwarzer Filzstift*
- *Aufrubbelzahlen*

Bunte Serviettenblumen

- bunte Servietten oder Papiertaschentücher
- Geschenkband
- Schere

Serviettenblumen sind schnell gebastelte, preiswerte und besonders wirkungsvolle Dekorationen. Wir können zum Beispiel Blumengirlanden basteln, indem wir viele Serviettenblumen aneinander reihen.

1. Wir falten die Serviette ganz auseinander, so daß sie glatt vor uns liegt.

2. Dieses Quadrat falten wir einmal in der Mitte zusammen.

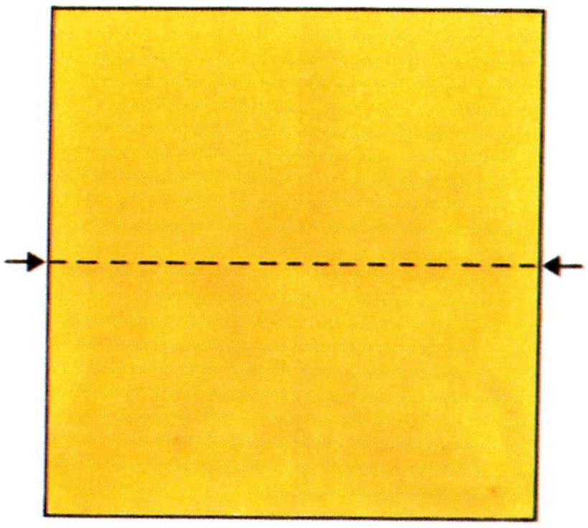

3. Dann schneiden wir mit der Schere den Faltknick ab.

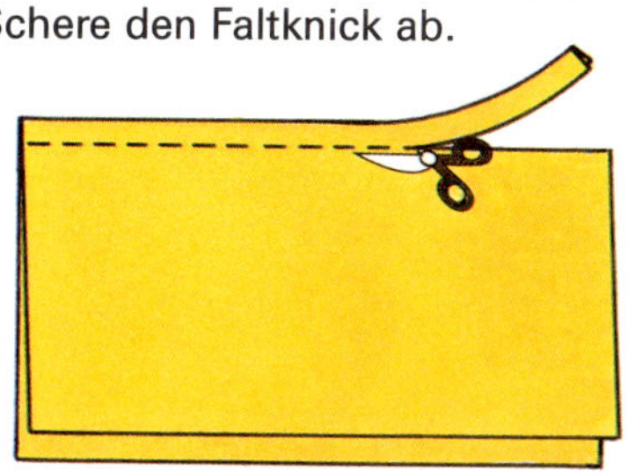

4. Nun legen wir die beiden Rechtecke möglichst exakt aufeinander und falten sie dann wie eine Ziehharmonika.

5. Wir wählen ein farblich passendes Geschenkband und schneiden ein etwa 30 cm langes Stück ab.

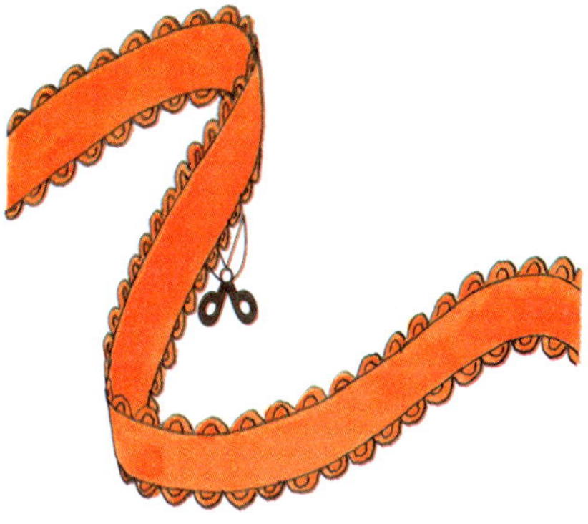

Anstelle eines Geschenkbandes können wir auch zarte Spitze, Borten, Samt- oder Satinbänder nehmen. So sehen die Blumen noch dekorativer und ganz edel aus.

6. Dieses Band knoten wir um die Mitte der Ziehharmonika, die beiden Bandenden lassen wir etwa gleich lang hängen.

7. Zum Schluß ziehen wir die zusammengefalteten Papierlagen der Serviette vorsichtig auseinander. Wir beginnen in der Mitte des zusammengeknoteten Bandes und ziehen die voneinander getrennten Lagen sanft nach oben. Eine plastische Blütenform ist entstanden.

8. An den Geschenkbandenden hängen wir die Papierblume auf. Viel Spaß!

Watschelente

- Pauspapier
- Bleistift
- Schere
- DIN-A5-Karton
- Lochzange
- Wachsfarben oder Buntstifte
- dünner, weicher Lederrest
- Kugelschreiber
- 1 Weinflaschenkorken
- kleines Küchenmesser
- Küchenbrett
- 1 Schaschlikspieß
- kleiner Hammer

Sehr beliebt bei kleinen Kindern ist die Watschelente „Erna". Wenn man sie am Schwanz festhält und nach vorne schiebt, watschelt sie richtig graziös. Dabei drehen sich die Räder aus Kork, und die Füße aus Leder patschen abwechselnd links und rechts auf den Boden.

1. Von Seite 325 pausen wir die Ente ab und übertragen sie auf einen stabilen Karton. Dabei vergessen wir nicht, den Flügel und das Loch für die Fußachse einzuzeichnen.

2. Wir schneiden die Ente aus und malen sie beidseitig mit Wachsfarben oder Buntstiften an. Je kräftiger wir dabei aufdrücken, desto farbenfroher wird unsere Ente.

3. Mit der Lochzange drücken wir ein Loch in der Größe des Schaschlikspießes in die bezeichnete Stelle ein.

4. Nun pausen wir den Fuß ab und übertragen ihn zweimal mit Kugelschreiber auf dünnes, weiches Leder. Wir schneiden beide Füße aus.

5. Für das Basteln der Füße brauchen wir einen Erwachsenen oder ein älteres Kind, das mithilft. Auf dem Küchenbrett schneiden wir den Weinflaschenkorken in der Mitte auseinander. Wenn wir den Korken während des Schneidens rundherum drehen, wird zunächst der Umfang eingeritzt und dann nur noch die Mitte auseinandergeschnitten. So entsteht eine ebene Fläche.

6. Mit dem Küchenmesser ritzen wir nun in jede Hälfte des Korkens einen etwa 3 mm tiefen Falz ein, und zwar längs zur Rundung.

7. In diesen Falz stecken wir mit Hilfe der Messerspitze den Lederfuß so ein, daß die gerade Seite der Fußform in dem Falz verschwindet. Das gleiche machen wir auch mit dem zweiten Fuß.

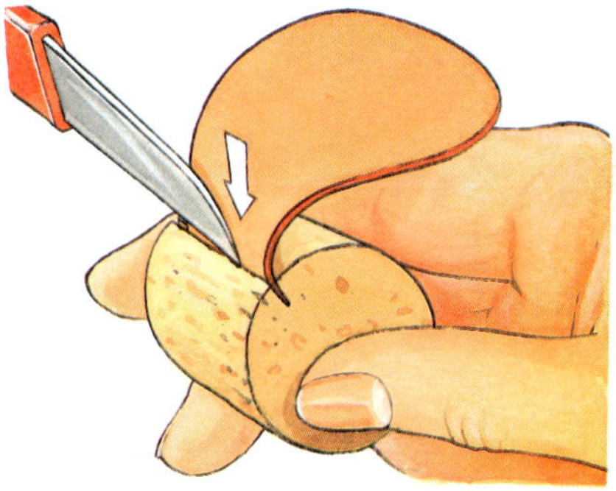

8. Die Füße werden folgendermaßen an den Entenkörper angebracht: Wir legen einen Fuß mit der durchgeschnittenen Seite auf das Küchenbrett und klopfen mit dem Hammer die Spitze eines 4,5 cm langen Schaschlikspießes in die Mitte des Korkens. Der Spieß darf bis zum unteren Ende gehen.

9. Das herausstehende Ende des Spießes schrägen wir mit dem Messer an, so daß eine Spitze entsteht.

10. Nun schieben wir den Spieß durch das vorbereitete Loch im Körper der Ente.

11. Der zweite Fuß wird auf der anderen Seite waagrecht dagegengedrückt, bis auch dieser Fuß ganz dicht am Körper ist. Wem das Drükken zu schwer ist, der kann auch dafür den Hammer verwenden.

12. Dann drehen wir die Korken so, daß ein Lederfuß vorne, der andere hinten ist. Wenn wir dann die Ente am Schwanz halten und nach vorne laufen lassen, drehen sich die Korken, und die Lederfüße patschen abwechselnd nach vorne. Übrigens, auf rauher Oberfläche, am besten auf einem Teppichboden, watschelt die Ente am besten. Viel Spaß mit „Erna"!

Sommerlandschaft

- 1 Bogen dunkelblaues Tonpapier (DIN A4)
- Reste von grauem, schwarzem, braunem, hell-, mittel- und dunkelgrünem Tonpapier
- Pauspapier
- Bleistift
- Schere
- Pritt Bastelkleber
- Nadel und Faden

Dieses kleine Mobile strahlt durch die sanft gewellten Hügel Ruhe und Sommerfreude aus. Nur die beiden Schwalben bringen Bewegung in das Bild und machen es zum „Mobile".

1. Die Abpausvorlagen für dieses Mobile finden wir aus Seite 334. Wir pausen zunächst den Ring zweimal auf unser blaues Tonpapier und schneiden beide Ringe aus. Um dem Rahmen die nötige Stabilität zu geben, kleben wir die beiden Ringe mit Pritt Bastelkleber aufeinander.

2. Als nächstes pausen wir die Hügel für unsere Landschaft auf unsere Tonpapierreste (die Farben stehen auf der Abpausvorlage) und schneiden alles aus.

3. Wir legen den Kreis vor uns auf den Tisch und ordnen auf seiner unteren Hälfte die drei mit 1 gekennzeichneten Hügel an. Die Teile überlappen sich und folgen mit ihren Rundungen genau der Rundung des Kreises. Gefällt uns die Anordnung, kleben wir die Hügel mit etwas Pritt Bastelkleber fest.

4. Wir wenden die Arbeit und ordnen die beiden restlichen Hügel auf der anderen Seite an und kleben sie ebenfalls fest.

5. Wir nehmen unser schwarzes Tonpapier und pausen darauf die Formen des Baumstamms und der Schwalben und schneiden alles sorgfältig aus (Abpausvorlage siehe nebenstehende Seite).

6. Nun nehmen wir einen Rest grünes Papier, pausen darauf zweimal die Baumkrone und schneiden sie aus.

7. Wir legen eine der Baumkronen vor uns auf den Tisch, kleben die Äste des Baumstamms auf ihren unteren Teil und kleben die zweite Baumkrone darüber. Danach schieben wir den Stamm des fertigen Baums zwischen zwei Hügel und kleben ihn dort fest.

8. Aus weiteren Resten von schwarzem und grünem Tonpapier schneiden wir zwei Büsche zurecht und kleben auf jeder Seite unseres Mobiles einen auf einen Hügel.

9. Als nächstes pausen wir die Wolke auf graues Tonpapier und schneiden sie aus.

10. Jetzt können wir unsere beiden Schwalben zusammensetzen. Dafür schneiden wir die Köpfe entlang der roten Linie vorsichtig ein und schieben sie im rechten Winkel auf den Rumpf. Das Ganze fixieren wir anschließend mit ganz wenig Klebstoff.

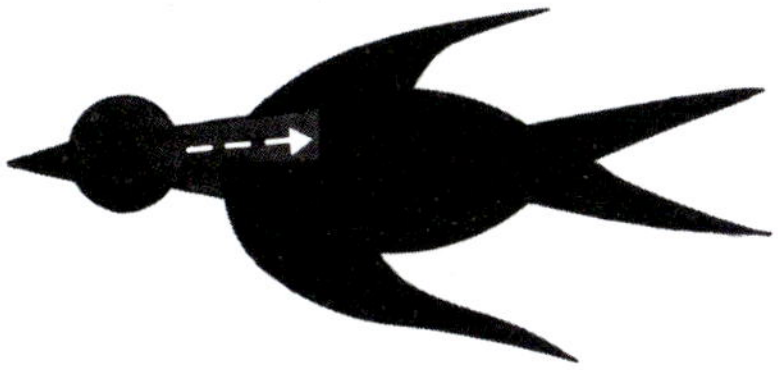

11. Wir ziehen mit Hilfe der Nadel je einen Faden durch die Rücken der Schwalben und befestigen sie in unterschiedlicher Höhe am rechten und linken unteren Wolkenrand.

12. Entlang der vorgezeichneten Linie schneiden wir einen Schlitz in unsere Wolke, schieben sie im rechten Winkel zum Bildrahmen auf den Tonpapierring und kleben sie mit etwas Pritt Bastelkleber fest.

13. Nun müssen wir nur noch einen Faden für die Aufhängung am oberen Bildrand befestigen, und unser Mobile ist fertig.

Abpausvorlagen

Baumkrone (mittelgrün), 2x abpausen

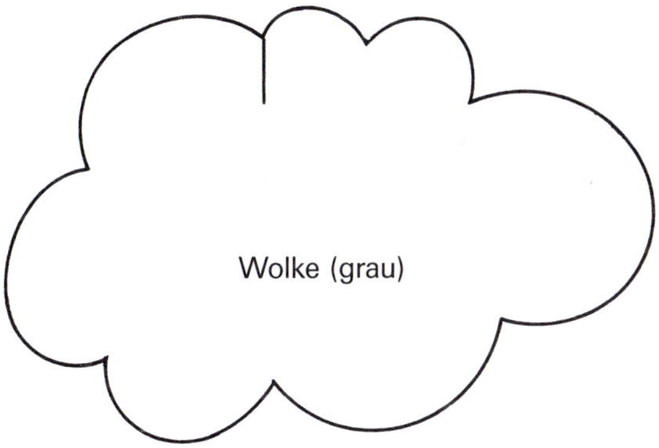

Wolke (grau)

Busch (dunkelgrün), 2x abpausen

Baumstamm (schwarz)

Schwalbe (schwarz) 2x abpausen

Fliegende Kraniche

Für dieses sehr wirkungsvolle Mobile haben wir zehn Kraniche gefaltet und sie so an interessant geformten Korkenzieherhaselästen befestigt, daß das ganze Gebilde im Gleichgewicht hängt. Schon durch einen schwachen Luftzug kommen die Kraniche in Bewegung und schwingen wie im Flug auf und ab. Wem die Konstruktion eines solchen Mobiles, das nicht ganz einfach ins Gleichgewicht zu bringen ist, zu mühsam ist, kann die dekorativen Vögel auch an einem schön geformten Ast, der von der Decke hängt, anbringen.

1. Wir falten eines unserer quadratischen Faltpapiere zweimal Seite auf Seite. Nach jedem Faltgang öffnen wir die Faltung wieder.

2. Wir drehen das Blatt um und falten es zweimal Ecke auf Ecke, wobei wir es wieder nach jedem Faltgang zum Quadrat öffnen. Unser Papier hat nun die Knicke, die auf der Zeichnung zu sehen sind.

3. Wir wenden das Papier und tippen mit dem Finger auf den Mittelpunkt M. Die sich dabei ganz von selbst hebenden Ecken a und b fassen wir an und legen sie auf Punkt c. Die neue Form unserer Faltung ergibt sich dabei ganz von selbst.

4. Wir legen die Faltung so vor uns auf den Tisch, daß die offene Spitze auf uns zu zeigt. Nun klappen wir nacheinander den rechten und den linken der oben liegenden Flügel parallel zur Mittellinie hoch, wie die Zeichnung zeigt. Dann streichen wir die Faltung gut glatt.

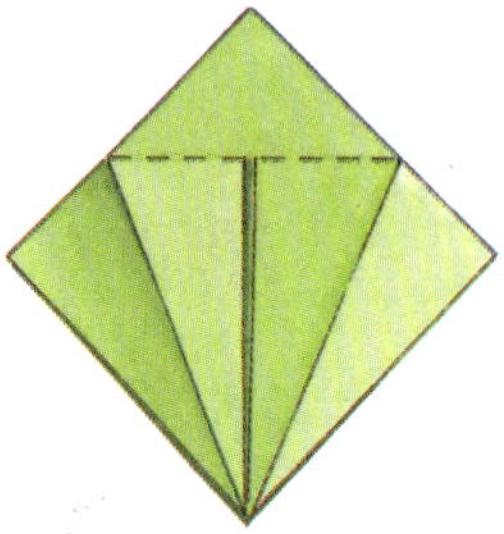

5. Als nächstes falten wir nun die obere Ecke so weit wie möglich über die letzte Faltung.

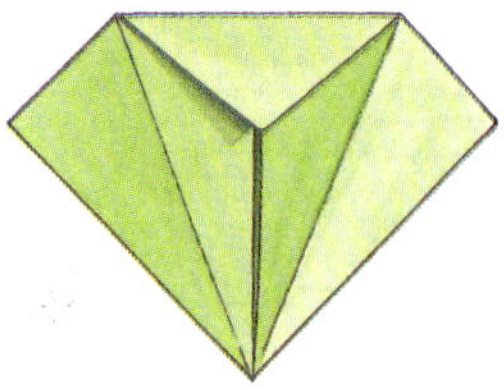

6. Wir öffnen die drei letzten Faltungen wieder und nehmen die untere Spitze zwischen Daumen und Zeigefinger, wie die Zeichnung zeigt.

7. Nun ziehen wir diese Spitze vorsichtig so weit wie möglich nach oben. Dabei legen sich die beiden Seitenteile nach innen auf die Mittellinie.

8. Wir drehen die Arbeit um und klappen wieder den rechten und den linken Flügel parallel zur Mittellinie nach oben.

9. Jetzt falten wir die obere Ecke so weit wie möglich nach unten über die letzte Faltung.

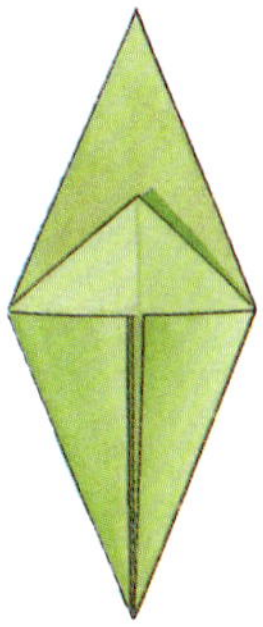

10. Wir öffnen alle drei Faltungen wieder, fassen die untere Spitze und ziehen sie so weit wie möglich nach oben, so daß sich die Seitenteile auf die Mittellinie legen.

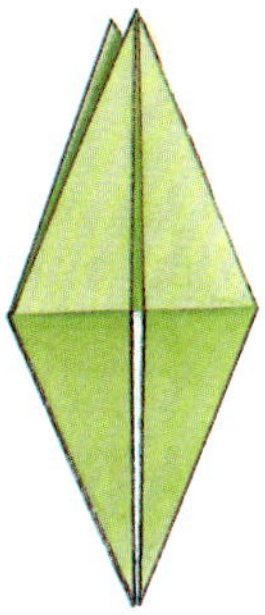

11. Nun klappen wir den oberen linken Flügel nach rechts, wie auf der Zeichnung zu sehen.

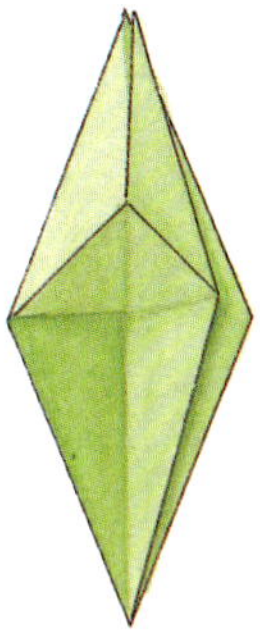

12. Wir drehen die Arbeit um und klappen wieder den linken Flügel nach rechts.

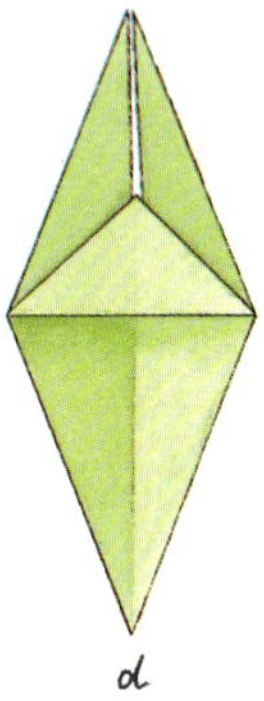

13. Nun nehmen wir die Spitze d, falten sie nach oben um und streichen die Faltung gut glatt.

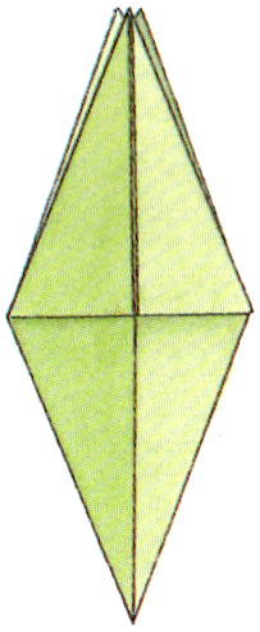

14. Wir wenden die Arbeit, falten auch die zweite Spitze nach oben und streichen alles glatt.

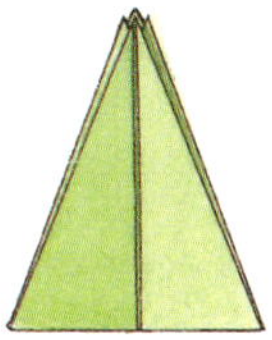

15. Unsere Faltarbeit hat nun vier Spitzen. Wir fassen die beiden innen liegenden mit Daumen und Zeigefinger und ziehen sie etwas auseinander. Diese neue Form streichen wir wieder glatt.

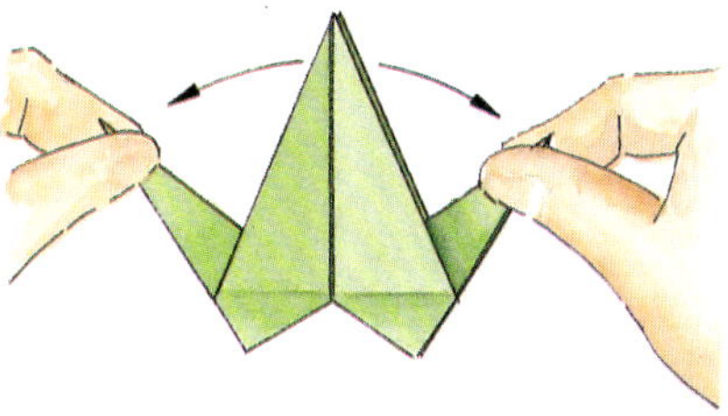

16. Eine der eben herausgezogenen Spitzen knicken wir, wie auf der Zeichnung zu sehen, um.

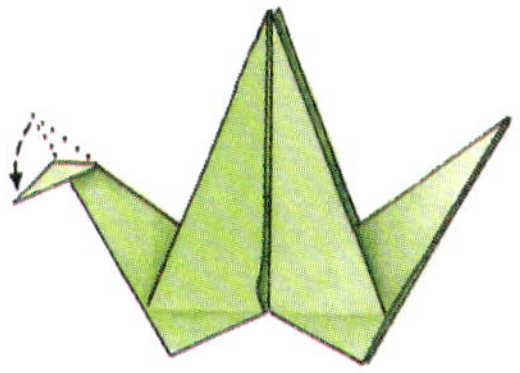

17. An dem so entstandenen Knick falten wir die Spitze nach innen und haben so den Kopf des Kranichs bekommen.

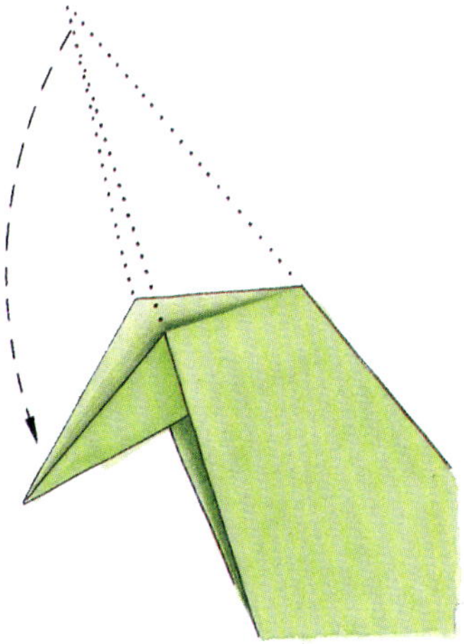

18. Zum Schluß klappen wir noch die Flügel auseinander. Wenn wir sie dann noch von der Spitze her über einen Bleistift rollen, bekommen sie eine schöne geschwungene Form.

19. Auf die gleiche Art und Weise falten wir auch unsere neun restlichen Faltpapiere zu Kranichen.

20. Wir nehmen nun Nadel und Faden und ziehen als Aufhängung jeweils einen langen Faden durch die Rükkenhöcker der Kraniche und knoten ihn dort fest. Die endgültige Länge der Aufhängung ergibt sich dann erst beim Zusammenstellen des Mobiles.

21. Das nun folgende Zusammenstellen des Mobiles ist ein wenig ein Geduldspiel und kann auch nicht im einzelnen erklärt werden, denn jedes Ästchen eines Korkenzieherhaselbaums ist verschieden geformt. Als Anhaltspunkt für einen möglichen Aufbau können wir das Foto nehmen. Am einfachsten läßt sich ein solches Mobile von unten nach oben aufbauen. Durch Verkürzen oder Verlängern der Aufhängung und Verschieben der Fäden auf den Ästen können wir das Gleichgewicht des Mobiles beeinflussen.

Sterntaler

Dieses Fensterbild zeigt eine Szene aus dem bekannten Märchen „Sterntaler" und ist ein die Phantasie anregender Schmuck für jedes Kinderzimmer.

1. Die Abpausvorlagen für das Sterntalerbild finden wir auf Seite 335. Wir pausen zunächst den Ring und den Baumstamm auf unseren schwarzen Fotokarton und schneiden beides aus. Dabei brauchen wir einen sehr hellen Arbeitsplatz, da die Pauslinien auf dem dunklen Karton nur schwer zu erkennen sind.

2. Als nächstes pausen wir die sechs Hügelformen auf unser Tonpapier. Als Anhaltspunkt für die Farben nehmen wir die Buchstaben der Hügel – gleiche Buchstaben bedeuten gleiche Farben.

3. Nun pausen wir noch die Baumkrone zweimal auf lila Tonpapier und schneiden alles aus.

4. Die Figur des Mädchens pausen wir auf unser weißes Kartonstück und schneiden sie anschließend ebenfalls sorgfältig aus.

5. Wir legen unseren Ring aus Fotokarton vor uns auf den Tisch und beginnen mit dem Zusammenstellen des Bildes. Als erstes kleben wir die Hügel mit etwas Pritt Bastelkleber auf den unteren Rand des Ringes – drei auf jeder Seite. Dazu suchen wir uns die drei in der Abpausvorlage mit 1 gekennzeichneten Hügel zusammen und kleben sie in der Reihenfolge der Buchstaben auf. Die Teile überlagern sich und folgen mit ihren Rundungen genau der Form des Kreises.

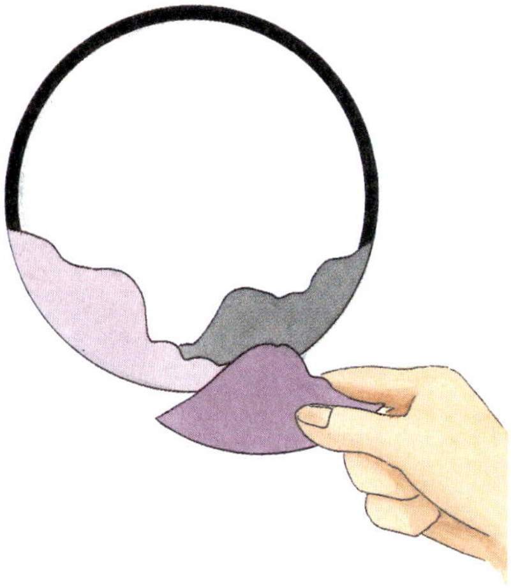

6. Nun drehen wir die Arbeit um und kleben die drei mit 2 gekennzeichneten Hügel nach demselben Prinzip auf die andere Seite.

7. Wir nehmen nun die beiden Baumkronen, legen sie genau aufeinander und kleben ihre oberen Hälften mit etwas Pritt Bastelkleber zusammen. Dann schieben wir den Stamm ein Stück weit zwischen die beiden Kronen und kleben Äste und Baumkronen zusammen.

8. Den nun belaubten Baumstamm schieben wir so zwischen zwei Hügel, daß ein Stück der Krone auf dem Fotokartonring liegt, und kleben den Baum zwischen den Hügeln und am Rand fest.

9. Wir nehmen die Figur des Mädchens und unseren Gardinenrest. Für das Kleid schneiden wir zwei Stücke, die etwa so groß sind wie die Figur, aus dem Stoff und kleben sie mit Pritt Bastelkleber vorne und hinten auf die Figur. Am Hals raffen wir den Stoff dabei etwas zusammen.

10. Zum Schluß zupfen wir noch etwas Watte in die Form von Haaren und kleben sie auf den Kopf des Sterntalermädchens. Nun können wir die Figur mit ihren „Füßen“ zwischen zwei Hügel schieben und dort festkleben.

11. Nun fehlt noch der Sterntalerregen. Dafür schneiden wir von unserem Garn vier unterschiedlich lange Fäden zurecht, bestreichen sie nacheinander mit Pritt Bastelkleber und ziehen sie durch ein Häufchen Silbersterne. Die Sterne bleiben dabei dicht an dicht am Faden kleben.

12. Wenn der Klebstoff getrocknet ist, befestigen wir die sterngeschmückten Fäden mit einem Tropfen Klebstoff über dem Mädchen am oberen Kreisrand. Die Ansatzstellen verdecken wir mit Sternchen und kleben rundherum noch weitere Sterne als Verzierung auf.

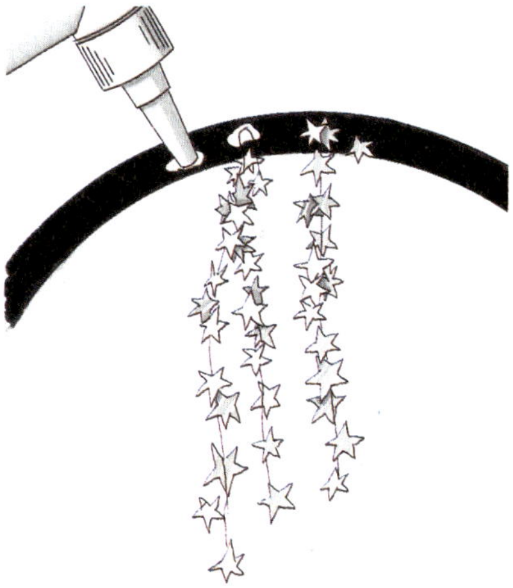

13. Zum Schluß kleben wir noch einige Sterne im Schoß des Mädchens fest und ziehen einen langen Faden als Aufhängung durch den oberen Kreisrand.

Ich hab' dir was mitgebracht

Die hübsche Sitte, daß der Gast dem Gastgeber ein kleines Geschenk als Dank für die Einladung überreicht, ist Gottseidank noch nicht ausgestorben. Gerade Kindern macht es viel Spaß, für die geliebte Oma oder den Opa (oder Onkel und Tanten) kleine Geschenke zu planen und selbst herzustellen. Das brauchen gar keine aufwendigen und teuren Dinge zu sein. Über ein selbstgemaltes Bild oder die leckere Pralinenschnecke wird sich jeder freuen. Wenn das Ganze dann noch liebevoll verpackt ist, wird die Überraschung und Freude um so größer sein. Egal, ob man sechs oder sechzig Jahre ist: ein Geschenk für jemanden zu basteln, den man mag, macht mindestens ebensoviel Spaß, wie etwas geschenkt zu bekommen.

Handabdruck in Gips

- *Gips*
- *Plastikschüssel*
- *Becher*
- *Stock zum Umrühren*
- *1 leere Käseschachtel mit 16 cm Durchmesser*
- *15 cm Paketschnur*
- *Fingerfarben*
- *Pinsel*

Einen solchen Handabdruck herzustellen ist einfach und ein schönes Geschenk für Oma und Opa. Man kann ihn über Jahre hinweg aufbewahren und immer wieder mal nachsehen, wieviel die Hand inzwischen gewachsen ist. Damit wir auch nach langer Zeit noch wissen, wann er gemacht wurde, sollten wir auf die Rückseite des Abdrucks einen Zettel mit Namen und Datum kleben.

1. Wir gießen 1 Becher Wasser in die Schüssel und rühren 2 Becher Gips dazu. Mit dem Stock mischen wir die Masse gut durch und gießen den angerührten Gips in den Boden der Käseschachtel.

2. Nun knoten wir die Paketschnur an den Enden zusammen und drücken den Knoten in den oberen Rand der Gipsmasse. Das wird der Aufhänger. Wir schütteln die Käseschachtel vorsichtig und lassen sie – aus geringer Höhe – auf den Tisch fallen. Dadurch wird die Oberfläche schön glatt.

3. Nun drücken wir die rechte Hand mit gespreizten Fingern in den weichen Gips. Beim Hochheben der Hand müssen wir vorsichtig sein, damit wir den Abdruck nicht verwischen.

4. Während der Gips trocknet, können wir mit den angefeuchteten Fingern rauhe Stellen noch glattstreichen. Den Rand der Schachtel lösen wir vorsichtig von der Form und glätten auch den Rand mit nassen Fingern.

5. Erst wenn der Gips erstarrt ist (ungefähr nach 15 Minuten), lösen wir die Schachtel ganz von der Gipsform.

6. Damit der Handabdruck gut sichtbar ist, malen wir zum Schluß die Gipsplatte mit Pinsel und Fingerfarben an und lassen den Handabdruck weiß.

Papptellerbild

- 1 rechteckiger Pappteller
- Fingerfarben
- Pinsel
- 1 selbstklebender Bilderhaken

Rechteckige Pappteller eignen sich gut zum Bemalen, denn sie haben einen geriffelten Rand, der wie ein Bilderrahmen aussieht. Über ein solches selbstgemaltes Bild wird sich sicher jeder Beschenkte freuen.

1. Wir bereiten das Bemalen des Papptellers vor, indem wir eine Wachsdecke oder Zeitungen auf den Tisch legen und uns einen Malkittel oder ein altes Hemd anziehen.

2. Die Fingerfarben können wir in kleine Joghurtschalen tun und sie – falls sie zu dickflüssig sind – mit etwas Wasser verdünnen.

3. In das Innenfeld des Papptellers malen wir nun unser Bild, zum Beispiel eine kleine Landschaft mit Bergen, Bäumen, Himmel und Sonne. Es kann aber auch etwas ganz anderes sein. Vielleicht ein Schiff oder ein Bild von einem großen Fisch? Jeder kann sich da etwas Tolles einfallen lassen.

4. Der Rand des Papptellers ist zugleich unser Bilderrahmen, und er wird passend zum Bild bemalt.

5. Auf die Rückseite des Bildes kleben wir zum Schluß den Bilderhaken. Dabei achten wir darauf, daß er genau in die Mitte der Seite geklebt wird, da sonst unser Bild später schief hängt.

Gespannte Wollbilder

- 1 rechteckiges Holzbrettchen (Seitenlängen: 20 x 25 cm, 1,5 cm dick)
- 1 dicke, alte Zeitschrift
- 1 Schachtel kleine Nägel (etwa 2 cm lang)
- Hammer
- Wollfäden in verschiedenen Farben
- Schere
- selbstklebender Bilderhaken

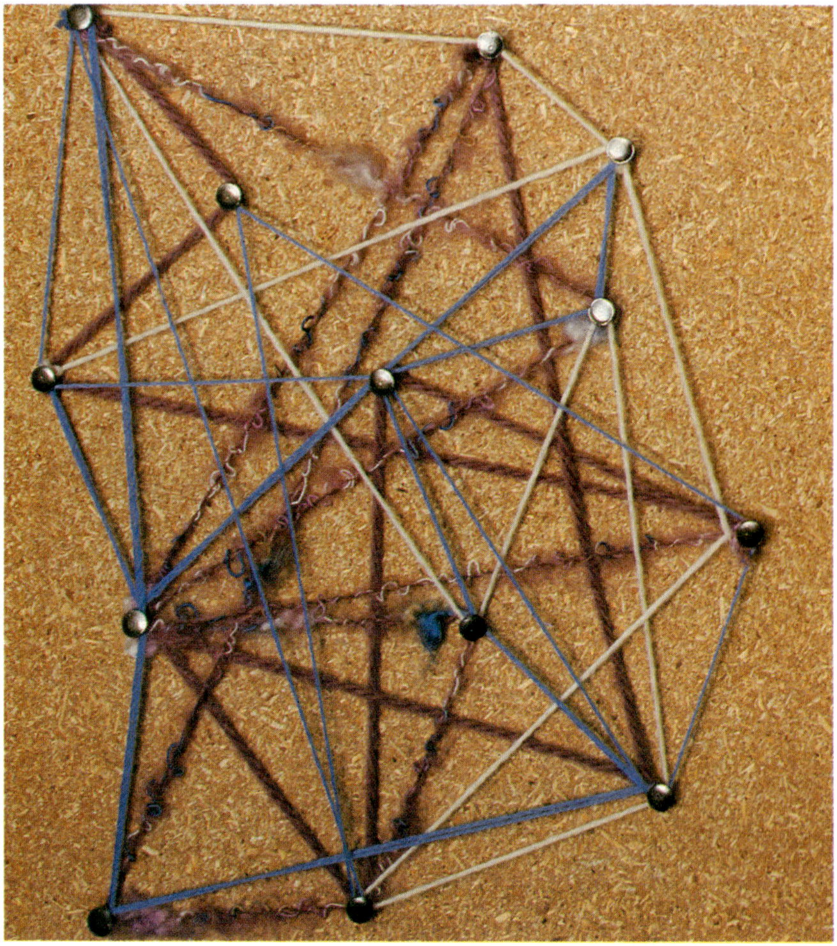

Dies ist eine Bastelarbeit für alle, die gerne mit Hammer und Nägeln umgehen. Dabei muß man aber gut aufpassen, damit man sich nicht auf die Finger klopft! Das Holzbrettchen können wir aus einer Tischlerwerkstatt bekommen, und die Wollfäden finden wir sicher im Nähkästchen oder Wollkorb.

1. Wir legen das Holzbrettchen vor uns auf die Zeitschrift, damit wir beim Nageln nicht aus Versehen den Tisch beschädigen.

2. Die Nägel werden mit dem Hammer soweit in das Holzbrettchen eingeschlagen, bis noch ungefähr 0,5 cm herausstehen. Wir nageln sie über die ganze Fläche des Brettchens verteilt, wobei die Abstände zwischen den Nägeln unterschiedlich sind.

3. Aus der Wolle suchen wir uns 3 oder 4 Farben, die gut zusammenpassen, aus. Nun schneiden wir uns 50–75 cm lange Fäden ab.

4. Beim Spannen beginnen wir immer mit der dunkelsten Farbe. Den dunkelsten Wollfaden binden wir an einem Nagel fest. Dann führen wir den Faden kreuz und quer über das Brettchen. Dabei wickeln wir ihn immer einmal um den Nagel, bei dem wir die Richtung ändern.

5. Ist unser Faden zu Ende, knoten wir ihn an einem Nagel fest und nehmen die nächste Farbe. Dabei achten wir darauf, daß wir mit dem neuen Faden auch „neue Wege" gehen.

6. Beim letzten Wollfaden sollten wir überprüfen, ob wir vielleicht einen Nagel ausgelassen haben. Wenn ja, so können wir das jetzt noch korrigieren.

7. Die so entstehenden Bilder sind Phantasiebilder. Vielleicht könnt ihr eine Blume, ein Haus oder Ähnliches daraus erkennen. Wer mag, kann natürlich auch Gegenstände auf diese Weise abbilden – zum Beispiel einen Schmetterling, wie auf dem Foto zu sehen.

8. Zum Schluß kleben wir die 2 Bilderhaken auf die Rückseite des Bildes.

Krabbelkäfer

- grüner Fotokarton (20 x 25 cm)
- Pauspapier
- Bleistift
- Schere
- grüner Filzstift
- rotes Tonpapier (5 x 10 cm)
- mittelstarker Faden (25 cm)
- Nadel mit großem Öhr
- Pritt Alleskleber

Dieses kleine Mitbringsel ist schnell gebastelt, und alle Kinder haben ihre Freude daran, daß der Käfer auf dem Blatt rauf und runter krabbeln kann.

1. Von Seite 331 pausen wir mit Pauspapier und Bleistift das Blatt auf den grünen Karton. Den Punkt in der Nähe der Spitze und den in der Nähe des Stiels übertragen wir auch, da wir später an diesen Stellen den Faden durchziehen.

2. Wir schneiden das Blatt aus und ziehen mit dem grünen Filzstift die Blattadern nach. Wer will, kann natürlich das Blatt auch ohne Abpausen aufmalen und ausschneiden.

3. Den Marienkäfer pausen wir zweimal vom Musterbogen auf das rote Papier ab. Ein Käfer bleibt unbemalt und wird die Unterseite des oberen Käfers sein. Auf den anderen pausen wir Köpfchen und Mittellinie ab. Die Anordnung und Anzahl der Punkte kann jeder selbst bestimmen.

4. Danach schneiden wir die beiden Käfer aus.

5. Wir nehmen nun den nicht zu dünnen Faden, ziehen ihn durch die Nadel und machen an ein Ende einen Knoten. Wir stechen nun durch den Punkt in Nähe der Blattspitze von unten in das Blatt und ziehen den Faden durch.

6. Etwa in der Mitte des Fadens werden wir den Marienkäfer aufkleben. Dazu bestreichen wir die Unterseite des Käfers mit Kleber und legen den Faden darauf. Der Faden muß jetzt genau auf der Längsachse des Käfers liegen.

7. Den mit Kopf und Punkten bemalten Käfer legen wir – nachdem wir ihn auch mit Kleber bestrichen haben – deckungsgleich darauf. Die beiden Käferhälften kleben nun an dem Faden fest und können mit ihm bewegt werden.

8. Wir stechen mit der Nadel durch den unteren Punkt in der Nähe des Blattstiels, ziehen die Nadel heraus und verknoten das Fadenende.

9. Wenn wir am oberen Ende des Blattes (Blattspitze) am Faden ziehen, krabbelt der Käfer nach oben. Ziehen wir am Fadenende beim Blattstiel, krabbelt er wieder nach unten.

- 2 Faltpapiere (14 x 14 cm)
- Pritt Alleskleber
- Zackenschere
- brauner oder schwarzer Filzstift
- Baumwollfaden (40–50 cm)
- 1 Holzperle
- Nadel
- Pauspapier
- Bleistift
- Rest dünner Pappe
- Schere

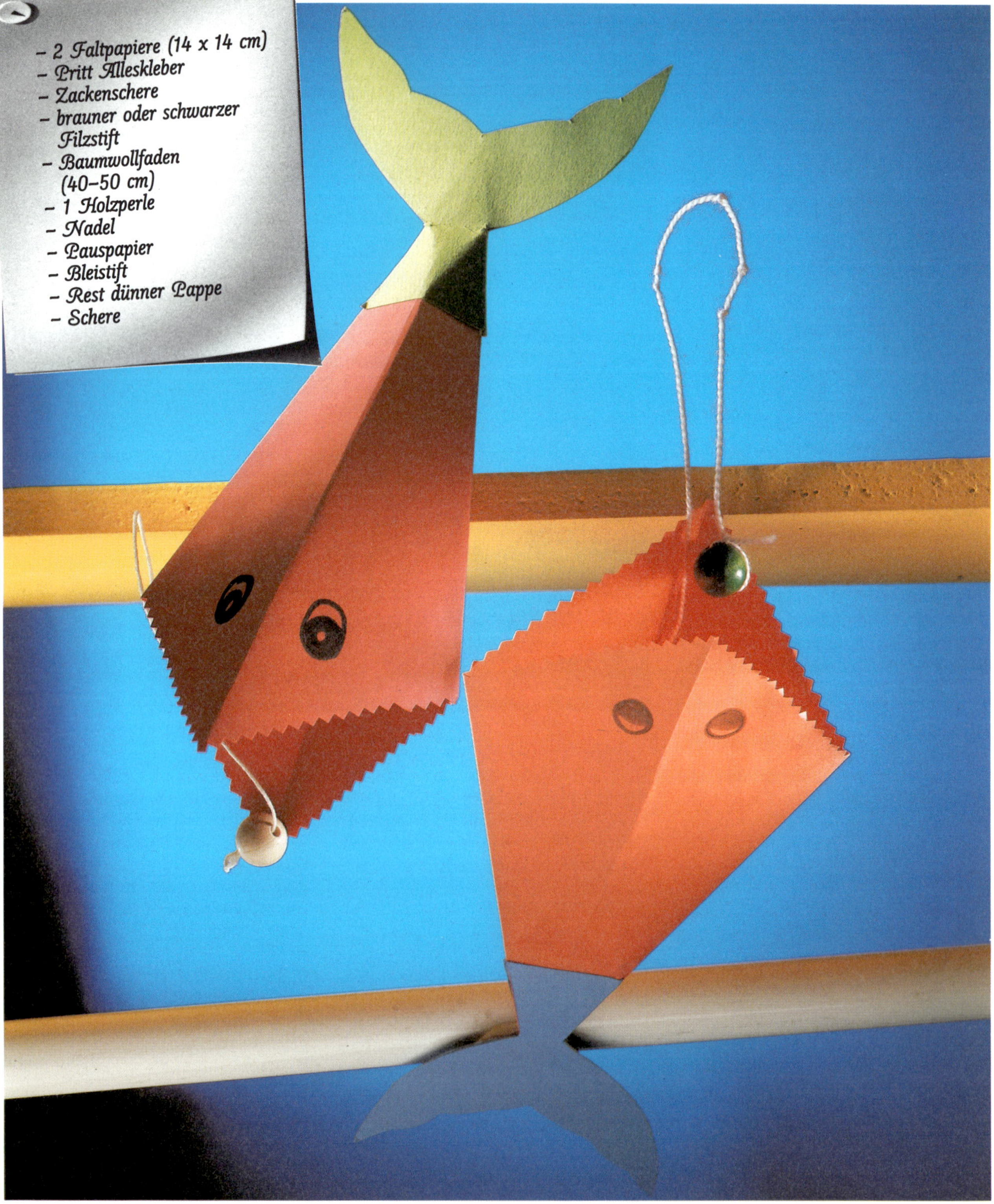

Fangfisch

Wer einen solchen Fisch geschenkt bekommt, muß sicher etwas üben, bevor der Fisch die Perle „verschlingen" kann. Die Länge des Fadens, an dem die Holzperle befestigt ist, sollte dem Alter des beschenkten Kindes entsprechen: für kleinere Kinder etwas kürzer, für größere etwas länger.

1. Wir nehmen eines der Faltpapiere und falten es diagonal Ecke auf Ecke. Nach dem Glattstreichen öffnen wir die Faltung wieder.

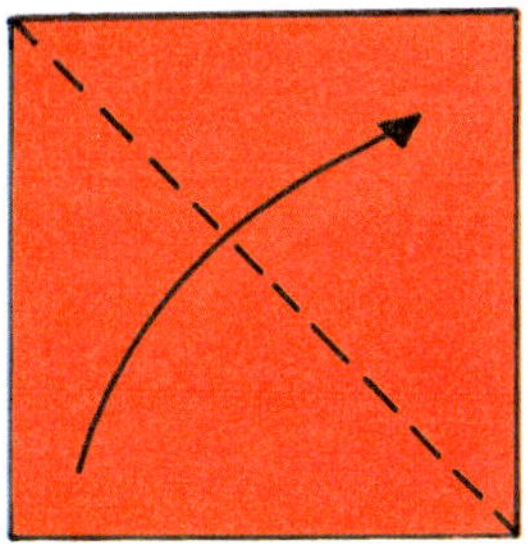

2. Nun falten wir eine Seite und danach die andere an den Mittelknick zu einer Drachen- oder Tütenform.

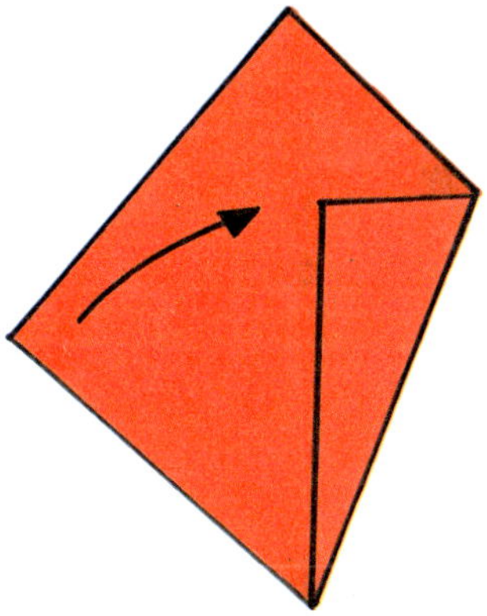

3. Das zweite Faltpapier falten wir auf die gleiche Weise.

4. Wir schieben nun eine „Tüte" in die andere. Unsere Faltarbeit sollte nun aussehen wie auf der Zeichnung.

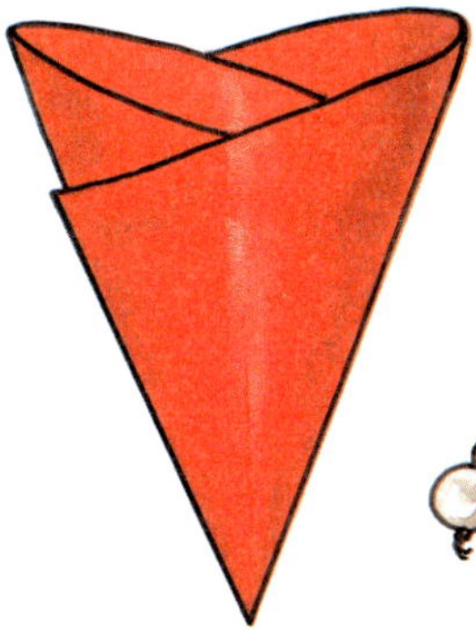

5. Wir kleben nun die beiden Tüten aneinander fest.

6. Mit der Zackenschere schneiden wir von der offenen Spitze des Fisches (Maul) einen schmalen Streifen zu der einen, dann zu der anderen Ecke ab, gerade soviel, daß „Zähne" entstehen.

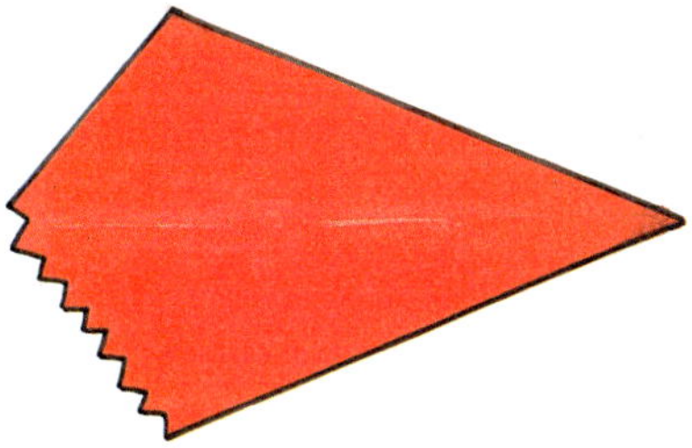

7. Wir malen nun auf den Kopf des Fisches 2 Augen auf. Der Mittelknick hilft uns, sie ganz gleichmäßig aufzeichnen zu können.

8. Als nächstes fädeln wir den Baumwollfaden in die Nadel ein und ziehen die Perle durch. Am Ende des Fadens knoten wir die Perle fest. Danach ziehen wir Nadel und Faden durch das Fischmaul zum spitzen Ende des Fisches heraus.

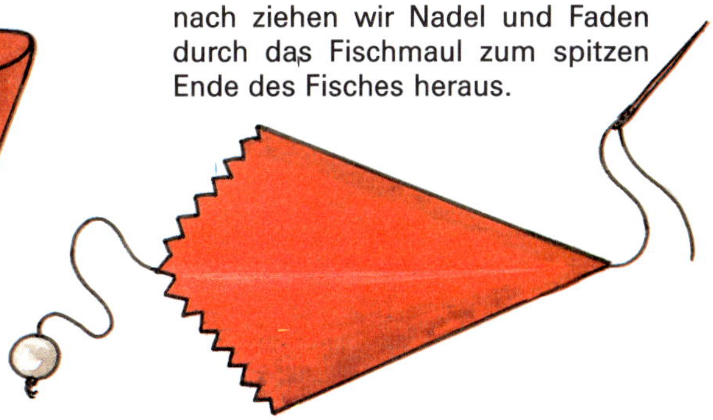

9. Wir entfernen nun die Nadel. Der Faden soll hinten nur wenig aus dem Fisch heraushängen.

10. Um die Schwanzflosse zu basteln, nehmen wir Pauspapier, Bleistift und den Rest dünner Pappe. Wir pausen die Vorlage von Seite 324 zweimal auf die Pappe ab.

11. Mit der Schere schneiden wir die beiden Teile aus. Dann nehmen wir eine Schwanzflosse und kleben das spitze Ende des Fisches darauf. Die zweite Schwanzflosse kleben wir mit dem dazwischen liegenden Fadenende darüber.
Unser Fisch ist fertig und will nun seine Beute – die Perle – schnappen. Wir nehmen ihn in die Hand und drücken leicht die Seiten zusammen. Dadurch öffnet der Fisch sein Maul ganz weit.

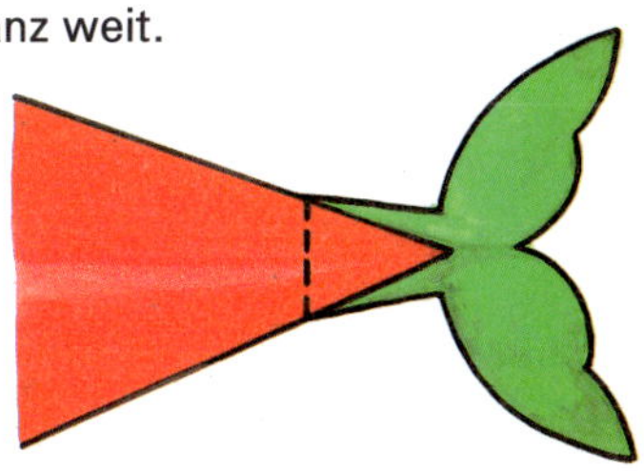

Schachtelmännchen

- runde Papp-Käseschachtel mit Deckel (Durchmesser 11 cm)
- Pritt Bastelkleber
- dicke Filzstifte
- spitze Schere (Nagelschere)
- 1 bunte Holzkugel (Durchmesser 1 cm)
- Zellophanrest (etwa 14 x 14 cm)
- 1 Streifen farbiges Tonpapier

Das Schachtelmännchen frißt am liebsten Holzkugeln, doch es ist gar nicht so einfach, diese in seinen Mund zu praktizieren!

1. Zunächst kleben wir Deckeloberund Deckelunterseite so zusammen, daß die Schachtelöffnungen jeweils außen sind. Wir warten, bis sich die Teile nicht mehr verschieben.

2. Nun malen wir in beide Deckelflächen je ein Gesicht mit einem runden „offenen" Mund (Durchmesser etwa 2 cm).

3. Mit einer kleinen spitzen Schere schneiden wir ein so großes Loch in diesen Mund, daß die Holzkugel zwar mühelos durchfällt, aber noch ein roter Lippenrand übrigbleibt.

4. Jetzt überspannen wir eine Seite des Spiels mit Zellophan, kleben es außen am Schachtelrand fest und schneiden überstehende Reste ab.

5. Bevor die zweite Schachtelseite ebenfalls mit Zellophan verschlossen wird, dürfen wir nicht vergessen, die Holzkugel hineinzulegen, sie sozusagen „einzuschließen"!

6. Zum Versäubern der Zellophanklebestellen schneiden wir uns noch einen 38 x 3,5 cm großen Tonpapierstreifen zurecht und umkleben damit die Schachtelränder.

Wer Lust hat, kann diesen Tonpapierrand mit kleinen, bunten Papierresten verzieren.
Nun kann jeder seine Geschicklichkeit erproben!

Clownbleistift

- Styroporkugel (etwa 5 cm Durchmesser)
- kleines Messerchen
- Bleistift
- Pritt Alleskleber
- Filzstifte
- Wollreste
- Schere
- Kreppapier (15 x 4 cm)

Lustig lächelt er dich an, der Clown auf deinem Bleistift, wenn du etwas schreibst. Und vielleicht macht er in deiner Hand auch ein paar Faxen.

1. Als erstes schneiden wir in die Styroporkugel für den Kopf ein so großes Loch, daß der Bleistift hineinpaßt, und kleben ihn fest. Damit können wir die Kugel für die weiteren Arbeiten gut festhalten.

2. Jetzt bekommt der Clown mit Filzstift ein lustiges Gesicht aufgemalt. In der Abbildung unten wird es gerade gemalt. Die freien Flächen um die Augen, die Nase und den Mund kann man mit orangefarbenem Filzstift ein wenig wie Haut tönen.

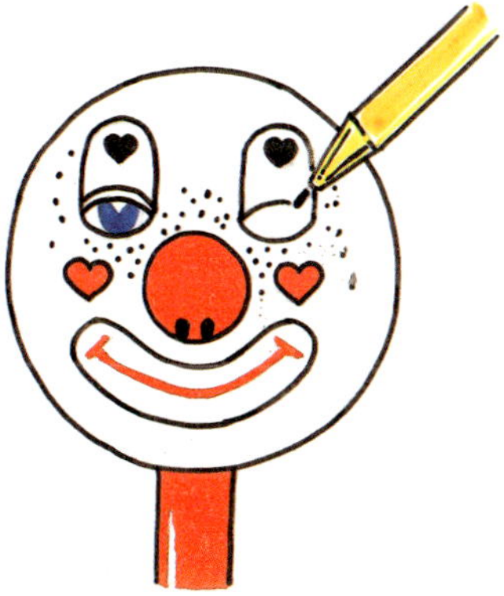

3. Aus einem Rest Wolle, er darf ruhig kräftig rot sein, schneiden wir viele, rund 5 cm lange Schnipsel ab – das sind die Haare für den Clown.

4. Etwa auf der Mittellinie der Kugel tragen wir Kleber auf und kleben die Wollschnipsel dicht nebeneinander.

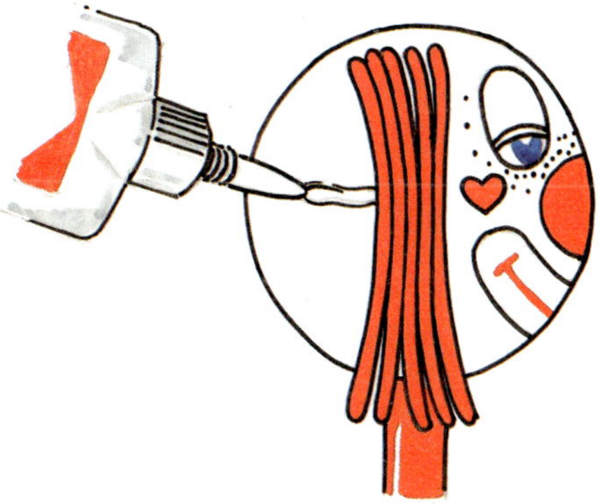

5. Zum Schluß falten wir das Kreppapier einmal längs und knoten es als Halsschleife unter der Kugel um den Bleistift. Ein Tropfen Kleber befestigt sie noch.
Sieht er nicht lustig aus, unser Clown? Wer ihn bekommt, der malt bestimmt gerne.

Fesselballon

So ein Fesselballon „landet" bestimmt bei jedem. Kommt einer als Geschenk angeschwebt, mit kleinen Spielsachen und Süßigkeiten gefüllt, kann die Ladung geleert und der Ballon im Raum aufgehängt werden.

1. Für den Ballon schneiden wir aus dem Tonpapier 2 Kreise aus, die einen Durchmesser von 18 cm haben. Ein Dessertteller hat ungefähr dieses Maß und dient uns als Schablone zum Zeichnen der Kreise. Dann schneiden wir die Kreise aus und kleben sie zusammen.

2. Wir dekorieren den Ballon nach Belieben mit den Aufklebern. Die Muster können auch mit Filzstiften aufgemalt werden. Anregungen dazu finden wir auf dem Foto.

3. Für die Gondel zeichnen wir mit Hilfe des Lineals ein Quadrat von 16 x 16 cm auf den Tapetenrest und schneiden es aus. Dann falten wir das Quadrat 2mal diagonal Ecke auf Ecke. Nach jedem Faltgang öffnen wir es wieder zum Quadrat.

4. Jetzt falten wir nacheinander die 4 Ecken bis zum Mittelpunkt.

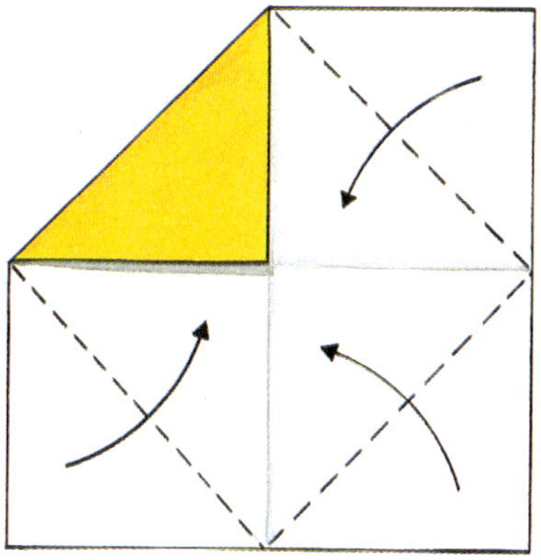

5. Wir öffnen diese Faltungen nicht, sondern falten die gegenüberliegenden Seiten nacheinander bis an die Mittellinie und streichen den Knick glatt. Dann falten wir diese beiden Seiten auf und legen die beiden anderen Seiten ebenfalls bis an die Mittellinie. Wenn wir auch diese Faltung glattgestrichen haben, machen wir unser Quadrat wieder auf.

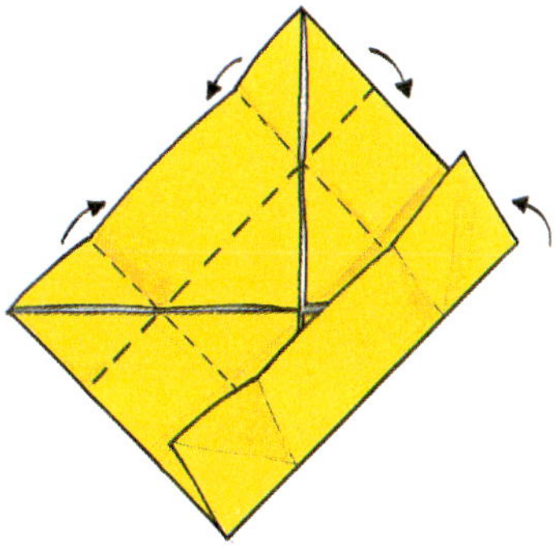

6. Um eine Gondel falten zu können, schneiden wir das Quadrat 4mal ein. Die roten Linien auf der Zeichnung zeigen an, wie wir schneiden müssen.

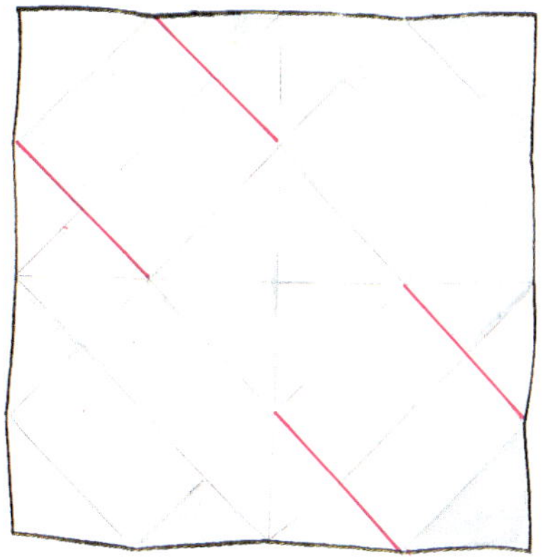

7. Die rechte und die linke Ecke legen wir an den Mittelpunkt.

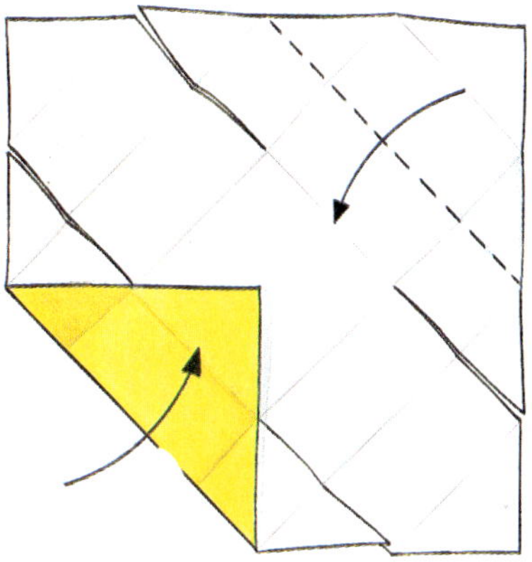

8. Die auf der Zeichnung schraffiert dargestellten Teile werden senkrecht zum Schachtelboden hochgestellt. Die eingeschnittenen Ecken dieser Teile werden nach innen geklappt und stehen hintereinander (siehe Pfeilrichtung auf der Zeichnung).

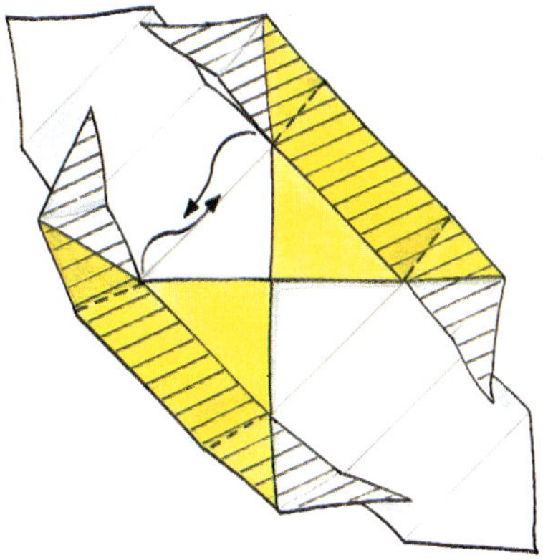

9. Die überstehenden Ecken werden nun nacheinander über den hochstehenden Rand zum Mittelpunkt gelegt. Die Ränder der Schachtel werden noch einmal geknifft. Die 4 Ecken treffen alle im Mittelpunkt zusammen und sollten mit etwas Klebstoff festgeklebt werden.

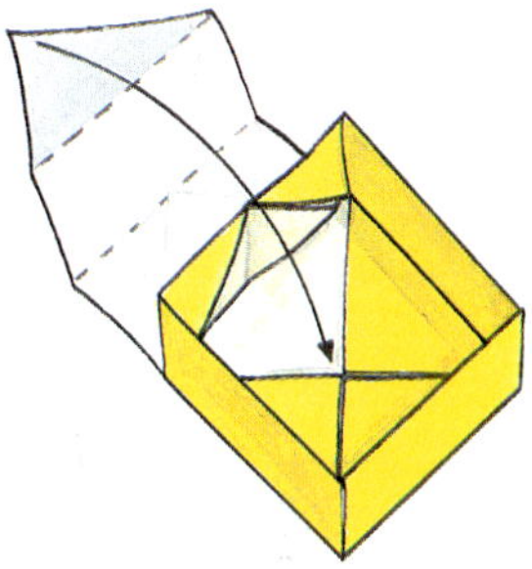

10. Eine richtige Gondel braucht auch Sandsäcke. Dazu kleben wir außen an jede Seite der Schachtel ein Bonbon an.

11. Nun müssen wir unsere Gondel noch mit dem Ballon verbinden. Durch die 4 Ecken der Gondel ziehen wir 4 gleichlange Fäden. Das eine Ende des Fadens verknoten wir am Schachtelrand. Die Nadel mit dem anderen Ende des Fadens schieben wir in den Ballon – ungefähr 0,5 cm vom Rand entfernt – und ziehen den Faden durch. Alle vier Fäden werden durch dasselbe Loch im Ballon gezogen und dann verknotet.

- 1 Bogen blaues Tonpapier (etwa 40 x 40 cm)
- helles und dunkles Pauspapier
- Bleistift
- 1 Blatt grünes Faltpapier (17 x 17 cm)
- Lineal
- Pritt Bastelkleber
- 1 Streifen schwarzes Tonpapier (11 x 25 cm)
- schwarzer Filz- oder Buntstift
- Reste von farbigem Ton- oder Faltpapier
- Wäscheklammer
- 1 Streifen Kreppapier (25 x 60 cm)
- 1 Stück Geschenkband

Schultüte

Als kleine Anregung ist solch eine selbstgemachte Schultüte für all diejenigen gedacht, die für Kinder, Paten- oder Enkelkinder etwas Hübsches zum 1. Schultag basteln wollen. Wer nur die Grundform vom Vorlagebogen übernimmt, kann die Tüte natürlich auch ganz nach eigenen Ideen gestalten.

1. Vom großen Vorlagebogen übertragen wir den Tütenumriß mit der gestrichelten Linie auf das blaue Tonpapier und schneiden diese Grundform sorgfältig aus. Dann legen wir sie vorerst beiseite.

2. Jetzt stellen wir die Wiese her. Dazu falten wir das grüne Papierquadrat diagonal auf die Hälfte zusammen. Die beiden Spitzen an der offenen Seite falten wir anschließend zur langen Dreieckseite herüber; beide Schnittkanten des Papiers müssen also genau auf dieser langen Faltkante liegen.

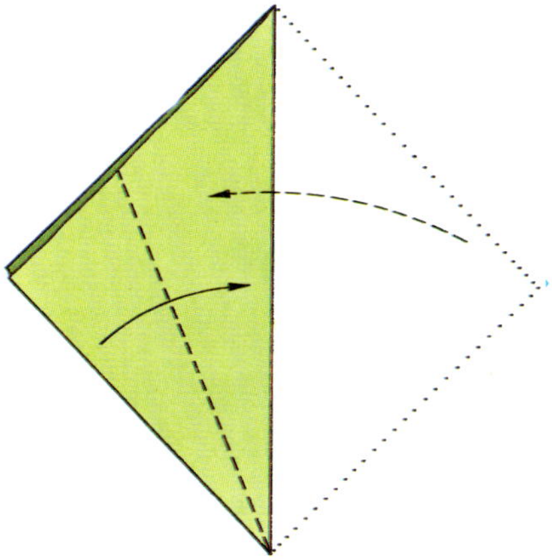

3. An der neu entstandenen Faltkante messen wir mit dem Lineal von der unteren Spitze aus genau 16 cm ab. Mit dem Bleistift verbinden wir diesen Punkt in einem leichten Bogen mit den zwei obenaufliegenden Ecken an der rechten Seite. Wir halten anschließend mit der linken Hand die Faltform fest und schneiden entlang der Bleistiftlinie den oberen Teil ab. (Wenn wir das Papier auffalten würden, erhielten wir einen Viertelkreis.)

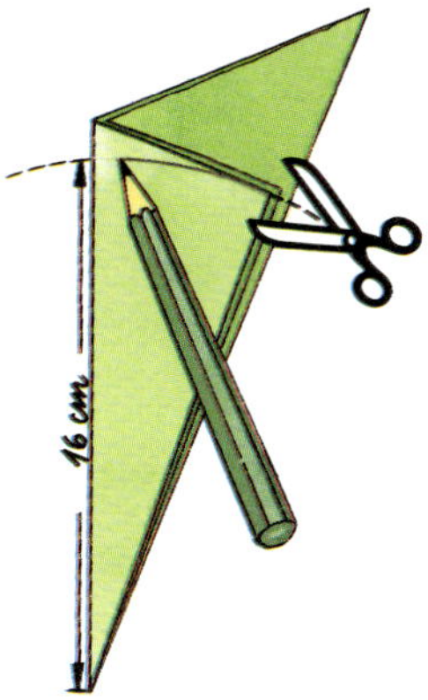

4. An der Rundung der zusammengefalteten Form schneiden wir mehrere etwa 2-3 cm lange Spitzen aus. So entsteht unsere grüne Wiese.

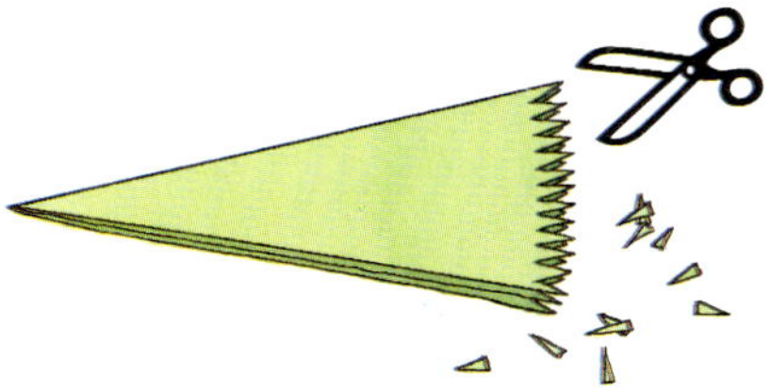

5. Wir klappen sie auseinander, streichen sie gut glatt, geben Pritt Bastelkleber auf eine Seite und kleben sie genau auf die untere Spitze unserer blauen Tütengrundform. Schließlich verlängern wir noch die gestrichelte Linie mit wenigen Punkten auf dem grünen Papier bis zur Spitze.

6. Um die Figuren herzustellen, messen wir auf dem schwarzen Papierstreifen von einem Ende aus 5 cm ab und falten ihn dann mit diesem Abstand viermal ziehharmonikaartig hin und her. Das Papier liegt dann in fünf Schichten übereinander.

7. Auf die obere Schicht übertragen wir mit hellem Pauspapier die Vorlage für das Pärchen, das sich an den Händen hält (Seite 246). Die gestrichelte Mittelachse jeder Figur muß dabei genau auf den Faltkanten liegen.

8. Vorsichtig schneiden wir durch alle Schichten gleichzeitig die Umrisse aus und streichen dann die Figurenreihe glatt. Den halben Mann und die halbe Frau an den Enden schneiden wir ab. Die beiden verbleibenden Pärchen trennen wir an den Händen in der Mitte durch.

9. Dann kleben wir beide Paare so oben an die Wiese, daß die äußeren Füße vom rechten und linken Tütenrand mindestens 1-2 cm entfernt sind. In der Mitte stoßen die Figuren mit den Füßen fast zusammen.

10. Bevor wir uns jetzt den Ballons zuwenden, zeichnen wir mit einem schwarzen Filzstift jeweils eine oder zwei aufstrebende Schnüre an die hochgereckten Hände der beiden Pärchen.

11. Aus bunten Papierresten schneiden wir anschließend so viele verschiedene Ballons aus wie Befestigungsschnüre vorhanden sind. Wer will, kann die Vorlagezeichnungen zur Hilfe nehmen. Die Ballons kleben wir in bunter Reihenfolge oben an die Schnüre.

12. Endlich können wir die Grundform zur Tüte zusammenkleben. Wir streichen Pritt Bastelkleber in das von der gestrichelten Linie abgegrenzte schmale Feld und legen die andere gerade, lange Kante darüber. Bis der Klebstoff angetrocknet ist, müssen wir die Tüte gut zusammenhalten. Am oberen Rand hilft uns zusätzlich eine Wäscheklammer.

13. Wenn die Tüte gut von allein zusammenhält, streichen wir an der Innenseite, unterhalb des Bogenrandes, eine gerade Klebstofflinie auf das Papier und kleben den Streifen Kreppapier rundherum in der Tüte fest. Anfang und Ende sollen sich ruhig ein Stück überlappen.

14. Zuletzt halten wir unser Kreppapier oben mit einem farblich passenden Geschenkband zusammen – natürlich erst, nachdem die Tüte mit allerlei Überraschungen gefüllt worden ist.

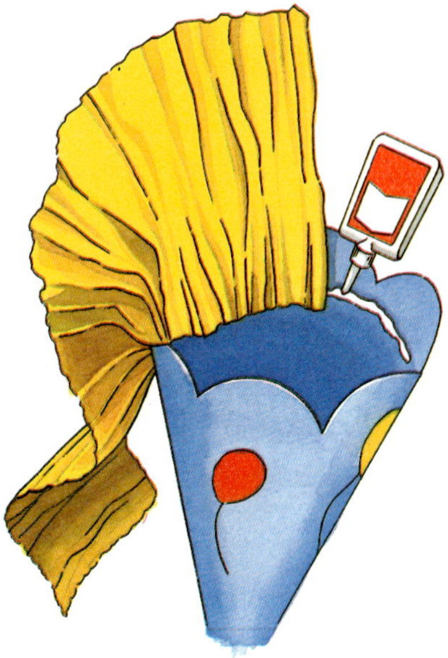

Abpausvorlagen

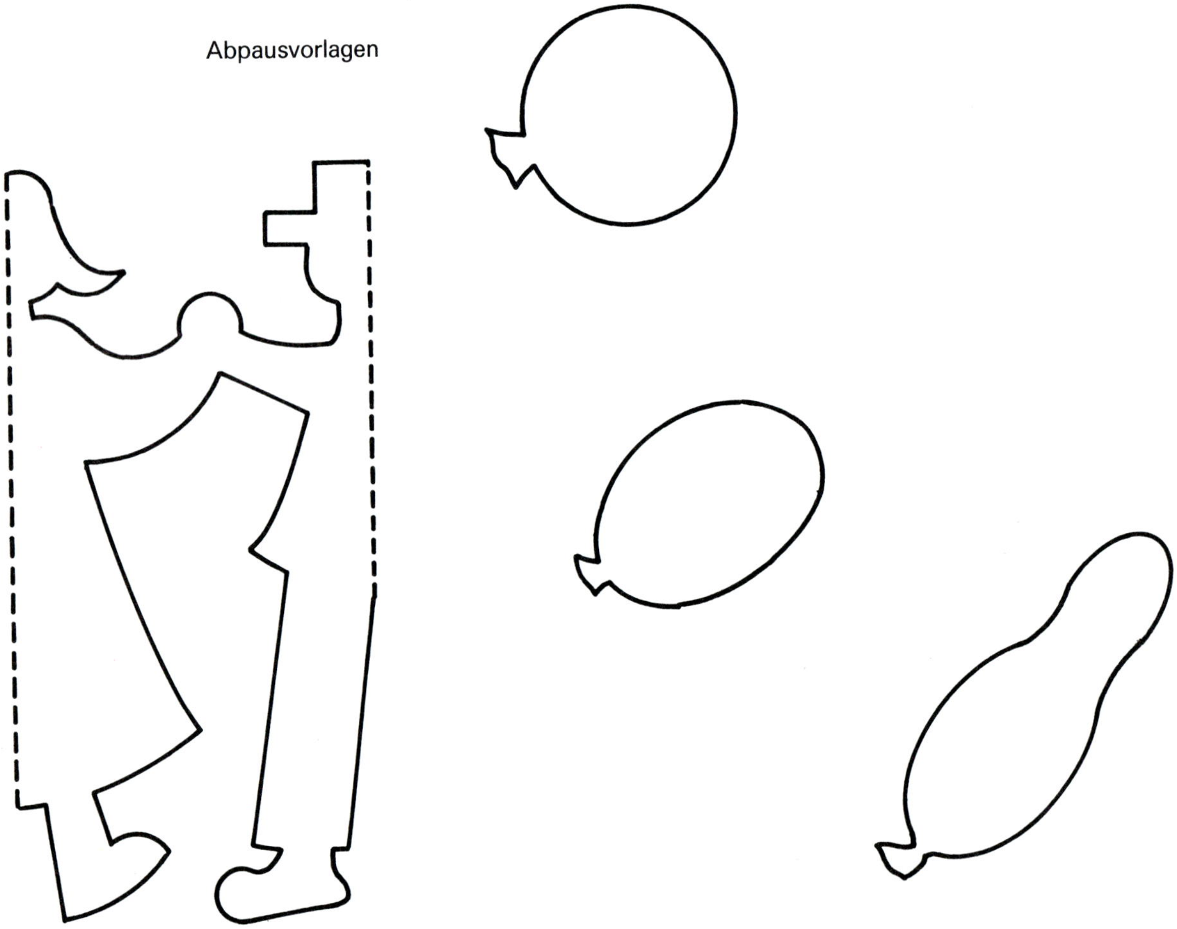

Bleistifteule

- 1 leere Klopapierrolle
- Schere
- Bleistift
- Lineal
- Pauspapier
- Pritt Alleskleber
- braunes, weißes, schwarzes und orangefarbenes Buntpapier
- Bürolocher
- 1 Stück farbiger Karton

Diese lustige Bleistifteule ist schnell gebastelt und eine Zierde für jeden Schreibtisch.

1. Zunächst wird die Rolle mit braunem Buntpapier überzogen. Dazu zeichnen wir mit dem Bleistift und dem Lineal ein 14 x 17 cm großes Rechteck auf das braune Buntpapier und schneiden es aus. Dann streichen wir die Rolle mit Klebstoff ein und überziehen sie so, daß das Papier an einem Ende genau mit der Rolle abschließt.

2. Den überstehenden Rand schneiden wir im Abstand von etwa 2 cm bis zur Rolle hin ein und kleben die Streifen an der Innenseite fest.

3. Danach übertragen wir die nebenstehenden Formen für die Augen, die Ohren, die Flügel, die Füße und den Schnabel mit Pauspapier auf das jeweilige Buntpapier und schneiden sie aus. Die Pupille lochen wir mit dem Bürolocher aus schwarzem Buntpapier und kleben sie in die Mitte des Auges.

4. Nun werden die Augen, die Ohren, die Flügel und die Füße an den gestrichelten Linien eingeschnitten und die Streifen nach außen gerollt.

5. Jetzt werden die Teile an der Rolle wie auf dem Foto festgeklebt.

6. Zum Schluß schneiden wir einen Kreis (7 cm Durchmesser) aus farbigem Karton aus und kleben ihn an der Unterseite fest.

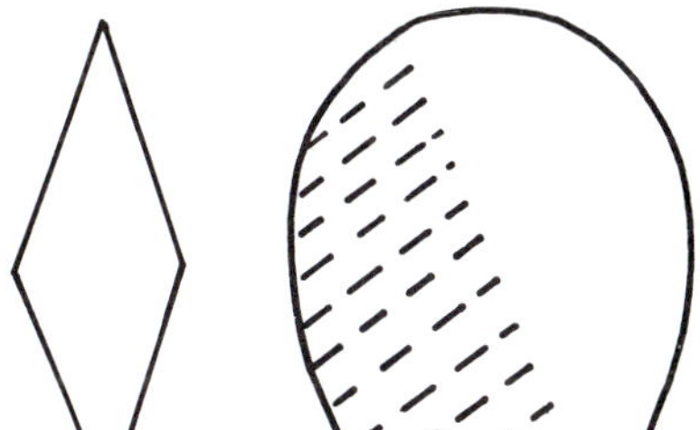

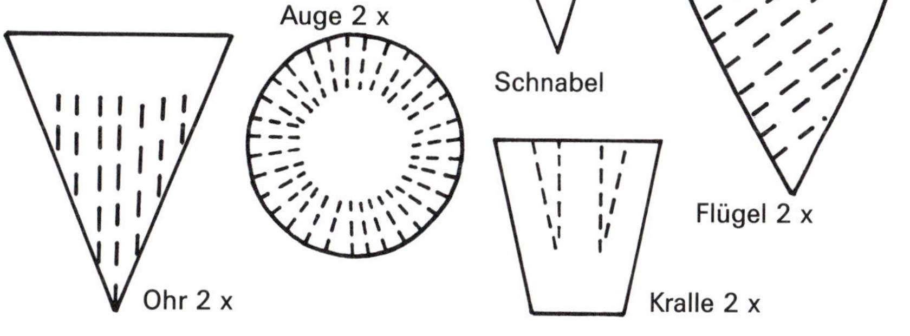

Abpausvorlagen

Süße Biene

- leere Toilettenpapierrolle
- Pauspapier
- Bleistift
- braunes, gelbes und weißes Kreppapier
- Pappe
- Pfeifenputzer
- Schere
- Pritt Alleskleber
- Lochzange
- Wollrest
- Stopfnadel
- Lineal

Zur Frühlings- und Sommerzeit könnte diese Biene ein kleines Geschenk enthalten, zum Beispiel ein selbstgemaltes Bild, das zusammengerollt wird, eine Haarspange, Knetmasse, Seifenblasen, Murmeln oder auch mal einen Geldschein. Nachdem das Geschenk herausgenommen worden ist, dient die Biene als Raumdekoration.

1. Zunächst schneiden wir nur ein 22 x 20 cm großes Rechteck aus braunem Kreppapier aus.

2. Dieses Rechteck kleben wir so auf die Toilettenpapierrolle, daß links und rechts das Papier etwa 5 cm übersteht. Es wird später wie ein Bonbonpapier gedreht und nach innen gesteckt.

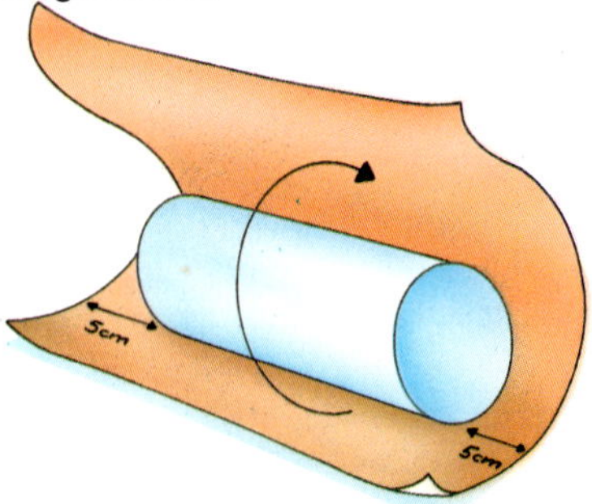

3. Nun schneiden wir drei 1,5 cm breite und 17 cm lange Streifen aus gelbem Kreppapier. Sie können auch einfach nach Augenmaß geschnitten werden.

4. Die Streifen kleben wir auf den braunen Körper der Biene. Anfang und Ende treffen sich jeweils an der Nahtstelle des braunen Kreppapiers und werden dort etwas übereinander geklebt.

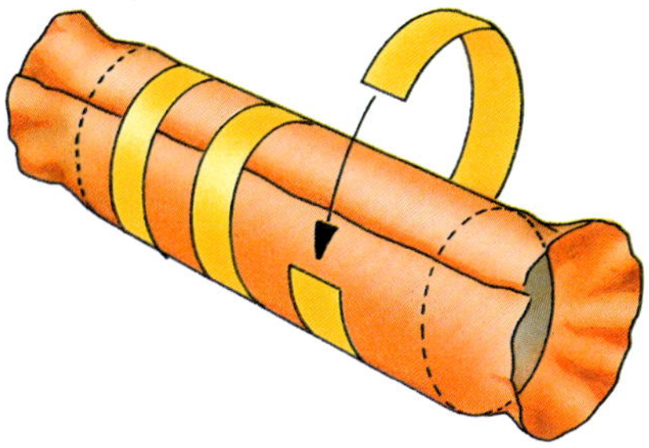

5. Nun pausen wir die 2 Flügel von Seite 334 auf ein Stück Pappe ab und schneiden sie aus.

6. Beide Flügel kleben wir auf weißes Kreppapier. Beim Auftragen des Klebstoffs achten wir darauf, daß die Flügelspitzen nicht beklebt werden. Wenn sie etwas abstehen, gibt dies der Biene Leichtigkeit und Bewegung.

7. Wie in der Abbildung kleben wir die Flügel auf den Rücken der Biene, das heißt: die Nahtstellen des Kreppapiers sind am Bauch.

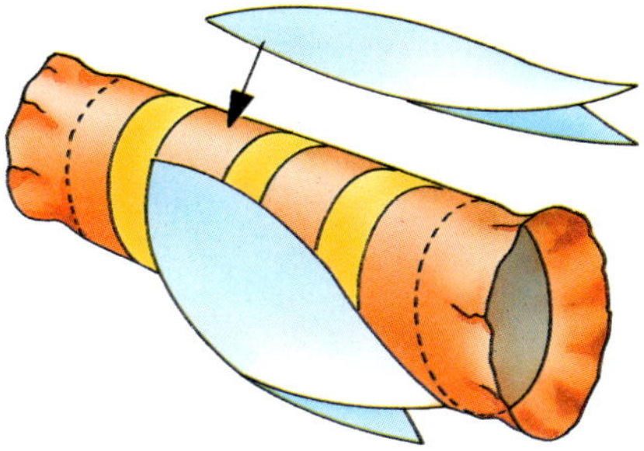

8. Mit der Lochzange zwicken wir 2 Löcher für die Fühler in das Rollenende, wo die Flügel näher zusammen sind. Auch für die Aufhängung lochen wir 2 Löcher in den Rücken. Dabei achten wir darauf, daß wir gleichzeitig die Toilettenpapierrolle und das aufgeklebte Kreppapier durchlochen.

9. Wir schneiden 15 cm vom braunen Pfeifenputzer ab. Durch das rechte Loch stecken wir ihn ins Innere des Körpers, durch das linke wieder heraus. Wir ziehen die beiden „Fühler" gleich lang.

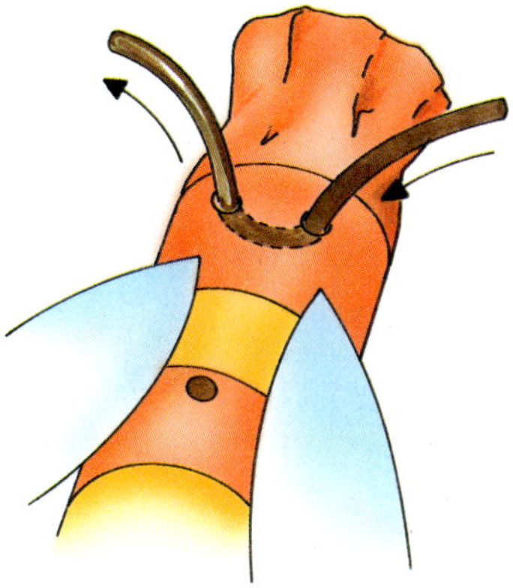

10. Aufhängung: Wir fädeln den Wollfaden dazu in eine Stopfnadel ein, führen ihn zum vorderen Loch hinein, zum hinteren heraus. Die beiden Enden verknoten wir in beliebiger Höhe miteinander.

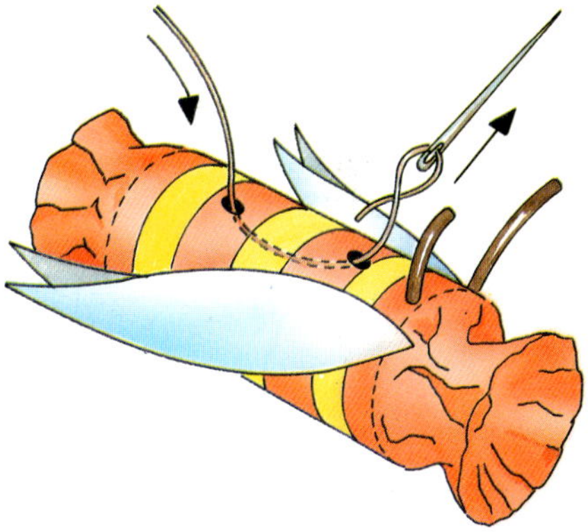

11. Zum Schluß füllen wir die Biene mit unserem gewählten Inhalt. Mit einer leichten Drehung stecken wir das überstehende Kreppapier ins Innere der Biene.

MINT

Lustige Ideen für kleine Geschenke

- Packpapier (auch Ton- oder Glanzpapier)
- Pritt Bastelkleber
- Schere
- Geschenkband
- Klebeband
- schwarzer Stift
- Geschenk

Ist sie nicht hübsch, die kleine Maus? Wer denkt da beim Betrachten noch an das, was in ihr steckt? Die Verpackung ist denkbar einfach, und nach diesem Muster lassen sich noch viele andere Ideen verwirklichen. Wie wäre es zum Beispiel mit einem Buntstift für einen Schulanfänger, einem Clown für die Karnevalsfeier oder einer Kerze als Adventsgeschenk? Sicher fällt dir noch viel mehr ein!

1. Wir schneiden das Packpapier je nach Größe der Schachtel für das Geschenk zurecht.

2. Dann kleben wir die Längsseiten des Packpapiers zusammen.

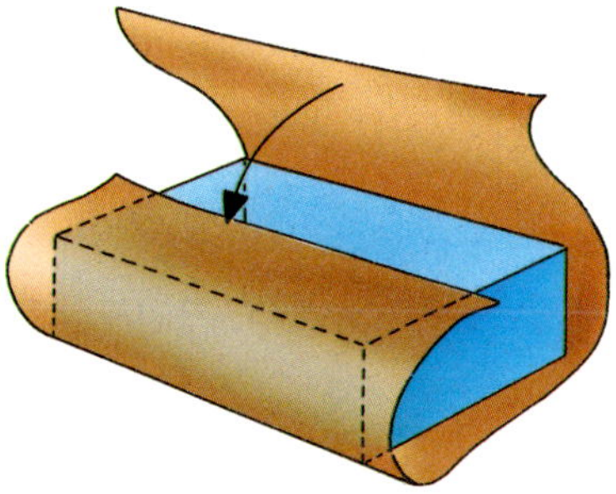

3. Jetzt falten wir den auf der Unterseite überstehenden Rand an den Kanten nach unten.

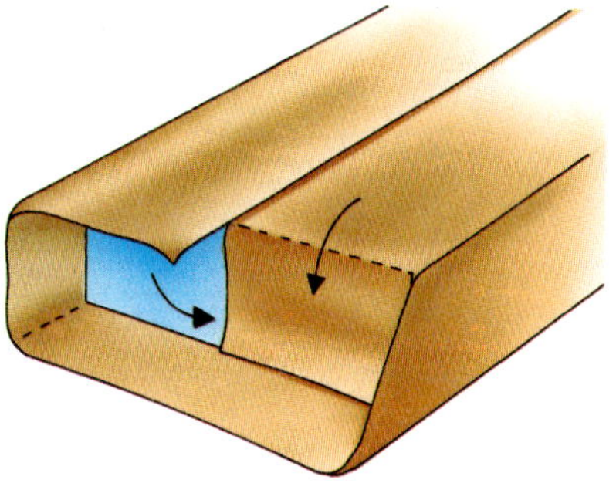

4. Den nun untenliegenden, überstehenden Rand der Oberseite falten wir zu einer Spitze und knicken diese auf die Unterseite des Geschenks, wo wir sie festkleben.

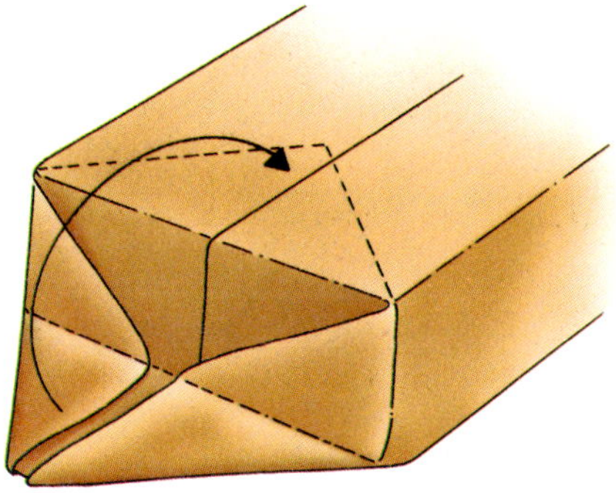

5. An der anderen Schmalseite lassen wir die Spitze waagerecht abstehen und kleben sie von unten so fest, daß sie sich nicht auseinanderfaltet. Dies ergibt den Mäusekopf.

6. Am hinteren Ende des Päckchens befestigen wir etwas Kräuselband als Schwanz mit dem Klebeband.

7. Aus einem Rest des Packpapiers schneiden wir 2 Mauseohren und kleben sie so auf, daß sie etwas abstehen.

8. Jetzt malen wir der Maus noch 2 große Augen und 1 schwarze Stupsnase, und schon ist sie fertig. Es können auch noch Barthaare angeklebt werden.
Auf die gleiche Weise können wir auch die anderen Verpackungen auf dem Foto anfertigen. Die Ohren, Füße oder Flossen basteln wir nach eigener Phantasie.

- Pauspapier
- Bleistift
- roter oder orangefarbener Tonkarton (10 x 25 cm)
- Schere
- 1 kleiner Luftballon
- Pritt Alleskleber
- gelber und brauner Tonkarton
- gelbes, grünes und braunes Kreppapier (4,5 cm breite Streifen)
- Zwirn

Luftballonvogel

Ob als Dekoration für Feste, als krönendes I-Tüpfelchen für ein Geschenk oder als Männchen zum Aufstellen oder Anhängen, diese lustige Luftballonbastelei macht viel Spaß und ist ganz einfach zu basteln. Auch die Kleinsten können es schon und brauchen eigentlich nur beim Verknoten des Ballons etwas Hilfe.

Die Anleitung beschreibt die Herstellung eines Vogels, aber das Männchen kann natürlich auch ganz anders aussehen (Hut, Haare, Ohren, Schleife, Ohrringe, rote Backen, Brille und, und, und ...). Wichtig ist, daß wir den Luftballon nur bekleben und nicht bemalen, da verschiedene Arten von Stiften die Gummihaut des Ballons auflösen können. Wir wollen ja nicht, daß unserem Männchen nach ganz kurzer Zeit schon die Puste ausgeht!

1. Die Füße und der Schnabel werden von Seite 326 auf den Tonkarton gepaust und ausgeschnitten.

2. Der Schnabel wird an den Faltlinien nach innen geknickt. Der schmale Streifen in der Mitte ist unser Klebestreifen.

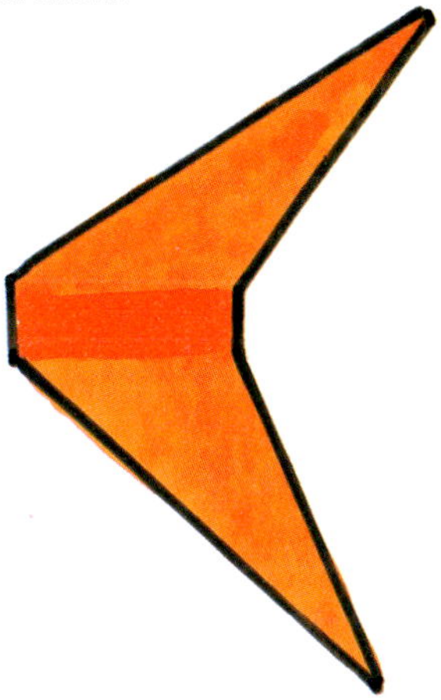

3. Einen kleinen Luftballon blasen wir nicht allzu stark auf und verknoten ihn. Aus dem Knoten und dem abstehenden Ende wird nachher der Schwanz.

4. Leicht schräg zum Knoten werden die Füße angeklebt. Bis der Klebstoff trocken ist, müssen wir den Ballon und die Füße gut festhalten.

5. Schräg oben kleben wir den Schnabel an (gut trocknen lassen!).

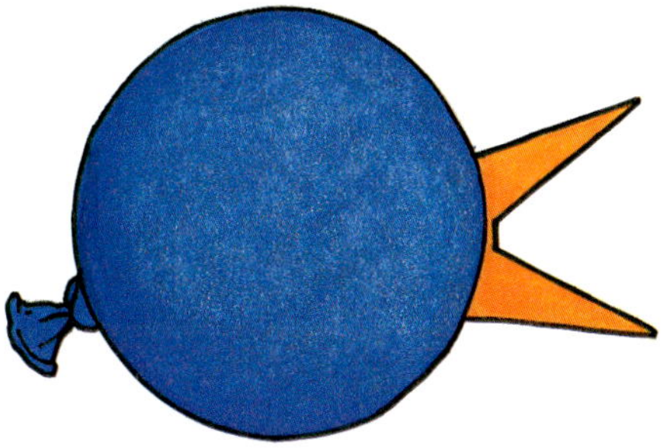

6. Wir schneiden die Augen aus gelbem und braunem Tonpapier aus und kleben das kleine braune Stück Tonkarton auf das größere gelbe.

7. Für die Wimpern brauchen wir 2 Stücke braunes Kreppapier, jeweils 4,5 cm breit und 5 cm lang. Das Kreppapier wird nun bis ungefähr 1 cm vom oberen Rand an der längeren Seite eingeschnitten.

8. Die Augen werden umgedreht und das Kreppapier mit der eingeschnittenen Seite nach oben (außen) angeklebt.

9. Nachdem wir die Augen wieder umgedreht haben, biegen wir die Wimpern etwas nach vorne. Augen mit Wimpern kleben wir rechts und links vom Schnabel auf den Ballon (gut festhalten!).

10. Für den Schwanz nehmen wir 1 Streifen Kreppapier mit 4,5 cm Breite und 25 cm Länge. Wie schon bei den Wimpern, wird auch dieser Streifen eingeschnitten und zusammengelegt (nicht gerollt!). Mit dem Zwirnsfaden binden wir den Streifen zusammen.

11. Mit der eingeschnittenen Seite nach oben wird das Kreppapier am Luftballonknoten festgebunden. Der Schwanz ist fertig.

12. Den Kopfpuschel stellen wir ebenfalls aus einem Kreppapierstreifen her (Anleitung bei Punkt 10). Das kleine Ende wird flachgedrückt, und mit dieser Fläche kleben wir den Puschel oben auf den Kopf (wieder gut festhalten!).

Drachen für den Herbst

Dieser Drachen ist ein schönes Geschenk für alle großen und kleinen Kinder. Wenn alle Angaben genau befolgt werden, wird es bestimmt keine Enttäuschungen geben.

1. Wir beginnen mit dem Holzkreuz. Wir sägen mit der kleinen Säge 1 cm von den Enden der langen Leiste entfernt rundherum eine Rille in das Holz. Wir benötigen sie, um später die Spannschnur daran sicher zu befestigen. Bei der flachen Leiste reichen jeweils zwei tiefe, seitliche Kerben.

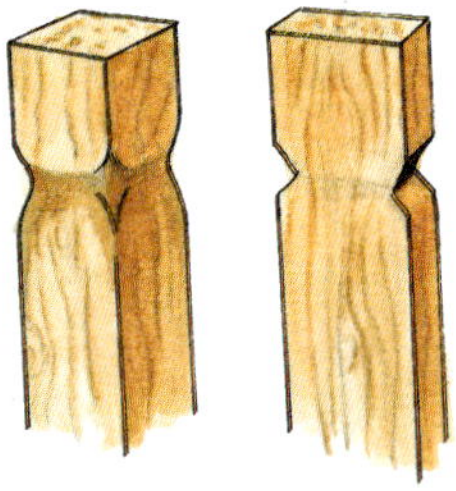

2. Wir messen an der langen Leiste 40 cm von einem Ende aus ab und markieren die Stelle mit Bleistift. An der flachen Querleiste markieren wir genau die Mitte (bei 52,5 cm). Quer- und Längsleiste legen wir jetzt überkreuz, so daß die beiden Markierungen genau aufeinanderliegen und sich vier rechte Winkel ergeben.

3. An diesem Kreuzungspunkt binden wir die beiden Leisten mit etwas Spannschnur zusammen, doch vorher geben wir zur Stabilisierung noch etwas Pritt Bastelkleber an diese Stelle.

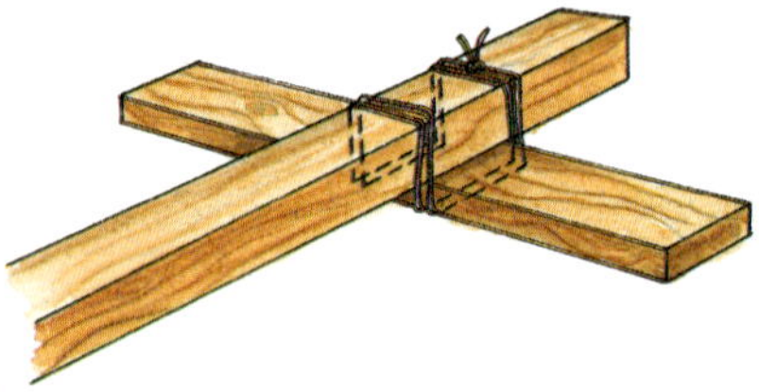

- 1 hölzerne Vierkantleiste (10 x 10 mm, 1,30 m lang)
- 1 hölzerne Flachleiste (4 x 12 mm, 1,05 m lang)
- kleine Säge oder Messer
- Metermaß, Bleistift
- Pritt Bastelkleber
- 1 Spannschnur (etwa 1 mm stark, 3,50 m lang)
- Drachenpapier oder Tyvek (120 x 150 cm)
- Schere
- 1 kleiner Metallring (etwa ∅ 15 mm)
- 1 Steigleine mit Spindel
- 1 Paketschnur (etwa 4,50 m)
- 25 Blätter buntes Drachenpapier (etwa 25 x 25 cm)
- Locher

4. Damit wir das Papier gut befestigen können, ziehen wir jetzt die Spannschnur rund um das Gestell von einem Leistenende zum anderen. Dabei wickeln wir den Bindfaden einige Male an den Einkerbungen um das Holz und binden ihn mit einem Knoten fest. Man muß jedoch darauf achten, daß man ihn nicht so straff spannt, daß sich das gesamte Holzkreuz schräg verzieht.

5. Als Bespannung können wir Drachenpapier oder Tyvek nehmen. Ersteres weicht bei Nässe leicht durch. Tyvek ist da nicht empfindlich. Wir legen das Gerüst so auf die linke Seite des Papiers, daß die kurze Querleiste unten liegt. Dann schneiden wir das Papier so zu, daß es an allen Seiten etwa 4 cm über die Bespannung hinaussteht. Das wird der Klebesaum. Wir bestreichen ihn gut mit Pritt Bastelkleber, klappen ihn um die Schnur und befestigen so das Papier an dem bespannten Grundgerüst. Überstehendes Papier an den Ecken kann man noch vorsichtig zurückschneiden.

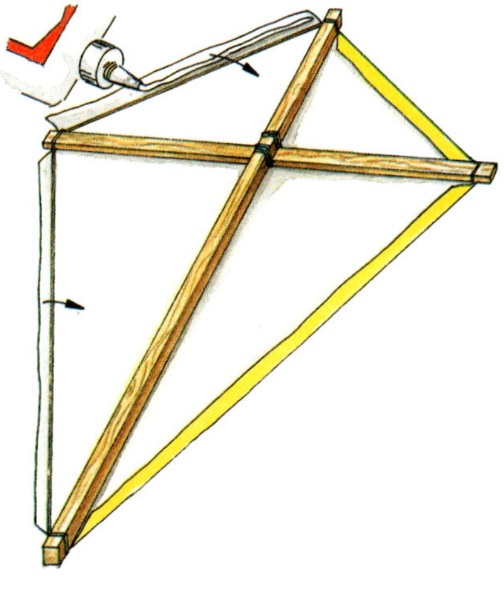

Achtung: Spannt man das Papier oder Tyvek zu straff, kann es beim späteren Krümmen des Drachens reißen (siehe nächsten Arbeitsschritt).

6. Wenn alles trocken ist, befestigen wir eine zusätzliche Spannschnur an den Enden der Querleiste. Sie wird an der Hinterseite des Drachens angebracht, dort, wo das Holzkreuz sichtbar ist. Dabei wird der Faden so straff gespannt, bis er nur noch 90 cm lang ist, während sich die Leiste entsprechend krümmt. Der nun leicht gewölbte Drachen erhält so günstigere Flugeigenschaften.

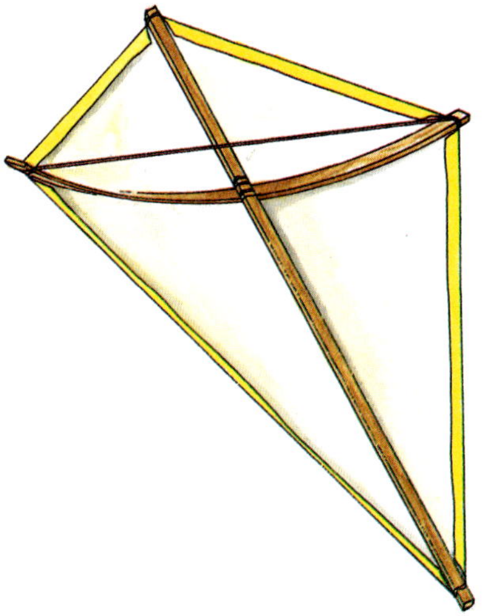

7. An den beiden Enden der Längsleiste, diesmal jedoch an der Vorderseite, befestigen wir eine etwa 210 cm lange Schnur, an der später die lange Steigleine angebunden wird.

8. Ungefähr 85 cm vom oberen Ende des Drachens entfernt legen wir die Schnur zu einer kleinen Schlaufe und ziehen sie durch einen Metallring. Danach stülpen wir sie nach rechts und links außen über den Ring und ziehen dann an der Schnur. Hier können wir jetzt die Steigleine anbinden.

9. Nun fehlt noch der Drachenschwanz. Von den bunten Quadraten aus Drachenpapier falten wir 20 Blätter ziehharmonikaartig zu Streifen, halten sie in der Mitte fest und binden sie der Reihe nach in bunter Folge an die Paketschnur. Der Abstand zwischen den Schleifen soll ungefähr 17 cm betragen.

10. Die Quaste am Schwanzende besteht aus den restlichen fünf Quadraten. Auch sie werden zunächst ziehharmonikaartig zu einem Streifen gefaltet. Mit dem Locher machen wir am Ende jedes Streifens ein Loch, ziehen die Paketschnur durch alle fünf Streifen und sichern diese Quaste mit einem Knoten.

Nun müssen wir noch einen Ort ausfindig machen, wo wir den Drachen steigen lassen können. Geeignet sind dafür abgeerntete Felder oder baumfreie Wiesen. Von Straßen, Schienen, elektrischen Überlandleitungen und Flugplätzen müssen wir uns aber unbedingt fernhalten! Jetzt fehlt nur noch etwas Wind – und schon kann der Spaß losgehen!

Fotoalbum

- Fotokartonreste
- dicke Kartonreste
- Bleistift
- Lineal
- spitzes Messer
- Locher
- dicke Buntstifte
- Kugelschreiber
- Kerze
- Streichhölzer
- Wollreste
- Schere
- Pritt Stift

Dieses hübsche kleine Fotoalbum ist für Urlaubsfotos im Format 9 x 13 cm gedacht. Auf jede Seite wird ein Foto geklebt. So hängt die Seitenzahl von der Anzahl der Fotos ab. Das Album kann auch jederzeit beliebig erweitert werden.

1. Zunächst messen wir 10 x 20 cm große Rechtecke auf dem Fotokarton ab, zeichnen die Linien mit Lineal und Bleistift ein und schneiden die Rechtecke aus.
Wir können dabei einfarbige oder verschieden farbige Fotokartons verwenden.

2. Damit sich das Album gut umblättern läßt, empfehlen wir folgende Hilfe: Wir messen 2 cm von einer Schmalseite ab, legen dort unser Lineal an und ritzen mit dem spitzen Messer am Lineal entlang einen leichten Falz in den Fotokarton. So verfahren wir mit allen Rechtecken.

3. Mit dem Locher stanzen wir innerhalb dieses Falzes 2 Löcher in den Karton. So bereiten wir alle Albumseiten vor.

4. Zur Verstärkung bereiten wir 5 je 2 cm breite und 10 cm lange Streifen aus dickem Karton vor. Sie werden ausgeschnitten, gelocht und nach jeder dritten oder vierten Seite zwischen die Albumseiten gelegt. So wird das Album dicker, denn die Fotos tragen später auch auf.

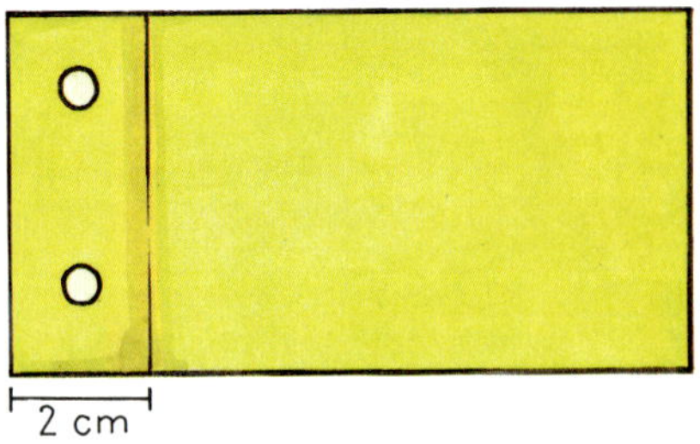

5. Nun gestalten wir das Titelbild. Wir malen beispielsweise eine Blumenwiese mit dicken Buntstiften auf eine Seite des Fotokartons. Natürlich dürfen Himmel und Sonne hier nicht fehlen!

6. Mit Hilfe eines Erwachsenen zünden wir eine Kerze an. Wenn das Kerzenwachs etwas flüssig geworden ist, lassen wir es auf unser Bild tropfen. Es können auch verschiedenfarbige Kerzen verwendet werden.

7. Diese Wachstropfen sind jetzt Blüten von Blumen oder Körper von Käfern. Bei den Blumen malen wir mit Buntstiften Blütenblätter mit unterschiedlichen Formen.

8. Bei den Käfern verwenden wir den Kugelschreiber für die 2 Fühler und die 6 Beine.

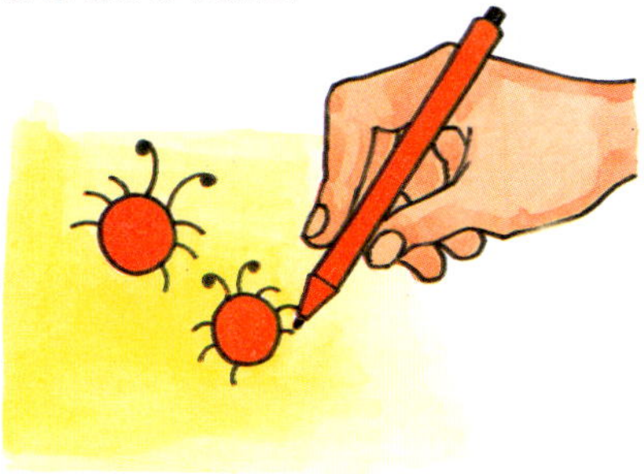

9. Um das Fotoalbum zusammenzuhalten, benötigen wir ein Stück Kordel. Dazu schneiden wir von den Wollresten 5 x 100 cm lange Fäden ab und verknoten sie am oberen und am unteren Ende miteinander.

10. Das eine Ende der verknoteten Fäden hängen wir in eine Türklinke, ziehen die Fäden straff und schieben in das andere Ende einen langen Bleistift. Wir nehmen den Strang nun hinter dem Bleistift in die eine Hand und drehen mit der anderen Hand den Bleistift wie einen Propeller immer in derselben Richtung. Die Fäden müssen dabei gespannt sein.

11. Sind die Fäden fest miteinander verdreht, nehmen wir das Ende, das in der Türklinke eingehängt war, in die gleiche Hand, in der wir das „Bleistiftende" halten. Die Kordel liegt jetzt doppelt und beginnt sich sofort ineinander zu verdrehen. Mit der freien Hand streichen wir so lange an der Kordel herunter, bis sie völlig glatt ist.

12. In der einen Hand halten wir noch immer die beiden Kordelenden. Sie werden nun miteinander verknotet – die Kordel ist fertig!

13. Wir legen jetzt unsere Albumseiten so aufeinander, daß die gestanzten Löcher alle übereinander liegen.

14. Nun fädeln wir das unverknotete Kordelende von oben nach unten in ein Loch ein, durch das andere wieder heraus.

15. Wir ziehen die beiden Enden gleich lang und binden eine Schleife oder einen Knoten.

16. Mit wenigen Punkten Klebstoff werden nun die Urlaubsfotos in das Album eingeklebt – ist es nicht schön geworden?

- 2 Zahnpastaschachteln
- Pritt Alleskleber
- Tonpapier (20 x 29 cm)
- Lineal
- Bleistift
- Schere
- Bastelmesser
- Wellpappe (20 x 17 cm)
- Pauspapier
- stärkere Pappe
- Keksschachtel
- Zeitungen
- Malkittel
- Plakafarben
- Pinsel
- 2 Toilettenpapierrollen
- 1 Papprollenstück (etwa 4 cm)
- Watte

Ab mit Volldampf: Lokomotivschachtel

Eine nette Verpackung für mehrere kleine Geschenke stellt diese bunte Lokomotive dar. Aus verschiedenen Schachteln zusammengeklebt, lassen sich darin viele Überraschungen verstecken. So zum Beispiel Buntstifte im „Führerhäuschen" und Süßigkeiten im „Heizkessel".

1. Zuerst fertigen wir das Gerüst der Lok an: Dazu kleben wir 2 Zahnpastaschachteln an den schmalen Längsseiten aneinander.

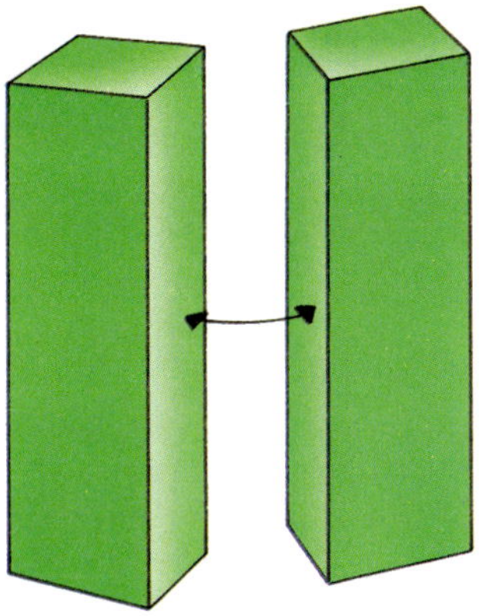

2. Wir fertigen nun die Verstärkungsrolle aus Tonpapier und markieren den Öffnungsschlitz für den Schieber: Dafür legen wir das Papier gerade vor uns hin. Parallel zu einer der beiden 29 cm langen Seiten ziehen wir mit dem Lineal eine Linie im Abstand von 2,5 cm. Das Schwierigste wäre damit schon geschafft, denn an dieser Linie können wir später die Wellpappe anlegen und festkleben.

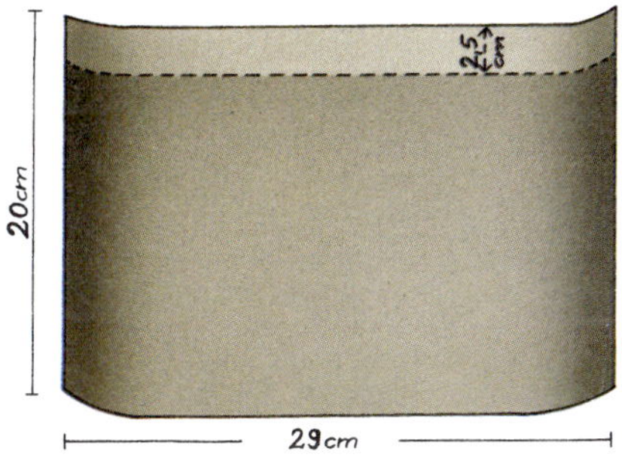

3. Von den beiden Längskanten aus werden nun auf der Linie 10 cm abgemessen, und schon haben wir die 9 cm lange Öffnung in der Mitte für den Schieberschlitz.

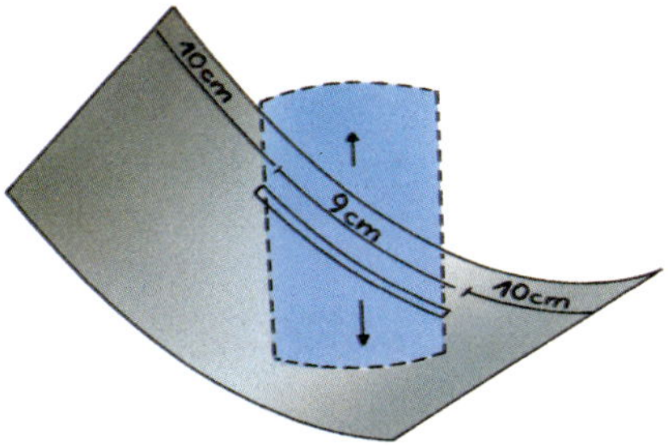

4. Der Schlitz wird einfach verbreitert, indem man 3 mm zur oberen Kante dazugibt. Dieses 9 x 3 mm lange Stück schneiden wir nun vorsichtig aus. Später steckt man in diese Öffnung den Schieber, damit die Geschenke nicht plötzlich heraus purzeln können.

5. Nachdem wir den Schlitz ausgeschnitten haben, kleben wir das Tonpapier zu einer Rolle zusammen.

6. Nun kleben wir die Wellpappe ab dem Schlitz um die Rolle.

7. Den Schieber und die hinteren Lokräder pausen wir vom Vorlagebogen ab. Den Schieber übertragen wir auf Tonpapier, die Vorlage für die Lokräder auf die starke Pappe. Danach schneiden wir alles aus.

8. Damit die Lok recht farbenfroh aussieht, malen wir nun die einzelnen Teile an. Zuvor decken wir aber noch unsere Arbeitsfläche mit Zeitungen ab und ziehen einen Malkittel an. Da die Schachteln beschichtet sind, sollten wir die Farbe zweimal auftragen. Die beiden Toilettenpapierrollen für die vorderen Räder werden von innen und außen angemalt. Auch die beiden Kreise für die rückwärtigen Räder, das Papprollenstück (Schornstein) malen wir an.

9. Nachdem die Farben nach ungefähr 10–20 Minuten getrocknet sind, geht's ans Zusammenkleben. Wir fangen mit dem Lokführerhäuschen an, das aus den zusammengeklebten Zahnpastaschachteln besteht. Diese kleben wir hochkant an einem Ende der Keksschachtel fest.

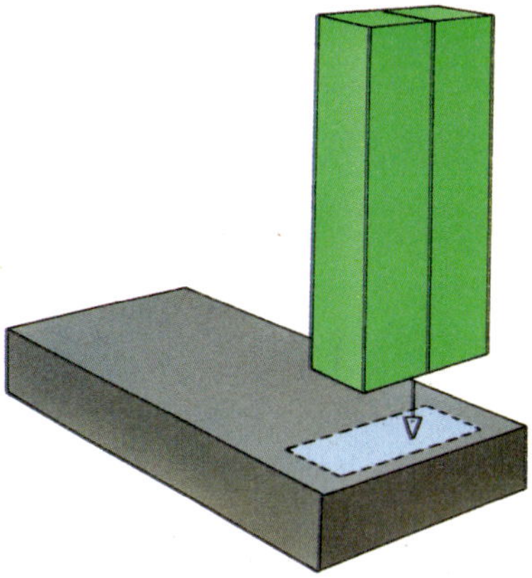

10. Auf dem vorderen Ende der Keksschachtel fixieren wir nun die Papprolle mit dem Schlitz nach oben.

11. Als nächstes kleben wir die Klopapierrollen als Vorderräder, die beiden Kreise als Hinterräder und das Papprollenstück als Schornstein fest. Dabei achten wir darauf, daß wir auf einer ebenen Fläche arbeiten.

12. Damit die Lok auch richtig qualmt, kleben wir in den Schornstein etwas Watte.
Unsere Lokomotive ist fertig und kann mit den Geschenken gefüllt werden!

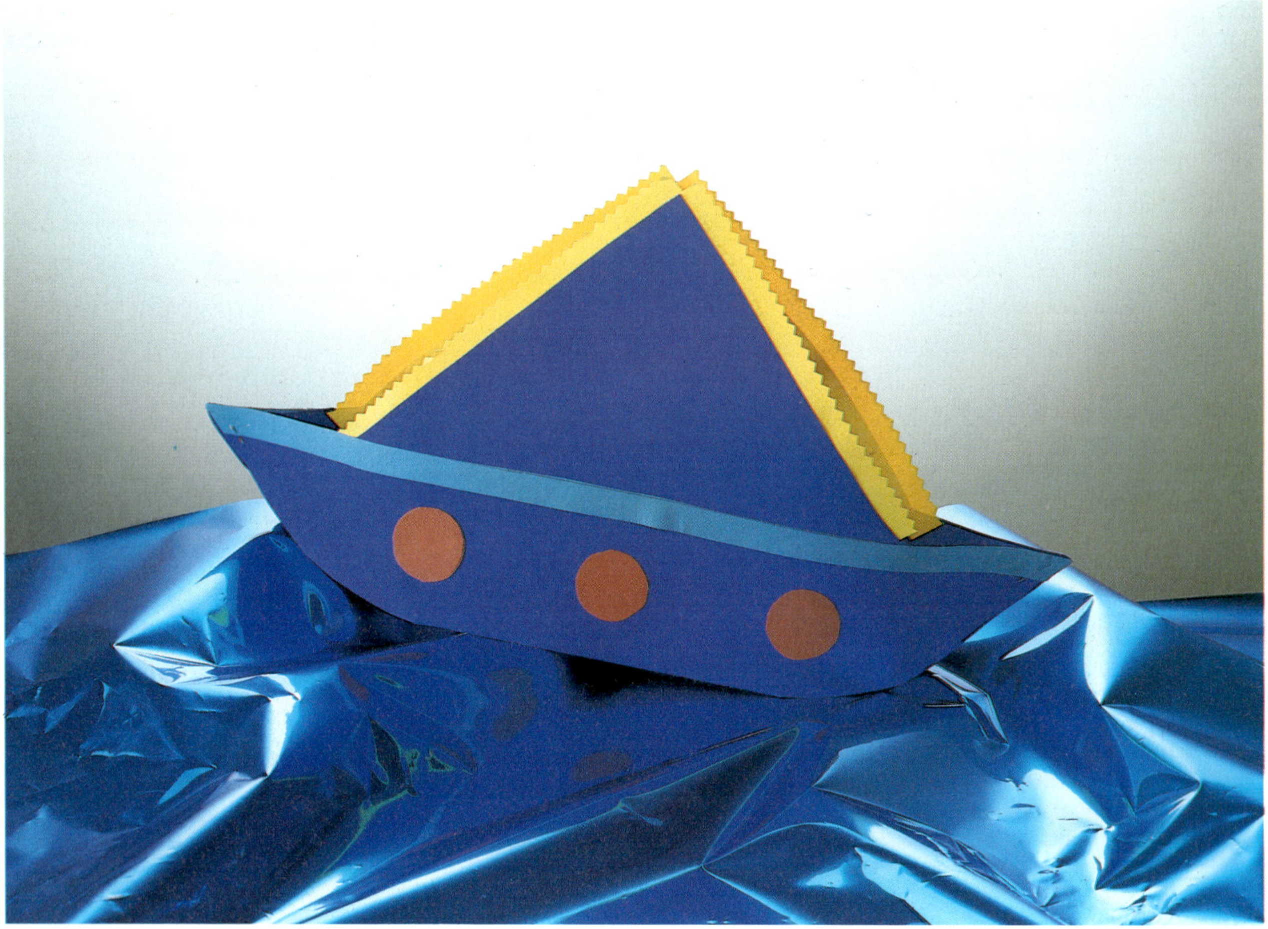

- Fotokarton (42 x 35 cm)
- Bleistift
- Pauspapier
- Lineal
- Schere
- Buntpapierstreifen (34 cm lang)
- 1 Streifen Buntpapier (34 cm lang) und kleine Reste
- Zackenschere
- Pritt Alleskleber
- Zehnpfennigmünze
- Hefter

Geschenkeschiff

In diesem Segelschiff lassen sich verschiedene Dinge verstecken: ein aufblasbarer Badeball, Schwimmflügel, Gummitiere oder auch etwas zum Naschen.

1. Vom Musterbogen pausen wir das Schiff ab und übertragen es auf den Fotokarton. Dabei vergessen wir die gestrichelten Linien nicht!

2. Nun schneiden wir die Linien zwischen den beiden Seitenschiffen und dem Schiffsboden ein und knikken den Karton an den gestrichelten Linien nach oben: Wir erkennen schon das stehende Schiff.

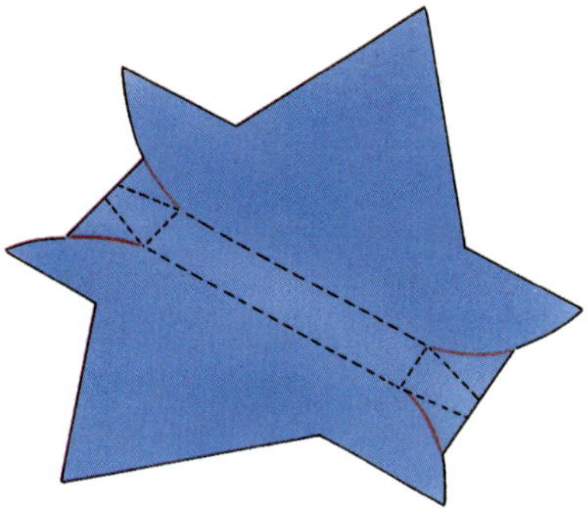

3. Aus Buntpapier schneiden wir 4 etwa 18 cm lange und 2 cm breite Streifen für die „Fähnchen"-Verzierung. Jeweils 1 Längsseite wird mit der Zackenschere geschnitten.

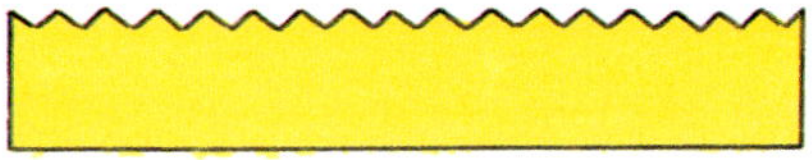

Wer keine Zackenschere besitzt, kann einfach Wellenlinien

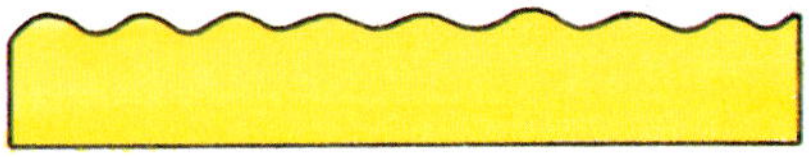

oder größere Zacken schneiden.

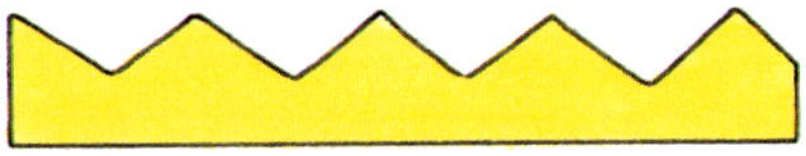

4. Diese Streifen kleben wir an die Innenkanten der Segel, so daß sie etwa 1 cm nach außen hin sichtbar werden.

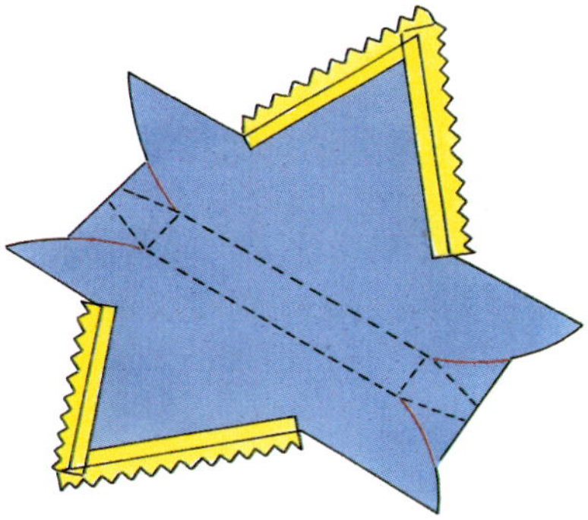

5. Nun versehen wir das Schiff mit 2 Zierleisten an den Außenseiten. Wir schneiden 34 cm lange und 1 cm breite Streifen aus Buntpapier und kleben sie an den oberen Rand des Schiffsrumpfes. Die Enden werden nun der Schiffsform entsprechend schräg abgeschnitten.

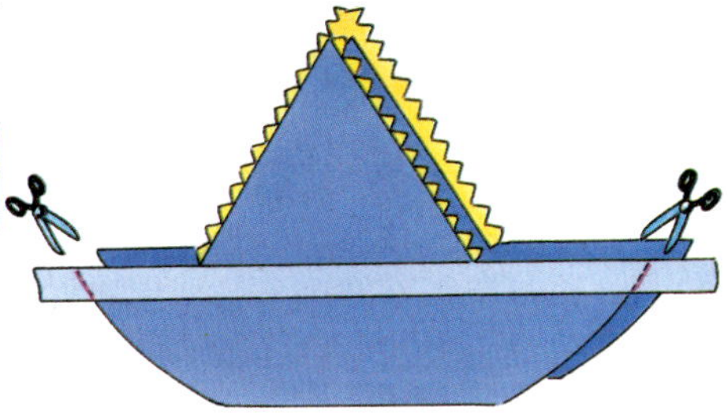

6. Mit einer 10-Pfennig-Münze zeichnen wir 6 Kreise als Bullaugen auf die Rückseite des Buntpapiers.

7. Wir schneiden die Kreise aus und kleben sie unter den Zierleisten auf.

8. Jetzt bringen wir Klebstoff auf die Klebelaschen und drücken sie an den Rumpf des Schiffes. Auf der Abbildung unten sind die aufeinandertreffenden Stellen rot bezeichnet.

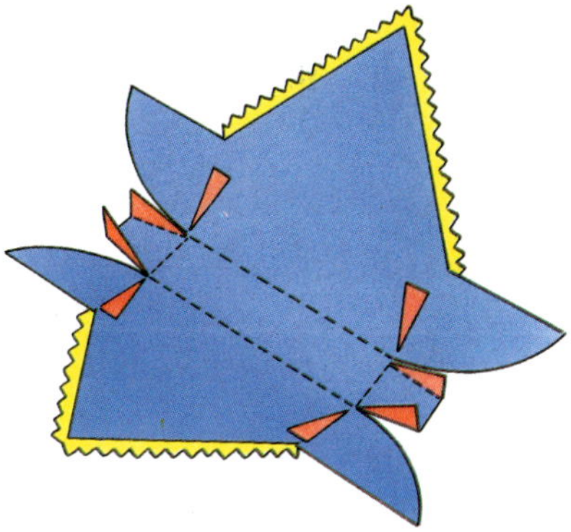

9. Zum Schluß kleben wir die Seiten des Bugs und des Hecks zusammen oder klammern sie mit dem Hefter aneinander.
Das Schiff kann gefüllt und verschenkt werden. Es wird sicherlich viel Freude bereiten.

Wenn die Tage kürzer werden

Lange dunkle Abende haben auch etwas für sich, denn die Kinder kommen jetzt gerne früher vom Spielen draußen nach Hause. Man kann sich am Abend zusammen um ein gemütliches Licht setzen und einander gegenseitig vorlesen oder miteinander basteln.
Ob eine Laterne, eine Tischleuchte, ein Spiel oder ein Adventskalender hergestellt wird, die Zeit vergeht wie im Flug. Natürlich muß die Bastelarbeit nicht an einem Abend fertig werden. Also – viel Spaß bei der abendlichen Bastelrunde!

Lustiges Würfelspiel

- Karton (24 x 17 cm)
- weißes Papier (22 x 15 cm)
- Lineal
- Bleistift
- Schere
- Wachsfarben
- Pritt Stift
- Pauspapier
- Filzstift
- weiße oder schwarze selbstklebende Punkte (Durchmesser 8 mm) oder Papier und Locher
- Würfel
- Spielfiguren

Wenn Freunde und Freundinnen zu Besuch kommen, ist das die Gelegenheit, einmal ein Würfelspiel zu basteln und damit zu spielen.

1. Wir können entweder ein Bild in der Größe von 22 x 15 cm aus der Zeitung ausschneiden oder auch eine Zeichnung mit Wachsfarben anfertigen.

2. Dann bereiten wir einen Karton von 24 x 17 cm vor. Darauf kleben wir unser Bild. Um das Bild bleibt ein Rand stehen.

3. Von der Vorlage auf Seite 324 pausen wir das Spielfeld auf unser Bild ab und fahren die Linien zwischen den Punkten mit Filzstift nach. Dann kleben wir die Selbstklebepunkte auf.

4. Dort, wo sich Start und Ziel befinden, kleben wir ein Rechteck auf. Man kann auch farbige Punkte nehmen. Falls einmal keine selbstklebenden Punkte zu bekommen sind, kann man sie mit Hilfe eines Lochers selbst herstellen.

Spielregeln:

Alle Figuren stellen sich am Start auf. Dann wird der Reihe nach gewürfelt. Jeder rückt so viele Felder, wie er gewürfelt hat, vor. Wer zuerst am Ziel ankommt, hat gewonnen. Ihr könnt euch aber auch andere Regeln einfallen lassen.

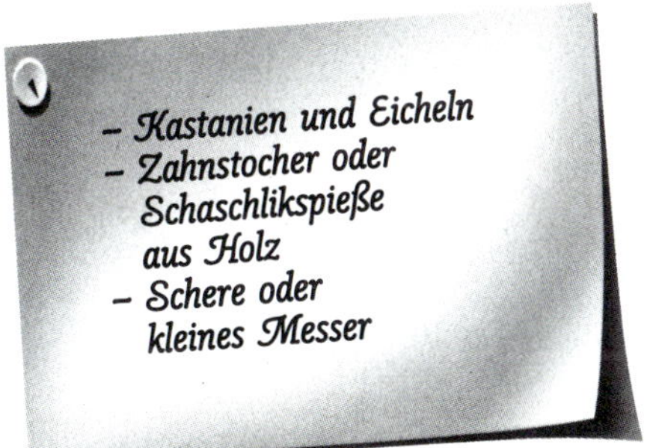

Kastanien- und Eicheltiere

Diese lustigen Tiere sind ganz einfach zu basteln. Bei einem Spaziergang durch den Wald finden wir das nötige Material, Kastanien und Eicheln, aus denen man auch noch andere Tiere als die hier gezeigten Igel und Pferde machen kann.

1. Für 1 Igel brauchen wir 1 Kastanie, in deren braune Oberseite wir mit der Spitze eines Zahnstochers Löcher picksen.

2. Dann brechen wir so viele Zahnstocher etwa 2 bis 3 cm unterhalb der Spitze ab, wie die Kastanie Löcher hat.

3. Nun stecken wir jeweils 1 der abgebrochenen Stücke mit der Spitze nach oben in 1 Loch – und damit hat der Igel endlich seine Stacheln bekommen!

4. Für die Augen und die Nase picksen wir 3 Löcher und stecken in die Nase ein kleines Stück Zahnstocher, dessen Spitze wir stumpf abgeschnitten haben.

5. Die Eichelpferde werden ähnlich gebastelt. Wir brauchen für 1 Pferd 3 Eicheln, 2 kurze Hörner, 1 etwas längeren Hals und 4 gleich große lange Beine.

Tragetaschen

- Tapetenreste, Packpapier oder Geschenkpapierreste
- Bleistift
- Lineal
- Kohlepapier
- Kinderzeichnungen
- Schere
- Pritt Bastelkleber
- Locher
- dicker Wollfaden, Seidenbändchen oder Kordel

Diese Tragetaschen sind unglaublich vielseitig verwendbar. Aus den verschiedensten Papierresten hergestellt, können wir viele von ihnen auf Vorrat machen, um sie dann jederzeit rasch mit den zum jeweiligen Anlaß passenden Motiven dekorativ zu bekleben.
Enthält die Tasche ein Mitbringsel, zum Beispiel ein Päckchen Vogelfutter, so kann das aufgeklebte Motiv einen Bezug zum Inhalt haben, hier etwa einen aus einer Kinderzeichnung ausgeschnittenen Vogel.
Mit Tortenspitzenpapier und Seidenbändchen erhält das Geschenk für Mutti einen würdigen Rahmen. Beschriftet mit einer Einladung, kann die Tragetasche schon einen kleinen Vorgeschmack auf ein zu erwartendes Fest geben.

1. Zuerst übertragen wir die Schablone vom Musterbogen auf die Rückseite des Papiers.

2. Nun falten wir die gestrichelten Linien nach oben oder nach unten und schneiden die Strich-Punkt-Linien mit der Schere ein.

3. Der breite Oberstreifen wird nach innen geklebt, und dann verbinden wir den Ober- und den Untertritt mit Klebstoff.

4. Für den Boden schlagen wir die Teile 1 und 2, dann 3a und 3b sowie zum Schluß Teil 4 nach innen und verkleben sie in dieser Reihenfolge miteinander.

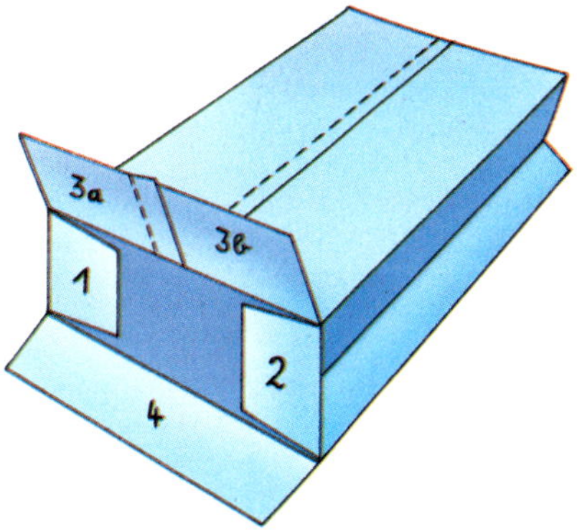

5. Zum Lochen drücken wir die fertige Tasche flach zusammen.

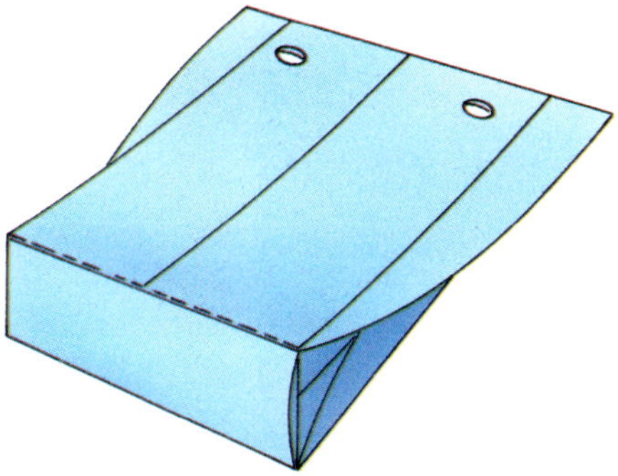

6. Dann drücken wir die Seitenfalten nach innen.

7. Wenn wir die Tasche jetzt mit der Rückseite nach oben auf den Tisch legen und flachdrücken, entsteht wie von selbst die Bodenquerfalte.

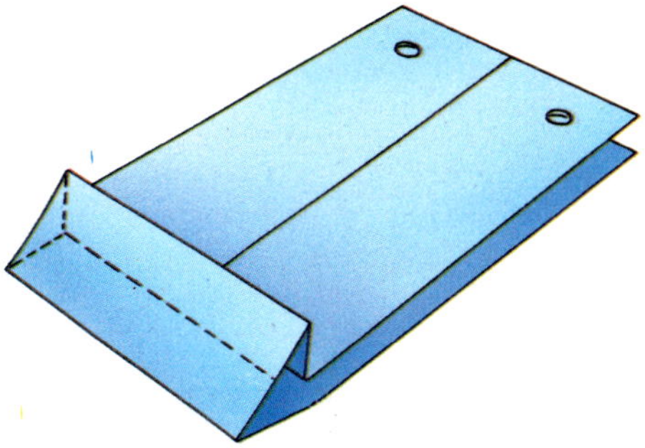

8. Zum Schluß ziehen wir das etwa 30 cm lange Tragbändchen ein und verknoten es.

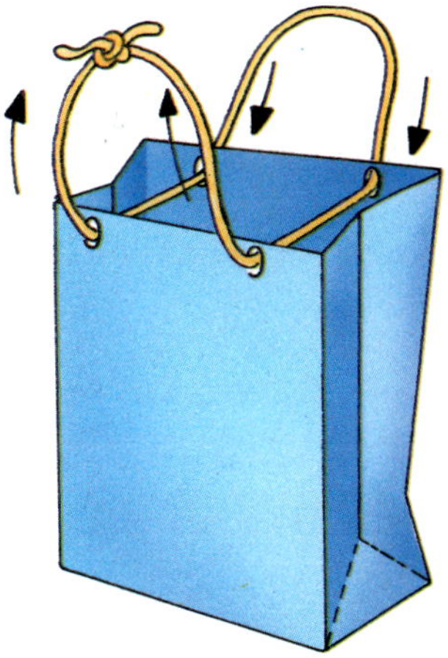

Material für die Fische:
– Pergamentpapier
– Bleistift
– Glanz- oder Regenbogenpapier
– Schere
– dünner Karton
– Pritt Stift
– schwarzer, wischfester Filzstift
– Bürohefter
Material für die Angel:
– dünner Bindfaden (30 cm)
– 1 kleiner Magnet
– 1 Holzstöckchen
Material für das Aquarium:
– fester Karton (4 mal je 20 x 20 cm)
– 2 Bogen hellblaues Tonpapier (DIN-A3)
– Schere
– Pritt Stift
– Pergamentpapier
– Bleistift
– 1 Bogen gelbes Tonpapier (DIN-A4)
– Glanz- oder Regenbogenpapier
– farbloses, breites Klebeband

Angelspiel

Das Aquarium wird so auf den Tisch gestellt, daß niemand von oben hineinsehen kann. Innen liegen die Fische. Die Angel geht der Reihe nach um, bis jeder jeweils ein Teil geangelt hat. Wenn das Aquarium leer ist, werden die Punkte zusammengezählt. Den Magnet für die Angel können wir in Schreibwarengeschäften oder Papas Werkzeugkiste finden.

Herstellung der Fische:

1. Wir pausen die Fische, die Muschel, den Seestern und den Schuh von Seite 329 mit Bleistift auf Pergamentpapier ab und übertragen sie auf Glanz- oder Regenbogenpapier.

2. Danach schneiden wir sie aus und zeichnen die Konturen mit schwarzem Filzstift nach. Wer es besonders schön machen will, kann die Rückseite der Fische auch bekleben. Jeder unserer Fische erhält eine Zahl zwischen 10 und 50. Seestern und Muschel bringen 5 Punkte, und der Schuh ist eine Niete, also 0 Punkte.

3. In die Mitte der Fische drücken wir jeweils einmal mit dem Bürohefter eine Klammer ein.

Herstellung des Aquariums:

1. Wir schneiden nun 4 Kartons zu je 20 x 20 cm aus und bekleben sie mit hellblauem Papier.

2. Den Meeresboden, das Gras und die Fische pausen wir vom Musterbogen auf Pergamentpapier ab, übertragen sie auf die farbigen Papiere, schneiden sie aus und kleben sie auf.

3. Die Teile kleben wir auf und malen die Umrisse nach.

4. Nun legen wir die 4 Kartons mit dem Gesicht nach unten dicht nebeneinander und kleben sie mit einem Streifen Klebeband zusammen.

5. Wir drehen den Kartonstreifen um, legen jeweils eine Fläche auf den Tisch und lassen die Nebenfläche von der Tischkante herunterhängen, so daß ein rechter Winkel entsteht. Wir kleben nun auch auf dieser Seite die Kartons vorsichtig zusammen. Werden die Kartons flachliegend von vorne geklebt, lassen sie sich nicht mehr knicken.

6. Nachdem wir 3 Kanten rechtwinklig überklebt haben, stellen wir das Aquarium auf und kleben auch die noch offene Seite zusammen.

7. Zum Schutz der Kanten kleben wir oben und unten noch einen Streifen Klebeband rundherum.

Herstellung der Angel:

1. Wir knoten den Magnet an einem Fadenende an. Das andere Ende binden wir am Stöckchen fest. Damit es besser hält, können wir es mit etwas Klebstoff fixieren.
Wir haben nun alle Teile zusammen und können das Spiel beginnen.

Tischleuchte

- kleine runde Käseschachtel (Durchmesser 11 cm)
- Tonpapier (38 x 17 cm)
- Schere
- Lineal
- Bleistift
- Wachsmalstifte
- Pritt Alleskleber
- alte Zeitungen
- Tasse
- Salatöl
- Pinsel

Wenn die Tage kürzer und die Abende länger werden, sorgen wir für heimelige Gemütlichkeit in unseren Stuben. Dazu können Tischleuchten aller Art beitragen. Hier eine Leuchte, die jedes Kind basteln kann.

1. Wir wählen ein helles Tonpapier (gelb, orange oder hellrot) und messen mit Hilfe des Lineals ein 38 x 17 cm großes Rechteck ab. Dieses Rechteck schneiden wir aus.

2. Nun bemalen wir das Blatt mit Wachsmalstiften und drücken dabei kräftig auf. Als Motive eigenen sich bunte Herbstblätter oder Herbstfrüchte.

3. Den äußeren Rand des Schachtelbodens bestreichen wir mit Klebstoff und kleben den unteren Rand des bemalten Bildes rund um die Käseschachtel.

4. Beim Schachteldeckel entfernen wir den Pappkreis, so daß nur noch ein Pappring übrig bleibt. Diesen Pappring kleben wir als oberen Abschluß in die Leuchte ein.

5. Dann schließen wir die Leuchte, indem wir die beiden offenen Längsseiten zusammenkleben.

6. Für den nächsten Arbeitsgang decken wir unseren Tisch mit einer dicken Lage alter Zeitungen ab. Wir füllen eine Bodendecke Salatöl in eine Tasse. Mit dem Pinsel tragen wir das Öl von oben beginnend auf die Leuchte auf. Wir brauchen nicht viel Öl, denn das Tonpapier saugt sich voll, wobei sich das Öl selbst nach unten verbreitet.

7. Wenn das Öl getrocknet ist, versehen wir die Tischleuchte mit einem Teelicht. Viel Spaß!

Laternengrundform

- 1 Käseschachtel mit einem Durchmesser von 16 cm
- Pergamentpapier (52 x 25 cm)
- Bleistift
- Lineal
- Schere
- Pritt Bastelkleber
- kleines Küchenmesser
- 1 Kerzenhalter aus Metall (Bastelgeschäft)
- 1 Kerze
- Stopfnadel
- 1 30 cm langer Draht

Laternenlaufen in der Herbstzeit ist ein schöner, alter Brauch. Ein solcher Umzug macht besonderen Spaß, wenn die Laternen selbstgemacht sind. Hier zunächst eine Beschreibung, wie eine solche Laterne gebastelt werden kann. Die 4 nächsten Vorschläge basieren alle auf dieser Grundform.

1. In Lebensmittelgeschäften können wir runde, leere Käseschachteln bekommen, die etwa einen Durchmesser von 16 cm haben. Sie bestehen aus 2 Teilen:
1. dem Boden mit einem kleinen Rand und
2. dem oberen Ring in gleicher Größe.
Eine solche Käseschachtel dient uns als „Grundgehäuse" für unsere Laternen. (Falls es den oberen Ring nicht gibt, helfen wir uns mit einem 52 cm langen und 2 cm breiten Kartonstreifen, den wir zu einem Ring zusammenkleben!)

2. Wir zeichnen mit Hilfe des Lineals ein 25 x 52 cm großes Rechteck auf unser Pergamentpapier und schneiden es aus. Wie die Zeichnung zeigt, kleben wir den unteren Rand des Pergamentpapiers an die Außenseite des Schachtelbodens. Die Länge von 52 cm reicht rund um die Schachtel.

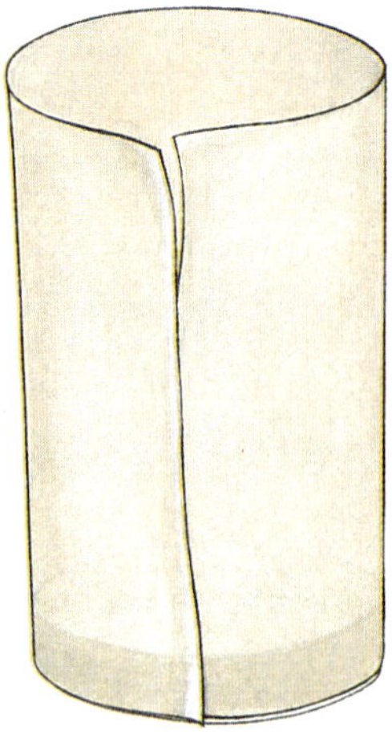

3. Nach oben begrenzen wir das Papier, indem wir den Schachtelring von innen in den oberen Laternenrand einkleben.

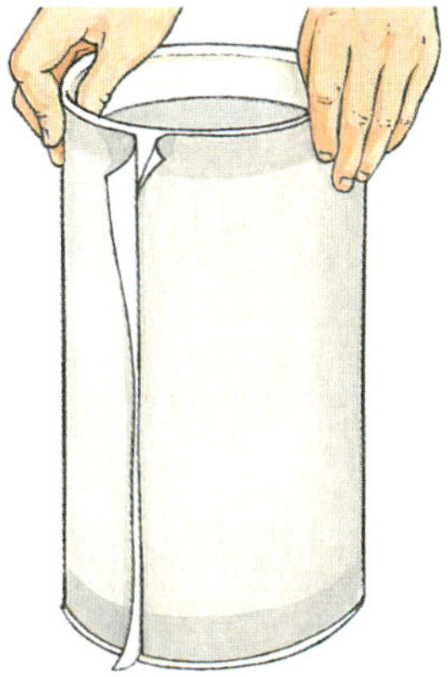

4. Nun schließen wir die Laterne, indem wir die beiden offenen Längsseiten zusammenkleben.

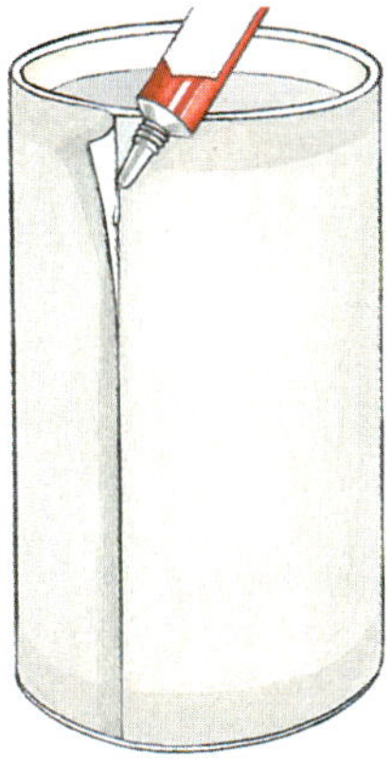

5. Wir bestimmen nun per Augenmaß etwa die Mitte des Bodens. Dort stechen wir mit der Spitze eines kleinen Küchenmessers 2 kleine Risse ein, und zwar im Abstand von etwa 1 cm. So haben wir es leicht, den Metallkerzenhalter in unsere Laterne einzustecken.

6. Auf der Unterseite des Bodens knicken wir mit Hilfe des Messers die 2 Laschen des Kerzenhalters um.

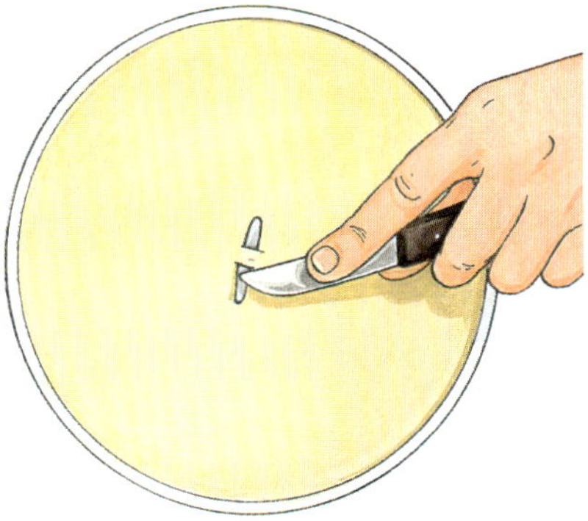

7. Wenn der Kerzenhalter stabil befestigt ist, stecken wir eine passende Kerze hinein.

8. Nun fehlt noch die Aufhängung unserer Laterne. Mit einer Stopfnadel stechen wir 2 sich gegenüberliegende Löcher in den oberen Ring.

9. Dann führen wir den Anfang unseres Drahtes durch eines dieser Löcher, biegen ihn nach etwa 3 cm und zwirbeln das kurze Ende um den Draht. Genauso verfahren wir mit dem anderen Ende.

10. In der Mitte kann der Draht 1- bis 2mal gedreht werden. So entsteht eine Schleife, in die der Laternenstab eingehängt werden kann.

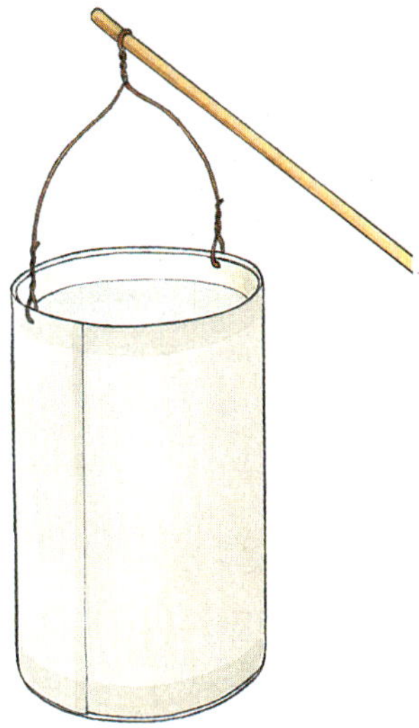

Bemalte Laternen in Bügel- und Pustetechnik

Bügeltechnik
- Materialien der Laternengrundform von Seite 272/273
- 1 Bogen Pergamentpapier (52 x 30 cm)
- Wachsmalstifte
- alte Zeitungen
- Bügeleisen

Pustetechnik
- Materialien der Laternengrundform von Seite 272/273
- 1 Bogen Drachenpapier in einer warmen Herbstfarbe (52 x 25 cm)
- Wasserfarben
- Pinsel
- 1 Strohhalm
- alte Zeitungen

Bügeltechnik

Ganz von allein entstehen bei dieser Technik die schönsten Muster.

1. Zunächst bemalen wir das Pergamentpapier mit den Wachsstiften. Je dicker wir die Farben auftragen, desto schöner verfließt übrigens das Wachs später beim Bügeln.

2. Wenn wir mit dem Bemalen fertig sind, legen wir das Pergamentpapier auf die Hälfte zusammen, so daß die bemalten Seiten aufeinander liegen. Wir legen es auf einen Stapel alter Zeitungen und decken es mit einem Zeitungsblatt ab.

3. Das Bügeleisen stellen wir auf „Baumwolle" und bügeln damit über den Zeitungsbogen.

4. Durch die Hitze zerfließt das Wachs, und die Farben laufen ineinander. Solange das Wachs noch flüssig ist, ziehen wir das Pergamentpapier langsam auseinander. Dadurch entstehen ungewöhnliche, schöne Muster.

5. Zum Schluß stellen wir nach der Anleitung von Seite 272/273 die Laterne fertig.

Pustetechnik

Da das Drachenpapier farbig ist, leuchten die Flächen, die wir nicht bemalt haben, später in einem warmen Herbstton.

1. Zur Vorbereitung der Arbeit decken wir unsere Arbeitsfläche mit Zeitungspapier ab und legen darauf das Drachenpapier.

2. Die Wasserfarben rühren wir mit Pinsel und Wasser an. Wir nehmen als erstes Braun.

3. Haben wir einen ausreichenden Vorrat an gut gelöster Farbe, tropfen wir mit dem Pinsel einen dicken Punkt auf eine beliebige Stelle des unteren Randes des Drachenpapiers.

4. Danach nehmen wir den Strohhalm, setzen ihn mit einem Ende an den Tropfen braune Farbe und pusten durch das Röhrchen. Durch das Blasen wird die Farbe verteilt. Durch Ändern der Richtung, aus der wir pusten, lenken wir den Fluß der Farbe. Auf diese Weise können wir aus dem dicken Stamm mehrere Äste und Verzweigungen „herauspusten". Die Äste dürfen sich bis an den oberen Rand des Drachenpapiers ausbreiten.

5. Überall, wo ein Baum entstehen soll, setzen wir nun an den unteren Rand des Drachenpapiers dicke braune Farbtupfen, die wir dann auf die schon beschriebene Weise zu Bäumen auseinanderblasen.

6. Als nächstes rühren wir uns einen Vorrat an grüner Farbe, die wir auf den ganzen unteren Rand tropfen und ebenfalls ein Stück weit nach oben pusten. Nun sieht es aus, als stünden die Bäume inmitten einer grünen Wiese.

7. Zum Schluß bekommen die Bäume noch Blätter, indem wir zwischen die Äste mit dem Pinsel grüne, gelbe und rote Farbflecke setzen.

8. Wenn alles gut getrocknet ist, stellen wir die Laterne nach der Anleitung von Seite 272/273 fertig. Die bemalte Seite des Papiers kommt dabei nach außen.

Gepreßte Gräser hinter Pergament

- *Materialien der Laternengrundform von Seite 272*
- *gepreßte Gräser und Blätter*
- *Pergamentpapier (52 x 25 cm)*

Für diese Laterne brauchen wir selbstgesammelte Gräser und dekorative Blätter. Damit sie aufgeklebt werden können, müssen sie trocken und platt sein. Deshalb legen wir sie zwischen die Seiten eines ausgedienten Telefonbuches oder Kataloges und lassen sie etwa 1 Woche so liegen.

1. Wir kleben die Gräser, möglichst dekorativ verteilt, senkrecht auf das Pergamentpapier der Laternengrundform. Dabei ist es ratsam, den Klebstoff mit dem Finger aufzutragen. So kann die Menge besser dosiert werden. Kleine Blättchen lassen sich gut am unteren Rand des Bildes mitverwenden. Wir kleben so viele Blätter und Gräser auf das Pergamentpapier, bis uns das Bild gefällt.

2. Mit wenigen, kleinen Klebstoffpunkten, die auch mit dem Finger verstrichen werden, kleben wir das andere, gleich große Pergamentpapier darüber, um die zarten Naturmaterialien zu schützen.

3. Dann basteln wir die Laterne nach der Anleitung von Seite 272 zusammen.

Rumpelstilzchen-laterne

- Materialien der Laternen-grundform von Seite 272
- je 1/4 Bogen Drachenpapier in gelb, orange und rot
- Pauspapier
- 1 16 x 50 cm großer Streifen schwarzes Scherenschnittpapier

„Heute brat' ich,
morgen back' ich..."
singt das Rumpelstilzchen und tanzt um das Feuer. Wir haben es als Motiv für diese Laterne ausgewählt.

1. Das Drachenpapier reißen wir in schmale, spitz zulaufende Streifen, die bis zu 22 cm lang sein dürfen. Diese kleben wir auf unser 52 x 25 cm großes Pergamentpapier. Die roten, gelben und orangen Papierstreifen, die wir zum Teil auch übereinander kleben können, wirken wie Flammen.

2. Das Scherenschnittpapier falten wir wie eine Harmonika. Eine Faltung soll jeweils 6 cm breit sein.

3. Vom großen Musterbogen pausen wir das halbe Rumpelstilzchen mit Hilfe des Pauspapiers so auf unsere Harmonika, daß die Mittellinie genau auf den Knicken liegt.

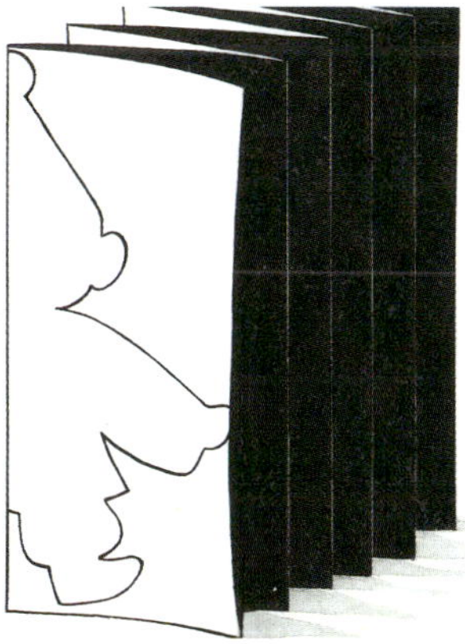

4. Nun schneiden wir entlang der vorgezeichneten Linien das halbe Rumpelstilzchen aus. Dann klappen wir die Harmonika auf – eine Reihe von aneinanderhängenden Figuren ist entstanden.

5. Diese Rumpelstilzchenreihe kleben wir nun so auf die Flammen, daß sie vom unteren Rand des Pergamentpapiers etwa 2 cm entfernt ist.

6. Nun stellen wir die Laterne nach der Anleitung von Seite 272 fertig.

– 1 Käseschachtel
(Durchmesser 16 cm)
– Architektenpapier
(52 x 21 cm)
– gelbes, rotes und
orangefarbenes
Transparentpapier
– Bleistift
– Schere
– Pritt Bastelkleber
– Teelicht
– etwas Knete
– Stopfnadel
– Draht (30 cm)

Laterne mit Transparentsternen

„Laterne, Laterne, leuchtet wie die Sterne ..." In diesem wie auch in vielen anderen bekannten Laternenliedern werden unsere bunten Laternen mit den hell strahlenden Sternen am Nachthimmel verglichen. Auch diese Laterne eifert mit ihnen um die Wette. Ihre gelben, orangefarbenen und roten Sterne lassen durch die Technik, in der sie gefaltet sind, das Kerzenlicht unterschiedlich hell erstrahlen. Wer hat da keine Lust, mit dieser Laterne am Laternenumzug teilzunehmen?

1. Vom Musterbogen pausen wir etwa 20 verschieden große gleichseitige Dreiecke (6, 8, 10, 12 und 14 cm) auf buntes Transparentpapier ab.

2. Diese schneiden wir möglichst exakt aus.

3. Wir falten 2 Ecken eines Dreiecks aufeinander und drücken die Faltlinie nur leicht an. So erhalten wir nach dem Auffalten die Mittelmarkierung dieser Seite.

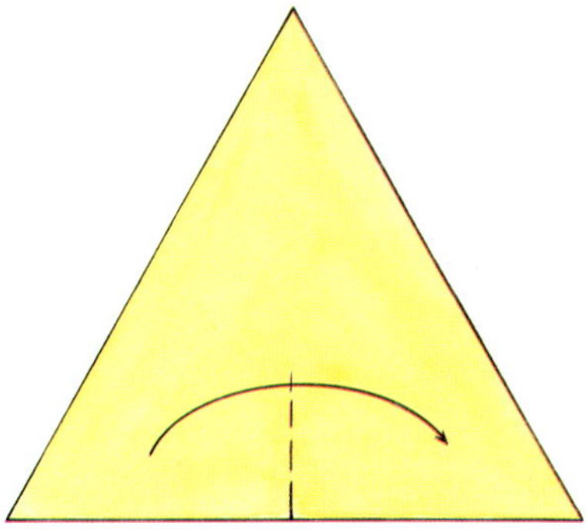

4. Die dritte Ecke wird nun an die Markierung der gegenüberliegenden Seite gefaltet und gleichdarauf etwa zweidrittel der Ecke wieder zurückgefaltet. So verfahren wir mit allen Ecken.

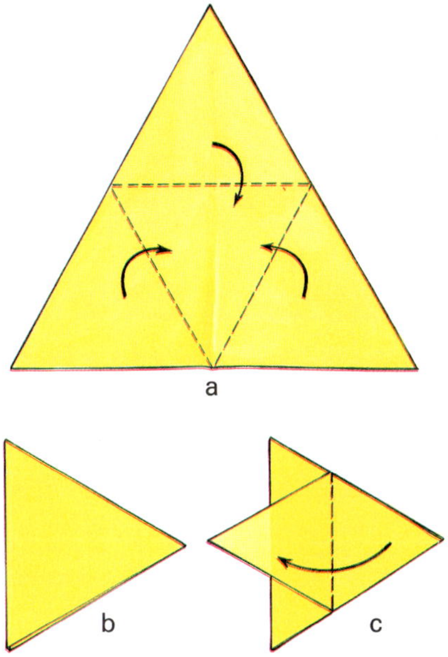

5. Um den Stern zu festigen, schieben wir die halbe untere Kante der zuletzt gefalteten Ecke unter die Unterkante der ersten Ecke. Ein Stern ist fertig!

6. Nach dieser Falttechnik werden nun alle Sterne angefertigt und nur mit der Unterseite auf das Architektenpapier geklebt, so daß die Faltecken etwas abstehen.

7. Das so angefertigte Architektenpapier kleben wir oben und unten von innen in beide Teile der Käseschachtel.

8. Wir schließen die Laterne, indem wir beide offenen Längsseiten zusammenkleben.

9. Das Teelicht kleben wir mit Hilfe von etwas Knete in die Mitte des Laternenbodens.

10. Wir stechen mit der Stopfnadel zwei sich gegenüberliegende Löcher in den oberen Laternenring und befestigen dort den gebogenen Draht an beiden Enden.

Laterne in Lochtechnik

- Materialien der Laternengrundform von Seite 272/273
- 1 Bogen Tonpapier (52 x 25 cm)
- Pauspapier
- Bleistift
- 1 Blatt weißes Papier
- 1 dicke Stopfnadel
- Kork- oder Filzplatte oder alte Zeitungen als Unterlage

Geradezu edel wirkt diese Laterne, deren Muster gelocht wird. Zum Unterschied zu den meisten anderen Laternen ist das hier verwendete Papier nicht durchscheinend. Das Licht fällt nur durch die Löcher der Muster nach außen.

1. Mit Hilfe des Pauspapiers übertragen wir die Vorlage von Seite 281 auf unser weißes Papier. Damit haben wir die Grundformen, aus denen das Lochmuster besteht.

2. Nun pausen wir die Formen auf unser Tonpapier. Aus neun nebeneinandergesetzten Schleifen entsteht die obere Bordüre, aus vier Rankenelementen die untere. Wer möchte, kann die Rankenbordüre durch zusätzliche Blätter noch üppiger gestalten. 0,5 cm lassen wir dabei an einem Ende für den seitlichen Kleberand frei.

3. Wichtig ist auch, daß die obere und untere Bordüre jeweils 2,5 cm vom Rand entfernt angeordnet werden, denn so breit sind die Ränder der Käseschachtel, die später eingeklebt werden. Löcher, die in diesem Bereich angebracht werden, sind später nicht zu sehen.

4. Das mittlere Sternmuster ist frei gestaltet, die Anordnung der Sterne und die Gestaltung der Lochmuster in ihrem Inneren bleiben jedem selbst überlassen.

5. Nachdem wir alle drei Bordüren auf das Tonpapier übertragen haben, nehmen wir die Unterlage, legen darauf das Tonpapier und stechen mit der Stopfnadel entlang der Linien Löcher in das Papier. (Die Unterlage darf nicht zu weich sein, da das Tonpapier sonst reißt.)

6. Sind alle Lochmuster fertig, basteln wir nach der Anleitung von Seite 272/273 unsere Laterne.

Abpausvorlagen

Aquarienleuchte

- Materialien der Laternengrundform von Seite 272/273
- 1 Heft Transparentpapier

Diese Laterne ist mit aus Transparentpapier gefalteten Fischen geschmückt. Das „Wasser“, in dem die Fische schwimmen, wird mit Wasserpflanzen verziert.

1. Wir suchen 5 Farben von unserem Transparentpapier für die Fische aus. Mit Hilfe des Lineals zeichnen wir 5 Quadrate auf das Papier: 3 mit 9 cm und 2 mit 12 cm Seitenlänge. Diese 5 Quadrate schneiden wir aus. Dies sind die Ausgangsformen für unsere Fische.

2. Die Fische werden folgendermaßen gefaltet: Wir falten 1 Quadrat 2mal zur Hälfte und öffnen es jeweils wieder zur Ausgangsform.

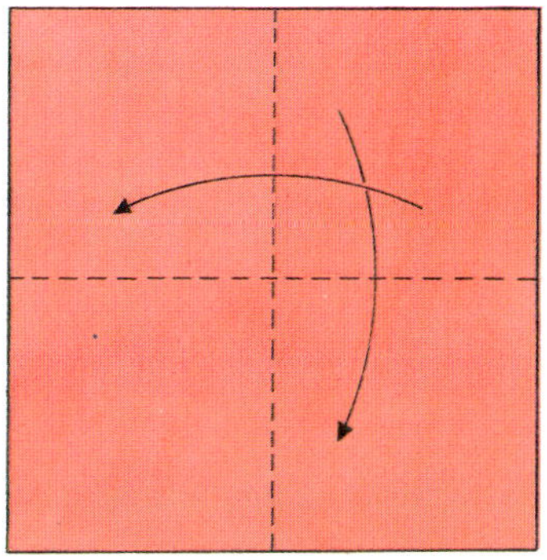

3. Dann falten wir die Ecken jeweils auf die gegenüberliegenden Ecken und öffnen alles wieder zum Quadrat. Die Zeichnung zeigt die Faltlinien, die bis jetzt entstanden sind.

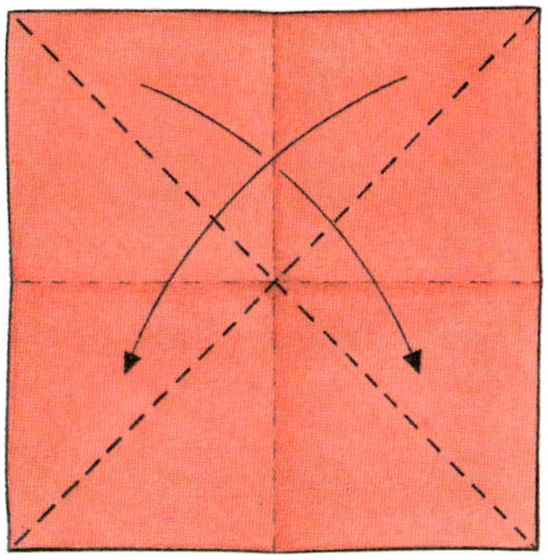

4. Nun falten wir noch einmal alle 4 Seiten bis zur Mittellinie, öffnen unsere Faltarbeit wieder zum Quadrat und drehen die Arbeit um.

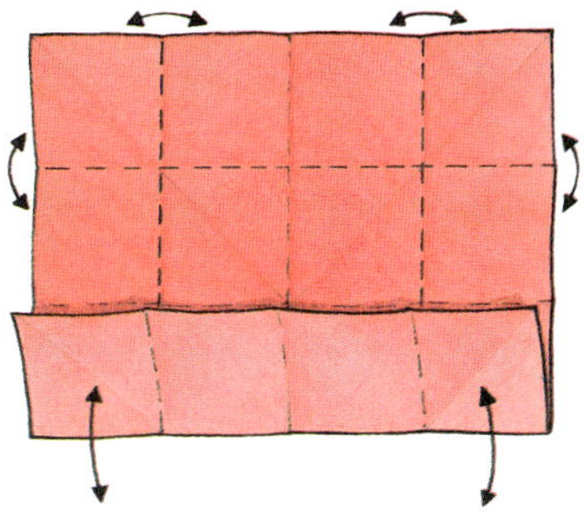

5. Dann falten wir die untere Ecke nach oben bis zum Mittelpunkt und drehen die Arbeit um.

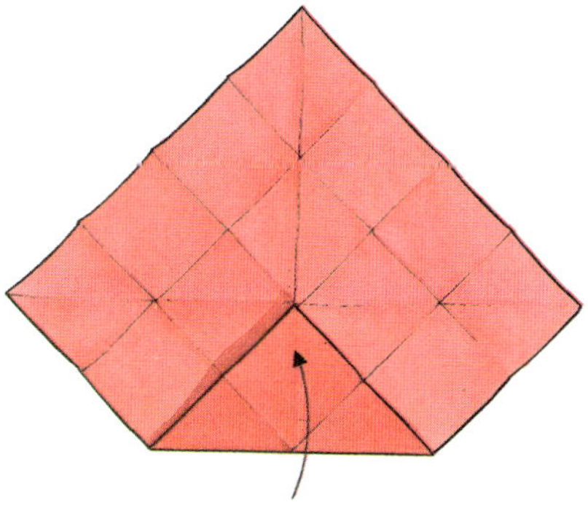

6. Mit je 2 Fingern fassen wir bei Punkt A und B an, drücken die Finger zusammen, so daß Seite a und a' zusammenkommen und Seite b und b'. Wir heben die Ecken hoch, so daß sie senkrecht zu unserem Papier stehen und knicken dann beide nach oben um. Nun hat der Fisch Bauch- und Rückenflossen.

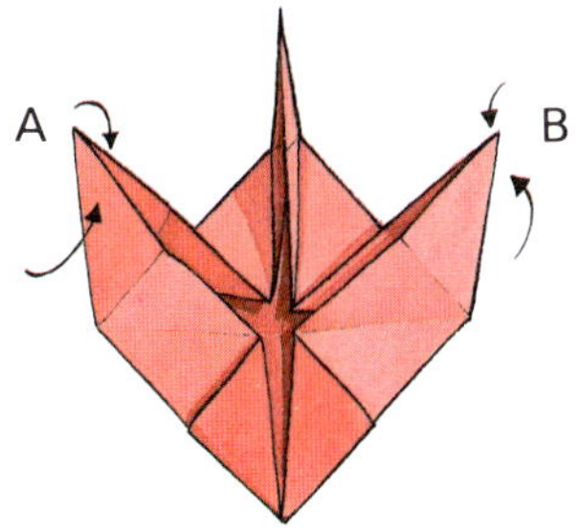

7. Die 4. Ecke, gegenüber dem „Gesicht“ des Fisches, steht noch senkrecht zu unserer Faltarbeit hoch. Wir knicken sie nach einer Seite um und falten sie wieder halb zurück.

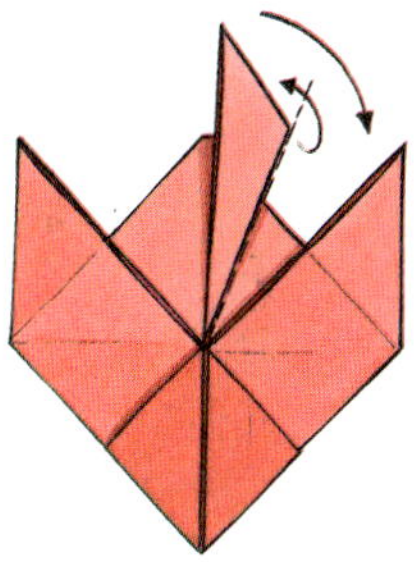

8. Nachdem wir alle Faltungen gut glattgestrichen haben, drehen wir das Ganze um, und der fertige Fisch liegt vor uns. Wir falten noch 4 weitere Fische und kleben alle schön verteilt auf das Pergamentpapier.

9. Aus hell- und dunkelgrünem Transparentpapier reißen wir unterschiedlich lange Streifen, die wir als Grünpflanzen und Algen zwischen die Fische kleben.

Sternlaterne

- Materialien der Laternengrundform von Seite 272/273
- 1 Bogen Tonpapier (52 x 25 cm)
- Zirkel (oder Geldstücke)
- Bleistift
- spitze, kleine Schere

Auf den ersten Blick und ohne Beleuchtung wirkt diese Laterne fast unscheinbar. Ihre ganze Schönheit kommt erst zur Geltung, wenn die Kerze brennt und plötzlich viele kleine Sterne leuchten.

1. Auf unser Tonpapier zeichnen wir mit Hilfe des Zirkels viele verschieden große Kreise, die über die gesamte Fläche verteilt werden. Oben und unten muß ein 2,5 cm breiter Rand freibleiben, denn da befinden sich später die Ränder der Käseschachtel. Wer keinen Zirkel hat, kann zum Kreisezeichnen beispielsweise auch Geldstücke verwenden.

2. Mit der spitzen Schere stechen wir nun in die Mitte eines beliebigen Kreises und machen einen Schnitt bis zum Rand. Anschließend machen wir noch drei weitere Schnitte, so daß der Kreis jetzt in vier Viertel geteilt ist.

3. Nun wird jedes dieser Viertel noch in viele schmale Streifen geschnitten.

4. Auf die gleiche Weise werden alle anderen Kreise eingeschnitten.

5. Jetzt drehen wir die Arbeit um, so daß die Seite mit den Bleistiftstrichen unten liegt. Dann klappen wir die Streifen eines jeden Kreises so weit wie möglich nach außen um.

6. Anschließend biegen wir die Streifen wieder zur Mitte zurück. Wenn wir sie nun loslassen, stehen sie leicht nach außen und zeigen eine Sternform.

7. Wenn alle Kreise zu Sternen gefaltet sind, stellen wir die Laterne nach der Anleitung von Seite 272/273 fertig. Die Seite des Tonpapiers, auf der die Sterne nach außen gebogen sind, kommt dabei nach außen.

- 1 Streifen eines flexiblen, nicht zu dicken Kartons (70 x 18 cm)
- je 1 Bogen gelbes, oranges, hell- und dunkelrotes Drachenpapier
- Zirkel
- Bleistift
- Pritt Bastelkleber
- Schere
- Lineal
- kleines Küchenmesser
- 1 Kerzenhalter aus Metall (Bastelgeschäft)
- 1 dünner, 30 cm langer Draht

Sonnenlaterne

Mond und Sterne stehen in der dunklen Jahreszeit meist schon am Himmel, wenn wir mit unserer Sonnenlaterne zum Laternenlaufen gehen – so sind alle Gestirne auf einmal zu sehen.

1. Auf unser gelbes Drachenpapier zeichnen wir mit Hilfe des Zirkels zwei Kreise mit je einem Radius von 15 cm (Durchmesser 30 cm).

2. Um das Gesicht der Sonne zu markieren, zeichnen wir nun in die Mitte der beiden großen Kreise je einen zweiten kleineren mit einem Radius von 5 cm (Durchmesser 10 cm). Anschließend schneiden wir die beiden großen Kreise aus.

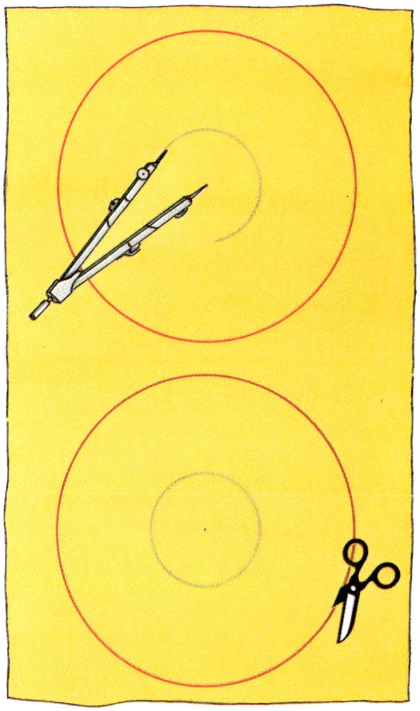

3. Um die Sonnenstrahlen zu bekommem, reißen wir unser rotes, oranges und das restliche gelbe Drachenpapier in viele 1-2 cm breite Streifen, die zwischen 3 und 9 cm lang sein sollten.

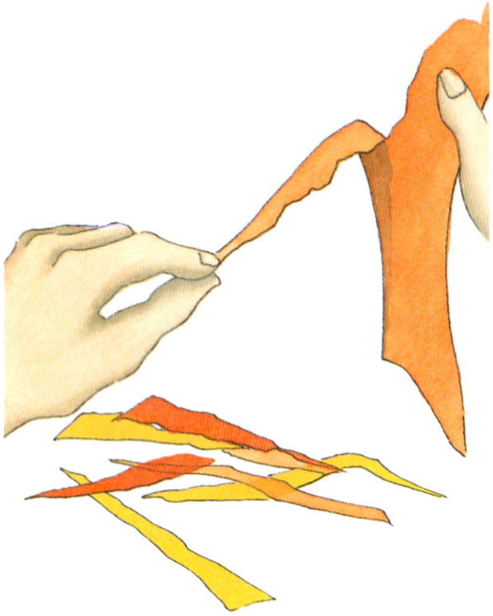

4. Als nächsten Schritt arrangieren wir die Sonnenstrahlen rund um die Gesichter der Sonnen, die ja durch die beiden kleinen Kreise festgelegt sind. Bevor wir zum nächsten Schritt – dem Aufkleben – kommen, können wir die Farbwirkung des Bildes prüfen und – wenn nötig – die Strahlen umarrangieren oder noch weitere Streifen einfügen. Durch Übereinanderlegen der einzelnen Strahlen lassen sich zum Beispiel zusätzliche Farbtöne erzeugen, die geschickte Verteilung von unterschiedlich langen Streifen gibt dem Bild mehr Spannung.

5. Gefallen uns die Bilder, werden die einzelnen Streifen mit Pritt Bastelkleber rund um die Gesichter der beiden Sonnen festgeklebt. Damit ist die Vorder- und Rückseite unserer Laterne fast fertiggestellt, denn die Augen und Münder der Sonnen werden erst ganz zum Schluß aufgeklebt.

6. Das Mittelstück unserer Laterne entsteht aus dem 70 cm langen und 18 cm breiten Kartonstreifen. Um den Platz für den Kerzenhalter zu bestimmen, markieren wir zunächst die Mitte dieses Streifens (35 cm in der Länge und 9 cm in der Breite).

7. Als nächstes zeichnen wir mit dem Lineal einen 3 cm breiten Rand entlang der beiden Längsseiten. Diese Linien ritzen wir mit dem Messer leicht an, damit wir dann später die beiden Randstreifen leichter umknikken können.

8. Nun schneiden wir mit der Schere aus den beiden Randstreifen lauter Dreiecke aus und erhalten so zwei dekorative Zackenränder.

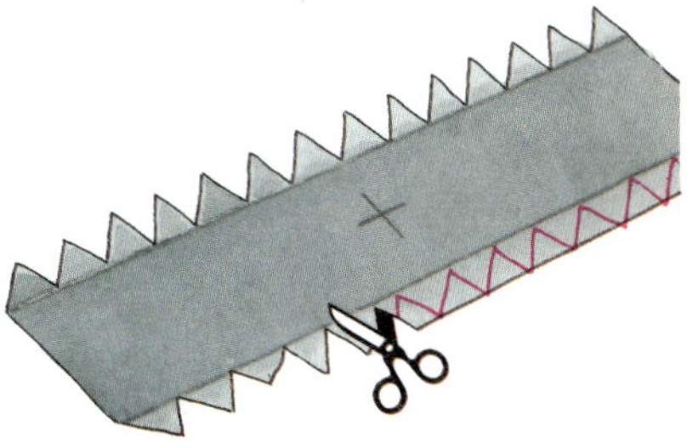

9. Jetzt wird der Kerzenhalter an der markierten Stelle angebracht, wie bei der Laternengrundform auf Seite 272/273 beschrieben.

10. Entlang der vorgeritzten Linie falten wir nun die Dreiecke unserer Zackenränder nach oben.

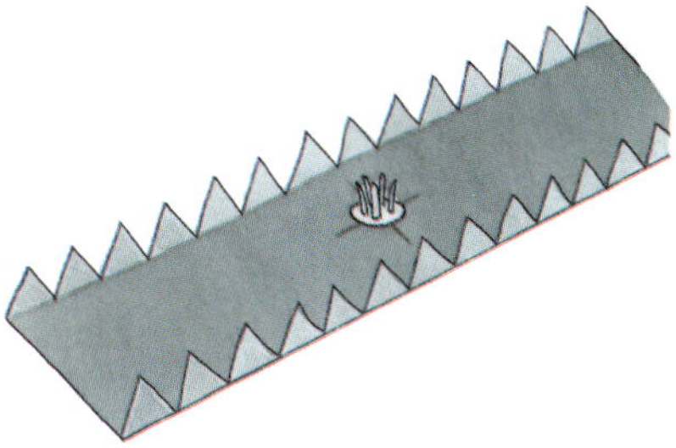

11. Nun wird die Laterne zusammengeklebt. Dafür bestreichen wir die ersten drei Randzacken außen mit Pritt Bastelkleber. Wir legen eine unserer Sonnen mit der beklebten Seite nach unten auf den Tisch und drücken die ersten drei Zacken entlang des Randes an. Nun müssen wir das Ganze einen Moment festhalten, bis der Klebstoff getrocknet ist, damit der Karton auch in der runden Form festgehalten wird.

12. Ist der Klebstoff trocken, bestreichen wir die nächsten drei Zacken mit Pritt Bastelkleber und kleben in der eben beschriebenen Art weiter, bis alle Zacken aufgeklebt sind. Oben bleibt eine Öffnung, um die Kerze hineinstellen zu können.

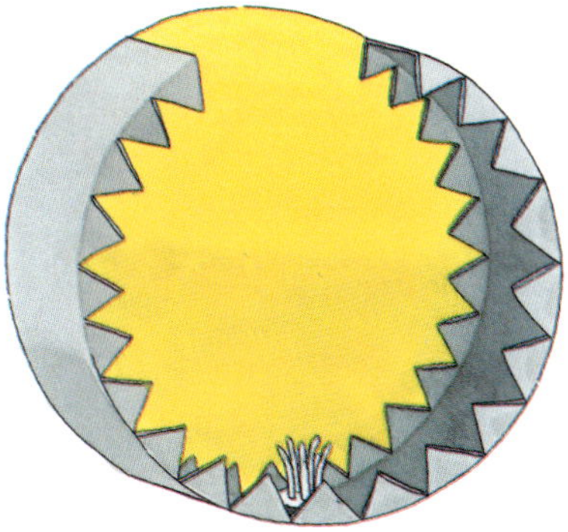

13. Bei der zweiten Sonne, die natürlich ebenfalls mit der beklebten Seite nach außen kommt, haben wir es leichter, da der Karton ja schon zum Rund gebogen ist. Hier können wir alle Zacken auf einmal mit Pritt Bastelkleber bestreichen und die Sonne aufkleben.

14. Jetzt brauchen unsere Sonnen nur noch ein Gesicht. Dafür reißen wir aus dem roten Drachenpapier kleine Stücke für Münder und Augen heraus und kleben sie auf. Wer möchte, kann auch das Mittelstück noch mit einem Streifen Buntpapier bekleben.

15. Nun fehlt nur noch der Draht für die Halterung, den wir, wie es die Zeichnung zeigt und wie es auf Seite 273 beschrieben ist, am Ende jedes Kartonstreifens anbringen.

Eulenlaterne

- gelbes Transparentpapier (30 x 60 cm)
- Pauspapier
- Bleistift
- Schere
- dünne Pappe
- Pritt Stift
- rote, braune, gelbe und orangefarbene Transparentpapierreste
- 4 Schälchen
- Zweimarkmünze
- Kugelschreiber
- 1 Streifen orangefarbenes Tonpapier (12 x 49 cm)
- Lineal
- doppelseitiges Klebeband
- Teelicht
- Laternendraht
- Laternenstab

Als Einstieg in diese Bastelarbeit bieten sich die vielen Geschichten an, in denen Eulen eine hilfreiche und positive Rolle spielen. Daß die Eule im Dunkeln sehen kann, macht sie noch geheimnisvoller. Wir basteln uns also eine Eule und tragen sie mutig in die dunkle Nacht hinaus.

1. Als erstes pausen wir vom Musterbogen zweimal den Eulenkörper auf das gelbe Transparentpapier ab und schneiden ihn aus.

2. Ebenfalls vom Musterbogen übertragen wir zweimal den Streifen, der wie die Umrisse der oberen Hälfte der Eule aussieht, auf die dünne Pappe.

3. Nachdem wir die beiden Streifen ausgeschnitten haben, bestreichen wir sie mit Klebstoff und legen das gelbe Transparentpapier genau darauf. Wir brauchen diese Streifen, um den Eulenkörper zu stabilisieren.

4. Wir nehmen nun die Reste des Transparentpapiers und reißen kleine, spitz zulaufende Streifen davon ab. Jede Farbe legen wir in ein eigenes Schüsselchen.

5. Wir legen eines der gelben Transparentpapiere vor uns auf den Tisch, so daß die dünne zur Verstärkung dienende Pappe auf der Unterseite ist. Wir streichen etwas Klebstoff auf den unteren Rand des Papiers, etwa 3 Finger breit.

Nun nehmen wir von dem in kleine Stücke gerissenen Transparentpapier und legen es nur mit dem breiten Ende auf den Klebstoff. Die Spitze des Papiers wird nicht angeklebt.

6. Wir tragen weiter Klebstoff auf und kleben die nächsten Papierschnipsel oberhalb der ersten, wieder nur mit dem breiten Ende, fest. Die ganze Eule wird auf diese Weise beklebt. Dadurch, daß wir die Spitzen nicht festgeklebt haben, wirken sie wie Federn. Durch das Überlappen der roten, gelben, braunen oder orangen Schnipsel entstehen neue Farbnuancen.

7. Wir nehmen nun den zweiten Eulenkörper zur Hand. Da dieser das Vorderteil der Eule werden soll, zeichnen wir mit Bleistift die ungefähre Größe des Gesichts auf.

8. Wir bekleben den Eulenkörper wie beim ersten Mal von unten nach oben fortschreitend mit den bunten Papierschnipseln. Das Gesicht wird dabei nicht beklebt.

9. Für die Augen nehmen wir die Zweimarkmünze, legen sie auf braunes Transparentpapier und ziehen mit Kugelschreiber den Umriß nach. Das machen wir viermal und schneiden dann die Kreise aus.

10. Je 2 Kreise legen wir aufeinander, falten sie zu Halb- und dann zu Viertelkreisen zusammen.

11. Am Mittelpunkt halten wir die Faltung fest und schneiden mit der Schere vom runden Rand bis etwa zur Hälfte des Papiers schmale Streifen ein.

12. Haben wir die ganze Rundung eingeschnitten, so drehen wir das Papier, ohne es zu öffnen, so, daß die Spitze sichtbar wird. Wir nehmen wieder die Schere und schneiden die Spitze ab, ohne in das schon Eingeschnittene hineinzukommen.

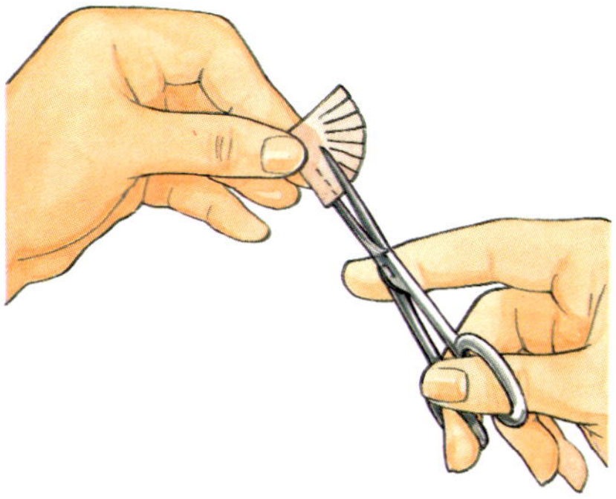

13. Danach öffnen wir vorsichtig den Kreis, der nun ein Loch in der Mitte hat – die Pupille des Auges. Wir nehmen die beiden Teile auseinander, kleben auf das eine Loch orangefarbenes Transparentpapier und legen den zweiten Kreis darüber. Ein Auge ist fertig! Wir basteln auf die gleiche Weise auch das zweite.

14. Wenn beide fertig sind, legen wir sie auf den für das Gesicht bestimmten Teil der Eule, rücken sie zurecht und kleben sie fest. Dabei achten wir darauf, daß die fedrigen Streifen rund um die Augen nicht mit festgeklebt werden.

15. Nun fehlt noch der Schnabel. Für den brauchen wir ein Quadrat mit einer Seitenlänge von etwa 3 cm. Dieses falten wir einmal diagonal Ecke auf Ecke.

16. Die untere Spitze klappen wir nun bis etwa zur Hälfte der Seite hoch und streichen die Faltung glatt. Danach öffnen wir sie wieder zum Quadrat.

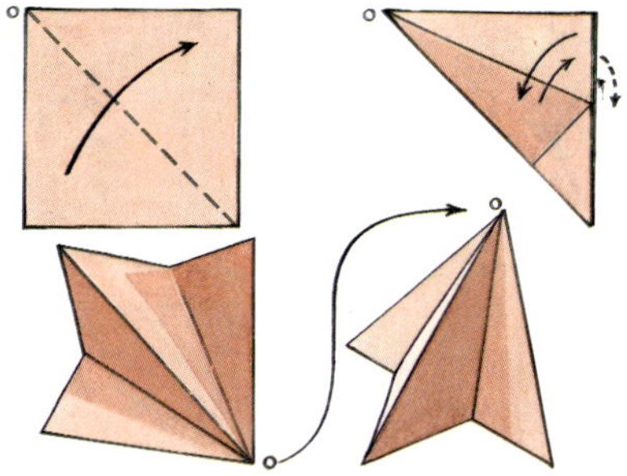

17. Der Mittelknick ist der Schnabelrücken. Wir bestreichen die beiden Dreiecke mit Klebstoff und kleben sie in das Eulengesicht. Vorder- und Rückseite unserer Eule sind damit fertig.

18. Wir stellen nun das Mittelteil unserer Laterne her. Dazu nehmen wir den orangefarbenen Tonpapierstreifen, messen von jedem Ende 17 cm ab und markieren die Stelle. Der mittlere Teil hat eine Länge von 15 cm. Wir knicken nun zuerst den einen, dann auch den anderen Streifen an der 17-cm-Marke. Das 15 cm lange Mittelstück ist der Boden unserer Laterne, die beiden 17 cm langen Streifen sind die Seitenteile.

19. Damit wir die Eule leichter zusammenstellen können, knicken wir an beiden Längsseiten einen etwa 1 cm breiten Streifen nach innen um.

20. Mit der Schere schneiden wir an den Längsseiten vom Rand bis an den Knick kleine Dreiecke heraus.

21. Wir beginnen nun mit dem Zusammenstellen der Laterne. Die Vorderseite der Eule legen wir mit der fedrigen Seite auf den Tisch. Die Zacken und das Mittelteil einer Längsseite des orangefarbenen Streifens bestreichen wir mit Kleber. Dann drücken wir ihn am Rand des Eulenkörpers fest. Nacheinander müssen alle Zacken fest an das Papier angedrückt werden.

22. Nun legen wir die Rückseite der Eule vor uns auf den Tisch und kleben den Tonpapierstreifen auf die gleiche Weise fest. Um die Laterne leuchten zu lassen, befestigen wir an ihrem Boden ein Teelicht.
Den Laternendraht stecken wir durch den Scheitelpunkt des Eulenkopfes und biegen das Ende nach oben.

Fünfeckleuchte

- 1 Bogen gelbes oder oranges Elefantenpapier
- Pauspapier
- Bleistift
- 1 Stück fester Karton
- Schere
- Pritt Bastelkleber
- Teelicht

Diese dekorative Leuchte besteht aus 11 Fünfecken, die so zusammengeklebt werden, daß wie von selbst die Sterne entstehen. Mit einem brennenden Teelicht versehen, ist die Leuchte eine stimmungsvolle Tischdekoration.

1. Zunächst fertigen wir eine Kartonschablone eines Fünfecks an. Die Vorlage dafür finden wir auf der nächsten Seite. Wir pausen dieses Fünfeck ab und übertragen es auf Karton. Dabei zeichnen wir auch die vorgegebene Mitte jeder Seite ein. Dann schneiden wir das Fünfeck aus.

2. Mit Hilfe dieser Schablone zeichnen wir 11 gleiche Fünfecke auf unser Elefantenpapier. Dabei vergessen wir nicht, die Mitte jeder Kante zu bezeichnen. Dann schneiden wir alle Teile aus.

3. Nun falten wir die Ecken so weit nach innen, daß der Knick an den markierten Mittelpunkten endet (siehe Zeichnung). Die 5 Dreiecke werden wieder aufgeklappt.

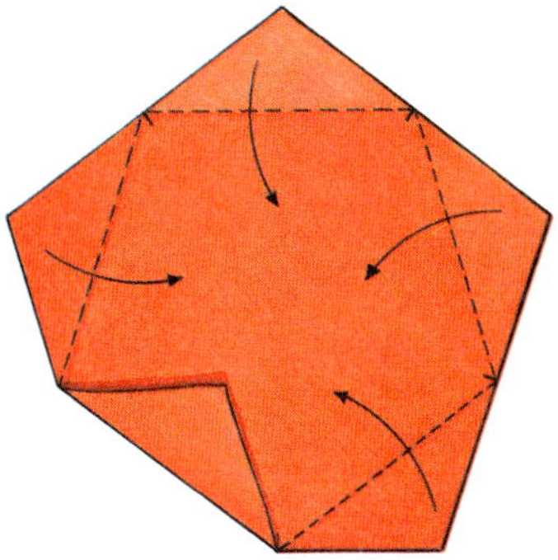

4. Auf diese Art und Weise bereiten wir alle 11 Fünfecke vor.

5. Wir legen 1 Fünfeck als Boden vor uns hin und 5 weitere Fünfecke rund um diesen Boden. Die vorgefalteten Dreiecke liegen dabei jeweils übereinander wie die Zeichnung zeigt. An diesen Stellen werden die Dreiecke mit Pritt Bastelkleber zusammengeklebt.

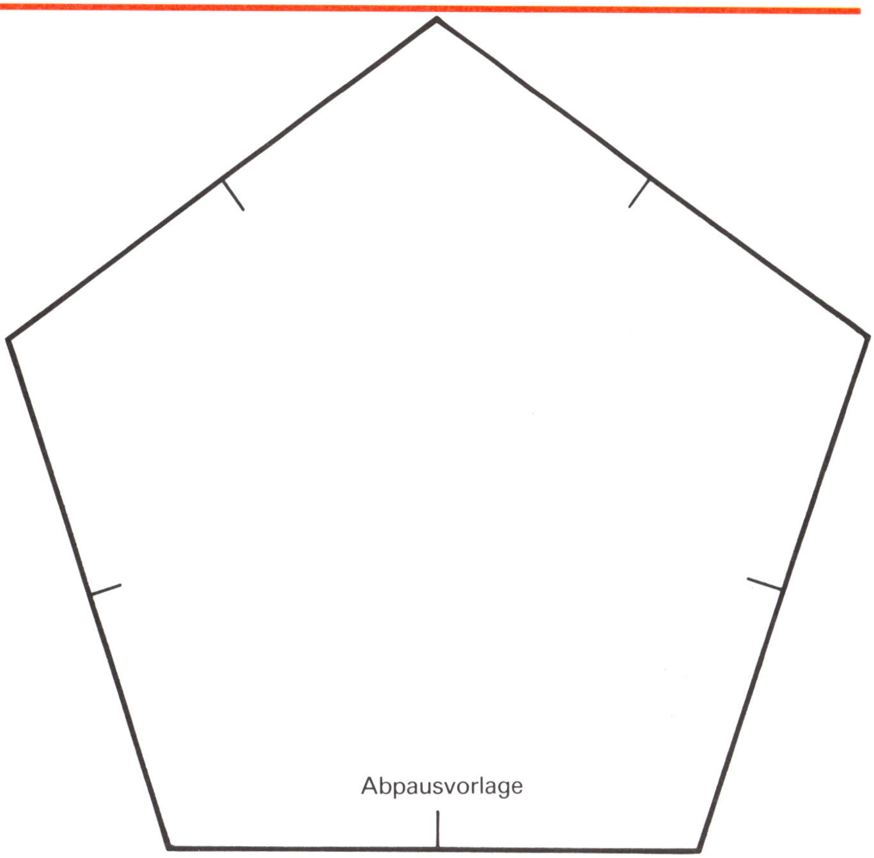

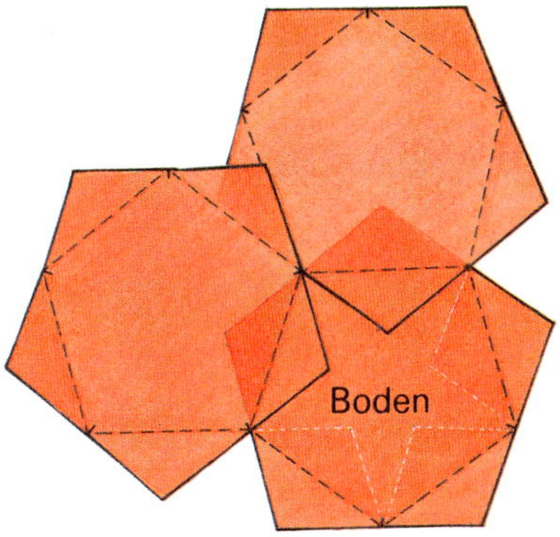

6. Je weiter wir beim Zusammenkleben kommen, desto mehr wölbt sich unsere Arbeit von allein zu einer „eckigen" Kugel.

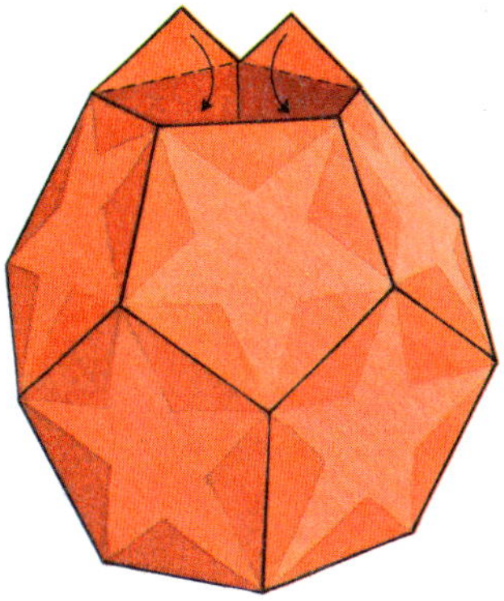

7. Die letzten 5 Teile werden nach demselben Prinzip an die bereits vorhandenen geklebt und ebenfalls miteinander verbunden. Die oberen Ecken falten wir nach innen und kleben sie fest.

8. Wenn wir nun ein brennendes Teelicht ins Innere unserer Leuchte stellen, sehen wir die Sternformen, die durch das Überlappen der Papierdreiecke entstanden sind.

Bald ist Weihnachten

Alle Jahre wieder sind Kinder und Erwachsene auf der Suche nach weihnachtlichen Bastelideen. Denn Basteln in der Adventszeit trägt zum „aktiven Warten“ auf das Weihnachtsfest bei. Es schafft eine gemütliche Stimmung und macht viel Spaß, ob alleine oder im Familienkreis gebastelt wird. Die fertige Bastelarbeit kann zur Dekoration des eigenen Zimmers dienen oder an andere weiter verschenkt werden.
Ein selbstgemachter Weihnachtsschmuck bereitet besonders in der Familie, bei Großeltern, Tanten und Onkeln große Freude.

– 1 Stück feste Pappe (65 x 40 cm)
– 2 Bogen hellblaues Tonpapier (DIN A2)
– etwa 60 weiße Sternchen (Bastelgeschäft)
– 24 Blatt weißes Papier (DIN A4)
– Bleistift
– Lineal
– Schere
– Watte
– Pritt Bastelkleber
– Nadel und Faden

Eine Wolke als Adventskalender

Eine Wolke, aus der Schneeflocken fallen, ist nichts Ungewöhnliches. Aber eine, mit genau 24 Schneeflokken, von denen jede auch noch eine kleine Überraschung enthält, ist schon ein besonderer, einmaliger Adventskalender.

1. Die Grundform unserer Wolke stellen wir aus fester Pappe her, denn sie ist ziemlich groß und wir wollen ja noch 24 Päckchen daran hängen. Die Umrisse der Wolke zeichnen wir mit Bleistift auf die Pappe auf. (Dabei können wir uns an dem Foto orientieren. Die Größe ergibt sich aus der Größe unseres Pappstückes.) Dann schneiden wir die Wolke aus.

2. Wir legen die Wolkenform auf das Tonpapier und ziehen die Umrisse mit Bleistift nach. Diese Form schneiden wir ebenfalls aus. Da wir beide Seiten der Pappe bekleben wollen, benötigen wir noch eine zweite blaue Tonpapierwolke. Nun werden Vor- und Rückseite der Pappwolke mit Pritt Bastelkleber bestrichen und mit Tonpapier beklebt.

3. Als Schmuck kleben wir unsere weißen Sternchen auf beide Seiten der Wolke.

4. Um unsere Schneeflockenschachteln herzustellen, zeichnen wir auf unser weißes Papier 48 Quadrate mit 12 cm Seitenlänge und schneiden sie aus. (Pro DIN-A4-Bogen bekommen wir zwei Quadrate.) Um uns die Arbeit zu erleichtern, können wir uns auch eine Pappschablone (12 x 12 cm) machen und unsere 48 Quadrate damit vorzeichnen.

5. Alle Quadrate werden nach dem gleichen Schema, das wir jetzt erklären, zur Schachtel gefaltet. Wir nehmen das erste Quadrat und falten es zweimal je zur Hälfte zusammen. Nach jedem Faltgang öffnen wir es wieder zum Quadrat.

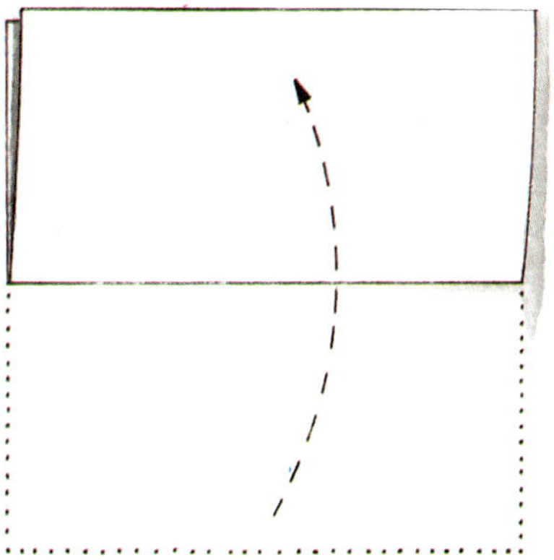

6. Jetzt falten wir nacheinander die vier Ecken bis zum Mittelpunkt.

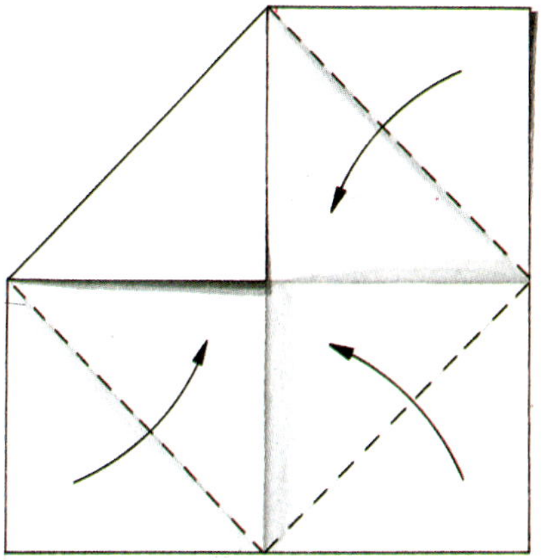

7. Wir öffnen diese Faltungen nicht, sondern falten die gegenüberliegenden Seiten nacheinander bis an die Mittellinie und streichen den Knick glatt. Dann falten wir diese beiden Seiten auf und legen die beiden anderen Seiten ebenfalls bis an die Mittellinie. Wenn wir auch diese Faltung glattgestrichen haben, machen wir unser Quadrat wieder auf.

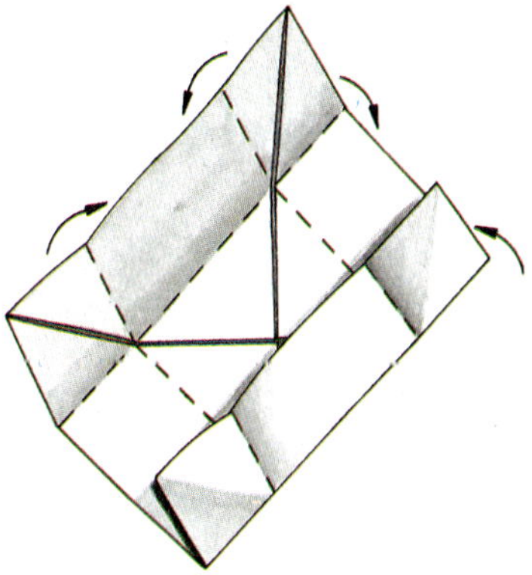

8. Um eine Schachtel falten zu können, schneiden wir das Quadrat viermal ein. Die schwarzen Linien auf der Zeichnung zeigen an, wie wir schneiden müssen.

9. Die rechte und die linke Ecke legen wir an den Mittelpunkt.

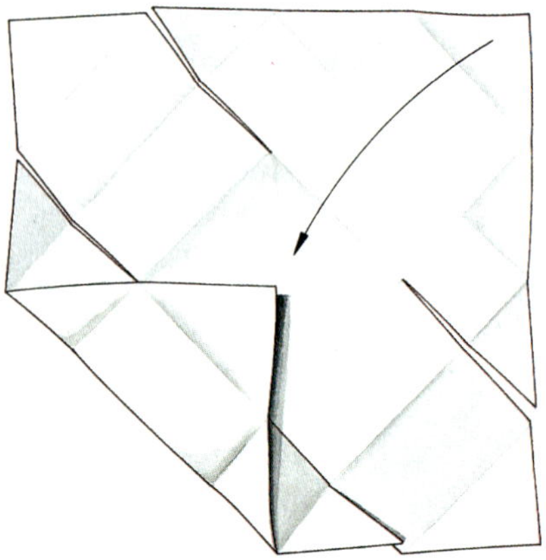

10. Die auf der Zeichnung schraffiert dargestellten Teile werden senkrecht zum Schachtelboden hochgestellt. Die eingeschnittenen Ecken dieser Teile werden nach innen geklappt und stehen hintereinander (siehe Pfeilrichtung auf der Zeichnung).

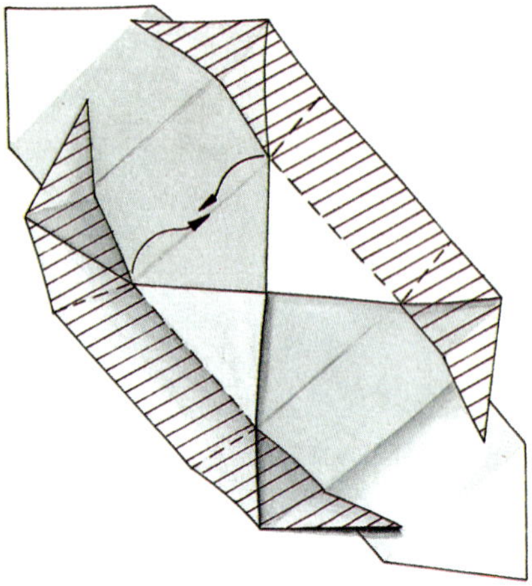

11. Die überstehenden Ecken werden nun nacheinander über den hochstehenden Rand zum Mittelpunkt gelegt. Die Ränder der Schachtel werden noch einmal geknifft. Die vier Ecken treffen alle im Mittelpunkt zusammen und sollten mit etwas Klebstoff festgeklebt werden.

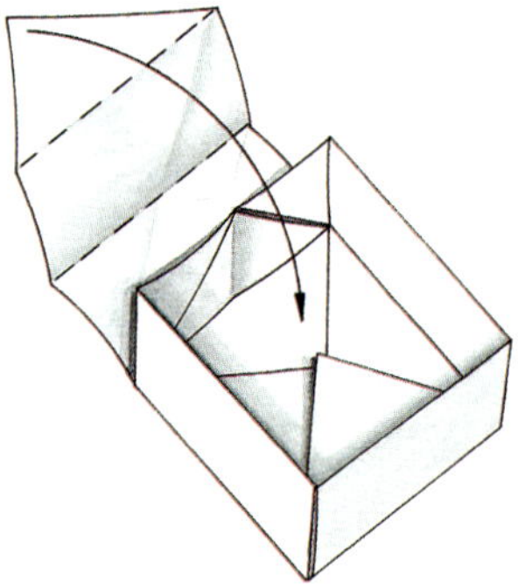

12. Auf die gleiche Art stellen wir 47 weitere Schachteln her. 24 davon werden dann mit kleinen Geschenken wie zum Beispiel Bonbons oder Keksen gefüllt, die anderen 24 dienen jeweils als Deckel.

13. Haben wir die Schachteln gefüllt und geschlossen, bestreichen wir sie nacheinander rundrum mit Pritt Bastelkleber und bekleben sie mit Watte.

14. Nun nehmen wir Nadel und Faden, machen einen Knoten am Ende eines Fadens und stechen durch die erste Schachtel, um sie aufzufädeln. Auf die gleiche Art und Weise reihen wir noch zwei weitere Schachteln auf den Faden und befestigen ihn dann an der Wolke, indem wir die Nadel durch deren unteren Rand stechen und den Faden durchziehen und verknoten.

15. So reihen wir nacheinander alle 24 Schneeflocken auf insgesamt sechs Fäden auf und verteilen sie über den ganzen Rand der Wolke. Hübsch sieht es aus, wenn wir die Anzahl der Schneeflocken jeweils variieren und die längeren Stränge in der Mitte anbringen.

16. In der Adventszeit darf dann jeden Tag ein Schächtelchen abgeschnitten werden, so daß es von Tag zu Tag weniger Schneeflocken werden.

- Goldfolie (20 x 10 cm)
- Bleistift
- Schere

Selbst die Kleinsten in der Familie können mit ganz wenig Hilfe die weihnachtliche Tafel festlich gestalten. Aber auch größeren Kindern macht es Spaß, so dekorative Serviettenringe herzustellen.

Serviettenring aus Goldfolie

1. Wir pausen die Vorlage von Seite 334 auf die Goldfolie ab. Dazu brauchen wir kein Pauspapier. Wir legen die Folie unter die abzupausende Form und ziehen mit einem Bleistift die Linien alle nach. Dabei achten wir darauf, daß nichts verrutscht.

2. Nun nehmen wir die Folie heraus. Alle Linien haben sich durchgedrückt, und wir können sie ausschneiden. Auch die beiden Schlitze an den Enden schneiden wir ein.

3. Als nächstes rollen wir unseren Streifen zu einem Ring zusammen. Die beiden Einschnitte schieben wir vorsichtig ineinander.
Nun rücken wir den erhaltenen Stern noch etwas zurecht und führen in den Ring eine farblich passende Serviette ein. Frohes Fest!

Kerniger Christbaumschmuck

- Erbsen (grüne und gelbe), Bohnen (weiße und braune), Hirse, Reis, Mohn, Linsen, Sonnenblumenkerne, ganze Gewürznelken, Pfefferkörner, Maiskörner, Wacholderbeeren
- Pergamentpapier
- Bleistift
- Rest Pappe oder Karton
- Schere
- Pritt Bastelkleber
- Wollfäden oder Geschenkband
- Küchenmesser

Den Schmuck für unseren Weihnachtsbaum können wir ganz einfach herstellen. Bei einem Streifzug durch die Vorratskammer finden wir sicher einen Teil des benötigten Materials und den Rest kaufen wir in kleinen Mengen.

1. Wir bereiten unsere Bastelarbeit vor, indem wir die verschiedenen Körner auf kleine Teller oder in andere flache Gefäße leeren und vor uns auf den Tisch stellen.
So können wir sie ständig sehen und die richtige Auswahl treffen.

2. Für jeden Anhänger brauchen wir zwei gleiche Formen aus Karton. Geeignete Motive sind zum Beispiel Stern, Ring, Tanne, Herz, Kreis, Pilz, Blume, Baum, Mann, Frau. Wir suchen uns von diesen Seiten oder vom Musterbogen eine Vorlage aus, pausen sie 2mal auf die Pappe und schneiden beide Formen aus. Für einen Ring oder Kreis suchen wir uns geeignete Cremedosen als Muster.

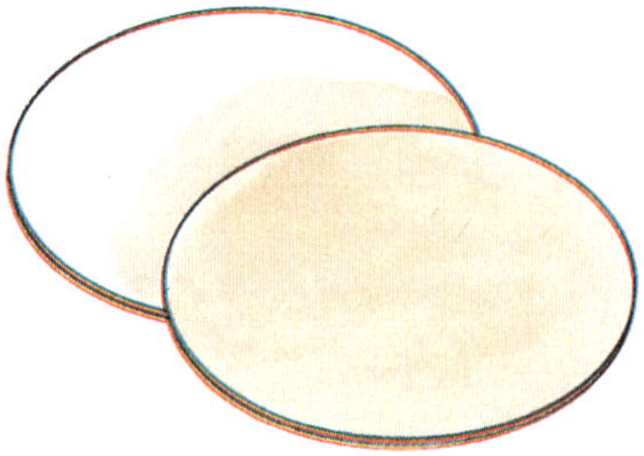

Abpausvorlagen

3. Nun beginnen wir mit dem Auskleben. Bei runden Formen wie Kreis, Ring, Blume und Herz empfiehlt es sich, vom Mittelpunkt nach außen zu arbeiten. Die anderen Formen werden ihrem Umriß entsprechend ausgeklebt. Dabei tragen wir Pritt Bastelkleber auf einen Teil der Form auf und drücken die von uns gewählten Körner auf. Die nächste Reihe Körner sollte von der ersten durch Form und Farbe gut zu unterscheiden sein. Wir kleben die Form vollständig aus und bekleben dann die zweite auf dieselbe Weise.
Noch ein Tip zum Bekleben: Bohnen und Erbsen können mit einem Messer halbiert werden, dann haften sie besser. Dies sollte allerdings ein Erwachsener für uns tun!

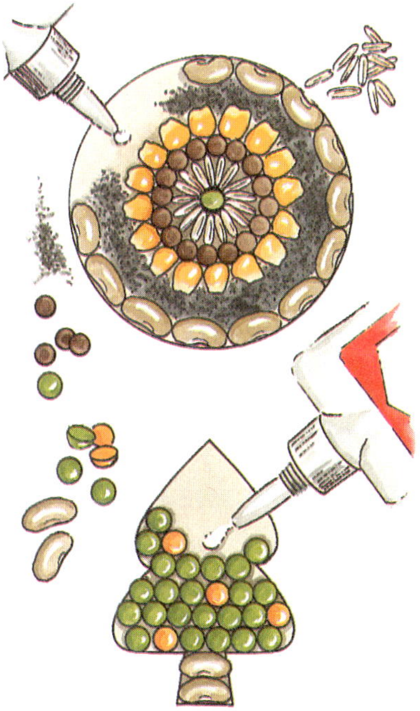

4. Wenn beide Kartonformen beklebt sind, streichen wir auf die Rückseite der einen Form Pritt Bastelkleber, legen darauf ein Stückchen Wollfaden oder Geschenkband (zu einer Schlaufe zusammengelegt) und kleben die andere Kartonform dagegen.

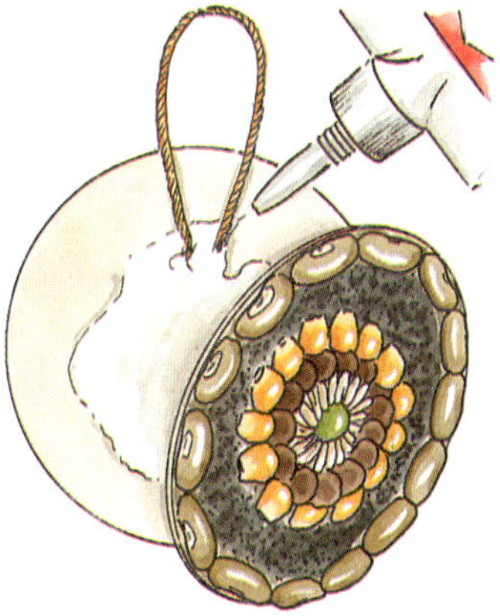

Naturwollschaf

- Pergamentpapier
- Bleistift
- Rest Pappe
- Schere
- Pritt Bastelkleber
- schwarzer Filzstift
- ungesponnene Naturwolle

Dieses Schaf aus Naturwolle sieht nicht nur hübsch aus, sondern ist auch einfach zu basteln. Wir können es in unseren Bauernhof stellen, vielleicht sogar eine ganze Herde davon basteln, und wenn wir einen Hirten dazu haben wollen, so finden wir die Anleitung dazu auch in diesem Kapitel auf Seite 306.

1. Die Umrisse des hier abgebildeten Schafs pausen wir mit Hilfe des Pergamentpapiers 2mal auf unsere Pappe (Anleitung zum Abpausen von Vorlagen siehe Seite 14). Auch die Ohren werden 2mal abgepaust und auf die Pappe übertragen. Dann schneiden wir alle Teile aus.

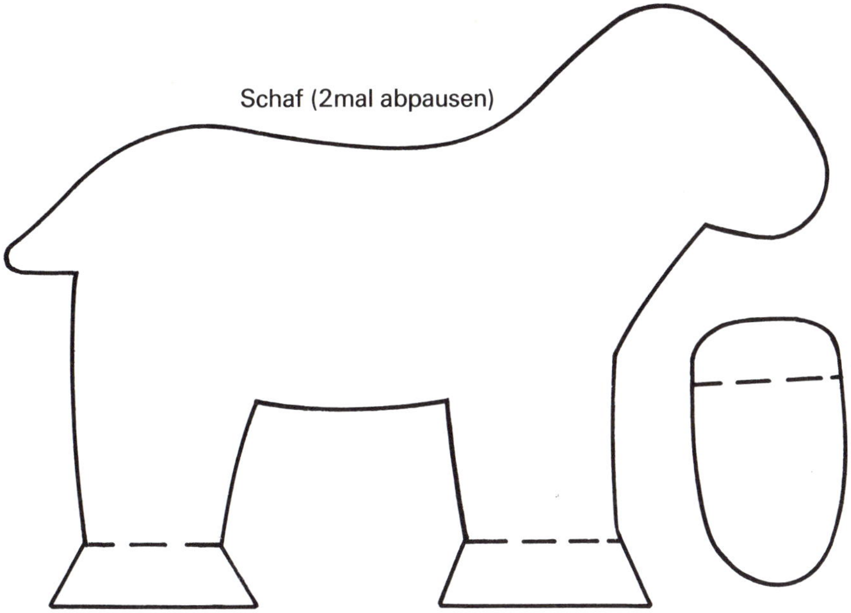

Ohren
(2mal abpausen)

Abpausvorlagen

2. Die 2 Pappschafe kleben wir bis zu den gestrichelten Linien an den Füßen zusammen. An diesen Linien knicken wir die Pappe jeweils nach außen.

3. Die Ohren werden rechts und links am Kopf angeklebt. Mit einem schwarzen Filzstift malen wir die Augen auf.

4. Das Gesicht, die Ohren und die umgeknickten Füße werden nicht mit Wolle beklebt. Den Rest des Körpers bestreichen wir auf der einen Seite mit Pritt Bastelkleber, legen dann die Naturwolle darauf und drücken sie vorsichtig an.

5. Ist die eine Seite ganz beklebt, drehen wir das Schaf um und bekleben auch die zweite Seite.

6. Biegen wir nun die Füße an dem Knick auseinander, kann unser Schaf auch stehen.

Nikolauskarte und Seidenpapierstern

Gerade in der Vorweihnachtszeit trifft man sich gern zu einer gemütlichen Teestunde. Sicher wird sich jeder Gast über eine Einladung, die in der Gestalt eines Nikolauses daherkommt, freuen. Und gemeinsam macht das Basteln unseres dekorativen Seidenpapiersterns mehr Spaß.

Nikolauskarte

1. Um unsere Nikolausform zu bekommen, falten wir das quadratische Tonpapier einmal Ecke auf Ecke diagonal zusammen und legen es mit der offenen Spitze nach unten vor uns auf den Tisch.

2. Nun messen wir mit dem Lineal 17 cm entlang unserer Faltkante ab und verbinden diesen Punkt mit der unteren Spitze. Entlang dieser Linie schneiden wir anschließend unser Papier durch und haben so die Form eines Nikolaushutes bekommen.

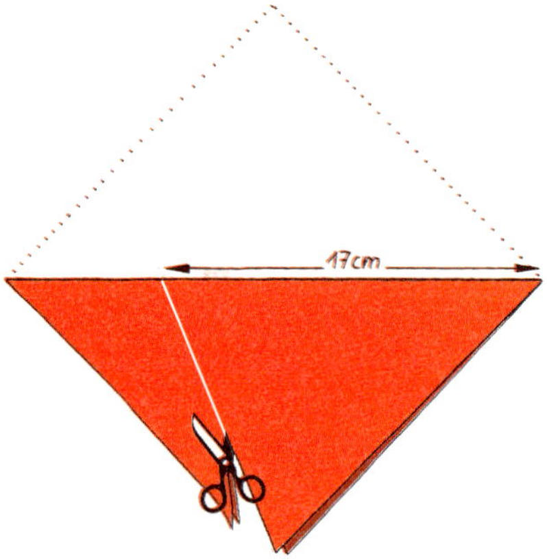

3. Als nächstes pausen wir den Kopf des Nikolauses auf das weiße Papier und schneiden ihn aus.

4. Mit schwarzem und rotem Filzstift malen wir die Augen, Nase und Mund aus und schneiden anschließend den Bart entlang der vorgezeichneten Linien aus.

5. Auf die Rückseite unseres Nikolauskopfes streichen wir etwas Pritt Bastelkleber, sparen dabei aber die Barthaare aus. Wir kleben den Kopf auf die untere Hälfte der Karte und heben die Barthaare leicht an.

6. Den Text unserer Einladung schreiben wir entweder direkt in die Karte oder kleben einen Zettel ein.

Seidenpapierstern

1. Mit Bleistift und Lineal zeichnen wir acht 4 cm breite und 10 cm lange Streifen auf das Seidenpapier und schneiden sie aus.

2. Wir nehmen den ersten Streifen und falten ihn der Länge nach zur Hälfte zusammen.

3. Wir öffnen die Faltung wieder und falten anschließend alle vier Ecken zur Mittellinie, wie die Zeichnung zeigt.

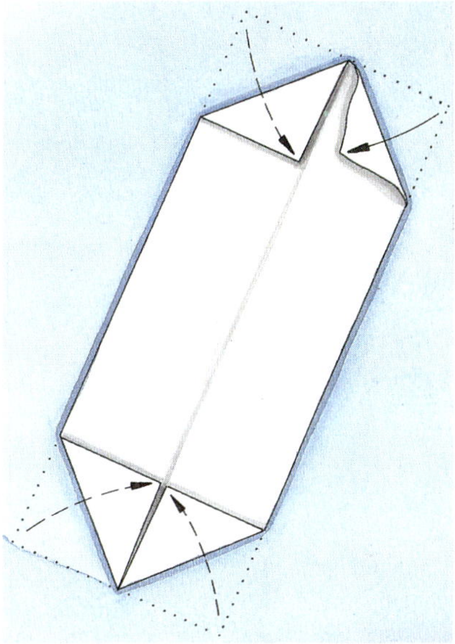

4. Die beiden Spitzen a und b falten wir nun noch einmal zur Mittellinie, wie die Zeichnung zeigt.

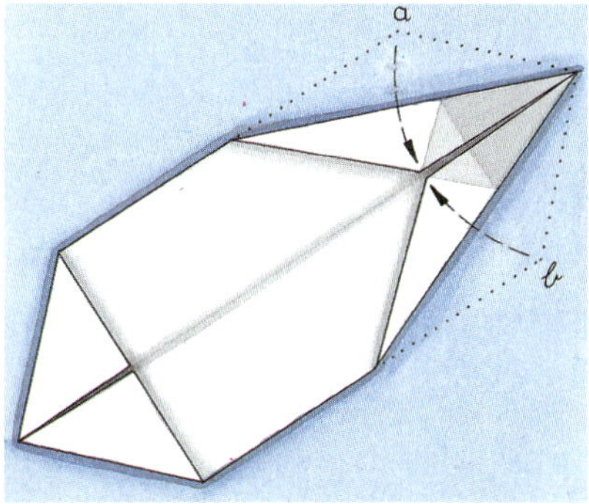

5. Als letzten Schritt falten wir die Spitzen c und d zur Mittellinie und streichen den Falz gut glatt – unser erster Strahl ist fertig. Auf die gleiche Art und Weise stellen wir dann noch weitere sieben Strahlen her.

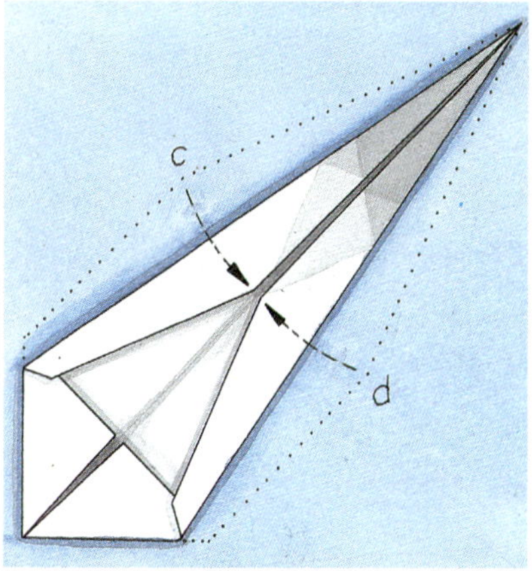

6. Haben wir alle Strahlen fertig, kleben wir sie – wie auf der Zeichnung zu sehen – mit ihren breiten Spitzen mit Pritt Bastelkleber im Uhrzeigersinn aneinander.

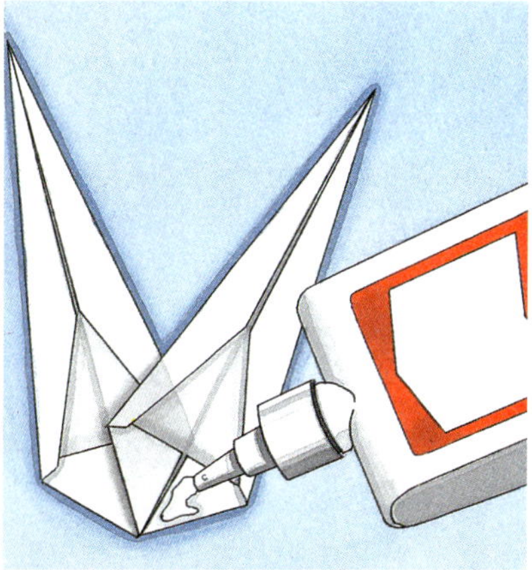

7. Der fertige Stern wird mit durchsichtigem Klebestreifen am Fenster befestigt.

Stern mit Seidenpapierschnipseln

- *Tonpapierreste*
- *Pergamentpapier*
- *Seidenpapierreste*
- *Bleistift*
- *Schere*
- *Pritt Stift*
- *durchsichtiger Klebefilm*

Sehr wirkungsvoll ist dieser hübsche, transparente Stern am Fenster. Wenn ein größeres Kind beim Basteln des Tonpapierrahmens hilft, kann bereits ein vierjähriges Kind den bunten Innenteil herstellen.

1. Von der Mustervorlage auf Seite 328 pausen wir den sechseckigen Stern ab und übertragen ihn auf Tonpapier.

2. Wir schneiden den Tonpapierstern aus. Um den Innenteil herausschneiden zu können, stechen wir mit der Spitze unserer Schere ein Loch in die Mitte. Von der Mitte her schneiden wir in die Sternzacken nach außen. Der Rahmen des Sternes ist fertig.

3. Nun kleben wir den Tonpapierrahmen auf Pergamentpapier und schneiden ihn am Tonpapier entlang aus.

4. Wir wenden den Stern, so daß der Sternrahmen auf dem Tisch und die Pergamentseite oben liegt.

5. Aus bunten Seidenpapierresten reißen wir kleine Schnipsel und kleben sie dicht aneinander und übereinander auf das Pergamentpapier. Wenn der Stern am Fenster vom Licht durchleuchtet wird, sind an allen übereinanderliegenden Teilen neue, gemischte Farben. Den Sternrahmen brauchen wir nicht zu bekleben, da er von der anderen Seite aus betrachtet wird.

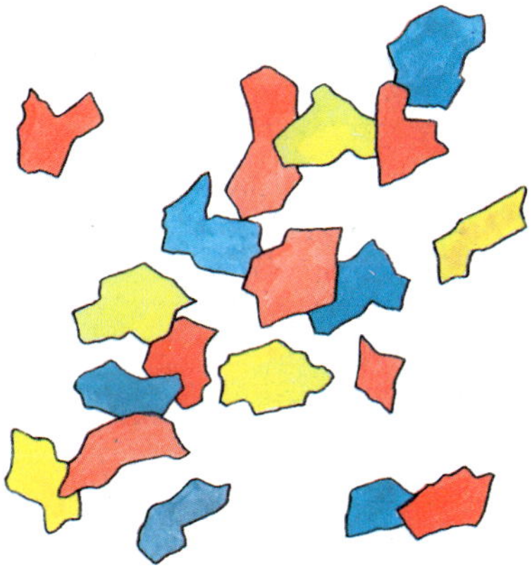

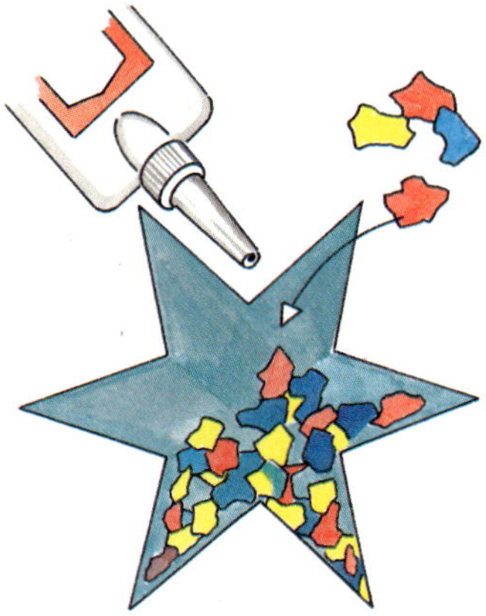

6. Mit 2 kleinen Klebestreifen hängen wir den Stern ans Fenster, so daß die Seidenpapierschnipsel an der Scheibe liegen und der Sternrahmen sichtbar ist.
Scheint die Sonne ans Fenster, leuchtet der Stern wunderschön in allen Farben!

Hirte aus Filz und Naturwolle

- brauner Filz (20 x 24 cm)
- grüner oder beiger Filz (16 x 16 cm)
- brauner Wollrest
- 100 g ungesponnene, ungefärbte Naturwolle
- etwas braune oder rötliche Naturwolle
- Fellrest
- Pritt Bastelkleber
- Schere
- Nadel
- Faden
- 1 Untertasse
- Bleistift

Dieser Hirte besteht ganz aus natürlichen, unverfälschten Materialien, was sehr passend für einen naturverbundenen Schäfer ist. Wenn wir diese Grundfigur variieren, indem wir andere Farben und Dekorationen nehmen, können wir eine komplette Weihnachtskrippe herstellen. Und noch ein Hinweis: Naturwolle ist in Bastelgeschäften in allen Farben erhältlich. Für eine Hirtenfigur oder Krippenfigur benötigt man 100 g.

1. Zunächst formen wir aus der ungefärbten, ungesponnenen Naturwolle eine Kugel von etwa 7 cm Durchmesser.

2. Darüber ziehen wir ein Stück dünn und flach gezogene Naturwolle, fassen die Enden an einer Stelle zusammen und binden sie mit einem Wollfaden ab; der Kopf ist fertig.

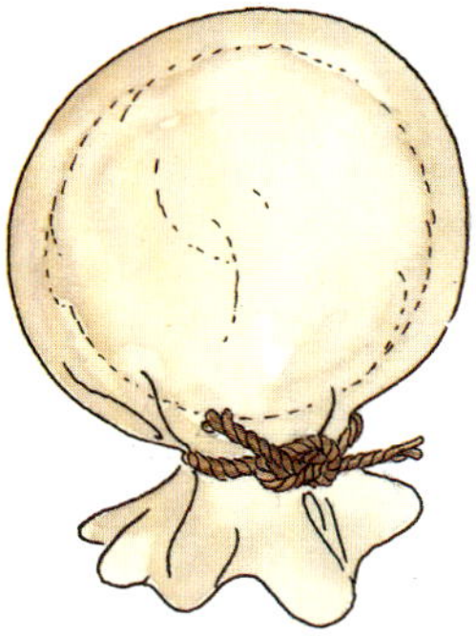

3. Für den Körper benötigen wir das 20 x 24 cm große Rechteck aus braunem Filz. Dieses Rechteck wird zu einem Zylinder geformt und an den Seiten etwa 1 cm übereinander geklebt.

4. Nun stülpen wir die untere Kante 2 cm nach innen.

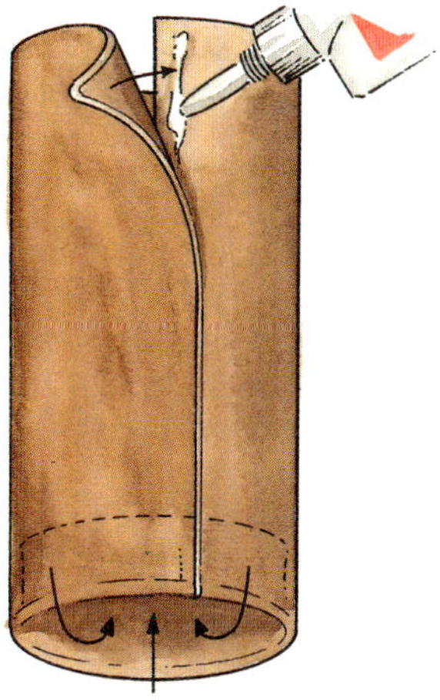

5. Mit großen Vorstichen ziehen wir einen Wollfaden 1 cm unterhalb des oberen Randes ein.

6. Dann wird der Kopf mit dem verknoteten Teil nach innen in den Körper hineingesteckt und der Wollfaden angezogen und verknotet.

7. Den Körper selbst stopfen wir mit viel Naturwolle aus. Er muß fest und prall gefüllt sein, so daß er stehen kann.

8. Nun drehen wir aus vier 1 m langen braunen oder beigen Wollfäden eine **Kordel (Beschreibung siehe S. 126). Sie wird dem Hirten fest um die „Taille" gebunden und dient als Gürtel.**

9. Wenn wir ihm jetzt noch ein Stück Fell über die Schultern kleben, sieht er wie ein richtiger Schäfer aus.

10. Mit braun oder rötlich gefärbten Naturwolle gestalten wir die Haare und den Bart und kleben sie auf.

11. Nun fehlt nur noch der Hut. Dafür legen wir eine Untertasse auf dunkelgrünen oder beigen Filz, malen den Umriß mit Bleistift nach und schneiden den Kreis aus.

12. Wie die Zeichnung zeigt, nähen wir jetzt etwa 3 cm innerhalb des Kreisrandes einen braunen Wollfaden mit großen Vorstichen ein. Dann ziehen wir Anfang und Ende des Wollfadens zusammen. Dadurch wölbt sich die Mitte des Filzes zu einer Erhöhung für den Kopf. Der Hutrand schlägt leichte „Wellen".

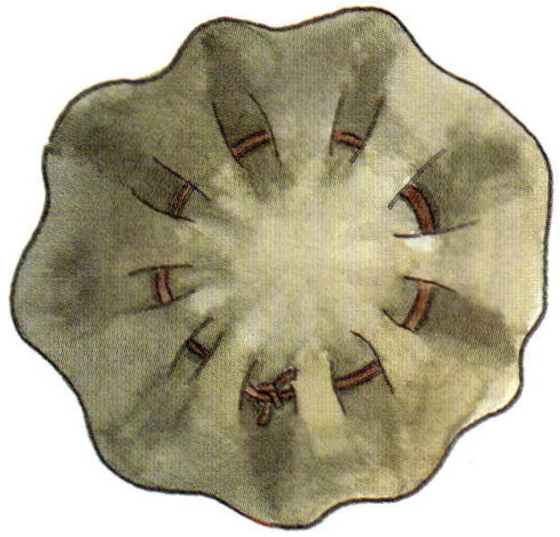

13. Die Wolle wird verknotet, die Enden bleiben als Zierde hängen und werden in beliebiger Länge abgeschnitten.
Dieser Hut wird nun auf den Kopf geklebt.

- Pauspapier
- Bleistift
- 1 Stück weißes Tonpapier (30 x 30 cm)
- 1 Stück rotes Tonpapier (30 x 30 cm)
- Schere
- Pritt Bastelkleber
- 1 Wattekugel von 3 cm Durchmesser
- 1 Zahnstocher
- etwas ungesponnene Wolle
- Filzstifte
- etwas Goldfolie
- 1 Schaschlikspieß

Sternsinger

Das Sternsingen ist ein alter Brauch, bei dem Kinder in den Tagen um Dreikönige mit einem Stern und Dreikönigslieder singend von Haus zu Haus ziehen und Geld, Gebäck und Obst geschenkt bekommen. Einen solchen Sternsinger haben wir hier gebastelt. Zusammen mit Tannenzweigen und einer Kerze verbreitet er weihnachtliche Atmosphäre auf der Adventstafel.

1. Die Teile des Sternsingers pausen wir vom Musterbogen auf Seite 325 ab. Hut und Mantel pausen wir auf das rote Tonpapier, den Umriß für den Körper auf das weiße. Wir schneiden alle Teile aus.

2. Den Körper machen wir, indem wir das weiße Tonpapier zu einer Tüte drehen und die Enden übereinanderkleben. An der Spitze soll ein kleines Loch bleiben, da wir den Zahnstocher da durchstecken wollen.

3. An der Innenseite des Mantels ziehen wir vom oberen, geraden Rand bis an den unteren Rand einen Streifen Pritt Bastelkleber. An diese Stelle kleben wir den Körper des Sternsingers, so daß die Spitze des Kegels an den geraden Rand kommt.

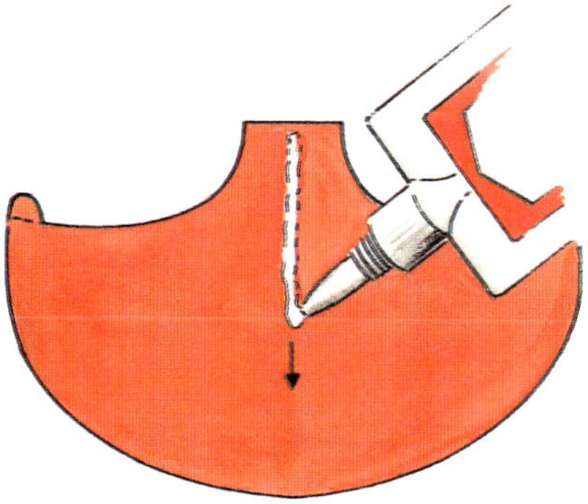

4. Die Enden des Mantels sind zugleich die Hände der Figur. Wir bestreichen sie an der Innenseite mit Pritt Bastelkleber und legen sie so aufeinander, daß sie aussehen wie gefaltete Hände.

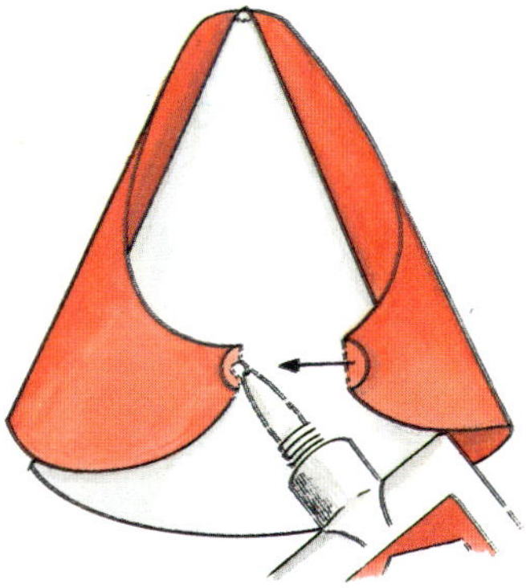

5. In das Loch in der Wattekugel stekken wir den Zahnstocher. Auf das obere Drittel der Wattekugel streichen wir Bastelkleber und drücken einen Kranz ungesponnener Wolle, die Haare, an.

6. Wir schneiden zwei schmale, kurze Streifen rotes Tonpapier und kleben sie an einem Ende am Hut fest. Am Hutrand werden sie abgeknickt. Dann kleben wir den Hut auf den Kopf.

7. Zum Schluß zeichnen wir mit Filzstiften das Gesicht auf. Dabei achten wir darauf, daß die Hutbänder seitlich über ein Ohr des Sternsingers herabhängen.

8. Jetzt schieben wir den Zahnstocher (mit dem Kopf darauf) in die kleine Öffnung des Körpers.

9. Den Stern unseres Sternsingers pausen wir 2mal auf Goldfolie ab und schneiden 2 gleiche Sterne aus. Wir legen die Spitzen versetzt aufeinander. Dazwischen kleben wir ein Ende des Schaschlikspießes.

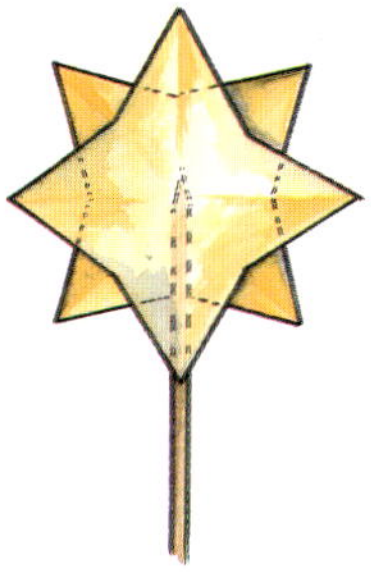

10. In den Körper des Sternsingers machen wir an einer Stelle, wo es von den Ärmeln des roten Mantels verdeckt wird, ein kleines Loch. Durch dieses Loch schieben wir den Schaschlikspieß mit dem Stern.

- *1 quadratisches Stück Goldfolie oder Tonpapier mit den Maßen 20 x 20 cm (die Goldfolie sollte auf beiden Seiten beschichtet sein, zum Beispiel gold und rot)*
- *selbstklebende Sterne*

Sternenkörbchen

Es sieht besonders hübsch aus, wenn man in der Weihnachtszeit Süßigkeiten und Nüsse in diesem Sternenkörbchen auf den Tisch stellt. Gefüllt mit selbstgebackenen Keksen ist es auch ein hübsches Geschenk oder Mitbringsel.

1. Wir falten das Quadrat 2mal Seite auf Seite. Nach jedem Faltgang öffnen wir es wieder zum Quadrat. Dann wenden wir das Blatt und falten 2mal diagonal Ecke auf Ecke. Wieder öffnen wir das Papier zum Quadrat und wenden es. Wir haben nun die auf der Zeichnung zu sehenden Faltknicke erhalten.

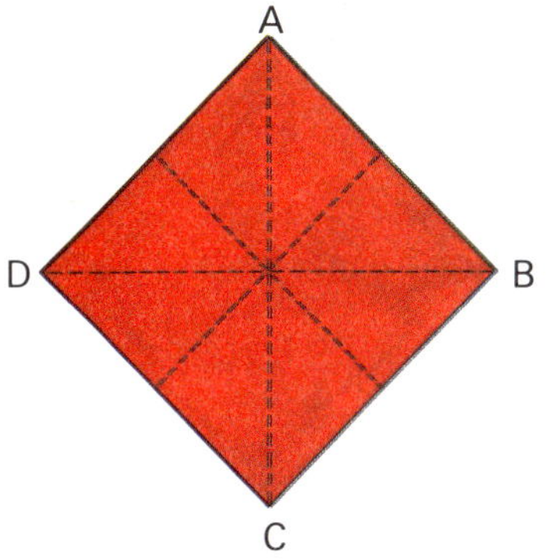

2. Wenn wir mit dem Zeigefinger leicht auf den Mittelpunkt drücken, heben sich die 4 Ecken hoch. An den Ecken A und C fassen wir an, heben sie hoch und legen sie auf Ecke B. Die Ecken A und C liegen jetzt nebeneinander. Die 4. Ecke – D – legt sich von selbst darüber.

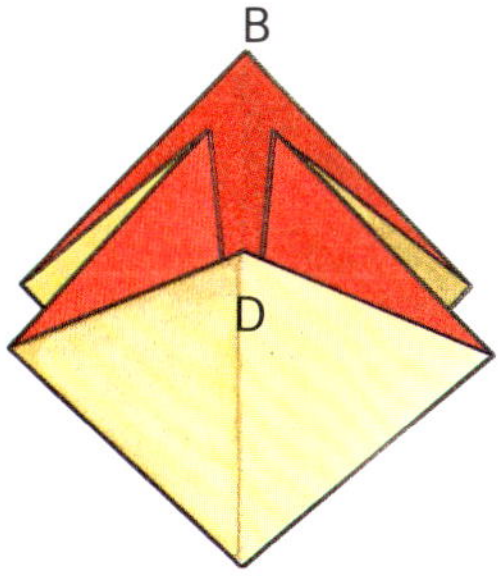

3. Die beiden oben liegenden Flügel falten wir nacheinander zur Mittellinie. Die gestrichelte Linie zeigt den Verlauf der 2. Faltung an.

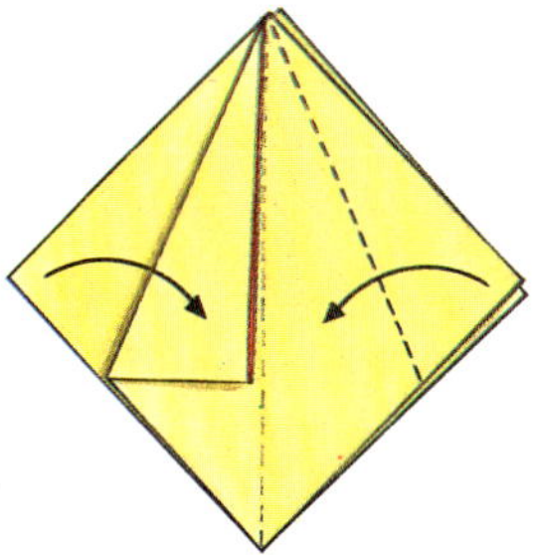

4. Die Faltarbeit wird gewendet, und die beiden anderen Flügel werden genauso zur Mittellinie gefaltet. Die Zeichnung zeigt die Faltarbeit nach diesem Schritt.

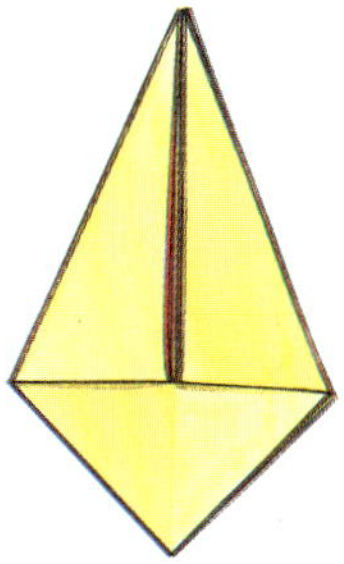

5. Die bis an die Mittellinie gefalteten Flügel haben die Form von Dreiecken. Eines dieser Dreiecke stellen wir hoch, öffnen es und drücken es flach. Die Ränder der so entstandenen Tüte streichen wir glatt. Genauso machen wir es mit den 3 anderen Dreiecken.

6. Jede dieser 4 Tüten schlagen wir jetzt zur Hälfte nach hinten ein, so daß von vorn nur noch die andere Hälfte zu sehen ist. Die Hälften, die nach innen geklappt werden, sind auf der Zeichnung schraffiert.

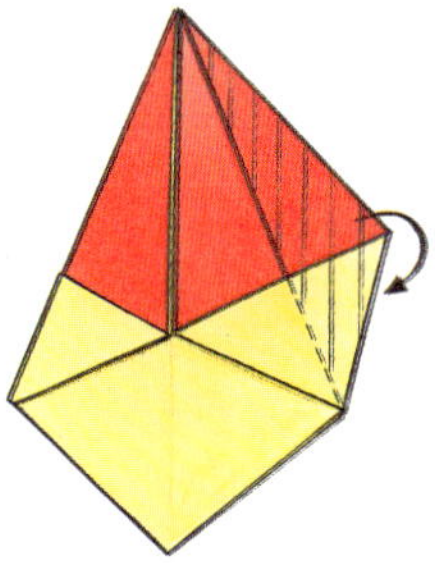

7. Die vordere Spitze klappen wir so weit wie möglich nach vorne herunter, die hintere nach hinten.

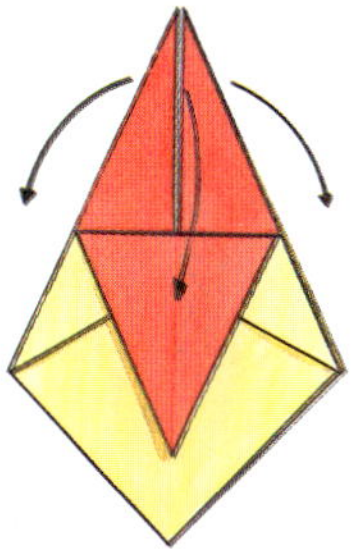

8. Linke und rechte obere Spitze werden vorsichtig auseinandergezogen und nach unten geklappt. Das sternförmige Körbchen öffnet sich dabei langsam. Von unten kann der Boden leicht hochgedrückt werden. Mit dem Daumen formen wir innen das Körbchen aus. Leichter geht es, wenn wir das Körbchen dabei auf den Tisch stellen. Nun ist unser Sternenkörbchen fertig und kann mit Nüssen und Weihnachtsgebäck gefüllt werden.

- zweifarbig beschichtete Metallfolie (Goldfolie)
- Bleistift
- Lineal
- Schere

Zweifarbiger Stern

Aus zweifarbig beschichteter Metallfolie, die es in den unterschiedlichsten Farbkombinationen gibt, können wir sehr wirkungsvolle Sterne schneiden und klappen. Die Zweifarbigkeit entsteht allein durch das Umklappen. Diese Sterne sind ein wunderschöner Schmuck für den Weihnachtsbaum.

1. Mit Lineal und Bleistift zeichnen wir auf unsere Metallfolie ein Quadrat mit den Maßen 12 x 12 cm und schneiden es aus.

2. Wir falten das Quadrat einmal diagonal Ecke auf Ecke zu einem Dreieck.

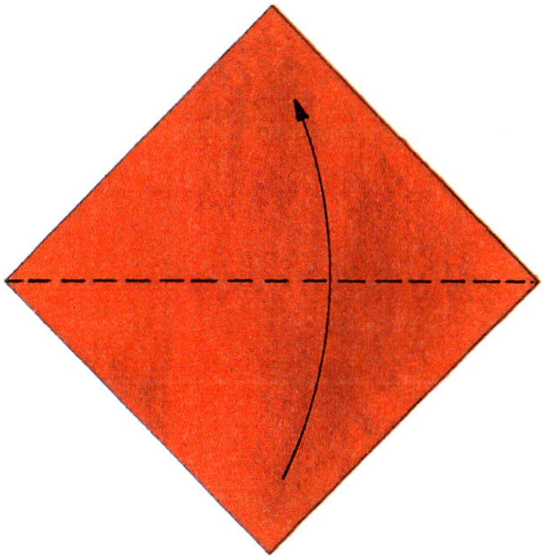

3. Nun falten wir Spitze a exakt auf Spitze b.

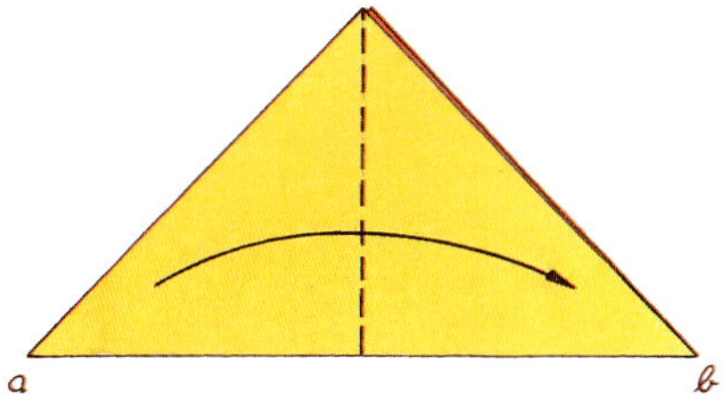

4. Jetzt falten wir Spitze a/b genau auf Spitze c.

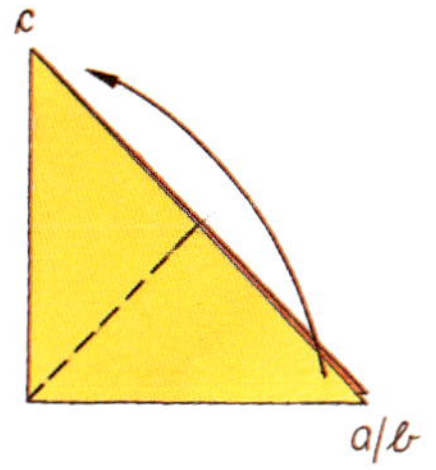

5. Wir legen das so entstandene Dreieck so vor uns auf den Tisch, daß die offene Seite gerade vor uns liegt.

6. Um unsere Sternform zu bekommen, schneiden wir von der geschlossenen Seite zur offenen Spitze hin ein schmales Dreieck ab, wie die Zeichnung zeigt.

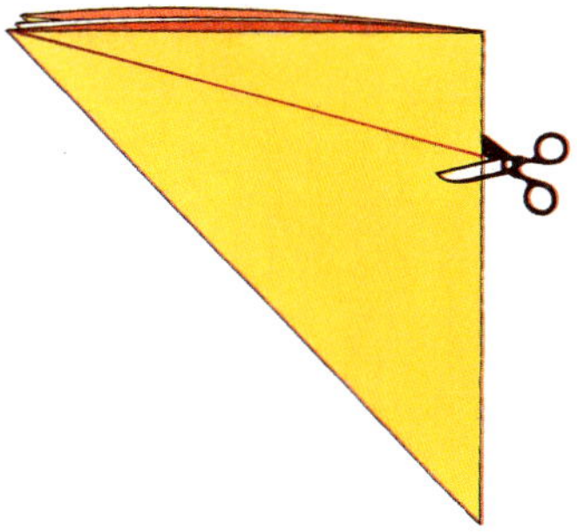

7. Anschließend schneiden wir – wieder von der geschlossenen Seite aus – parallel zur längsten Seite unserer Faltform Streifen ein. Die Streifen sollten möglichst alle etwa gleich breit sein. Dabei achten wir darauf, daß die Form nicht durchgeschnitten wird, sondern daß ein schmaler Rand stehenbleibt.

8. Nach dem Schneiden falten wir den Stern vorsichtig auseinander. Wenn wir alles richtig gemacht haben, sollte er so aussehen wie der gezeichnete.

9. Um nun die endgültige zweifarbige Sternform zu bekommen, müssen wir die Hälfte der Zackenstreifen nach oben klappen. Wir beginnen in einem beliebigen Feld mit dem untersten, längsten Zacken und klappen ihn nach oben um.

10. Den nächsten Zacken in der Reihe lassen wir stehen und klappen erst den übernächsten wieder nach oben usw. bis zum Ende des Feldes.

11. Auf die gleiche Art und Weise verfahren wir mit den anderen drei Feldern des Sterns.

12. Zum Schluß wird alles gut glattgestrichen und der Stern an passender Stelle mit einem Faden aufgehängt.

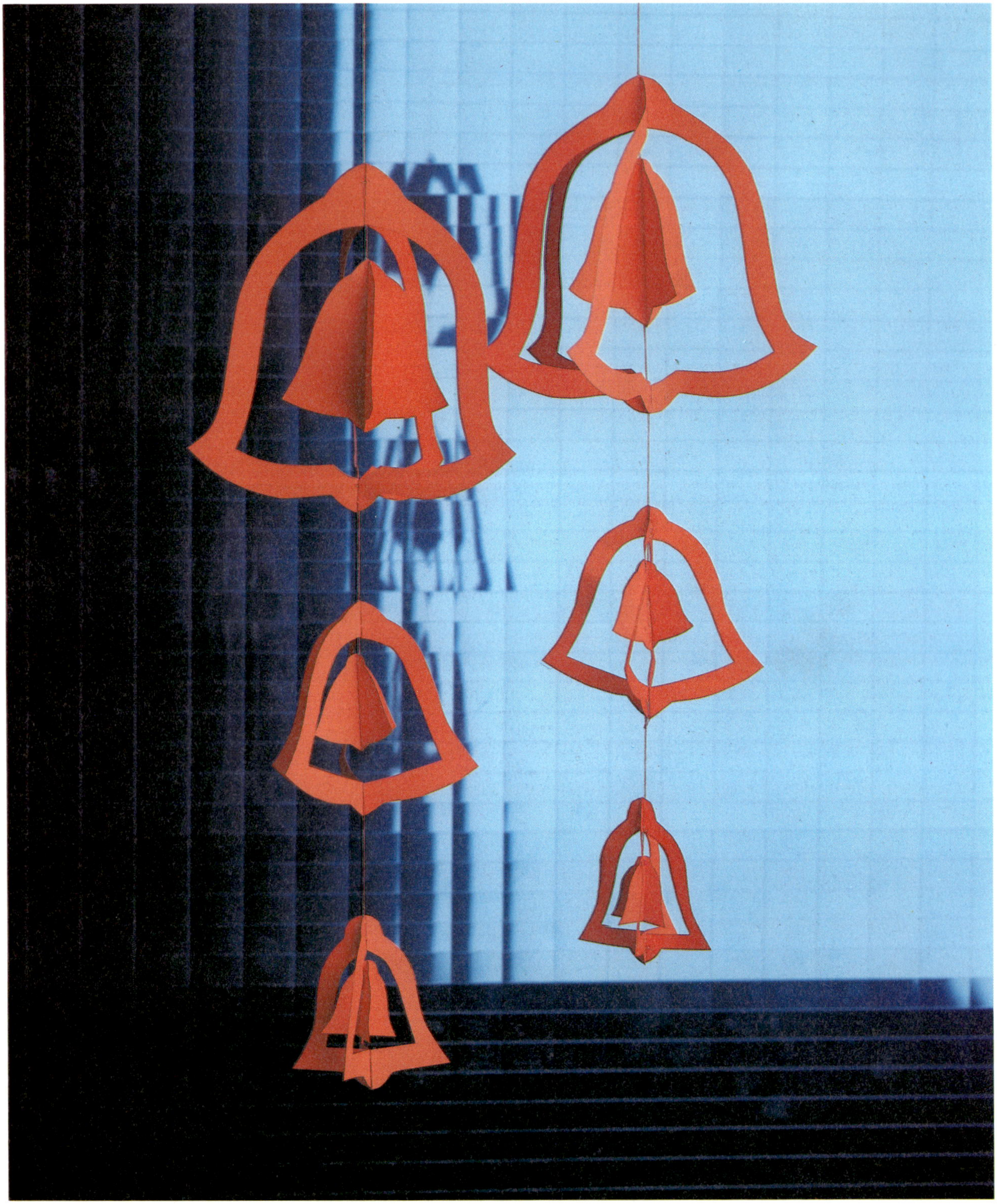

Glockenmobile

- Tonpapier
- Bleistift
- Pauspapier
- Schere
- Pritt Alleskleber
- Faden
- Nadel

Glocken sind stets ein dekorativer Schmuck für die Weihnachtszeit. Wer will, kann dieses Mobile auch aus Goldfolie herstellen.

1. Zunächst falten wir das Tonpapier etwa 8 cm vom Rand nach innen, so daß es doppelt liegt.
Die 6 halben Glockenformen pausen wir vom Vorlagebogen ab. Wir übertragen die Formen so auf das Tonpapier, daß sie genau am Knick anliegen. So zeichnen wir sie ab und schneiden sie aus. Da wir jede Glockenform zweimal brauchen, wiederholen wir das Ganze.

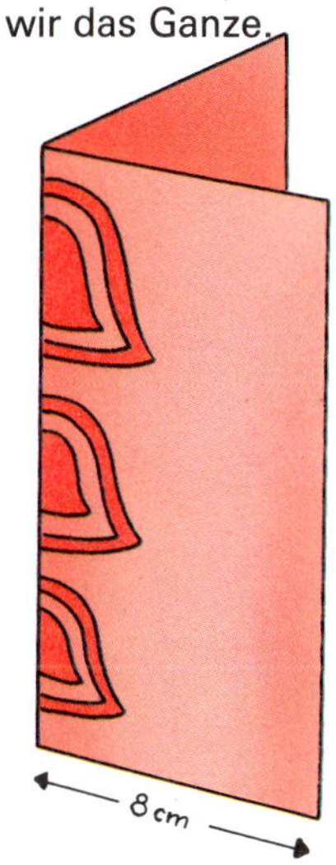

2. Nun haben wir 3 offene und auch 3 geschlossene Glockenformen, die alle der Länge nach geknickt sind. Wir kleben die zusammenpassenden Glocken am Knick gegeneinander, so daß die Form nach 4 Seiten zeigt. So kleben wir alle 6 Glocken zusammen.

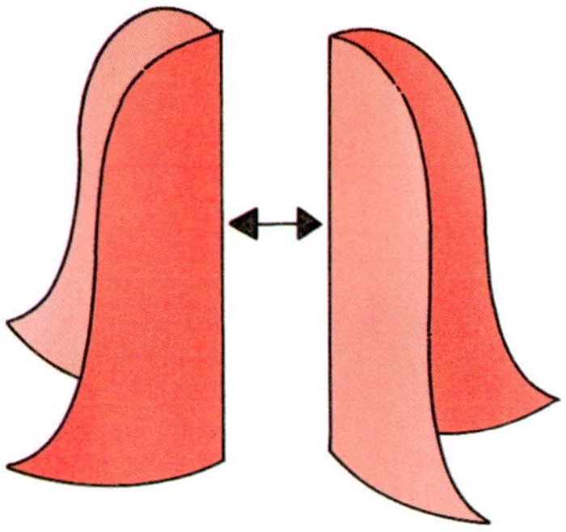

3. Wir kommen schon zum Aufhängen der Glocken. Dabei beginnen wir mit der kleinsten Glocke. Wir fädeln einen Faden in die Nadel und machen ins Fadenende einen Knoten. Dann ziehen wir den Faden bis zum Knoten durch das Tonpapier.

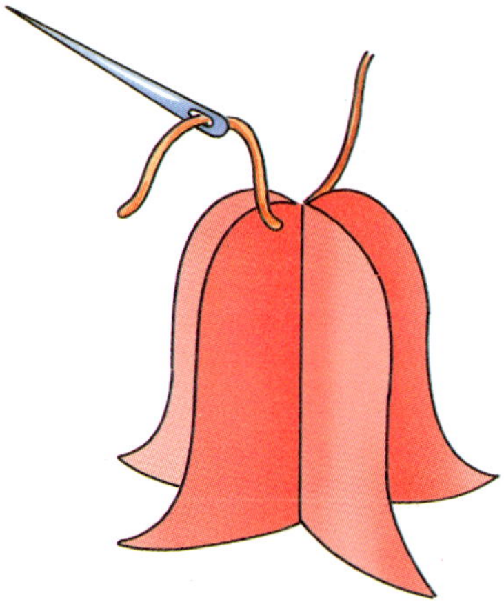

4. An diesem Faden hängen wir die kleine Glocke in die kleinste offene Glockenform, indem wir zwei- bis dreimal durch das Tonpapier nähen.

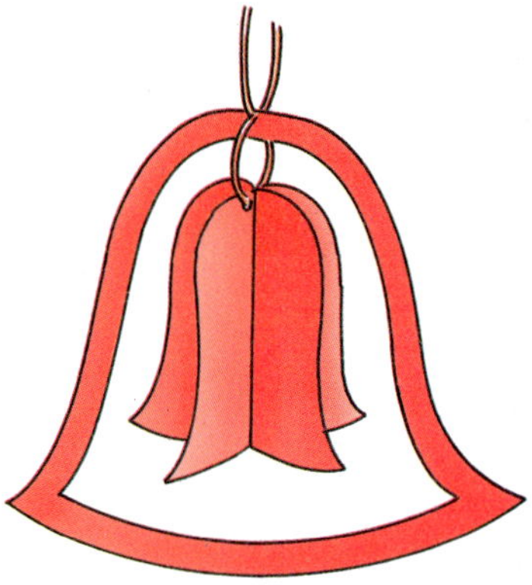

5. Denselben Faden befestigen wir auf die gleiche Weise am unteren Ende der mittelgroßen offenen Glocke. Dort schneiden wir den Faden ab. Der Abstand zwischen den Glocken kann 3 bis 4 cm betragen.

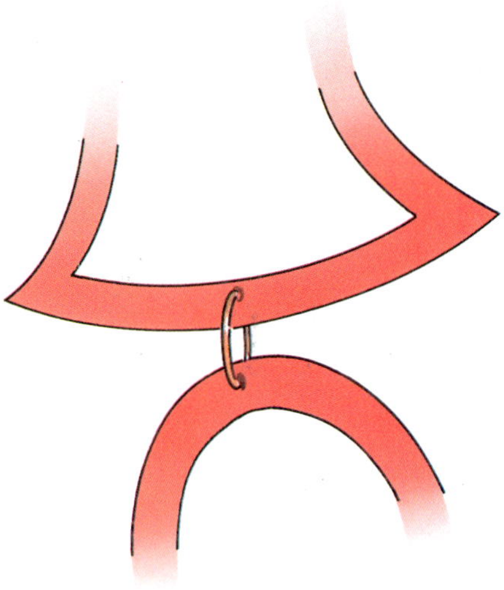

6. Nun kommt die zweitkleinste in diese offene Glocke und wird am unteren Ende der größten Glocke befestigt.

7. Die größte geschlossene Glockenform kommt in die größte offene. Der Faden wird nach oben weitergeführt und zum Aufhängen zu einer Schlinge gebunden. Unser Glockenmobile ist fertig.

Einmal ganz anders: Tannenbaum

- Pauspapier
- Bleistift
- Karton
- Schere
- rotes, grünes und gelbes Tonpapier
- Lineal
- roter Faden
- Pritt Alleskleber
- Stab (50 cm lang und 8 mm dick)

Dieses Mobile ist ein sehr dekorativer weihnachtlicher Raum- oder Fensterschmuck. Die einzelnen Motive lassen sich leicht ausschneiden. Das Ankleben an die Fäden erfordert sorgfältiges Arbeiten.

1. Wir übertragen die nebenstehenden Motive auf ein Stück Karton und schneiden die Schablonen aus.

2. Jedes Motiv muß doppelt ausgeschnitten werden, da der Aufhängefaden später dazwischengeklebt wird. Deshalb schlagen wir das Tonpapier etwa 7 cm hoch um.
Damit die beiden Einzelteile einer Figur nachher genau aufeinanderpassen, zeichnen wir die Formen mit den Schablonen so auf den umgeklappten Streifen, daß eine Ecke genau seitlich auf der Faltkante liegt. Wir zeichnen uns 6 Engel, 11 Sterne und 8 Bäume auf.

3. Nun schneiden wir die Motive so aus, daß sie noch an dieser Ecke seitlich zusammenhängen (Zugabe später abschneiden).

4. Die (doppelten) Formen werden jetzt so angeordnet, daß sich insgesamt die Form eines Weihnachtsbaums ergibt.

5. Zum Aufhängen brauchen wir 7 Fäden von je 1,20 m Länge, die doppelt genommen werden. Wir legen in jede Reihe einen Faden in die aufgeklappten Figuren ein (Schlaufen nach oben!) und sichern ihn mit je einem Tropfen Klebstoff. Jetzt können wir jede Figur dünn mit Klebstoff bestreichen, zusammenkleben und anschließend die Zugabeecken abschneiden.

6. Am besten lassen sich die Aufhängefäden anbringen, indem man den Stab auf zwei Stuhllehnen auflegt. Die Fäden mit den Figurenreihen werden jetzt in gleichmäßigen Abständen angeordnet und dann mit einem kleinen Stück Klebeband oder Klebstoff gesichert.

7. Der Stab wird an zwei Fäden aufgehängt, die an beiden Enden befestigt werden. Wenn sich das Mobile drehen soll, müssen die beiden Fäden in der Mitte zusammengeführt und an der Decke befestigt werden.

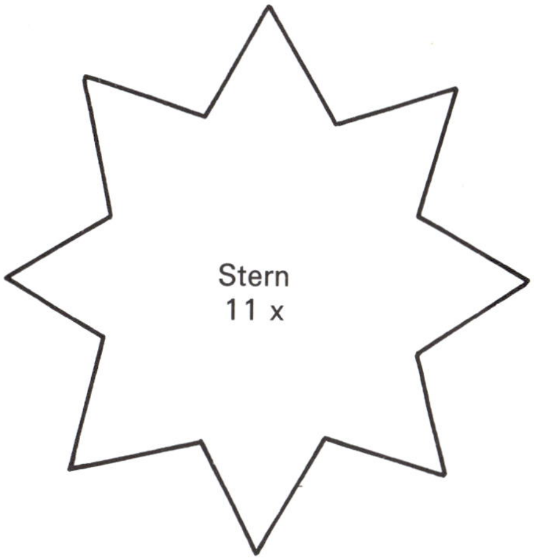

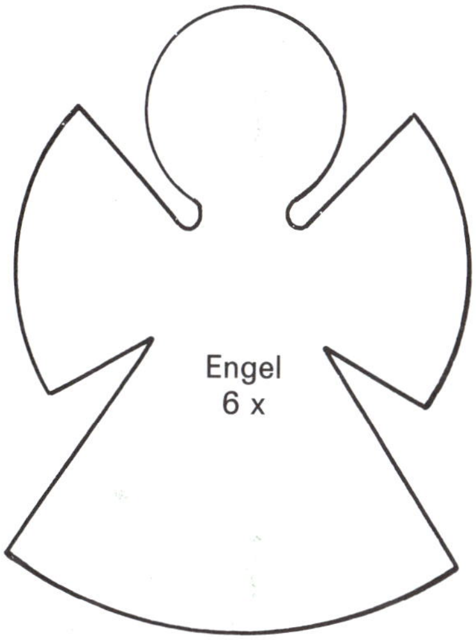

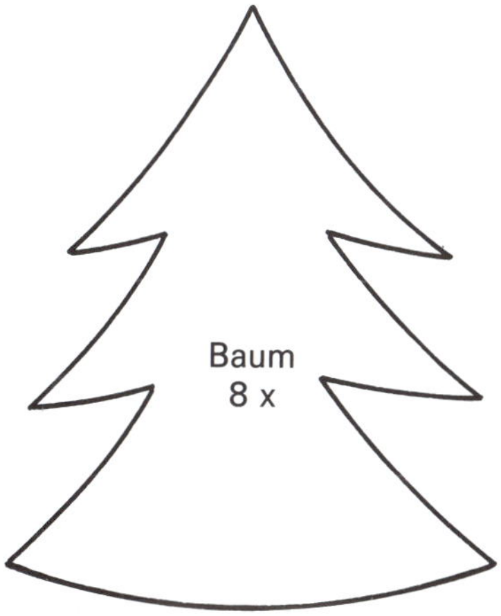

Salzteigkrippe

- 1 Tasse Mehl
- 2 Tassen Salz
- 1 Tasse Wasser
- Schüssel
- Nudelholz oder Flasche
- Messer
- Backpapier
- Backblech
- Zahnstocher
- Ausstechform (Stern)
- Stricknadel
- Plakafarben oder Goldspray
- Klarlack
- Glitzerfaden oder Geschenkband

Es ist sehr schön, in der Adventszeit am Tisch zu sitzen und in der Vorfreude auf Weihnachten eine Krippe aus Salzteig zu basteln. Obwohl Salzteig zu den billigsten Materialien zählt, läßt er sich leicht formen. Reste kann man gut aufbewahren und später verarbeiten. Nach dem Trocknen kann die Krippe in der Salzteigfarbe bleiben, bemalt oder mit Goldspray besprüht werden.
Die Krippe ist wunderschön zum Aufhängen und ein tolles Geschenk.

1. Wir beginnen mit der Herstellung des Salzteiges. Dazu nehmen wir eine Schüssel und mischen in ihr das Mehl, das Salz und danach auch die angegebene Menge Wasser.

2. Wir nehmen 2 Salzteigrollen, die 1 cm dick und 24 cm lang sind, und drücken ihre Enden zusammen. Dann werden sie immer abwechselnd übereinander gelegt, so daß ein gedrehter Strick entsteht. Eine Dachseite ist fertig, wenn wir die doppelte Rolle 18 cm lang gedreht haben.

Wir wiederholen diesen Arbeitsschritt für die zweite Dachseite. Beide Seiten legen wir auf ein Backblech, das mit Backpapier ausgelegt wurde.

3. Aus zwei 1,5 dicken und 6 bis 8 mm langen Rollen werden die Seitenwände gedreht. Die Rolle für den Boden ist auch 1,5 cm dick, aber 15 cm lang.

4. Mit der Plätzchenform stechen wir den Stern aus. Die Form des Schweifs schneiden wir mit einem Messer aus. Erst wird der Kometenschweif auf das Dach und dann der Stern auf den Schweif gedrückt.

5. Durch den Stern werden mit der Stricknadel 2 Löcher gebohrt, durch die wir später den Aufhängefaden oder ein Band ziehen können.

6. Die Körper von Maria und Josef formen wir wir folgt: 1 Kugel für den Kopf, 1 Rolle für die Haare und 1 kleine Kugel für die Hand. Josef bekommt noch einen Hirtenstab in die Hand. Die Gesichter drücken wir mit dem Zahnstocher ein. In der Mitte wird das Jesuskind in die Krippe gelegt. Es hat ebenfalls einen Kopf, einen Körper und Haare.

7. Die Schafe links und rechts unten bestehen aus einem länglichen Körper mit einem Kopf, auf den ein Ohr gedrückt wird. Den Körper der Schafe stechen wir einige Male mit dem Zahnstocher ein.
Wer möchte, kann seinen Schafen auch Beine formen. Dazu werden einfach 2 kleine Rollen unter dem Körper befestigt.
Damit die Schafe auch auf der unteren Rolle liegen können, müssen wir unter jedes von ihnen einen kleinen Salzteigklumpen drücken, der auch nicht sichtbar sein sollte.

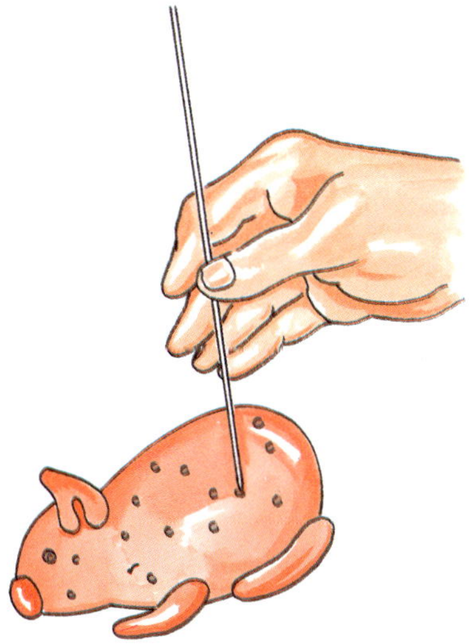

8. Das Backblech mit der fertigen Form wird nun in den Backofen geschoben und bei etwa 100 Grad rund 2 Stunden getrocknet. Die Ofentüre sollte dabei einen Spaltbreit offen stehen. Alle Bastelarbeiten aus Salzteig werden auf diese Weise haltbar gemacht.

9. Nach dem Trocknen im Ofen gehen wir an das Bemalen der Figuren. Dazu decken wir unsere Arbeitsplatte ab und ziehen einen Malkittel an. Wie jeder seine Figuren anmalen will, bleibt ihm selbst überlassen. Danach wird lackiert, wobei wir hier beachten müssen, daß zuerst die Rückseite und dann die Vorderseite bearbeitet wird. Zum Aufhängen nehmen wir einen hübschen Woll-, Glitzerfaden oder ein Band.

Register

Einladungs- und Tischkarten
Apfeleinladung 36
Batikpfau 32
Bortenkerze 39
Bügeltechnik 20
Dampfer 162
Eule 22
Fadentechnik 18
Faltsternkarte 42
Frosch 23
Geburtstagskarte 34
Geierkarte 86
Grillfesteinladung 26
Hase im Zylinder 28
Karte, genäht 40
Klammermaus 157
Marienkäfer, gefalteter 24
Nikolauskarte 302
Obstkarten 38
Papierschiffchen 164
Schmetterlingskarte 30
Schwalbe 168
Servietten, dekorative 130
Überraschungssäckchen 25
Weihnachtskarte 44

Bilder, Bilderrahmen und Alben
Fotoalbum 256
Kreppapierrahmen 124
Papptellerbild 235
Sandbilder 204
Spielbild 194

Faltarbeiten
Adventskalender 294
Aquarienleuchte 282
Dampfer 162
Fächer, doppelter 132
Faltsterne 42
Fangbecher 172
Fesselballon 242
Fledermaus 88
Geier 86
Girlanden, lustige 74
Handpuppen aus Faltpapier 182
Hasenbecher 104
Hexentreppen-Hampelmann 76
Huhn aus Origamipapier 102
Kraniche, fliegende 226
Marienkäfer, gefalteter 24
Papierschiffchen 164
Papierungeheuer 82
Schmetterlingskarte 30
Schneeflöckchen 58
Schwalbe 168
Seidenpapierstern 304
Serviettenblumen 220
Stern, zweifarbiger 312
Sternenkörbchen 310
Teufelchen, aufgeblasenes 78
Tragetaschen 266
Transparentsterne,
Laterne mit 278
Windmühle 212
Wurfpfeil 160

Fensterbilder, Mobiles & Co.
Biene, süße 248
Christbaumschuck, kerniger 298
Eierkranz 112
Eiermobile 114
Eier im Scherenschnitt 110
Fächervogel im Herz 136
Fesselballon 242
Girlanden, lustige 74
Glockenmobile 314
Hahn und Hühner 106
Hampelmannmobile 208
Herz, Hand aufs 122
Hexentreppenhampelmann 76
Ostereier, bunt betropfte 95
Salzteigkrippe 318
Schmetterling 214
Schneelandschaft 60
Schneemannmobile 52
Schneewolke 48
Seidenstern 302
Serviettenblumen 220
Sommerlandschaft 224
Sonne-, Mond- und
Sternemobile 144
Stern 304
Stern, zweifarbiger 312
Sterntaler 230
Tannenbaum 316
Tauben mit Muster 134
Tontiere zum Aufhängen 108
Vögelchen im Ring 139
Wäscheklammerflotte 207
Zauberer 67

Geschenkverpackungen
Adventskalender 294
Geschenkeschiff 260
Geschenkpapier, marmoriert 128
Geschenkpapier, Tropfbatik 129
Hase im Osterkörbchen 100

Körbchen, Schüsseln und andere Behälter
Angelkörbchen 174
Bleistifteule 247
Blumenampel 146
Fangbecher 172
Fesselballon 242
Hahn mit Osternest 119
Hasenbecher 104
Hasenkörbchen 97
Kleisterpapiertablett 123
Lokomotivschachtel 258
Osternest 96
Pappmachéschüssel 142
Sternenkörbchen 310
Tragetasche 266
Zaubertüte 72

Laternen und Leuchten
Aquarienleuchte 282
Eulenleuchte 288
Fünfeckleuchte 290
Gepreßte Gräser
hinter Pergament 276
Rumpelstilzchenlaterne 277
Laterne in Bügeltechnik 274
Laterne in Lochtechnik 280
Laterne in Pustetechnik 274
Laternengrundform 272
Sonnenlaterne 285
Sternlaterne 284
Tischleuchte 270

Naturmaterialien
Collage aus Fundstücken 218
Kastanien- und Eicheltiere 265
Mobile 144
Sandbilder 204
Tontiere 108
Walnußtiere 158

Spiele und Spielfiguren

Angelspiel 268
Drachen für den Herbst 254
Einfingerpuppen 188
Fangfisch 238
Fingerspielfiguren 185
Hampelrabe 216
Handpuppen aus Faltpapier 182
Hirte aus Holz und Naturwolle 306
Igel, laufender 176
Kasperlefiguren 200
Krabbelkäfer 237
Luftballonvogel 252
Marionetten aus Korken 196
Nashorn 178
Naturwollschaf 300
Papierschiffchen 164
Papierungeheuer 82
Schachtelmännchen 240
Schaukelpinguin 54
Schlange, beißende 167
Schlittenmädchen 50
Schwalbe 168
Skifahrer 49
Sockentiere 186
Spielbildfiguren 194
Stehaufmännchen aus Ostereiern 116
Sternsinger 308
Tintenfische 70
Watschelente 222
Wellpappepuppen 198
Würfelspiel, lustiges 264
Wurfpfeil 160
Zweifingerpuppen 190

Tischdekorationen

Baiserschwan 153
Dampfer 162
Fächer, doppelter 132
Fünfeckleuchte 90
Hahn aus einem Ei 93
Hahn mit Osternest 119
Hase mit Osterkörbchen 100
Kekshaus 152
Kekskerzen 156
Kuchenschiff 150
Küken im Ei 92
Maus, gefüllte 154
Osternest 96
Servietten, dekorative 130
Serviettenblumen 220
Serviettenring aus Goldfolie 297
Sternsinger 308
Teufelchen, aufgeblasenes 78
Tintenfische 70
Tischleuchte 270

Verkleidungen

Ansteckfliege 65
Federkopfschmuck 68
Geburtstagskränzchen 171
Papptellermaske 64
Schachtelmaske 66

Wandschmuck

Adventskalender 294
Batikpfau 32
Collage aus Fundstücken 218
Fledermaus 88
Frau Holle-Wandbild 56
Gespannte Wollbilder 236
Hampelrabe 216
Handabdruck in Gips 234
Herbstbaum 210
Herz 122
Kinderbild 124
Krabbelkäfer 237
Lokomotive 211
Postkarteneisenbahn 205
Sandbilder 204
Scherenschnittporträt 140
Schneeflöckchen 58
Tannenbaum 316
Tapetenschnecke 206
Zentimetermaß 219

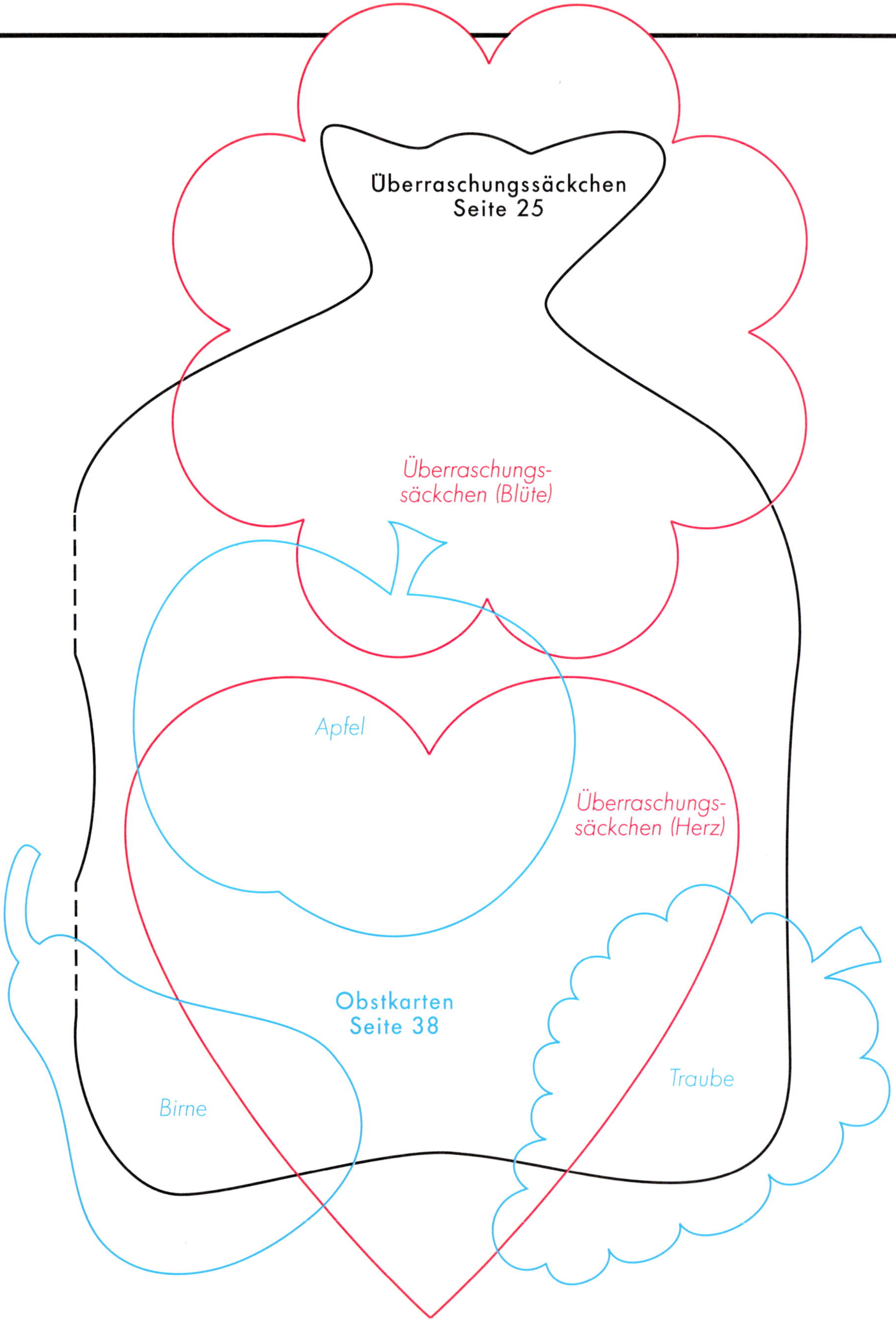
Überraschungssäckchen
Seite 25
Überraschungs-
säckchen (Blüte)
Apfel
Überraschungs-
säckchen (Herz)
Obstkarten
Seite 38
Birne
Traube

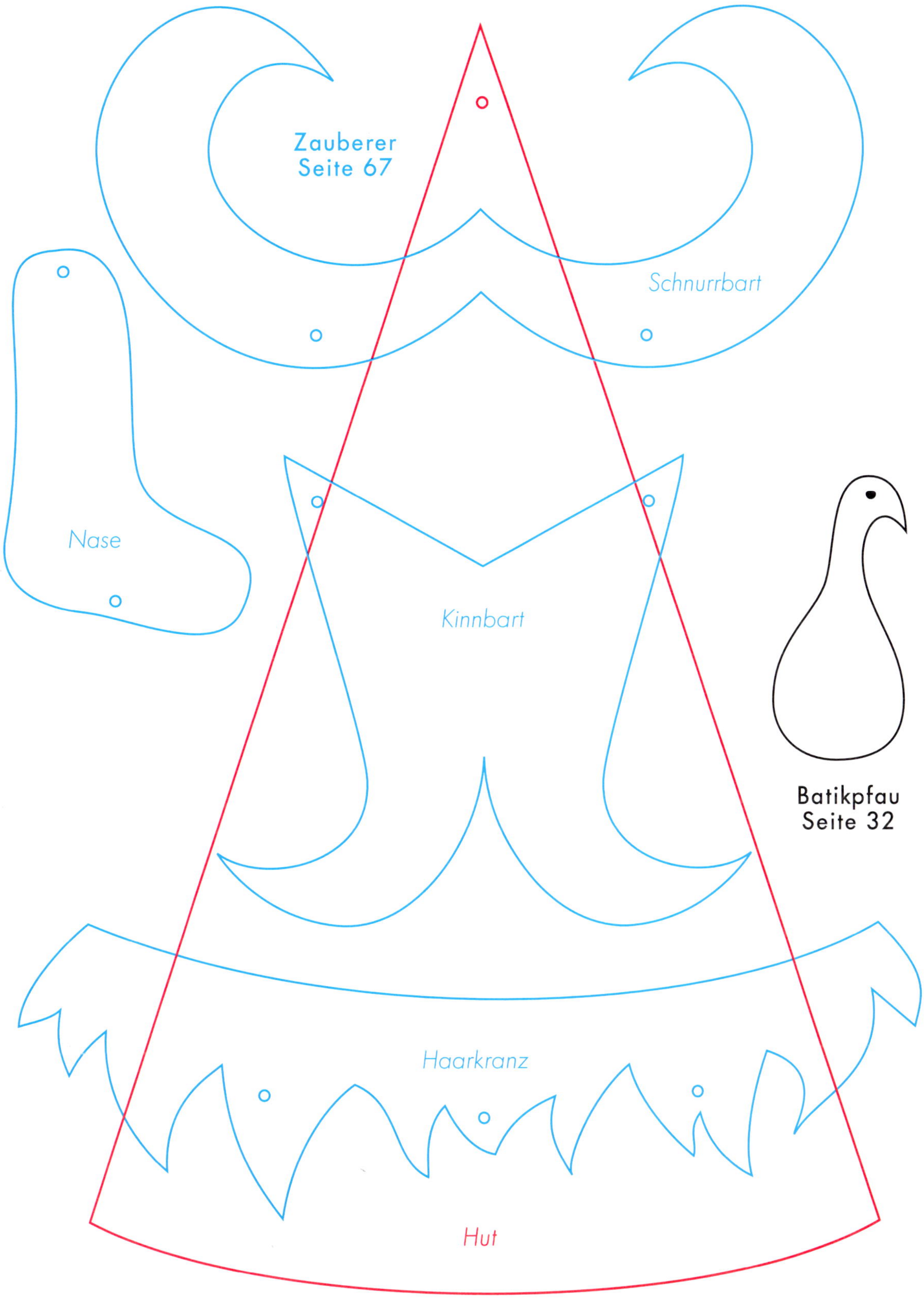

Batikpfau
Seite 32

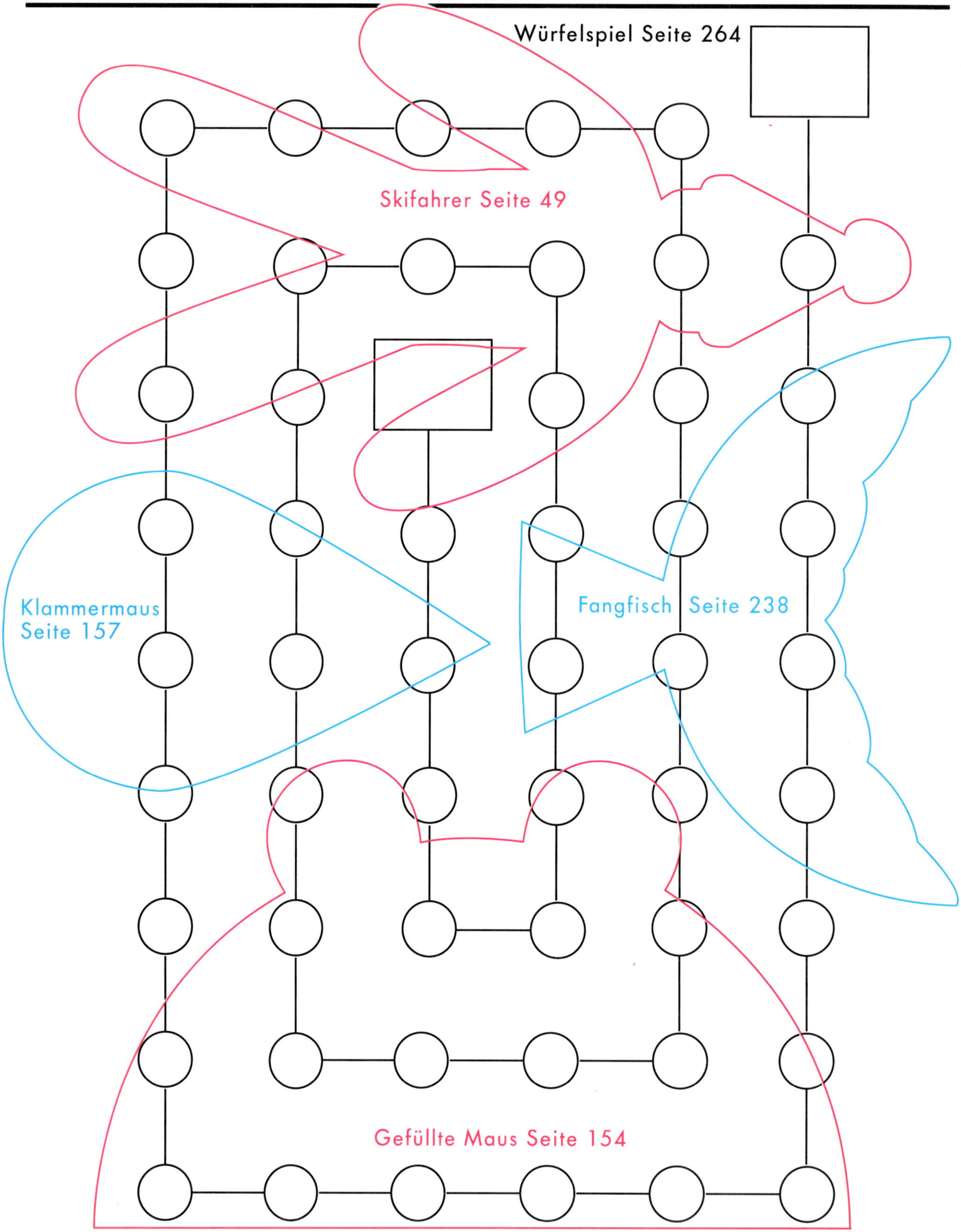
Würfelspiel Seite 264
Skifahrer Seite 49
Klammermaus
Seite 157
Fangfisch Seite 238
Gefüllte Maus Seite 154

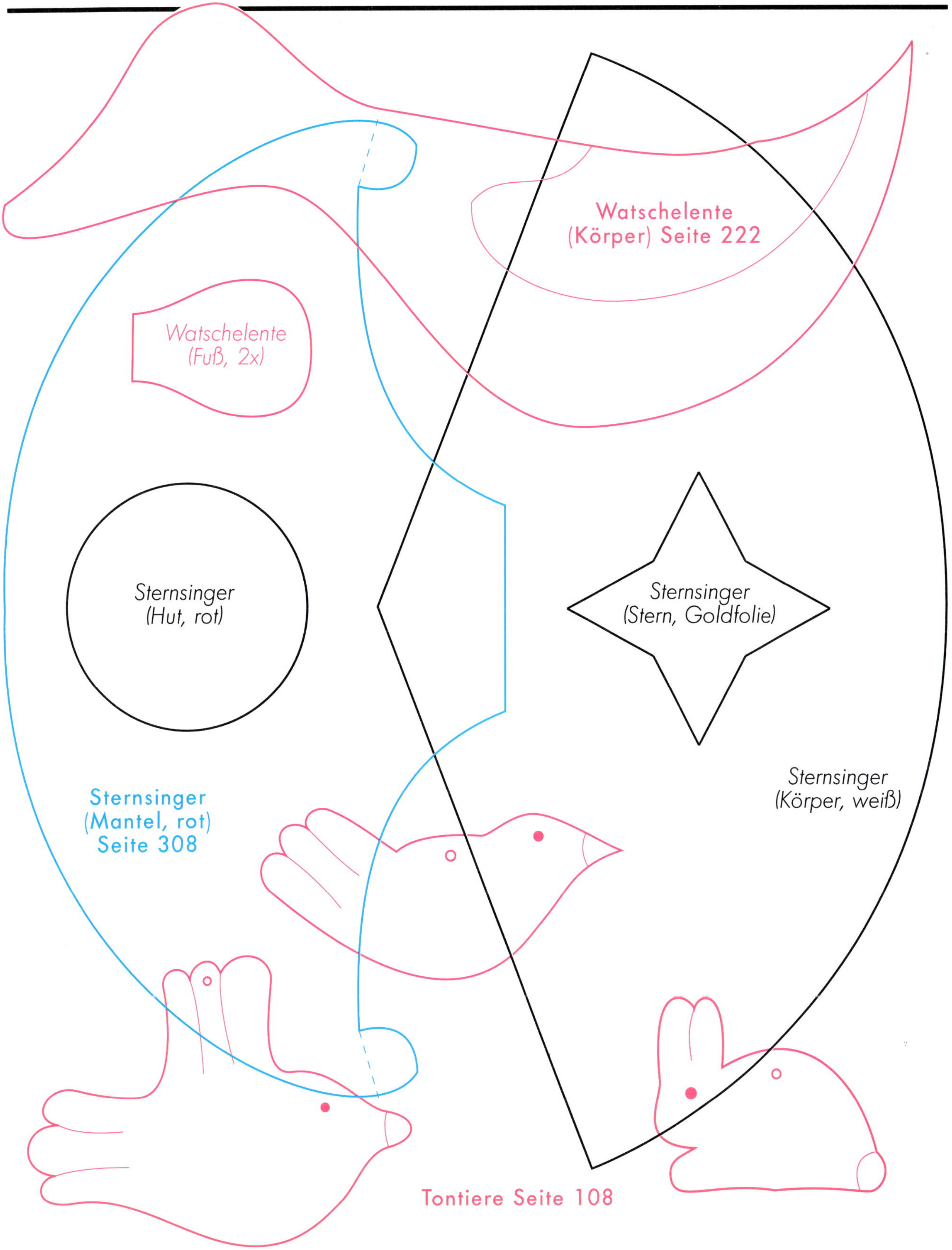
Watschelente
(Körper) Seite 222
Watschelente
(Fuß, 2x)
Sternsinger
(Hut, rot)
Sternsinger
(Stern, Goldfolie)
Sternsinger
(Körper, weiß)
Sternsinger
(Mantel, rot)
Seite 308
Tontiere Seite 108

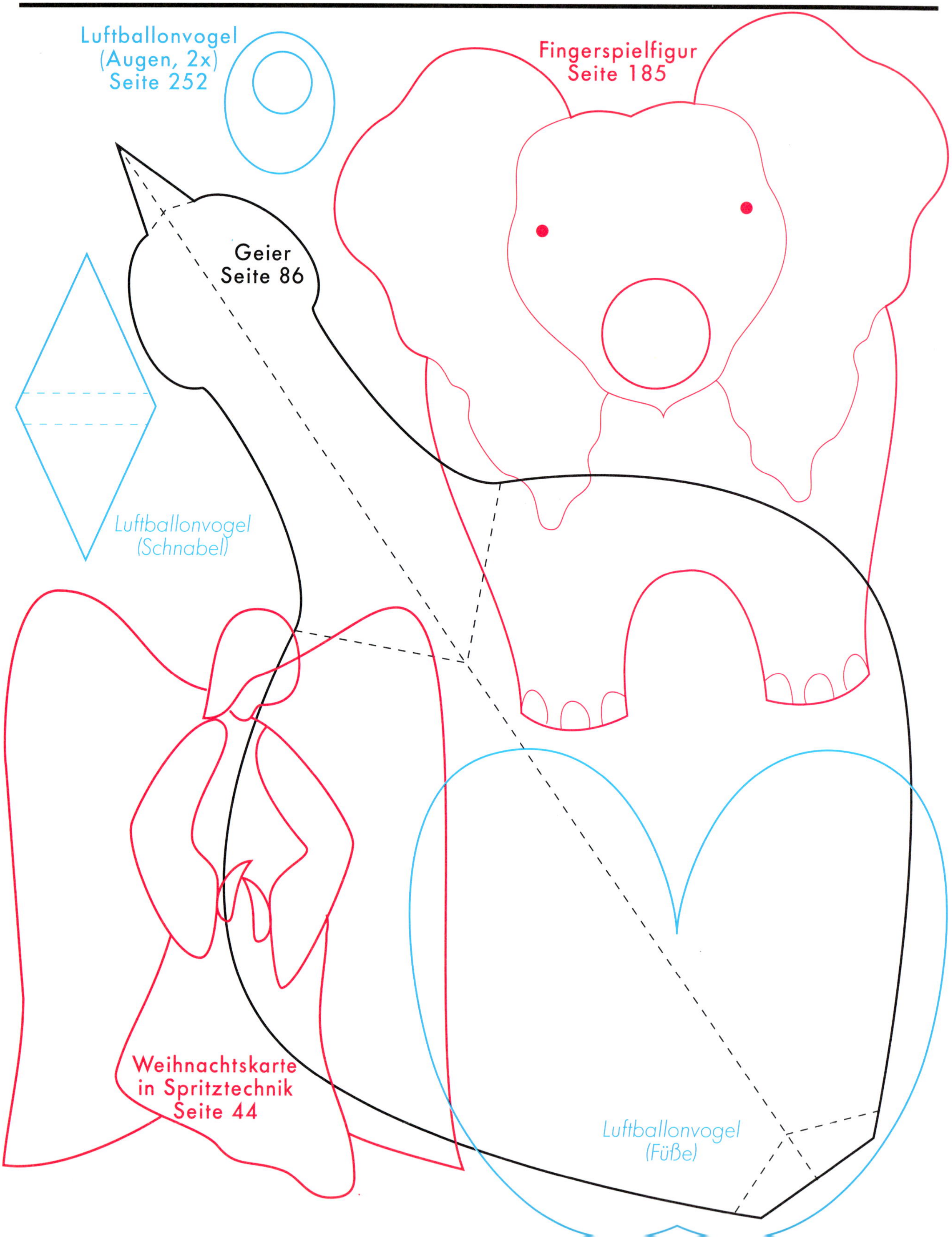
Luftballonvogel
(Augen, 2x)
Seite 252
Fingerspielfigur
Seite 185
Geier
Seite 86
Luftballonvogel
(Schnabel)
Weihnachtskarte
in Spritztechnik
Seite 44
Luftballonvogel
(Füße)

Stehaufmännchen
Seite 116

Osterhase
(Augen)

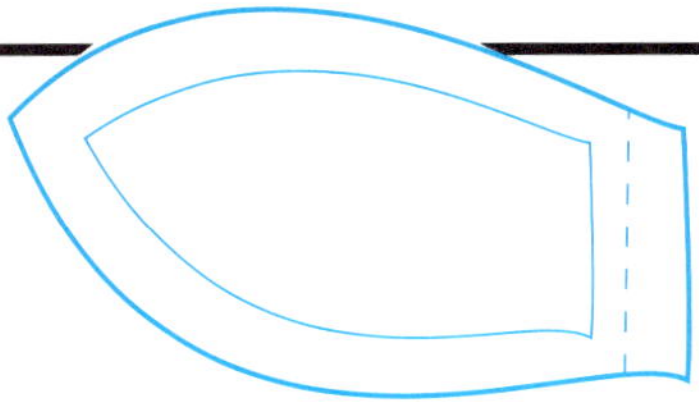

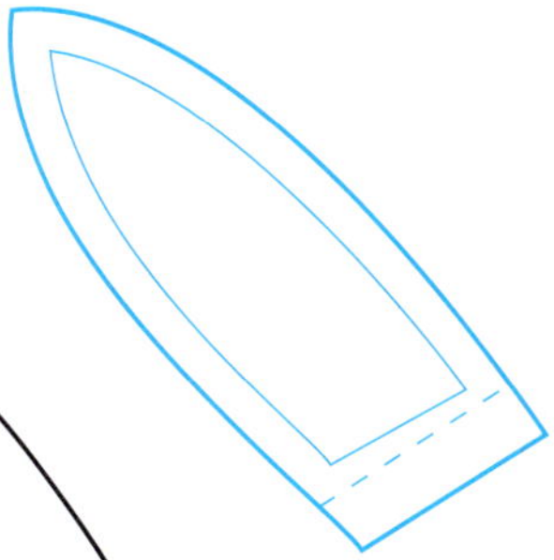

Osterhase
(Ohren)

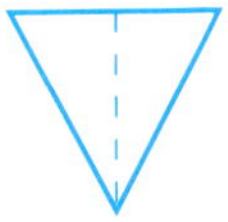

Indianer
(Nase)

Die beißende Schlange
Seite 167

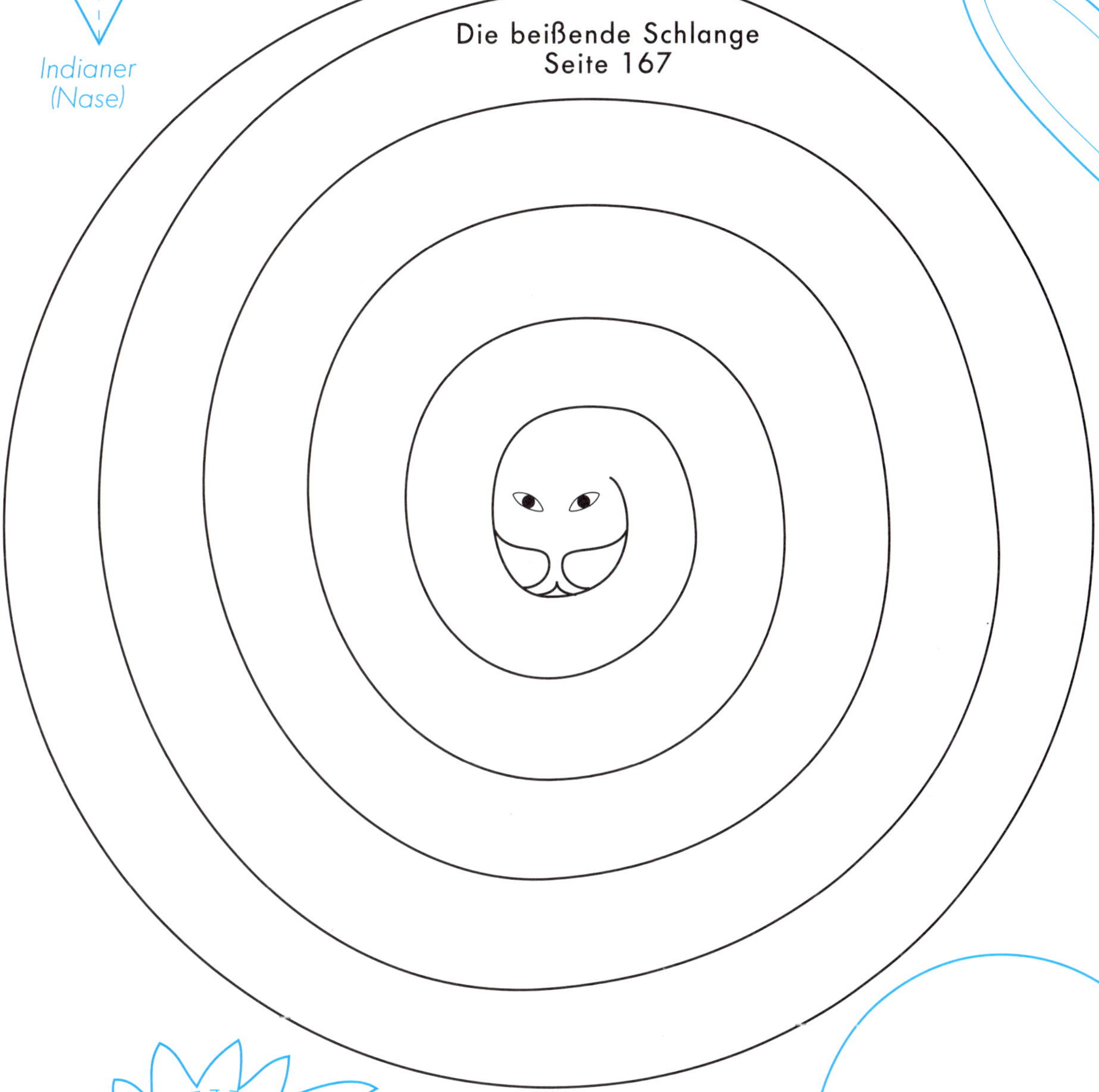

(Kamm)
Hahn
(Schnabel)

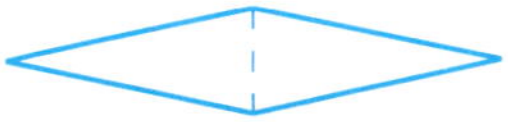

(Augen)
Chinese (Hut)
(Nase)

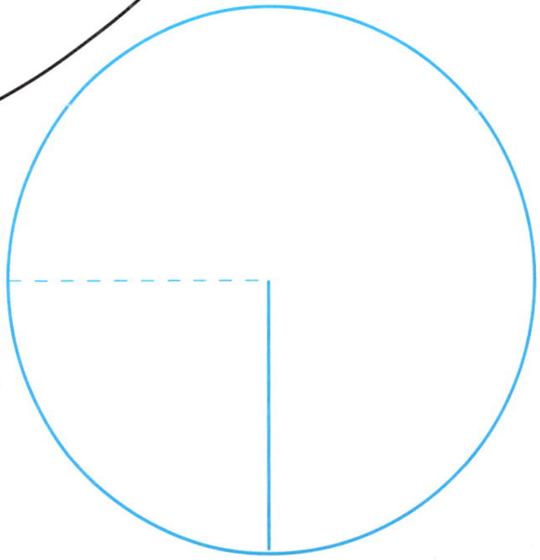

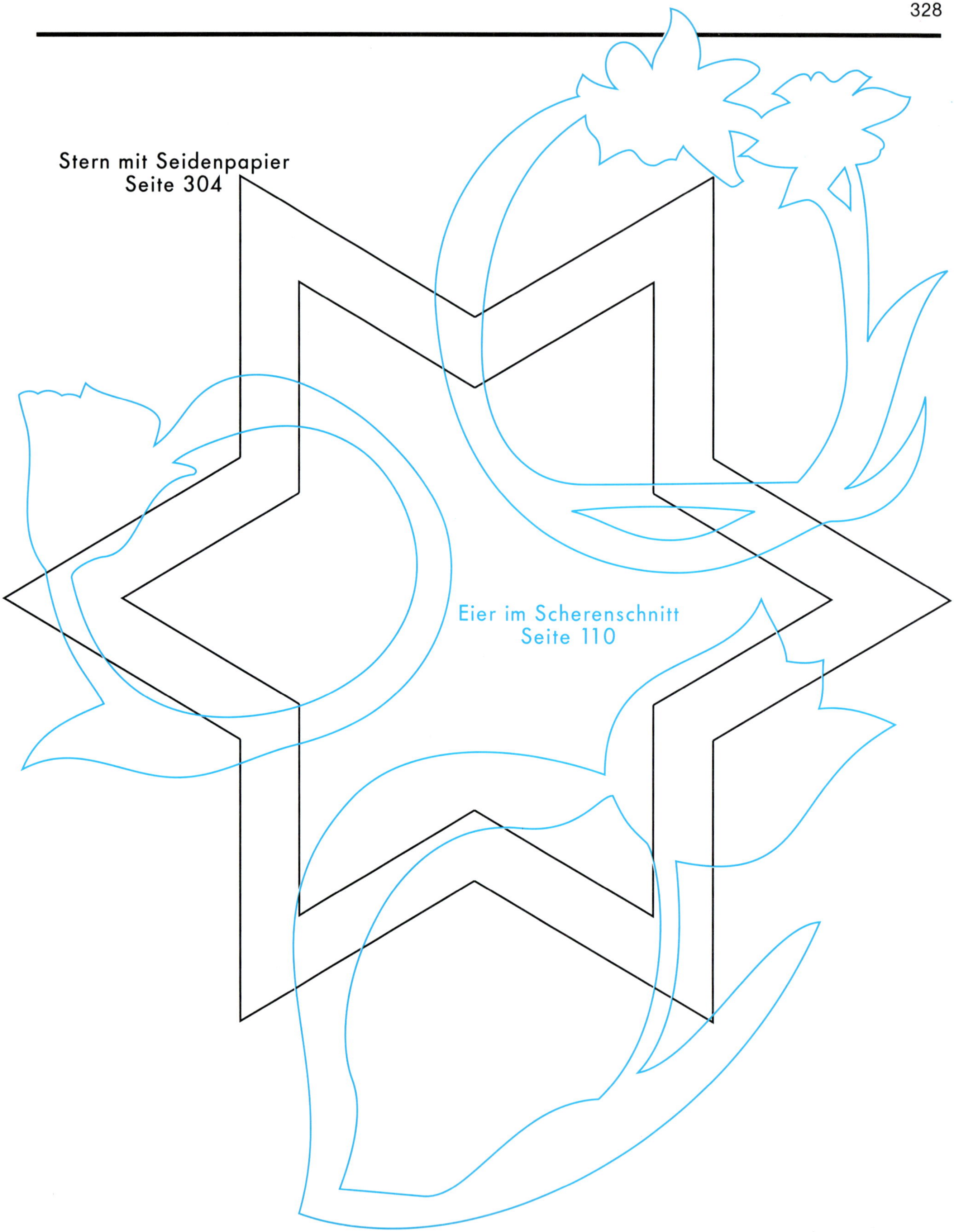
Stern mit Seidenpapier
Seite 304
Eier im Scherenschnitt
Seite 110

Kreppapierrahmen 1
Seite 124
30
20
Angelspiel Seite 268
50
20
30
5
10
10
5
Kreppapierrahmen 2
Kreppapierrahmen 3

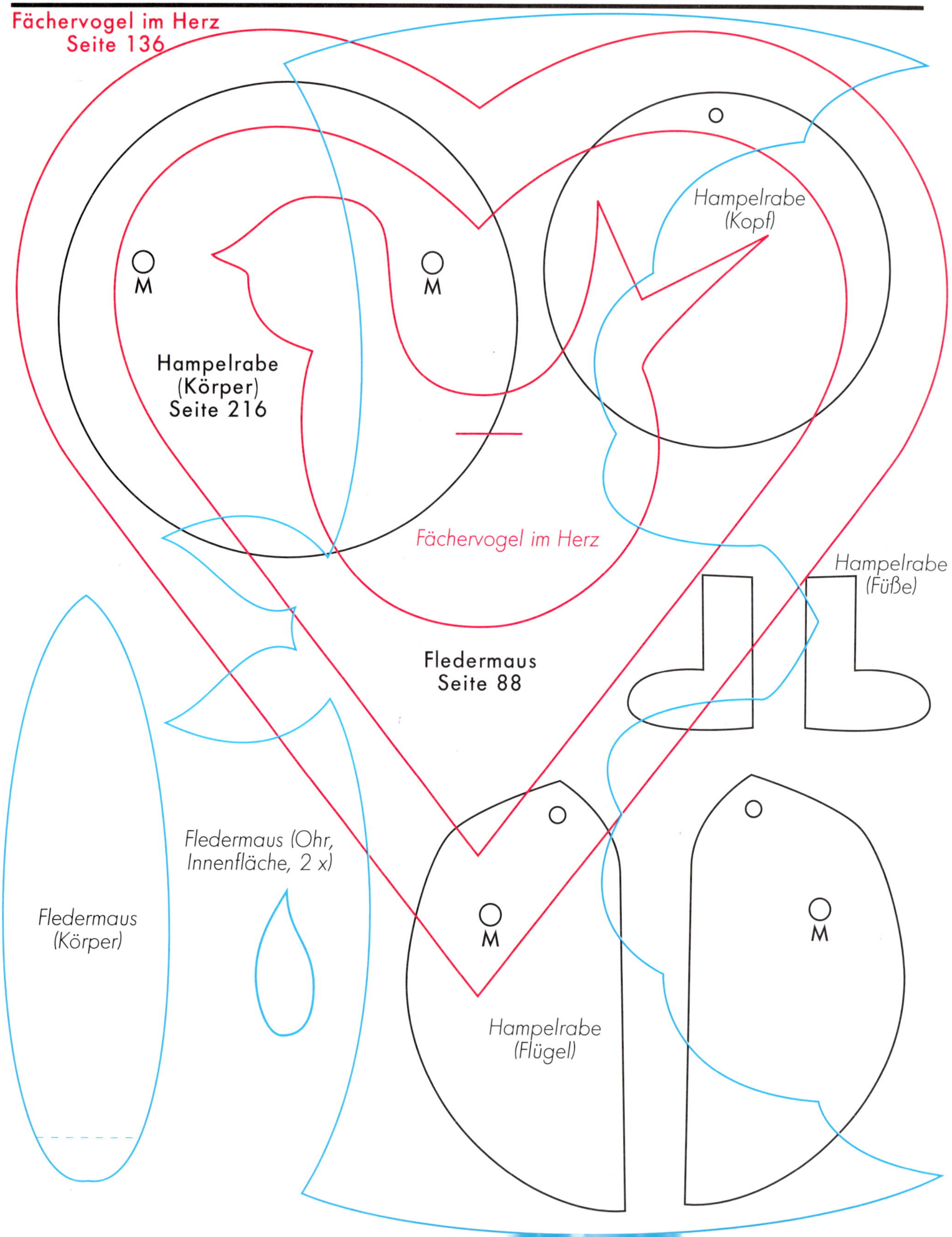
Fächervogel im Herz
Seite 136
Hampelrabe
(Körper)
Seite 216
M
M
Hampelrabe
(Kopf)
Fächervogel im Herz
Hampelrabe
(Füße)
Fledermaus
Seite 88
Fledermaus (Ohr,
Innenfläche, 2 x)
Fledermaus
(Körper)
M
M
Hampelrabe
(Flügel)

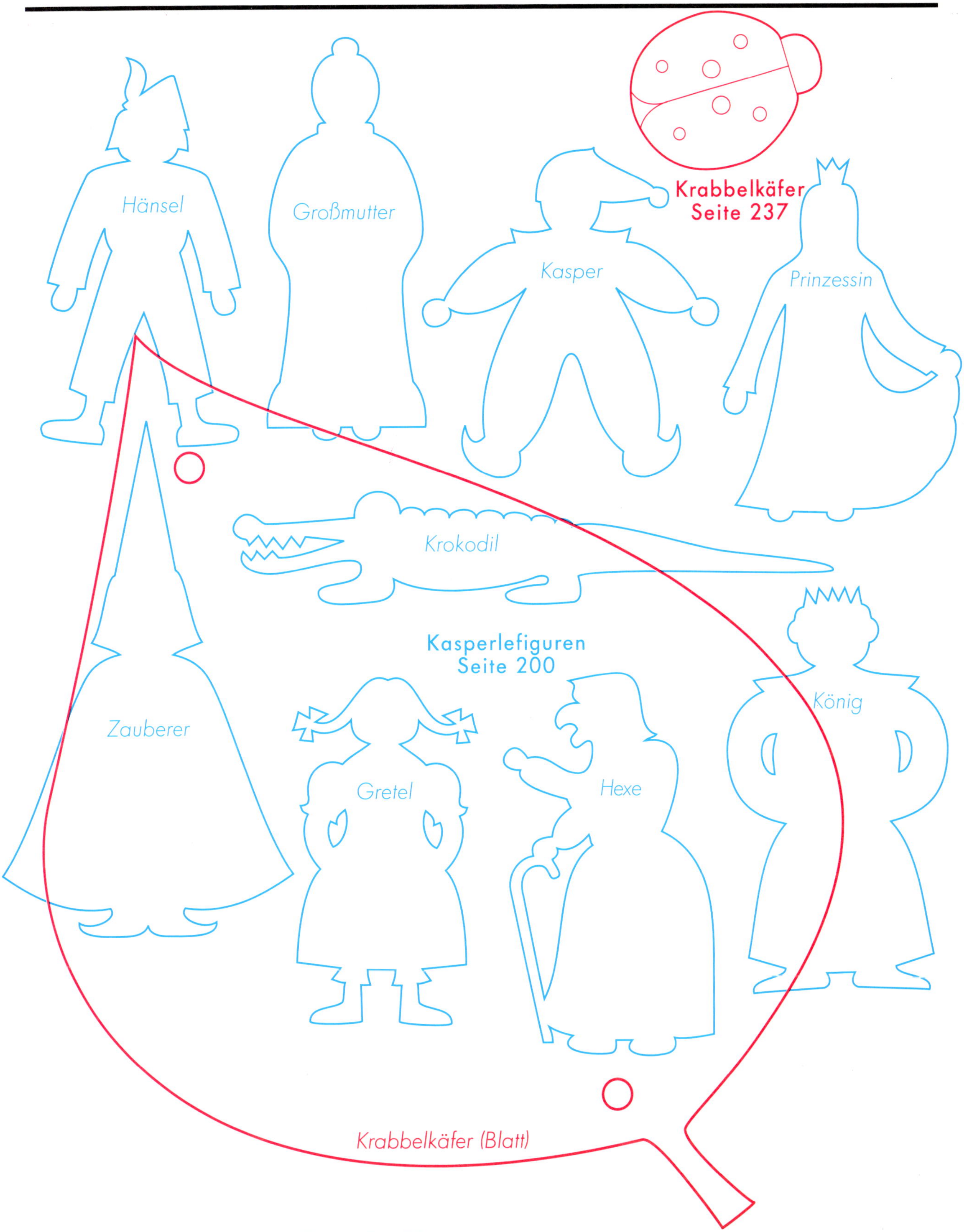
Hänsel
Großmutter
Kasper
Krabbelkäfer
Seite 237
Prinzessin
Krokodil
Kasperlefiguren
Seite 200
Zauberer
Gretel
Hexe
König
Krabbelkäfer (Blatt)

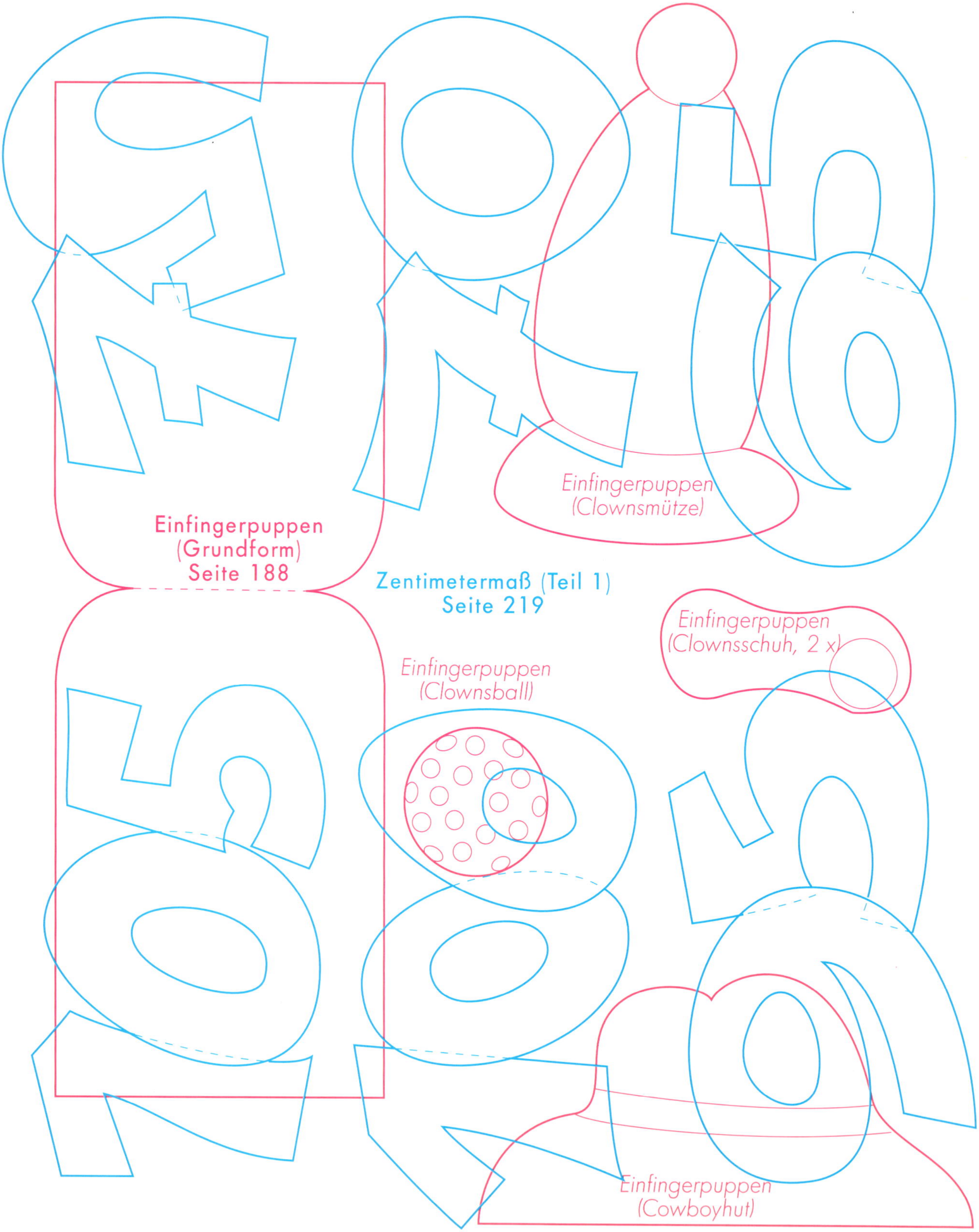
Einfingerpuppen (Clownsmütze)
Einfingerpuppen (Grundform) Seite 188
Zentimetermaß (Teil 1) Seite 219
Einfingerpuppen (Clownsschuh, 2 x)
Einfingerpuppen (Clownsball)
Einfingerpuppen (Cowboyhut)

Einfingerpuppen
(Katzenkopf)
Zentimetermaß (Teil 2)
Seite 219
Einfingerpuppen
(Federn)
Einfingerpuppen
(Katzenschwanz)

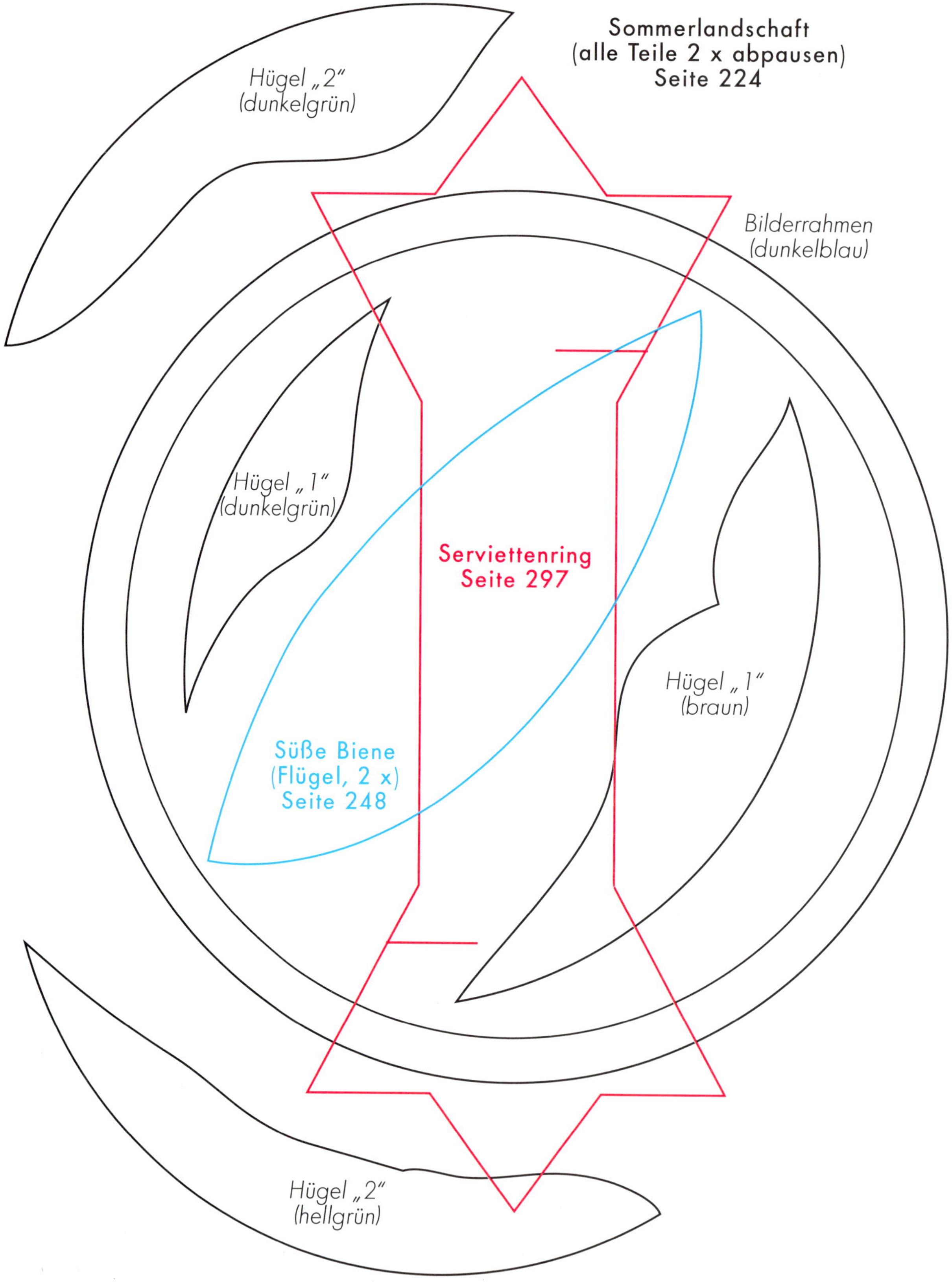
Sommerlandschaft
(alle Teile 2 x abpausen)
Seite 224
Hügel „2"
(dunkelgrün)
Bilderrahmen
(dunkelblau)
Hügel „1"
(dunkelgrün)
Serviettenring
Seite 297
Hügel „1"
(braun)
Süße Biene
(Flügel, 2 x)
Seite 248
Hügel „2"
(hellgrün)

Sterntaler
Seite 230

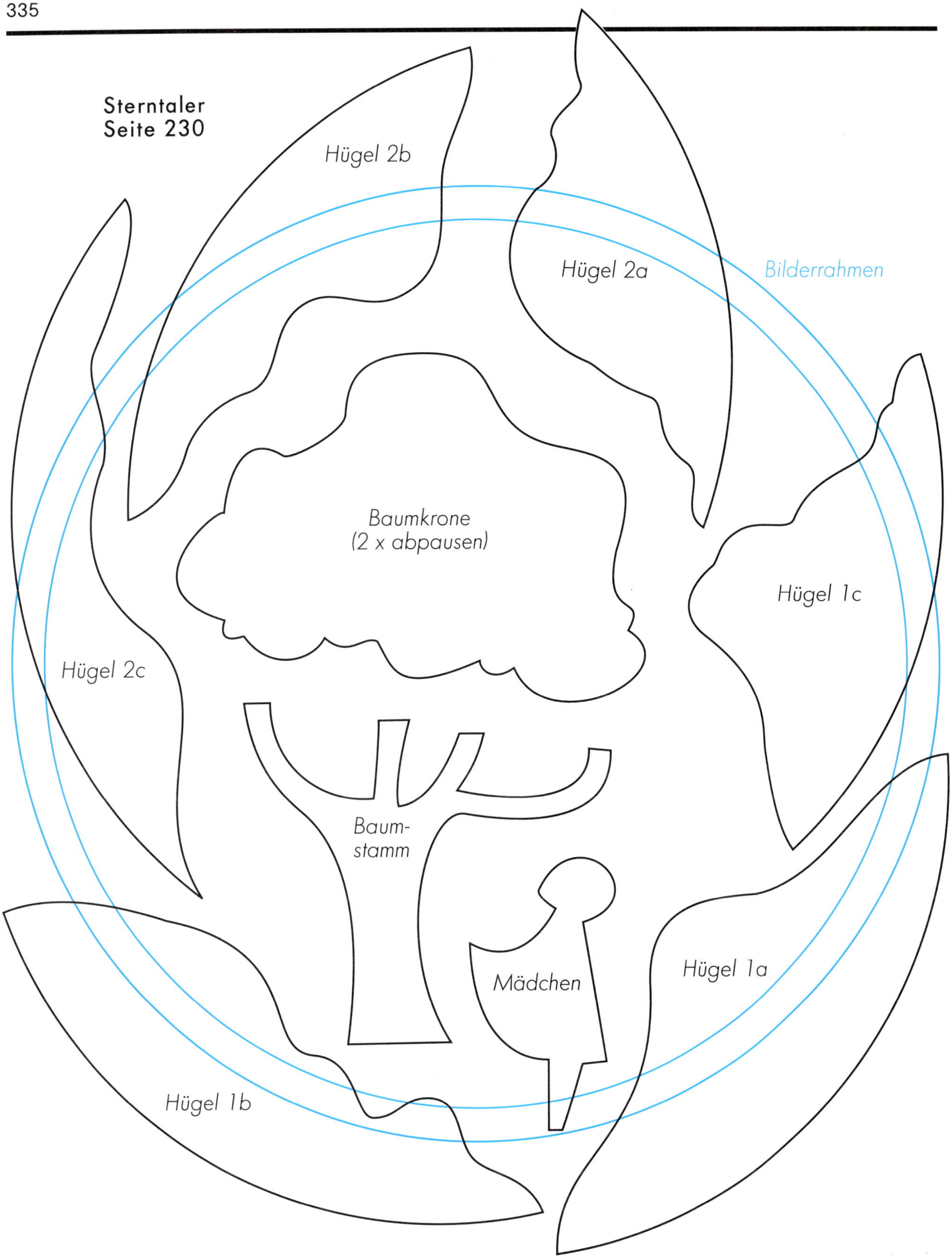

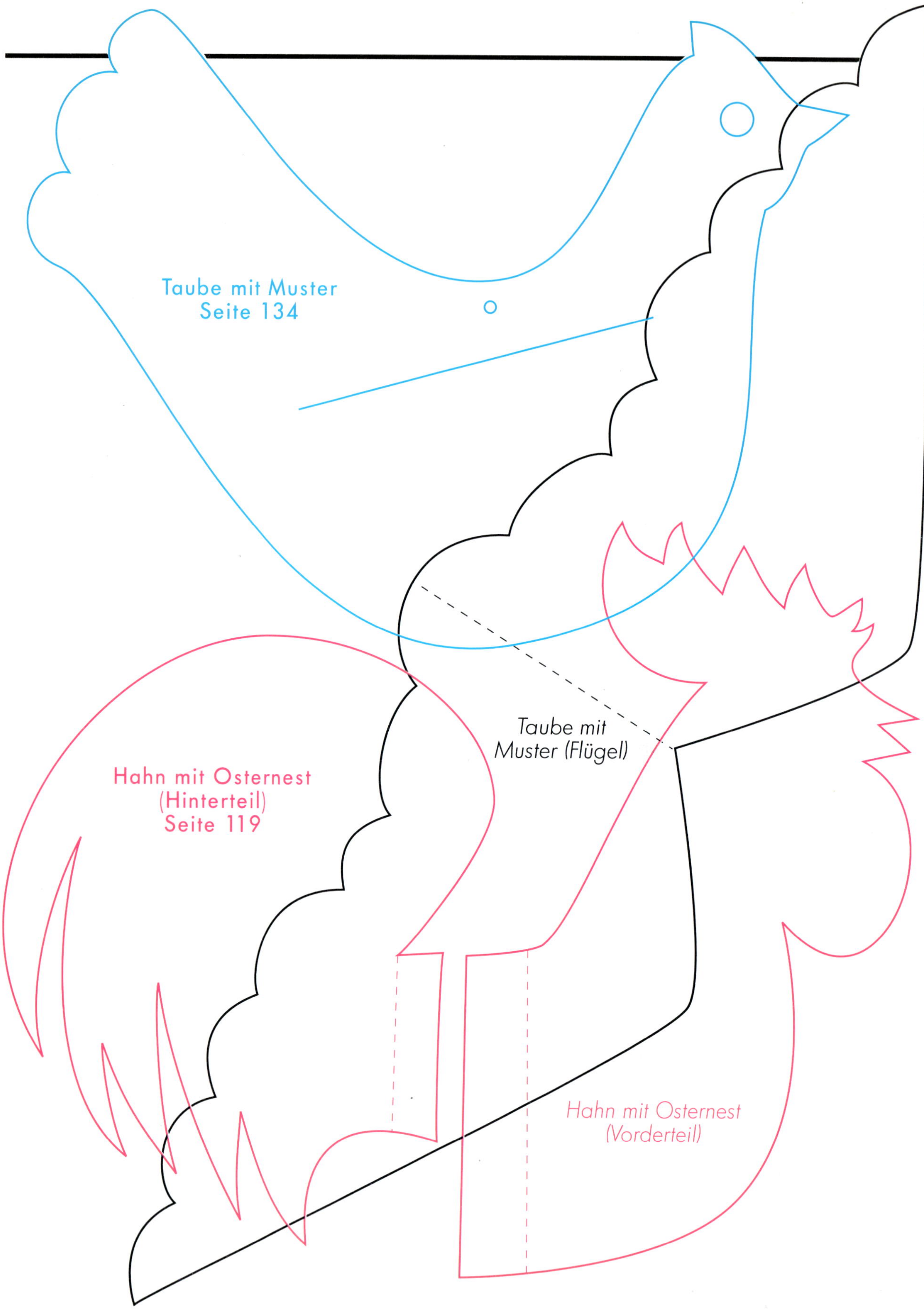
Taube mit Muster
Seite 134
Taube mit
Muster (Flügel)
Hahn mit Osternest
(Hinterteil)
Seite 119
Hahn mit Osternest
(Vorderteil)